아

유쾌하다

상쾌하다

통쾌하다

임금님 대관식

입헌군주제 개헌! 아주 신선한 선택입니다!

임금님은 내각제는 물론 대통령제로도 모실 수 있습니다

안 천 지음

교육과학사

| 발 간 사 |

전라북도는 대한황실이 태어난 민족성지이다. 황산대첩 승리의 땅이다. 그리고 상이암, 뜬봉샘, 마이산으로 이어지는 용비어천의 위대한 땅이다. 특히 전주 경기전은 대한황실이 태어난 발상지로서, 회교도의 메카, 기독교도의 예루살렘과 같은 거룩한 곳이다.

하지만 전라북도는 긴 세월에 걸쳐서 잠자는 땅이었다. 그토록 거의 잊혀진 땅에 가깝게 된 이유는 무엇인가? 그 숨겨진 까닭도 잘 모르면서 망각되어 현대시대에 이르렀다.

전라북도는 그러나 약 10여 년 전부터 망각의 땅을 떨쳐내고, 영광의 역사를 새롭게 다시 찾고 있다. 대한황실이 태어난 성스러운 땅으로 온 나라에 알려지면서 거룩한 땅으로 다시 찬란하게 부활하고 있다.

전라북도는 영광의 민족사를 개창한 땅이기에 특히 일제탄압이 가혹하게 집중되었던 곳이다. 일제침략 당국은 서울의 5대궁부터 시작하여 대한황실 유적을 말살하기 이전에, 최우선적으로 경기전을 일찍이 압살시켰다. 그리고는 전라북도 전체를 망각의 땅으로 만들었다. 그 후 벼농사를 지어 쌀이나 수탈해가는 곳으로 전락시키며, 좋은 쌀이 생산되는 곡창지대일 뿐이라고 왜곡 선전했다.

그 망각의 아픔을 극복하는 부활의 활화산이 전라북도 전체에서 용솟음치고 있다. 전라북도의 재탄생을 열렬히 축복하면서, 이 책에 실린 글들은 전주에 소재하는 '황실문화재단' 누리집 : 홈페이지(Daum)의 '안천칼럼'에 탑재된 것들이다. 거의 대부분이 2012년 한 해에 쓴 글로서, 대한황실의 명예회복을 염원하는 황실 독립운동에 관한 칼럼들이다.

전라북도 전주는 약 10여 년 전만해도 캄캄한 어둠의 땅이었다. 택시 기사들에게 물으면 '희망이 없는 절망의 땅'이라고 서슴없이 말했었다. 하지만 10여 년의 짧은 기간에 황실발상지의 찬란한 명예혁명이 일어났다. 일제침략의 어두움을 과감하게 극복했다. 정말 신기하고 놀라운 일이다. 전국에서 그 성공 비결을 배우려고 몰려드는 곳이 되었다. 이 책은 전주의 성공 비결을 말하면서, 전주의 성공이 바로 이 나라 전체가 성공한 것임을 말해준다.

전라북도에서 솟아오른 대한황실의 힘찬 기지개가 온 나라로 강렬하게 퍼지길 기대한다. 황실발상지만이 아니라, 이 나라 전체가 일제침략의 족쇄를 떨치고 용틀임하길 바란다.

이 책에는 일제침략으로 참혹하게 사라진 우리 임금님의 명예회복을 염원하는, 대한황실의 간절한 소망이 담겨져 있다. 태조 고황제 이성계 장군의 참 모습을 되살리고, 조선 개국기 "영웅시대"가 재건되어야 할 당위성을 제시하고 있다. 세종대왕 때의 자랑스러운 국격, 국력, 국위를 힘차게 재현할 꿈을 담고 있다.

왜 일제 침략자들이 원하는 잘못된 모습으로 현대사를 부끄럽게 살아 왔던가? 우리는 현대시대를 추친일(追親日) 체제로 너무나 잘못되게 살아 왔다. 우리 다함께 다시 태어나자. 약동하는 '열정 코리아'의 '신시대' 주인공이 되자.

4347년(2014년) 3월 1일 삼일절

안 천(安 天)

| 축사 |

전라북도 전주의 한옥마을로 이사 온 지 10여 년이 흘렀습니다. 서울의 사동궁에서 태어난 뒤, 아버님 의왕께서 안동별궁에서 돌아가실 때까지가 눈에 선합니다. 창경초, 경동중고, 외국어대 시절은 물론이고, 비둘기집 가수 시절도, 월남전 참전 상이군인 시절도 눈에 선합니다. 청와대 옆의 칠궁에서 살다가 전두환 신군부에게 쫓겨나 떠돌다가, 미국 땅에서 밑바닥 생활을 하던 10년간이 눈에 선합니다. 참으로 소설 같은 지난날이었습니다.

그러다 방자비께서 돌아가실 때에 귀국하여, 다시 조국 땅에서 살게 되었습니다. 하지만 생계수단이 막연한 상태에서 청담동 샤또 밤무대에서 노래를 부르고는, 몰래 그 술집 옥탑방에서 새우잠을 자는 생활이 이어지며 '옥탑방 왕세자'라는 별명도 생겼습니다.

그 지극히 난감한 때에, 서울교육대학교의 안천 교수님을 만났습니다. 안교수님을 만나며 제 인생은 180도로 달라졌습니다. 그 전까지는 망한 황실에 울분하며 눈물로만 살았다면, 안 교수님을 만나면서 열성조 어른들께서 세운 나라를 재건하자는 큰 꿈을 갖게 되었습니다.

안 교수는 오늘날의 살아있는 애국지사였습니다. 일본이 망쳐놓은 그대로의 어둠 속에서 사는 이 나라를 명예 회복시켜, 미완성 항일

독립전쟁을 완성시키자며 전력투구를 했습니다. 실로 살아있는 독립운동가와 같은 길을 걸었습니다.

하지만 안 교수님과 손을 잡고 현대판 항일전쟁을 벌이는 일은 결코 쉬운 일이 아니었습니다. 그래서 나온 대표적 사례가 찜질방 사건입니다. 온 나라의 신문 방송에서 워낙 대서특필되었던 그 일은, 일제침략으로 무너진 황실의 황손으로서는 어쩔 수 없는 숙명과도 같았습니다. 왜적에게 처참히 무너진 대한황실을 상징하는 제 인생은 거의 노숙자와 같았고, 온 몸으로 일제에 항거하는 처절한 몸부림의 삶이었습니다.

그러다 제가 전라북도 전주의 경기전 옆으로 이사를 와서, 새로운 둥지를 틀고 10여 년이 되었습니다. 제가 전주에 온 것도 모두 안천 교수님의 황실 명예회복 운동이 낳은 당연한 수순인지도 모르겠습니다. 처참하게 무너진 황실을 살리기 위해 평생을 바친 유일한 분이 안 교수님 아닙니까? 대한황실을 살리고 경기전을 성역화하자는 운동을 안 교수가 꾸준히 벌인 결과로, 저를 전주에서 초빙해가게 된 때문이지요.

생각하면 지난 10여 년의 전주생활이 꿈만 같습니다. 제가 황실발상지, 전주에 와서 살게 될 줄은 상상도 못했습니다. 황실의 명예를 되찾자고 힘차게 달려온 모습을 갸륵하게 여기신, 열성조 조상의 부름으로 그렇게 될 운명이었다고 봅니다.

캄캄한 시골 도시에 유배를 온 듯한 10여 년 전이 눈에 선합니다. 전주는 당시에 관광객이 약 30만 명이었다고 말하지만 어디 관광객이 있었습니까? 정말 한적하고 낙후된 시골 도시였습니다. 그 어두웠던 곳에 올 때의 제 심정을 그 누가 이해하겠습니까? 혼자서 눈물도 많이 흘렸다고 회상이 됩니다.

그런데 지난 10년 사이에 놀라운 일이 벌어졌습니다. 잊혀져 거의 아무도 찾지 않던 도시가 약 600만 명의 관광객이 찾는 곳이 되었고, 해외 관광객도 몰려오면서 곧 1000만 관광객 시대가 올 듯합니다. 경주, 부여를 능가하면서, 주말이면 흡사 서울의 남대문시장을 보듯 인파가 몰리는 곳이 되었습니다. 요즘 언론에서는 지난 10년 사이에 전주가 가장 성공한 도시라고 칭송이 드높습니다. 정말 꿈같은 10년이었습니다.

본서는 안천 교수님께서 전주의 경기전은 물론이고, 대한황실의 명예회복을 위해서 사실상 저에게 써 준 글과도 같습니다. 황실문화재단 누리집(homepage)에 2012년 한 해 동안 계속 올려준 글들을 모은 것입니다. 이런 노력들이 모두 뭉쳐져 전주가 다시 태어난 것입니다.

정말 고맙습니다. 지난 20여 년에 걸친 안 교수님의 열정이 전주의 오늘을 만들었습니다. 땅에 떨어졌던 대한황실의 명예가 힘차게 다시 살아나고 있습니다.

안천 교수님을 처음 만났던, 연부역강(年富力强)했던 시절이 그립습니다. 그토록 힘차게 전진하던 안 교수님이 벌써 정년퇴임을 한 명예교수가 되었습니다. 전주땅을 찾는 수많은 관광객들이 이렇게 재탄생한 전주의 영광을 보면서, 안 교수님의 땀으로 만들어진 현대 황실 역사를 얼마나 알고 있을까요?

전주가 힘차게 약동하듯이, 대한황실이 부활하길 간곡하게 빕니다. 대한황실 명예회복의 감격적인 그 날을 간절히 기원합니다. 완전무결한 황실부활의 날이 가까이 있다는 생각으로, 전주 한옥마을 승광재에서 오늘도 관광객을 맞습니다.

전라북도 전체가 전주같이 되고, 우리나라 전체가 전주같이 되는 날을 손꼽아 기다립니다. 감격적인 영광의 새날을 두 손 모아 기다립니다.

4347년(2014년) 1월 31일 설날아침

대한황손(광무황제 친손자) 이 석

목차

목차

목차

I

항일독립전쟁의 최고목표,

임금님 수호!

항일독립전쟁은

나라와 나랏님을

지키려는 것이었다.

- 대한적십자사 초대총재 임명장
- 국보중의 국보, 공민왕 거문고
- 숭례문 재탄생, 숭례입국(崇禮立國)의 부활
- 카디프 축구대첩
- 울산 가마구(까마귀) 축제
- 만고충신 안중근 의사와 현대판 충신 임종구
- 명성황후 시해의 초특급 극비 비밀
- 각시탈 대일 선전포고
- 헌법재판소의 명백한 오심사례와 각시탈 항일전쟁
- 경복궁 야간개장 난장판

대한적십자사 초대총재 임명장

- 도대체 어디에 꼭꼭 숨어 있을까? -

대한적십자사는 1905년 10월 27일에 칙령 제47호로 '대한적십자사 규칙'이 반포되며 창립되었다. 이때에 황족인 의양군 이재각이 초대 총재로 임명되었다.

그는 원래 선조대왕의 아홉째 아들 경창군의 후손이다. 그런데 양자로 입적되어 사도세자의 3남인 은전군의 증손 신분이 되었고, 사도세자가 '장조'로 추존되면서 황족이 된 인물이다.

당시는 을사늑약이 강제로 체결되는 통탄스럽고 참담한 때였다. 그렇기에 이재각이 대한적십자사의 초대 총재로 임명되었다는 것은, 그가 일제침략에 순응하는 인물이었음을 뜻한다. 명예롭고 거대한 공식적 직함을, 일제침략시대에 침략자들에게서 받았기 때문이다.

그러다가 이듬해(1906년) 7월 12일에 의왕(義王)이 대한적십자사 총재가 되면서 이재각은 물러난다. 그런데 채 몇 달도 지나지 않은 1907년 1월 18일에, 다시 이재각이 임시 서리가 되었고 4월 24일에 정식으로 총재에 재임명된다. 매우 부적절하고 불합리한 흐름을 읽을 수 있다. 의(친)왕은 겨우 약6개월간 총재로 있었을 뿐이다. 그것은 의왕의 생애에 있어서 매우 중대한 것을 뜻한다.

당시 의왕은 28세의 싱싱한 젊은이였다. 더구나 명성황후와 엄귀비의 정치적 견제를 받아 국내에 있지도 못하고, 국외로 추방되어 떠돌던 암담한 신세였다.

그는 견제를 확실히 받을 만큼 똑똑했고, 임금님 계승 서열이 대단히 높았기 때문에 해외로 사실상 쫓겨난 것이다. 그리하여 장기간 해외를 떠돌다가 미국에서 대학을 마치고 귀국한 때이다. 의왕은 국군 수뇌부인 육군부장(陸軍副將)으로 임명되며 잠시 대한적십자사 총재가 되었는데, 그것은 뛰어난 수준의 임금님 계승자라는 생각이 아닌 특수 정치상황이 개재된 것이었다.

침략원흉 이등박문은 철부지 어린이에 불과한 영왕을 황태자로 만들어 놓고서, 의왕을 달래려고 대한적십자사 총재에 전격적으로 임명을 했다.

이것은 또한 해외를 떠돌던 의왕을 귀국시켜서 황실 갈등을 유발시키려는 이등박문의 잔꾀 꼼수였다는 견해도 있다. 그런데 이등박문은 의왕의 귀국도, 대한적십자사 총재 임명도 큰 실수라는 것을 황급히 깨닫게 된다.

첫째로 의왕은 상상 밖으로 총명한 인물이었다. 당시 본의 아니게 해외로 밀려나 해외유학을 했으나 그는 미국에서 대학까지 나왔다. 생각하면 거의 최초 미국유학생으로서 국제사회를 아는 황족 신분이었다. 더구나 그가 출중한 견문과 첨단수준의 능력을 가진 뛰어난 실력자라는 것을 알고 크게 놀랐다.

둘째로 의왕은 귀국하자 곧 항일전쟁의 길로 나섰다. 일본침략에 다양하게 정면으로 대응하며, 정국의 핵으로 떠오르는 의왕을 보고 경악했던 것이다. 요즘 의왕의 멋진 서예작품들이 나름대로 여럿 남아 전국 곳곳에서 발견된다. 그것들은 의왕이 전국을 방랑하듯 몰래 순회하며 독립의지를 뿌려놓은 주요 사료들이다. 또한 의왕의 총명함과, 풍부한 식견, 그리고 당시의 황실 상황을 말해주는 귀중한 작품들이다.

이에 이등박문은 너무도 놀라며 즉시 의왕을 경질시킬 수밖에 없었다. 그리하여 단지 6개월 만에 대한적십자사 총재에서 강제로 쫓겨난다. 당시 엄청난 소용돌이 풍파가 있었을 것이다. 격노하며 무리하게 물러나게 했을 것이다. 이것은 어떤 의미가 있는 것인가?

여기서 우선 우리나라의 결정적으로 중요한 기구인 대한적십자사가, 일제침략자들의 뜻에 크게 휘둘리며 출발되었음을 저절로 알게 된다. 그러나 이에 대해 정면으로 항거한 의연한 총재가 있었다는 것은 대단히 중대한 역사이다.

따라서 우리민족의 뜻에 맞는 자랑스러운 총재로서, 진짜 초대 총재는 의왕이라는 결론을 내리게 된다. 그런 당당한 역사가 있었기에, 오늘날의 대한적십자사가 역사적으로 떳떳한 존재일 수 있는 것이다.

그런데 현재 대한적십자사는 설립의 정당성과 정의로움을 상징하는 최고 보물인, 의왕의 총재 임명장을 갖고 있지 않다. 물론 대한적십자사 차원의 의왕 기념사업도 벌이고 있지 않다. 그것은 오늘날의 대한적십자사가 민족기개를 가진 의왕의 전통이 아닌, 다른 전통을 잇고 있음을 뜻한다. 그리고 대한적십자사를 이어온 인맥들이, 뚜렷한 역사의식이나 민족적 정의감에 눈을 감고 있었음을 말한다.

대한적십자사는 의왕의 민족의지와 애국정신을 확고하게 재생시켜야 옳다. 역사적 대의명분이 확실한, 정의롭고 당당한 존재로 재탄생되어야 한다. 그러면 그토록 역사적 의미가 큰 의왕의 총재 임명장은 어디에 있는가? 그것은 그런데 현재 완벽할 정도로 깨끗이 모셔져 있다. 아주 다행스럽고 공교롭게도 이석 황손의 여동생 집에 정중하게 보관되어 있다.

의왕은 말년을 흡사 폐인에 가깝게 보냈다. 거의 미친 사람과 같이 독립운동을 하면서, 최고 황족으로 일제침략에 정면으로 항거한 결과가 그렇게 만든 것이다. 그는 일제침략에 처절히 저항하다가 황족지위에서 강제로 쫓겨나 금치산선고를 받았고, 일제침략자와 친일파들 더구나 자유당 독재시대의 추친일파들에 의해서까지 끝없는 탄압과 중상모략에 시달렸다.

그러다가 일본인들이 '최고의 술주정뱅이'로 만든 악소문에 시달리면서, 6·25전쟁 무렵에 비참하게 작고하였다. 그러니 그 중요한 임명장이 제대로 보관될 리가 없었다.

어느 날 청년 이석 황손은 길거리에서 본인의 형님인 이경길 황손을 우연히 만나게 되었다. 당시 대한황실은 일제침략, 이승만 탄압시대를 겪으며 풍비박산 상태에서 궤멸되어 있었다. 온 나라가 추친일 흐름에 찌들어 있어서, 황실과 황족을 조롱하고 비웃으며 무시하던 암울한 때였다.

일본침략 시대는 끝났어도, 그들이 만들어 놓은 악선전 모략극은 전혀 멈춤이 없었다. 일제침략에 세뇌된 추친일 먹구름 속에서, 일본인들의 못된 행태가 다분히 잔류해 있던 때였다. 그 암울한 상황에서 황족들은 황족신분을 숨기고 전전긍긍하며 살았다. 황실가문인 전주이씨 조차도 싸늘한 눈길을 피할 수 없던 참담한 때였다.

이 비참한 때에 의왕이 애지중지하던 아들인 이경길 황손은, 당시 세종호텔 종업원으로 일하며 잠을 잘 곳도 없었다. 최고 황족에서 밑바닥 하층민으로 전락한 상태에서, 남의 눈을 피해 경운궁(덕수궁) 담을 넘어 들어가 몰래 새우잠을 자는 노숙자 황족 신세였다.

당시의 대한황실 참상을 보여주는 적나라한 비극이었다고 하겠다. 더구나 많은 일반인들은 일제 선전에 세뇌되어, 그런 황족을 오히려 조롱하고 놀리던 추친일병이 짙은 때였다.

그런데 그가 둥글게 말아서 손에 들고 있는 것을 이석 황손이 받아보고는, 생각 밖에 아버님의 총재 임명장인지라 깜짝 놀라며 본인이 무조건 인수를 받았다. 의왕이 무릎에 앉히고 항상 귀여워하던 아들이었기에 이경길 황손이 그것을 갖고 있었고, 이경길 황손이 가장 아끼던 이석 황손이었기에 그것이 그대로 인계인수된 것이다.

실제로는 '형님! 어떻게 이런 귀중품을 들고 다니십니까?' 하고 놀라며 받아든 것일 것이다. 하지만 본인도 한심한 상태로 동가식서가숙하는 떠돌이 신세였던 이석 황손이, 여동생을 찾아가서 이것은 대단히 중요한 유품이라고 철저히 당부하며 맡긴 것이 오늘에도 이어져 보관되고 있다.

그 임명장의 역사는 대한황실의 참담한 현실을 적나라하게 증언하고 있다. 그리하여 국립고궁박물관이나 대한적십자사에 보관될 대단한 귀중 보물이 이름 없는 황족의 손에 있다. 아니 이름 없는 평민이 된 공주님 댁에 보관된 것이다.

어차피 평민이 된 비참한 황족들이었기에, 그 임명장은 누구도 보살펴 주거나 관심을 가져주지 않았던 참담한 황실유물이 될 수밖에 없었다. 어느 가정집의 학교졸업장 만큼도 대접을 못 받는 하나의 종잇장으로 전락했던 대한황실의 귀중유물은, 아마도 어떤 지각없는 사람의 손에 있었다면 찢어서 휴지통에 버려졌을 개연성도 컸던 몽매한 우리사회였었다. 하지만 절망적 상황에서라도 그 가치를 올바르게 생각한 황손이 있었기에, 오늘날 그것이 구사일생으로 존재하게 된 것이다.

이 임명장이 이석 황손의 여동생 집으로 갈 때의 우리사회는, 황족을 흡사 최하층민으로 보던 때였다. 일제침략과 이승만 탄압시대를 거치면서 대한황실이 완전히 잊혀지고 사라진 살벌한 공포의 추친일 시대였었는데, 그 임명장을 일본침략자들이 못된 짓을 하듯이 욕하며 찢어버렸을 개연성은 너무도 컸었다.

일제침략 악선전에 세뇌되어 의왕을 술주정꾼으로 매도하며 갈기갈기 찢어 버렸을 어둠의 시절에, 이 임명장이 온전하고 깨끗하게 남은 것은 문자 그대로 기적과 같은 일이다. 처절하게 탄압을 받았던 대한황실에서도, 항일전쟁의 최전선에서 처절히 싸운 의왕에 관한 것은 거의 흔적도 없이 사라진 오늘날이기에 더욱 그런 생각이 짙다.

그렇다. 공포의 일제강점시대에 철저히 저항하며 짓밟힌 사람일수록 남은 것은 거의 없다. 오로지 감옥에서 쓴 서예작품만 남은 안중근 의사가 그렇듯이, 단호하게 정면 독립전쟁을 한 최고황족 의왕은 최악의 국사범다웠고 술주정꾼답게 침략자들이 퍼뜨린 악소문만 참담하게 남았다.

그래서 오늘날 의왕의 유품은 이곳저곳을 숨어서 잠행 방문하며 항일전쟁의 신표로 써준 서예작품이 주로 남았을 뿐이다. 심지어 초현대시대인 오늘날에까지도, 현대판 항일전쟁의 길을 걸은 이석 황손의 고달프고 난감한 삶을 눈으로 생생히 보고 있지 않은가?

「우리사회는 일제가 물러가고도 참담한 어둠의 추친일 사회였다. 그리하여 훗날 대한적십자사의 영광된 탄생사를 증명할 수 있길 바라며, 평민 공주님이 대한황실의 항일전쟁을 증명하는 귀중 보물로 그 임명장을 보관하게 된 것이다. 아니 신시대의 도래를 꿈꾸며 긴 겨울잠을 재운 것이다.」

입헌군주제 개헌!
아주 신선한 선택입니다!

국보중의 국보, 공민왕 거문고

- 대한황실 비밀 항일기지의 증거물 신표 -

공민왕은 조선 개국집단(開國集團)이 가장 존경하던 임금님이시다. 조선개국 지도자들이 진심으로 흠모하고 받들던 임금님이 분명하다. 태조, 정종, 태종, 세종 임금님 시대에 세워진 종묘에는, 가장 맨 앞에 존경스런 어른으로 공민왕을 정중하게 모시고 있다. 종묘에 들어서면 즉시 공민왕 신당(神堂)이 자리 잡고 있는데, 그것은 조선시대가 공민왕을 이으며 공민왕의 뜻에 따라서 세워진 나라와 같다는 것을 강력히 표명한다고 해석된다.

태조 이성계 장군 가문은, 공민왕이 변방의 시골무사였던 그들을 포용하고 신임하며 키워준 것이 분명하다. 공민왕은 태조 이성계 장군의 모든 것을 이끈 정치적 우상, 아니 정치적 스승과도 같은 위상을 갖고 있었다. 아무리 뛰어난 사람도 그를 알아주는 큰 인물을 만나야 한다. 예컨대 세계적인 축구선수 박지성, 이영표는 히딩크 감독을 만나기 전에는 숨겨진 무명선수였었다.

공민왕 신당은 후손들에게 배은망덕을 경계하라는 훈계와도 같은 존재이다(우즈베키스탄의 사마르칸트에는 거대한 티므르 제국을 세웠던, 티므르의 묘소가 있다. 그것은 너무도 놀랍고 특이한 것인데, 막강한 제국의 황제였던 그가 스승의 발 밑에 묻혀 있는 상상밖의 황릉이다. 죽어서도 스승을 모신다는 자세이기에 대제국을 세웠던 것이다).

우리나라에서 가장 오래된 목조건물로서, 국보 제49호로 지정된 대웅전이 유명한 충청남도 덕숭산 수덕사 박물관에는, 약 700년의 역사를 자랑하는 공민왕 거문고가 보관되어 있다. 길이 164cm에 폭은 20cm로, 1984년에 문화재자료 제192호로 지정되었다. 이것은 그간 숨겨진 보물이라 제대로 평가되지 않았지만, 너무도 진귀한 국보 중의 특급 국보이다.

옛 전통방식으로 만들어진 진품은 남은 것이 없는데, 새부리 모양을 한 바다거북 이름에서 유래된 대모(玳瑁)를 대고 있는 유일한 것이다. 더구나 품위 있는 향낭까지 달린 최고품격의 거문고이다. 대모는 거문고 머리 부분을 보호하고 잡음을 막는 것으로, 거북이 등가죽 말린 것을 말하는데 예전에는 갓끈이나 안경테 장식용 등으로 귀하게 썼다. 그렇지만 요즘에는 그것을 구하기도 어렵고 기술도 바뀌어 이 거문고가 유일한 것이다.

그런데 수덕사에 그 엄청난 거문고가 가게 된 사연이 매우 흥미롭다. 그것은 수덕사에 가기 전에 의왕이 살던 사동궁에서 보관하고 있었던 것이기 때문이다.

의왕은 아무리 풍전등화의 위기에 처한 대한황실이라지만 광무(고종) 황제의 둘째 아들이요, 융희(순종) 황제의 바로 아래 동생이다. 당당한 위상을 가진 드높은 분이었기에 그 거문고가 사동궁에 있었다고 하겠다.

그것은 공민왕에서 태조, 정종, 태종, 세종으로 이어진 국권의 흐름을 강력하게 나타낸다고 해석되며, 의왕의 정치사적 중요성을 뜻한다고도 하겠다.

전해지는 얘기로는, 공민왕 거문고는 대학자인 길재를 거쳐 조선왕실의 보물로 이어졌다. 그것은 한때 조선후기 서화가이며 최고의 수집가였던 이조묵에게 전해져, 이 거문고가 공민왕이 신령스런 오동(神桐) 나무를 얻어서 만들었다는 그의 글이 새겨져 있다. 훗날 만공스님의 친필 게송도 새겨져 있다.

이 거문고는 대원군을 거쳐 명성황후의 극진한 사랑을 받았고, 명성황후 시해 때에 피범벅이 되어 옆에 있었다는 역사의 증거물이기도 하다. 현재로서 공민왕 거문고가 수덕사에 가게 된 사연은 잘 알려져 있지 않다. 하지만 공민왕 거문고가 어떻게 해서 수덕사에 가게 되었는가는 일반인의 상상을 불허한다. 그것은 거대한 대한황실 독립전쟁의 차원에서 해석되어야 하겠다.

수덕사에 그 거문고가 간 사연은 의왕과 만공스님의 깊은 관련성에서 비롯된다. 원래 궁궐의 물건은 외부반출이 금지되어 있었다. 의왕은 그래서 놀랍게도 하수도 구멍으로 그것을 만공스님에게 넘겨주어 수덕사로 갔다고 전한다. 대문으로 못나가는 것이 법도라면, 다른 문으로 나간다는 의왕다운 호탕함의 표현일 수도 있었다. 그것은 살아서 이미 해탈의 경지에 오른 두 인물이 죽마고우가 되어 다닐 때라 크게 의심도 받지 않았다.

그렇게 반출한 이유는 무엇인가? 그토록 중요한 거문고가 수덕사로 간 까닭은, 반미치광이 같이 온몸을 던져 독립운동을 하던 의왕의 입장에서만 이해가 된다.

의왕은 당시 유명한 거문고 스승을 수덕사에 확실하게 모시고서, 가까운 벗에 해당하는 만공스님과 함께 거문고를 배웠다고 한다. 겉으로 내세운 명분이 거문고 학습이었다. 의왕은 한 동안 부지런히 수덕사에 드나들면서 실제로 거문고 타기에도 열중했었다고 한다.

생각건대 의왕은 생애 전체를 미친 듯이 독립전쟁을 편 열혈 애국자였었다. 거창에서 의병을 조직하였고, 또 천도교 주도로 3·1만세항쟁을 펼 때에도 겉으로는 손병희를 내세웠으나 실제로는 숨은 최고 지도자였다(안천, 일월오악도 제4권). 그 후 동지들과 망명을 떠났다가 압록강 건너에서 체포되어 강제 압송되었다.

철저히 창살 없는 감옥에서 살듯이 감시와 미행을 당했던 의왕은, 사동궁에 기생을 불러 풍악을 울리면서 위장하며 항일자금을 전달하고 독립운동을 지휘하곤 했었다. 그러다가 의왕은 일제경찰에 의해 참담한 연금 상태가 되었고, 다시금 망명계획을 세우다가 일본에 강제 구인되기도 했다. 겉보기로는 수없이 술집을 전전하고 방랑도 했다. 훗날 일본인들이 난봉꾼 술주정뱅이라고 악 소문을 낸 이유는, 그가 철두철미한 독립운동가였기 때문이었다.

그러한 와중에 만공스님과 친구가 되어서 거문고 타기에 열중했다는 것은, 만공스님과 의왕이 절친한 술친구로 위장하고 수덕사에서 새로운 항일전쟁을 도모하고 있었음이 분명하다. 완벽하게 위장연극을 했던 것이지, 의왕이 한가하게 거문고나 탈 인물은 아니었다.

그러니까 의왕은 공민왕 거문고를 겉에 내세우며 몰래 독립운동을 하다가 별안간 붙잡혀 가게 되었고, 그래서 거문고가 수덕사에 보관된 것이다. 항간에 일설로 전해지는 얘기로는, 의왕과 만공스님의 깊은 우정에 따른 정표로 거문고를 주었다는데 그것은 진실과는 거리가 멀다. 그것은 의왕과 만공스님을 단순하게 겉보기로 보아 오직 술친구라고 오해한 것이다.

하지만 실제로는 죽마고우로 위장한 두 술친구 독립운동가의 감춰진 비밀 독립운동이었다. 그것을 파악하고 소스라치게 놀란 일제 순사들의 압송 이후, 위대한 항일애국자 의왕이 별안간 수덕사를 못 가게 된 비밀은 이제 숨겨진 역사가 되었다. 아니 아무도 거기까지는 깊은 생각을 하지 않는 듯이 되었다. 그리고 그 비밀을 아는 스님들도 모두 작고하고 거문고만 수덕사에 남았다.

의왕이 다시 올 수 없다는 절망적 소식을 접하고서, 수덕사 스님들은 황실 물건인 공민왕 거문고를 감히 함부로 범접할 수 없는 신성한 존재로 깍듯이 정성껏 모셨다. 깊은 산 속의 정혜사 다락에 깊숙이 넣어 철저히 숨기며 보관했었는데, 그 거문고는 이제 수덕사 박물관에 보관된 최고의 보물이 되었다.

전해지는 얘기에 의하면, 만공스님은 거문고를 즐겨 타거나 잘 다룬 것도 아니고 보관하고만 계셨다고 한다. 아니 그 거룩한 물건을 감히 스스로 다룰 정도로 불손한 불충 인물이 아니었다. 거의 거문고를 모르는 스님이었지만 항일전쟁 좌절에 분노하고 한탄하면서, 존경하는 의왕이 맡긴 귀중 보물이기에 철저히 간수했을 뿐인 것이다.

극히 최근인 1998년이 되어서야 수덕사 박물관에서 공개된 그것은, 수덕사에서 대한황실 항일전쟁의 웅지를 설계하던 두 거물 독립운동가의 꿈을 품은 증거물이다. 어즈버 위대한 두 인걸은 사라지고 수덕사에 거문고만 남아서 옛 추억을 서글피 말해주는 것이 되었다.

그리고 두 죽마고우가 거문고를 타던 '소림초당'이나 산중의 작은 암자인 '정혜사'는, 깊은 산 속의 독립운동 기지가 아니라 수덕사의 부속건물로만 알려지게 되었다.

「희대의 국보! 그 거문고는 대한황실 항일독립전쟁의 생생한 증거물이다. 대한황실이 부활될 때를 간절히 기다리는 상징물이며, 항일기지 수덕사를 신임하는 대한황실의 신표이다. 수덕사에서 민족최고 보물을 극진한 마음으로 보살핀 애국심에 박수를 보낸다. 대한황실은 항일비밀기지 수덕사에 대한 고마움을 잊지 않고 있다.」

입헌군주제 개헌!
아주 신선한 선택입니다!

❁ 승례문 재탄생, 승례입국(崇禮立國)의 부활

- 교육지표와 국가법도 확립 -

승례문이 허망하게 화재를 당하고 5년 3개월에 걸친 노력 끝에, 2013년 5월 4일에 부활 기념식을 가졌다. 우리는 이 기회에 조선 개국 아버지들께서 숭례문을 세운 근본정신을 되새겨 보아야겠다. 숭례문은 단순한 도성 건축물이 아니기 때문이다.

숭례문은 경복궁과 직결되는 위치에서, 나라의 기본정신을 선언한 것이기에 국보 제1호이다. 물론 최고의 건축미를 보이는 건물로서도 중요하지만, 그 보다는 국가혼이 더 중요한 것이다. 그런데도 일제침략 강점기를 거치며 그 본질이 사라졌다.

우선 경복궁은 나라의 최고 정점에 위치한 제1법궁이다. 경복궁은 그토록 드높은 지위에 모셔진 궁궐이기에 처절한 공격을 받았다. 임진왜란 때에 폐허가 되도록 불에 타서 소실되었고, 그 후 총체적 국력을 쏟아 재건했건만 다시 경술국치 왜란 때에 참담하게 파괴되며 총독부 청사에 강점당하는 수모를 겪었다.

경복궁은 일본 왜구만행의 극심한 피해를 두 차례나 입은 핵심 궁궐이다. 경복궁이 만신창이 상태가 되도록 수난을 겪게 되면서 우리는 까맣게 잊은 것이 있다. 그것은 국가운영의 지표와도 같은 것으로서, 예(禮)를 망각하게 된 것이다.

경복궁의 근정전에 들어서는 정문은 흥례문(興禮門)이다. 그것은 법도(法度)를 세우며 예를 일으켜서 근정(勤政)의 기본 토대를 삼는다는 뜻이다. 그러니까 흥례는 조선시대의 국정지표에 해당하는 드높은 이념이다. 더구나 서울의 도성에 들어서는 정문을 숭례문(崇禮門)으로 정했을 만큼, 예는 조선시대의 최고 국정이념이었다.

조선 국가를 세운 개국의 아버지들은 왜 예를 그토록 존중했을까? 그것은 고려 말의 땅에 떨어진 국가적 참상에서 비롯되었다고 보인다. 그래서 숭례문에 들어서면서 옷깃을 여미며 예를 갖추게 만든 것이었다.

100여 년에 걸친 몽골족 침략으로 극도로 피폐해진 때에 홍건적이 휩쓸고 갔다. 더구나 왜구침탈이 연이으면서 거의 망국지경에 이르렀던 나라를 재건함에 있어서, 흥례의지(興禮意志)는 조선을 세운 개국공신 건국지사들의 뼈저린 결의, 결단, 결심이었을 것이 분명하다. 예의지국(禮儀之國)을 만들며 예를 재건하는 것은, 극심한 전란 이후의 극도로 피폐해진 나라를 나라답게 만든다는 제1 국정지표가 확실했다고 보인다. 그러한 노력이 있었기에 찬란한 세종시대가 도래할 수 있었던 것이다.

그런데 오늘날의 우리들은 조선 개국 지도자들과 같은 위대한 결단이 너무나 결여되어 있다. 우국지사는 드물고 사리사욕에 빠진 자도 많다. 일제침략 이후 고려 말보다 더 국가기강이 무너진 '동방무례지국' 상태에서 너무나 많은 것이 형이하학적이고 생각이 낮다. 그러니까 요즈음 전국의 학교에는 학교폭력이 만연하고, 나라 전체가 불안하며 흡사 나침반이 없이 바다를 표류하는 것과 다름없게 되었다.

도처에 만연하는 학교폭력의 심각성을 목도하면서도 그 근본 원인을 생각하는 견해는 거의 없다. 그 까닭은 나라 전체를 사실상 일제 침략 시대의 답습 흐름으로 잇고, 일본이 망쳐놓은 그대로 살고 있기 때문이다. 그간 나름대로 열심히 노력하여 세계 10위권까지는 진입했으나, 계속 나아가지 못하며 헤매는 모습의 일단이 교실붕괴, 학교붕괴로 나타난 것이다.

도처에 만연하는 학교폭력의 가장 가까운 원인은 '선생님'을 잃었기 때문이다. 학교에서 스승은 거의 사라지고 교육 기술자나 교육 근로자가 봉급이나 타가고 있게 된 나라에서 학교폭력이 만연함은 당연한 것이다. 예전에 우리들은 군사부(君師父) 일체(一體)라면서, 임금님, 스승, 부모님을 하늘같이 모셨었다. 그것은 흥례, 숭례의 실체적 핵심 본체이다.

임금님과 스승 및 부모님을 하늘과 같이 받들던 나라에서, 임금님은 참담하게 사라졌다. 일제침략 선전에 세뇌되어 임금님을 우습게 알게 되었던 흐름에서 스승도 잃고 말았다. 특히 가까운 때에 있었던 극심한 '교육파동' 후유증은 너무나 큰 것이었다. 스승이 무참히 짓밟히며 학교가 거의 황폐화, 공동화되고 말았다.

그러니까 온 나라의 젊은이들 마음이 공황상태에서 지향점이 상실되었고, 폭력교실이 되는 것은 당연한 흐름이다. 선생님을 우습게 아는 귀결점이 학교붕괴이며, 선생님이 없는 학교같이 학교가 무너지니 나라가 불안한 것이다. 선생님의 교권을 철저히 확립시켜 드려야만 할 것이다.

예전 조선시대처럼 선생님과 부모님을 임금님 수준으로 하늘 같이 모시는 나라가 되면 숭례입국의 세종 르네상스 시대가 다시 도래할 것은 확실하다.

하지만 예전 조선 개국 때에는 숭례입국 의지가 확고해서 몽골, 홍건적, 왜구 침탈에 따라 무너진 국가기강을 다시 세웠으나, 현대시대에는 왜놈들이 망친 나라를 다시 세우면서 숭례입국은 없었고 급기야 숭례문을 불질러 버렸다. 숭례문이 불 탄 것은 선생님을 버린 것이다. 국가기강을 불태운 것과 다름 없다.

온 나라의 젊은이들이 존경하며 믿고 따를 마음의 목표가 상실되고만 후유증은 확실히 치유되어야 하겠다. 그 후유증의 진실을 모르니까 청계천 하수도를 잘 고쳤다는 사람이 매우 크게 돋보이며 대통령으로까지 선출되었다. 하지만 임기 내내 4대강 물길 논쟁으로 세월을 보내는 한심한 나라가 되었다. 너무 낮은 목표를 국가최고 지표로 오해한 후유증인 것이다.

흥례(興禮)는 없고 비례(非禮), 결례(缺禮), 실례(失禮)가 지배하는 나라에서 근정(勤政)은 어렵다. 낮은 차원의 저급한 국정목표로 최고의 선진국 진입은 불가능하다. 사실상 국정목표가 없이 여기저기서 청계천 하수도 고치기와 흡사한 일만 흉내내면서, 용인시청, 성남시청 같이 호화청사를 짓거나 전시행정 쇼만 남발하며 빚더미에 올라앉는 나라에서 어찌 미래가 있겠는가?

잃었던 숭례정신을 다시 찾고, 선생님을 스승답게 철저히 모셔야 선진강국이 된다. 임금님을 잃은 나라에서, 스승까지 짓밟고 어찌 내일의 희망이 있을 것인가? 어른도, 선배도 모두 짓밟는 사회가 곧 오지 않겠는가? 온 나라에 법도를 다시 세워야 한다. 온 나라를 아직도 옥조이는 추친일 틀로서는 나라의 미래가 없다.

조선 개국공신 충신들과 같은 드높은 국정지표를 세워야만 제2의 세종대왕 시대가 온다. 법도 있는 나라가 되면 온 나라가 제대로 발전하고 일자리는 넘쳐나게 되어 있다. 숭례문을 다시 지어 부활시키는 순간에, 왜놈들이 짓밟아 놓은 국가법도를 확고히 재건하자.

「흥례의 결단을 내리고, 숭례입국의 나라를 다시 세워야 세계 최고의 나라가 된다. 숭례문과 함께 어른도, 스승도, 나라님도 부활되어야만 한다.」

입헌군주제 개헌!
아주 신선한 선택입니다!

카디프 축구대첩
- 인구 증식은 애국의 첫걸음 -

영국의 서부 웨일즈의 수도인 카디프가, 한국축구의 영광을 상징하는 유명한 곳이 되었다. 한국축구는 카디프에서 축구 종주국인 영국을 격파했다. 홈 관중 7만 명의 일방적 응원에도 불구하고, 2012년 런던 올림픽 8강전에서 승부차기까지 가는 대접전 끝에 승리를 거뒀다.

그리고 4강이 겨루는 준결승전에서 브라질에 석패했지만, 3·4위 결정전을 다시 카디프 밀레니엄 스타디움에서 벌여 2 대 0으로 일본을 완파하였다. 그리하여 역사상 최초의 올림픽 동메달을 따는 위업을 달성했다.

런던 올림픽을 총결산해 보면 한국축구는 종주국 영국을 이겼고, 숙적 일본을 완파시켰다. 더구나 우리가 준결승에서 패한 브라질이, 멕시코에게 2 대 1로 무력하게 무너지고 멕시코가 금메달을 땄다. 멕시코는 한국과의 올림픽 첫 경기에서 무승부였으나 한국이 우세한 경기를 했던 것을 감안하면, 한국축구가 세계 최고 정상급에 올랐음을 증명했다고 하겠다.

카디프에서 영국, 일본을 꺾고 한국이 승리를 거둔 것은, 특히 제

67주년 광복절을 앞두고 있어서 의미가 컸다. 우리나라를 침략 강점하고 온갖 악행을 저지른 일본을, 뒤에서 적극적으로 후원한 못된 나라가 영국이었기 때문이다. 지구 전체의 차원에서 너무나 많은 침략 악행을 저지른 영국이, 유독 극동지역에서는 일본을 내세워 대리악행을 저질렀음은 공지의 사실이다.

넬슨 만델라가 인류의 영웅이 된 것은, 온 인류가 영국과 같이 못된 나라를 응징하는 것과 같다. 그런데 영국은 특히 동양에서는 일본을 내세워 극악한 악행을 저질렀다. 훗날 영국은 6·25전쟁에서 혈전을 펴며 남침전쟁을 막아준 공로라도 있는데, 일본은 이웃 한국을 도운 사례가 전혀 없는 시종일관 '나쁜 나라'라고 하겠다. 그렇게 변함없는 악마의 나라 일본이, 요즘 유엔 안보리 상임이사국이 되겠다고 하는데 UN을 침략 기구로 착각하는가? 과거에 영국은 일본인들이 천하에 없을 악독한 민족인 줄은 미처 몰랐다고 믿고 싶다.

영국은 사실상 4개의 나라가 합해진 연합국이다. 스코틀랜드, 웨일즈, 북 아일랜드, 잉글랜드의 4개국이, 잉글랜드의 오랜 침략으로 합해진 나라이지만 현재도 축구팀은 각기 따로 운영된다. 금번에 런던 올림픽을 맞아서, 모처럼 영국 단일팀으로 출전했으나 한국에게 지고 말았다.

영국 단일팀의 주장은 웨일즈 출신이었는데, 영국 국가를 부를 때에 입을 다물고 있는 것이 온 세계에 널리 방영되었다. 물론 다른 웨일즈 출신 선수들도 마찬가지였다. 북 아일랜드가 최근까지도 격렬히 독립운동을 하고 있고, 스코틀랜드가 독립하겠다고 강력하게 나서는 분위기에서, 웨일즈 사람들의 정치사회적 심서를 다양하게 생각하게 된다.

생각하되 카디프에서 한국축구가 영국, 일본을 제압한 것은, 동병상련의 마음을 가진 웨일즈 터줏대감님의 후원은 혹시 아닐까? 예전에 우리나라가 독립운동을 할 때에 처음에는 아일랜드 민요에 애국가 가사를 붙여 부르다가, 안익태가 새로 작곡한 것이 오늘의 애국가이다. 또한 항일전쟁 때에 만주 땅 단동에서 '이륭양행' 무역회사를 운영하며, 항일전쟁을 벌이는 우리민족을 도운 '조지 쇼'가 아일랜드 출신으로서, 그가 영국 식민지인 아일랜드를 생각하며 우리민족을 적극 도왔음을 다시금 생각하게 해 준다.

영국이 4개의 나라가 합해진 나라이듯, 일본도 당시에는 한국, 타이완, 유구(오키나와), 대마도, 홋카이도를 강점 합병한 추악한 전쟁범죄국가였다. 제2차 세계대전에서 일본이 참패하고 한국과 타이완은 독립되었지만, 현재의 유구, 대마도, 홋카이도가 영국의 웨일즈, 스코틀랜드, 북 아일랜드와 너무나 흡사한 입장에 놓여 있다.

카디프 축구대첩은 예전 임진왜란 때에 일본을 응징한 한산대첩과도 같은 승리일 수 있다. 한국을 그토록 생지옥으로 만들었던 영국과 일본을, 축구공으로 깨끗이 응징한 홍명보 감독과 축구선수들은 한산대첩의 애국 군인들과 다를 것이 없다.

특히 올림픽 팀을 구성할 때에, 외국출신 선수를 귀화시켜 올림픽을 이기자고 했던 일각의 주장을 되생각하게 된다. 그것이 결코 옳은 것이었을까? 축구협회에서 그것을 거부한 것은 백번 옳은 일이었다. 요즘 일부 젊은 여성들이 시집을 가지 않고 아기를 낳지 않으려는 잘못된 풍조 때문에, 농촌에는 적지 아니 다문화사회가 되고 있는 때라 더욱 깊은 생각을 하게 된다.

카디프 축구대첩에서 용감하게 승리한 선수들을 보면서 우리민족의 힘을 다시 생각해보게 된다. 자랑스러운 젊은이들을 낳고 키워준 위대한 어머니, 아버지를 우러러 보게 된다. 올림픽 축구팀은 진정한 우리민족을 재확인시키며, 우리나라를 힘 있게 하나로 뭉쳐 주었고 참된 애국의 의미를 되새겨 주었다.

광복 67주년을 맞아서, 100년 전에 일본에 당했던 처절한 아픔을 잊는다면 그 역사는 또 다시 되풀이될 것이다. 동메달을 목에 걸고 개선하는 올림픽 축구팀에게 우렁찬 박수를 보낸다. 항일전쟁의 위대한 애국자를 다시 보는 감격을 맛본다.

「카디프 축구대첩의 멋진 축구선수들을 보며 인구의 중요성을 재 인식해야겠다. 결혼을 장려하고 출산의 가치를 강렬히 느껴야 민족의 힘이 생긴다. 진정한 애국의 출발점에는 위대한 어머니, 아버지가 있다. 젊은이들이여! 어서 어서 엄마, 아빠가 되자!」

입헌군주제 개헌!
아주 신선한 선택입니다!

울산 가마구(까마귀) 축제

- 일제침략 가마구 탄압의 진상을 밝힌다 -

울산광역시에는 요즘 행복한 고민이 생겼다. 울산을 화려하게 축복해주는 진귀한 복덩이가 날아들었기 때문이다. 약 5만 2,000마리의 거대한 가마구 떼가 몰려와, 온통 하늘을 뒤덮으며 축하 잔치를 열고 있다. 거대한 무리가 하늘을 현란하게 수놓으며 떼를 지어 춤추는, 놀라운 에어쇼 장관을 연출하여 많은 관광객의 경탄을 자아내고 있다.

가마구는 매년 10월말에 몽골 북부와 시베리아 동부지역에서 날아와, 다음해 3월말까지 머무는 철새 떼이다. 겨울철 추운 때에 찾아오는 소중한 손님이 해마다 계속 늘어나, 이제는 울산의 대표적인 상징물과도 같이 되었다.

울산의 태화강 물이 맑아 먹이가 많고, 강변 근처의 삼호 대숲에서 편하게 잠을 잘 수 있어 그렇게 많이 몰리는 것이다. 그리고 넓은 자갈밭, 모래밭이나 퇴적지가 있어서 좋은 환경이 폭넓게 만들어졌기 때문이다. 한때 태화강이 오염되고 환경 훼손이 심했던 시절에는 적었으나, 요즘 환경관리가 잘 되자 기하급수적으로 늘어나고 있는 것이다.

울산에서는 그 새들을 대단히 '기분 나쁜 흉물'이라며 아주 싫어

했었다. 더구나 '배설물'이 도시를 더럽게 한다며 배척하기도 했었다. 요즘에 들어서는 오히려 생태환경에 대한 인식이 높아져 동북아 최대 철새도래지의 하나로 관광 상품화하려 하고 있지만, 지금까지는 도시 이미지를 망치는 아주 나쁜 동물로 여겨졌었다.

하지만 울산에서는 꼭 잊지 말아야 할 것이 있다. 원래 가마구는 우리민족이 예부터 아끼고 사랑하던 아주 좋은 길조였다. 절대로 불길한 흉물 새가 아니었다. 가마구를 흉조로 만든 것은 일제침략 당국이었다. 일본은 우리민족의 전통문화를 철저히 짓밟는 탄압정책을 강행하면서, 예컨대 무궁화를 비롯하여 한국의 좋은 상징물은 모두 나쁜 것으로 몰아간 여파로 가마구가 나쁜 새가 되고 만 것이다.

일본 침략자들은 우리민족이 가마구를 아주 성스러운 길조(吉鳥), 신조(神鳥)로 여기며 좋아하기에, 그것을 나쁜 새라고 매도했었다. 그 잔재가 남아서 가마구를 나쁘게 보는 것이다. 당시 일제당국에서는 가마구를 아주 나쁜 '까만 마귀' 같은 새라고 악선전하며, 이름까지도 바꿔서 까마귀가 된 것이다. 아주 좋은 이름인 가마구를 까만 마귀로 만든 일제침략 교육을, 요즘 젊은이들은 상상하기도 쉽지 않을 것이다.

하지만 예전에 강제로 일제 식민교육을 받았던 사람들은, 가마구를 까만 마귀라며 까마귀로 악선전했던 일본 식민당국의 나쁜 교육을 소상히 알고 있다. 왜냐하면 예전에는 우리사회에서 가마구라고 불렀지 까마귀라고 부르지 않았는데, 일본인들이 그렇게 왜곡해 가르치는 교육을 직접 배웠기 때문이다. 말하자면 그들은 역사의 산 증인들이다.

국어사전에도 그렇고, 통상적으로 우리민족이 써오던 전통적인 옛 고어는 가마괴, 가마괴오, 가마구, 가마우, 가마귀, 가마구이, 가마회 등으로 되어 있다. 그런데도 일본인들이 그것을 일부러 강세 발음화 시키면서, 매우 나쁜 까만 마귀 새로 만든 것이다.

더구나 아주 사악하게 잔꾀를 부리며 그것이 신경통에 특효약이라고, 간교한 악선전을 해서 수많은 가마구가 무참하게 잡혀 죽었다. 그것은 하지만 틀린 악선전이다. 전혀 그렇지 않다. 그런데도 우리 주변에는 일본인들이 가마구를 멸종시키려고 퍼뜨린 간계에 말려든 바보가 아직도 약간씩 보인다.

그것은 예전 스페인이 남아메리카에서 가져 온 담배를 만병통치약이라고 거짓 선전을 한 것이 오늘날까지 이어져, 아직도 담배를 피우면서 병들며 수명단축을 재촉하는 바와 같은 사례이다. 주변의 일부 몰지각한 소수의 사람들이 야생동물을 보신용 동물이라며, 무분별하게 잡아먹는 것을 세심히 살펴 볼 필요가 있다. 그러한 잘못된 행태 가운데는 일제강점 때의 잔재가 적지 않다.

특히 가마구나 무궁화는 일제침략의 간교한 피해를 극심히 입은 사례이다. 훗날 무궁화는 명예회복이 되었는데도, 일부 지각없는 한심한 사람들은 아직도 일본인들이 하던 것을 답습하며 무궁화를 멀리하고 있다. 하지만 가마구는 현대시대에도 전혀 명예가 회복되지 못한 여파로 그 잘못된 것이 그대로 남아 있다. 현재도 우리사회에서는 깊은 생각이 없이, 까마귀가 보편적인 보통명사가 되어 무작정 그렇게 부르고 있는 것이다.

'가마'는 '감'을 뜻하고 신(神)을 뜻하는 순수한 우리말이다. 그래서 우리 조상들은 신을 모시는 곳을 감실(龕室)이라고 했는데, 요즘에는 교회 등에서 그 용어를 그대로 쓰고 있다. 그러니까 조선 후기에 서양에서 들어 온 기독교에서, 우리의 가장 좋은 말을 가져가 버린 것 같이 되고 말았다. 그렇게 된 이유는 기독교가 유입된 때에는 우리말이 살아 있던 때였지만, 일제강점 이후에 탄압을 받으며 없어지고 나니까 교회용어인 듯이 남게 된 것이다.

현재 우리의 생활에서는 '감' 사상이 일제침략기를 겪으며 흔적도 없이 사라졌다. 일제침략은 그토록 혹독했다. 우리들의 기초적 생활문화는 너무나 많은 것이 실종되고 변질되고 왜곡 되었다. 그래서 '가마'는 사라진 용어가 되었고, 현재 우리사회에서는 예부터 쓰던 말이 약간의 흔적으로만 남아 있다.

그 흔적 용어가 상감, 대감, 영감 등으로 쓰이고 있다. 또한 머나먼 고대시대 제정일치 사회의 정치적, 정신적, 종교적 지도자를 뜻하던 데에서 유래하여, 김(金)씨가 그렇게 흔하게 널리 퍼져 있다. '감'님을 모시던 좋은 성이라니까 너도 나도 좋아하며 인기가 있어, 김(감)씨가 우리나라의 약 22%나 되게 많이 퍼진 것이다.

감(龕)은 아주 재미있는 한자이다. 그것은 한국에만 있는 한자이다. 중국, 타이완, 일본, 베트남 등 동양문화권 어디에도 없다. 그래서 그 한자의 훈이 '신'이고 읽기는 '감'으로 읽는다. 그러니까 '신 - 감'이 되겠다. 여타의 다른 한자와는 거꾸로 한자인 '신'이 훈이고 순수한 우리말인 '감'이 발음이다. 그러니까 우리말이 먼저 있었고, 한자가 나중임을 뜻한다. 다른 한자와 정반대인 것이다.

그런데 특히 유의할 것이 있다. 일본은 예전 고대시대에 우리민족의 사실상의 식민지였다. 아니 절대다수의 인구가 한국에서 간 한국계이다. 그렇기에 일본에는 우리문화가 그대로 전승되었고, 일본에서는

'감'을 '가미(神)'로 지금도 쓰고 있다. 그러니까 일본의 '가미'는 일찍이 한국에서 건너갔고, 한자인 '신'이 나중에 일본에 전해진 것을 정확히 확인하게 된다. 일본에서는 한자로 신(神)을 써놓고, 읽기는 우리말과 같이 '가미'로 읽기 때문이다.

그 증거가 뚜렷하게 남은 것이 경북 구미에 있는 금오산(金烏山)이다. 금오산은 성스러운 '감 가마구' 산이란 뜻이다. 대단히 좋은 거룩한 산임을 말한다. 특히 땅 이름이 '구미'인 것은 일본의 '가미'로 전해지는 문화전승 이행과정을 명백히 보여준다. 일본의 종교 문화는 원초적 한국 종교가 건너간 것임을 금오산은 의연하게 증명하고 있다.

그런 까닭으로 일본에서는 예전 한국에서 건너 간 그대로, 지금도 가마구를 아주 좋은 새로 모시고 있다. 한국에서 전승된 식민지 문화니까 당연히 한국의 길조(吉鳥)가 일본에서도 길조로서 좋은 새인 것이다. 따라서 일본의 침략 악행은 빤한 것이다. 그들의 신조(神鳥)를 한국인들이 자기들과 똑같이 모시지 못하게 하려고 그렇게 나쁜 짓을 했던 것이다.

요컨대 일본의 천황부터 다수의 일본인들이 한국에서 건너간 도래인들이므로 당연히 일본에서는 가마구가 좋은 새인데, 오늘날 한국에서는 오히려 침략 정책 당국자들이 무자비하게 강요했던 탄압 잔재가 현재까지 생생하게 남아 있는 것이다. 그러니 현재의 우리들은 아직도 너무나 추친일 문화에 찌든 추친일파들이다.

특히 끝으로 결코 잊지 말 것은 가마구가 일본천황가의 상징 새란 점이다. 그런데 그것이 우리민족에게는 온 민족의 상징 새이다. 그러니까 일본천황은 한국계이며 사실상 한국 평민층이란 것이 자명하게 폭로된다. 그래서 일본인들은 가마구와 우리민족의 관계를 극도로 악화시키며 악감정을 갖게 만들었던 것이다.

오늘날 울산에는 너무나 좋은 복덩이가 날아오고 있는 것이다. 울산은 복 받은 땅이다. '가마구'는 순수한 우리말로 신조(神鳥)를 뜻하니까, 성스러운 새, 복을 날라다 주는 신령스러운 새가 떼를 지어 날아와 축복의 잔치를 열어 주는 것이다. 그것은 울산이 우리나라에서 가장 좋은 곳에 속하며, 가장 살기 좋은 곳의 하나임을 뜻하는 것이다.

울산은 그간 전국에서 국민소득이 제1순위로 높은 풍요로운 곳이라고만 알았다. 그런데 거기에 덧붙여 물질적 가치를 뛰어 넘는, 너무도 복 받은 명당임을 가마구들이 알고 몰려와 성대한 축하 에어쇼 잔치를 열어주고 있는 것이다.

「울산 가마구 축제는 항일 독립전쟁 문화행사로 승화되며 계속 발전되어야 하겠다.」

입헌군주제 개헌!
아주 신선한 선택입니다!

만고충신 안중근 의사와 현대판 충신 임종구

- 러시아의 통 큰 결단을 촉구한다 -

임종구는 살아있는 현대판 애국 충신이었다. 그를 처음 만난 것은 러시아 블라디보스토크 해변이었다. 1997년에 실시된 고려인 강제이주 60주년 행사를 위한 방문에서였다.

당시 고려인 강제이주 행사를 60년 만에 재현한다고 하여 블라디보스토크에서 우즈베키스탄의 타시켄트까지 가는 시베리아 횡단열차를 타기 직전이었는데, 그 무렵에 출간되고 얼마 안 된 책인 '신흥무관학교'를 몇 권 갖고 갔다. 고국과 떨어져서 긴 세월을 보낸 고려인들을 만나면, 그냥 만날 수도 없다는 단순한 생각에 간단한 선물들과 함께 갖고 간 것이다.

곧 기차를 타야 하기에 처음으로 만난 고려인이지만 간단한 수인사를 나누고는, 책 1권을 주고서 헤어졌고 까맣게 잊고 있었다. 그런데 다음 해에 느닷없이 연락이 왔고, 한국에 왔다면서 서울교육대학교로 나를 찾아와서는 그 책을 더 달라는 것이었다.

이유를 묻자 그는 책에 줄까지 치며 몇 번을 탐독했다고 말하면서, 그 책에 담긴 안중근 의사 얘기에 큰 감동을 받았다고 말했다. 한국사에 안중근 의사라는 위대한 인물이 있는가도 처음으로 알았고, 특히 안중근 의사가 활약한 곳이 블라디보스토크이며 하얼빈 의거의 출발지가 블라디보스토크인 점에 감격하여 러시아의 동료, 친구들에게 나눠 줄 것이란다.

임종구는 자기의 직업이 블라디보스토크 교육관이며, 원래는 사할린 동포라고 했었다. 그런데 부산에 볼 일이 있어 왔는데, 러시아인의 통역을 해주러 왔다고 말했다. 당시는 소련 연방이 해체된 직후이며 러시아가 매우 궁핍한 때라, 러시아인들이 한국에서 돈을 벌려고 많이 왔고 본인은 통역 일을 주로 해준다고 했다.

그런데 얼마 후에 임종구는 나에게 또 나타나서 책을 더 달라는 것이었다. 그것도 가능한 한 많이 달라는 것이다. 그래서 약 2상자를 구해 줬다. 그 때의 용건은 러시아와 한국의 아는 사람에게 나누어 주고서, 돈을 거두어 안중근 의사 기념비를 세우려고 한다고 말했다. 그는 그 무렵의 모습이 '안중근 신화'에 몰두한 사람과 같았고, 좀 지나친 표현으로는 '신흥무관학교'에 홀린 광신도와도 같은 느낌이었다.

그 후에는 한국에 한동안 머물기도 하면서, 연속 나타나 자꾸 책을 달라는 것이었다. 그리하여 올 때마다 간단한 식사도 나누는 사이가 되어 나갔는데, 허황된 느낌이 들었지만 너무 열화같이 졸라서 계속하여 책을 마련해 주었다. 그리고는 얼마 후에 러시아 블라디보스토크에 기념비를 세웠다고 통쾌한 웃음이 섞인 국제전화가 왔다. 그러나 나는 그 비석을 본 적도 없었다.

그런데 얼마 후에 낙담한 얼굴로 다시 나타나서는 그 기념비를 러시아 공안당국에서 부숴 버렸다는 것이다. 그러면서 책을 더 달라는 것이다. 흡사 맡겨 놓은 책을 당연히 갖고 가는 자세로 말했는데, 새로 안전한 곳에다 세우겠다고 했다. 자기가 블라디보스토크 고위 공직자도 잘 아니까 이번에는 확실하게 세운다고 했다. 그 후 여러 차례 책을 더 가져갔다.

한 번은 더구나 자기 부인을 포함한 사할린 동포의 모국 방문단이 왔다고, 그 많은 사람들에게 한 권씩 다 달라고 긴급 연락이 왔다. 자기가 안교수를 아주 잘 알아서, 전화만 하면 준다고 말했으므로 꼭 준비해줘야 한다는 것이다. 부담이 되었지만 출판사에 연락하여 급히 준비해 주었다.

그 후 두 번째 세운 기념비가 잘 세워졌다고 연락이 왔다. 그리고는 얼마 후에 다시 낙담한 목소리의 전화가 왔다. 두 번째로 또 실패를 한 것이다. 그리고는 시간이 약간 지체된 뒤에 세 번째의 도전을 했다. 그 후 그는 세 번째는 확실한데, 그것은 블라디보스토크의 동양의학대학 구내에 세우고 그 대학에서 관리를 영구토록 해주기로 했다며 협약서까지 갖고 왔다. 물론 만들어진 기념비의 사진도 찍어서 갖고 왔다.

그러나 나는 기념비의 실물은 아직 못 본 상태였다. 그리고는 몇 년을 잊고 있다가, 내가 대학원장이 되자 대학원생 해외답사단을 인솔하고 방문을 했다. 그리고는 그 기념비를 꼭 찾아달라고 신신당부하여 어렵사리 방문을 했다.

매우 감격적인 기념비 친견이 되겠는데, 교수진과 대학원생을 포함해 약 60명의 일행이 큰 감동을 받았다. 특히 임종구 같은 열정적인 애국 고려인의 노력을 설명해주자 그 감동은 말로 하기 어려웠다. 고려인들이 애국인맥이요 독립운동가의 후손들임을 절감하며 박수를 힘차게 쳤다.

그 기념비에는 특이하게 안중근 의사(義士)를 설명하며 의사(醫師)라고 되어 있었다. 그것은 나에게도 사진을 갖다 주며 설명을 했던 바인데, 아무리 블라디보스토크 당국에 안중근 의사를 설명해도 쉽지 않았고 의과대학 구내에 세우며 의사(醫師)라고 해야 영원히 보존되겠기에 그랬다는 것이다. 또 웃으며 말하기를 안중근 의사가 '민족의 병을 고친 의사'가 맞지 않느냐고도 했었고, 나도 옳다며 맞장구를 치고 크게 웃기도 했었다.

임종구가 세운 안중근 의사 기념비는 블라디보스토크의 명물이 되었다. 예전 국난기에 신한촌 망명 독립전쟁 본부가 있었고, 광무황제가 그곳으로 망명하려다 일제에 의해 독살 시해를 당하신 곳에 있는 대표적 상징물이 되었다. 사실 블라디보스토크는 상하이보다 일찍 항일전쟁이 시작된 발원지 본토였다. 이상설 정통령(正統領)을 중심으로 해삼위(연해주)는 상하이를 훨씬 압도하는 항일애국 중심지였다.

그러므로 임종구가 만든 비석은, 예전에 러시아와 우리 독립운동가들이 사실상의 동맹관계이며 동지관계로 항일전쟁을 벌인 기념물이기도 했다. 더구나 오늘날의 임종구는 고려인이지만, 러시아 국적의 러시아인이다. 임종구의 몸에는 일제침략에 항전하던 우리민족과 러시아인 공통의 역사가 연면히 흐르고 있다.

안중근 의사의 독립운동 본거지를 지키는 고려인들의 자긍심을 나타내주던 그 비석을 남기고서, 임종구는 곧 사할린 동포 영구 귀국 인사가 되어 부인과 함께 인천 근처로 이주해 왔다. 그리고는 연로한 나이에 몇 년도 못 되어 작고했다. 그는 그 비석이 영원히 남아 있으리라고 굳게 믿고서, 현대판 충신으로서의 소임을 제대로 했다는 만족감에 눈을 편안히 감았을 것이다.

하지만 못된 일본 왜적이 그 기념비를 그대로 두겠는가? 지금도 공개적으로 일본정부 차원에서 안중근 의사를 국사범 살인범이라 부르며, 추호도 침략자에서 변한 것이 없는 왜구 나라의 마수가 음흉하게 뻗쳐왔다. 2012년에 APEC 회의가 블라디보스토크에서 열리게 되자, 일본의 흉계가 간교하게 작동했고 그 비석은 조용히 사라졌다. 러시아 당국에서 압수해 갔다는 것이다. 그것은 한국 신문에도 알려져 안타까움과 아쉬움의 기사가 크게 실렸었다.

아마도 푸틴 대통령이 그런 옹졸한 결정을 내렸을 리는 없다. 지방정부의 지각없는 몇몇 공무원들이 일본 정보당국의 뜻에 영합하며 지극히 한심한 결정을 내렸으리라고 본다. 그렇지만 100여 년 전 당시의 러시아는 사실상의 동맹 항일전쟁 국가였다.

광무(고종)황제는 러시아 공사로 최측근 황족에 해당하는 광평대군 종손 이범진을 파견했고, 그 동생 이범윤이 극동 러시아에 일찍이 파견되어 러시아와 함께 항일전쟁 공동전선을 폈을 정도로 친러정책을 폈다. 당시 러시아 황제는 러일전쟁의 공로를 치하하며 이범윤에게 훈장까지 수여했다.

또한 블라디보스토크에는 애국석학 이상설이 망명해 있어 신한촌 항일기지가 일찍이 만들어져 있었으며, 이곳에서 이상설, 이준을 모시고 헤이그 특사 외교 활동을 안내한 사람이 이범진의 아들 이위종이다. 더구나 해삼위에 상해보다 먼저 탄탄한 임시정부가 설립되었음은 광무황제의 뜻에 따른 것이다. 블라디보스토크, 우스리스크는 상해와는 차원이 월등히 다른 항일전쟁 발상지 본부였다.

러시아 당국이 명심할 중대 사안이 있다. 예전에 명성황후는 적극적 친러정책을 펴다 일본에게 참혹하게 시해되셨는데 그것이 러일전쟁의 전초전이었다. 광무황제는 대단히 러시아 황제를 신뢰하며 아관파천까지 단행했을 뿐만 아니라, 블라디보스토크로 망명하기 직전에 왜적에게 독살되셨다. 그리고 이범진 공사는 경술국치의 날에 상트페테르부르크에서 권총으로 자결 순국하였다. 그런데도 이 시대에 일본의 간계에 따라, 어찌 기념비를 없앨 수 있는가?

러시아가 명성황후, 광무황제에게 입은 후의를 짓밟는 배은망덕한 나라일 수는 없다. 당시의 러시아는 그런 편협하고 부덕한 나라가 아니었다. 대단한 우호국이었다. 금번에 안중근 의사 기념비가 사라진 것은 너무나 충격적인 일이다. 앞으로 러시아가 안중근 의사를 예우함은 당연하고, 친러정책을 펴다 왜적들에게 무참하게 시해당한 광무황제와 명성황후의 순국 기념비도 세움이 러시아의 마땅한 도리이다.

러시아도 명성황후와 광무황제의 혼백에 사후라도 진정한 성심을 보여야 큰 나라이다. 그렇지 않다면 앞으로 어느 나라가 러시아를 좋게 보겠는가? 하얼빈에 세워진 대규모 안중근 의사 기념관을 본다면, 어찌 러시아가 일본과 값싸게 영합할 수 있는가? 러시아가 그렇게 값싸고 헤픈 나라인가? 아마도 푸틴 대통령이 금번의 치졸한 사건의 진상을 안다면 노발대발할 것이 분명하다.

하지만 그 후에 그 어떤 신문에도 애국지사 임종구의 활약 이야기는 전혀 없었다. 그 후 임종구를 거론하는 한국인도 전혀 없었다. 천신만고 끝에 세운 임종구의 공로를 말하는 사람은 하나도 없고, 풍문에 전해지길 비석에 의사(義士)를 의사(醫師)로 잘못 썼다는 엉뚱한 얘기만 전해졌다.

러시아 신한촌에 망명하여 항일전쟁에 몸 바친, 만고충신 안중근 의사를 영원히 기리기 위한 현대판 열혈 충신 임종구의 활약은 꼭 기억되어야 할 것이다. 안중근 의사는 당시 러시아를 매우 신뢰하며 그곳으로 망명을 떠났으며, 블라디보스토크에서 하얼빈으로 달려가 전범 이등박문을 처단했다. 블라디보스토크는 안중근 의사의 제2의 고향과도 같은 곳이었다.

당시 항일전쟁 공동전선을 폈던 중국이 안중근 의사를 영웅으로 받든다면, 그것은 러시아도 똑같아야만 한다. 러시아 정부는 이제라도 블라디보스토크에서 활약한 위대한 독립운동가인 안중근 의사 기념비를 멋지게 다시 세우고 동상도 세워야 옳다. 그리고 광무황제, 명성황후의 친러 항일 순국에 대해서도 확실한 예우가 있어야 러시아가 대국이다.

「러시아가 옹졸한 나라가 아닐진대, 임종구가 사라진 뒤에는 러시아인 전체가 임종구가 되어야 옳다.」

❁ 명성황후 시해의 초특급 극비 비밀

- 일제침략 황후마마 시해의 전모 최초공개 -

인류사에 유례가 없도록 악랄한 침략 전범국인 일본은, 요즘에 과거의 침략을 전면적으로 부인하며 세계를 놀라게 하고 있다. 그들은 지난 세월의 침략범죄를 철저히 은폐, 왜곡, 말살시키기에 혈안이 되어 있다. 심지어 일본의 전쟁범죄는커녕 히틀러의 유태인 학살까지 옹호하며 온 세계를 경악케 하고, 독일도 어안이 벙벙하게 할 정도로 이성 상실 상태에 있다.

그렇기에 항일전쟁기 독립운동사 연구는 아직도 겨우 빙산의 일각 정도만 밝혀져 있다. 그래서 당시를 너무나 모르고 너무나 잘못 알고 있다. 항일전쟁기 연구는 그러므로 아직도 걸음마 단계라고 보아야 옳다. 먼 훗날에도 일본의 전쟁범죄를 완전히 밝히기는 거의 불가능 할지 모른다. 일본의 간교한 역사 왜곡 범죄가 잇달아서 그렇다.

일본은 그들의 침략범죄를 흔적도 없도록 획책해 왔기에, 요즘 아베는 731세균 부대, 가미카제를 오히려 예찬하면서 야스쿠니 참배는 전혀 잘못이 아니라고 강변하고 있다. 일본은 제2차 세계대전을 일으키던 무렵에 국가이성을 상실하며 원자탄을 맞았는데, 요즘의 일본은 당시와 흡사하다. 세계여론이 들끓어도 안하무인이다.

일본은 그렇게 세계여론을 무시하며 철저히 잘못된 교육을 강행해 왔고, 일본 국민을 역사적 까막눈이 되게 이끌어 왔다. 그렇기에 요즘 밝혀진 침략범죄는 어쩔 수 없이 확실한 증거가 나온 것에 국한한다. 남경대학살은 정의로운 독일인의 추상같은 고발이 있었고, 731부대는 그들이 패전하며 도주할 때에 미처 증거인멸을 시키지 못하고 도망쳐 밝혀진 것일 뿐이다.

명성황후 시해는 일본의 가장 뼈아픈 전쟁범죄이다. 완전범죄를 꾀했으나 계획대로 되지 않았다. 철저히 감추려던 계획이 무산되고 그 범죄현장을 일본의 적대국이었던 러시아 건축기사에게 들켜서 알려지게 되었기 때문이다. 그렇기에 명성황후 시해 전범행위는, 일본의 은폐, 왜곡, 말살 과정이 뚜렷하게 3단계로 생생하게 노출된다.

애초에 러시아인 사바틴이 범행 장면을 목격하고서 러시아 공사에게 보고했고, 러시아 공사가 각국 공사들에게 알려 널리 공개된 정보는 그래서 완벽하지 못하다. 사바틴의 눈에 비춰진 대로만 알려졌기에 그렇다. 그래서 명성황후는 다만 칼잡이들에게 참혹하게 시해를 당한 뒤에 그 시신마저 휘발유로 불태워졌으며, 남겨진 유골은 연못에 뿌려 증거인멸이 되었다고 알려진 것이 그간의 정설이다. 이것이 제1단계 학설이고 그간의 정설이었다.

하지만 러시아인 사바틴은 천인공노할 범죄를 만천하에 알린 큰 공로를 쌓았다. 그렇지 않았다면 일본은 철저히 숨기며 거짓말을 했을 것이다. 당시 러시아에서 그 흉악 범죄를 세계사회에 공론화시켜 준 바는 너무도 고마운 일이 분명하다.

그런데 훗날 일본 범죄자들이 부도덕한 일본사회 분위기에 편승하여, 그 범죄를 자랑하듯 무용담이나 회고록으로 남긴 것이 보완사료가 되었다. 그들은 일제침략 시대가 원자탄을 맞으며 참담한 패전을 맞으리라고는 전혀 생각하지 못한 상태에서 그런 황당한 사료를 남긴 것이다.

그래서 돌출한 충격적인 일이 명성황후를 강간하고서 시해했다는, 더럽고 잔혹한 만행이 추가되었다. 그 범죄 참가자들이 그것도 자랑이라고 스스로 발설한 것이 알려진 것이니, 그 시대의 일본은 그런 저질 야쿠자 조폭사회다웠다고 하겠다. 일본사회는 당시에 그것도 무용담이라고 떠버릴 만큼 더럽고 한심한 야만사회였었다. 그래서 제2단계로 강간시해설이 되는데, 이 학설의 출현에는 최문형 교수가 큰 공로를 세웠다.

그런데 그것이 국제적 지탄의 대상이 되자, 그들이 억지로 범행에 끌어들인 훈련대장 우범선의 범행이라고 둘러댔다. 일본은 많은 경우에 범행이 발각되면 한국인에게 뒤집어 씌웠다. 광무황제 독살시해를 비롯한 그 어떤 범행들도, 발각되면 하나같이 그렇게 거짓말로 발표해 얼버무리며 그들의 범죄를 은폐, 말살했다. 아마도 사바틴의 폭로가 없었다면 명성황후 시해범도 우리민족이었다고 날조했을 것이다.

일본은 정신대 위안부 만행도 부인하고 부정하다, 요즘에는 정신대가 제2차 세계대전 참전국에는 다 있었다면서, 프랑스, 독일에도 있었다는 등 실성한 망언도 서슴지 않는다. 그러니까 일본의 정신대를 인정할 수밖에 없도록 막다른 궁지에 내몰리니까, 독일, 프랑스 등의 여러 나라를 같은 범죄국가로 물고 들어가는 치졸한 작태를 보이는 것이다.

생각하면 정신대는 일본사회의 전통적 악습이었다. 미국 언론(워싱턴 포스트)은 당시에 끌려간 대다수는 조선 여성이었다고 폭로하며, 그 만행이 일본에 예부터 존재하던 성노예 제도였다고 적시하고 있을 정도이다. 그런 더럽고 참담한 때이니 당시 한국에서는 10대 후반만 되어도 무조건 결혼을 시켰고, 그렇게 되니까 젊은 유부녀까지도 마구 끌고 갔다.

예전 만주 심양에서는 검정 치마에 흰 저고리에다 댕기머리의 처녀가 매일같이 중국 남부로 트럭에 실려 가는 것을 못 본 날이 없었다고 한다. 심양 서탑거리에 사는 중국동포들은 그 장면을 매일 같이 보았다면서 분노하며 증언한다. 심지어 관동군 사령부가 있던 치치하얼 등에는, 당시로는 고급 인력인 여고생 처녀들이 수백 명이나 장교들 성노예로 잡혀와 있었다고 강제로 끌려갔던 학병 출신들이 개탄하며 말한다.

명성황후 시해에서도 그 와중에 곳곳에서 강간과 겁탈을 자행한 일본인들은, 원래 예부터 성노예에게 '하던 짓'을 습관대로 했던 것이다. 그리고는 닥치는 대로 훔치며 약탈을 곁들였던 것이다. 먼 옛날의 왜구나 임진(정유)왜란, 경술왜란에서도 항상 그랬던 추악한 전통 그대로 했다고 하겠다. 그리하여 명성황후가 강간을 당하고 시해되었다는 충격적인 극비 정보가 학계에 알려지게 되었다. 그러니까 소름끼치는 그 야만적 만행을 자기들끼리 무용담 같이 말한 그것부터가, 정신대는 일본의 생활문화였음을 확증한다.

그런데 세월이 지나면서 제3단계로 너무나 경악할 충격적 증언이 대한황실에서 나오고 있다. 제3단계는 여기서 역사상 최초로 공개하는데, 그 증언자는 광평대군 직계손이다. 현재 미국 시민권자인 그는 놀랍게도 예전에 명성황후가 그의 자택에서 숨을 거두셨다고 증언하고 있다. 자기 집에서 돌아가셨으니까, 그것은 광무황제 등 황실 핵심부만 아는 초특급 비밀이라고 한다. 극도의 공포 분위기 속의 초특급 황실비사이기에 그렇다는 것이다.

광평대군은 세종대왕이 가장 아끼던 아들이나 19세의 젊은 나이에 사고로 죽었다. 세종대왕은 아들들에게 중요한 나랏일의 책임을 분담시켰는데, 광평대군은 한글창제를 주관하여 요절했다는 것이다. 한글창제의 반대세력에게 암살당하였다는 것이다(조선시대 한글탄압은 수양대군, 한명회가 단종 임금님을 시해하고서 집권하며, 안평대군, 금성대군을 죽이고 광평대군을 탄압한 어둠의 정치사일 수 있다).

세종대왕은 애지중지 총애하던 아들이 죽자 극도로 오열하며, 그 직계 자손만은 대대로 궁궐 안에 살면서 황실재정을 담당하라는 중책을 특별 어명으로 지정하여 맡겼다고 한다. 그래서 광평대군 직계 자손만은 유일하게 궁궐 거주 핵심 구성원으로 내려 왔다고 한다. 그의 증언은 너무도 충격적이고 중요하기에 꼭 기록으로 남겨야 하겠다.

당시에 광평대군 직계 자손은 황실이 처참한 지경을 당하고, 나라가 누란의 위기에 처하자 거처를 궁궐 밖에도 마련했다고 한다. 그리하여 현재의 현대그룹 본부터에서 살았다고 한다. 그 집터는 그러므로 예전 경기고등학교 입구로서, 정독도서관 입구에 있는 현대그룹터 모서리이다. 그러니까 현재는 운현궁 바로 건너편 현대그룹 주차장 모서리가 된다.

명성황후는 당시에 경복궁 만행 현장에서 시해되지 않았다고 한다. 호위무사들의 충성어린 사투로 운 좋게 피신하여, 광평대군 댁에 몰래 숨었고 거기에서 9개월 만에 돌아가셨다는 것이다. 사실상 광평대군 집은 황궁의 비밀 별궁과도 같은 곳이었고, 황실의 극비 은신처였기에 그렇게 된 것이다.

그런데 그렇게 돌아가신 사인이 상상도 못할 정도로 경악할 일이다. 그것은 일본인들이 한 쪽 귀를 잘라가서, 너무나 출혈이 심해 사망하셨다는 것이다. 과다출혈로 중환자였지만 일본인들 모르게 숨어 지내며 치료를 제대로 못해서 돌아가셨다는 것이다.

명성황후 시해 때에 일본 범죄자들은 지구상 어디에도 없을 더러운 저질 잡범다웠다. 명성황후가 누군지도 잘 몰랐고, 술에 취해 아무나 죽이고 불태웠으며 강간하고 겁탈하면서 도둑질을 하는 최악의 광란극을 자행했다고 보인다. 흡사 아비지옥의 마귀들이 날뛰듯 했던 것이다. 그런데 놀랍게도 그 와중에 여러 여인의 귀를 마구 잘라 갔다는 것이다. 명성황후도 그 참혹한 피해를 입은 것이다.

당시 일본 범죄자들은 궁궐에 난입하며, 예전에 임진(정유)왜란 때와 같이 귀를 증거물로 잘라 오라는 명령을 하달 받았다고 보인다. 그날의 범죄 목표는 명성황후였으니까, 명성황후가 누군지도 모르면서 여인들의 귀를 닥치는 대로 마구 잘랐던 것이다. 그날 명성황후로 오인되어 죽임을 당한 여러 궁녀들의 귀는 당연히 잘려 나갔을 것인데, 그들은 경쟁하듯 날뛰며 여인의 귀를 여기저기서 잘랐던 것이다.

그런데 명성황후는 구사일생으로 도망쳐서 광평대군 종가 댁에 숨을 수 있었다고 하겠다. 당시 명성황후가 시해됐다고 알려졌으나, 정식 국상은 웬일인지 아주 오랜 시간 뒤에 치러졌다. 일본이 그토록 몰아치며 장례를 황급히 마무리 지으려 해도 차일피일 시간을 보냈다.

그러니까 1895년 10월 8일의 참극 이후 이런 저런 이유로 시간을 끌다가, 무려 2년 2개월이나 지난 1897년 11월 22일에 국장을 치루며 장례를 마친다. 그리고 훗날 고영근 애국협사가 8년간의 장기간에 걸쳐 우범선을 끈질기게 추적하며 응징 처단한다. 명성황후가 사라진 뒤에 전개된 여러 정황을 종합해 보면, 사바틴의 증언은 멀리서 본 부정확한 목격담이고 그 잘못된 바가 널리 알려졌었다고 하겠다.

또한 안중근 의사는 명성황후 시해 이후 14년이 지나, 최고 살인마 원흉인 이등박문을 사살한다. 안중근 의사 의거 무렵에는 명성황후 시해 전범행위가, 온 나라의 거국적 항일전쟁 제1순위 명분이었다고 판단된다. 당시 안중근 의사는 자신이 대한의군 특파독립대장 겸 참모중장 신분이므로 만국 공법에 따른 포로 대우를 하라고 당당히 주장했고, 재판정에서 밝힌 의거 이유의 제1순위는 명성황후 시해범 처단이라고 밝혔다.

그간 안중근 의사를 일본에서 왜곡시킨 역사가 알려져 왔는데, 최근의 연구에는 안중근 의사가 광무(고종) 황제의 어명을 받들어 침략전범을 응징한 것으로 밝혀지고 있다. 이등박문의 사살 처단은 나라님의 뜻을 받든 것이고, 온 민족의 뜻에 따라 국법으로 침략국을 징벌한 것이었다. 당시 명성황후 시해에 대한 복수는 대한황실의 제1순위 과제였고, 정상적인 우리 민족이라면 누구라도 이를 갈며 분노했던 절체절명의 국가과제였다고 해석된다.

흡사 어느 가정집의 어머니가 비명횡사 당하자, 아들 딸이 인생을 걸고 복수하듯 국모님의 비극에 총궐기했던 것이다(그러다가 나중에 광무황제까지 독살 시해를 당하자 온 겨레가 분노하며 폭발한 것이 3·1만세 항쟁이었다). 안중근 의사는 그러므로 당당히 국법에 따라 침략국 제1순위 전범을 처단하였고, 의연하게 순국한 공적 신분이었다.

광란의 방화, 파괴, 도둑질, 살인극에다, 짐승 같은 강간, 겁탈 그리고 놀랍게도 귀까지 마구 잘라갔다는 최악의 범죄 전모를 듣고 어안이 벙벙할 정도이다. 어찌 지구상에 일본과 같이 나쁜 저질 야만국이 있을 수 있는가? 일본땅 곳곳에 현재까지 남아있는 귀무덤 코무덤 만행이 그때에도 무자비하게 자행되었다니 유구무언이요 숨이 콱 멎을 지경이다.

임진(정유)왜란에 종군했던 일본 스님 케이넨의 종군기에 있는, 차마 눈뜨고 못 볼 '생지옥 참혹상'이라고 한 그대로가 그 광란의 밤의 경복궁 만행이었다고 하겠다. 현재도 일본에 있는 귀 코 무덤은 그러한 참상의 생생한 물증이다. 일본은 긴 시간을 그렇게 악마 악귀들의 나라였는데, 그 밤에는 그 모든 것을 압축 집합한 아비규환의 왜구 광란 드라마를 자행했던 것이다.

요즘 일본의 고이즈미, 아베, 아소와 같은 특급 전범후손들의 집합체인 자민당은 그 나쁜 야만국 왜구의 주범핏줄이다. 그에 비해 하시모토는 무식하게 날뛰는 종범이요, 추악한 잡범 후예라고 하겠다. 그 당시에도 초특급 전범 천황을 비롯한 흉악한 범죄 주모자들은 일본에서 귀를 잘라오라고 시켰고, 하시모토 비슷한 여러 저질 잡범들이 만행의 하수인이었을 것이다.

현대시대에도 일본은 너무나 비정상적이다. 흡사 정신병에 걸린 중증 질환의 정신병동 같다. 아베 총리 이하 자민당 다수가 가진 전범 후손들 나라로서의 강박상태를 증명하는 자격지심이, 오늘의 일본을 다시금 원자탄 세례를 앙망하는 시대착오적인 나라로 오도하고 있다.

너무나 참담한 역사는 일본 열도가 천벌을 받아 사라질 때까지 이어질지 모를 일이다.

「A급 전범 후손 아베의 초조한 머릿속에는 범죄자 가문의 범죄의식이 짓누르고 있다. 아베의 등장 이후 일본은 원색적인 옛 전범국으로 회귀했다. 그의 어두운 얼굴에는 일본 열도침몰의 암담한 미래역사가 새겨져 있다.」

입헌군주제 개헌!
아주 신선한 선택입니다!

각시탈 대일 선전포고

- KBS 항일드라마의 우수성 -

높은 시청률을 기록하며 화제를 뿌린 KBS 각시탈 드라마가 28회로 끝났다. '항일드라마'라는 신조어를 탄생시킬 만큼 신선한 감동을 선사한 각시탈은, 매 시간 드라마가 갖출 호조건을 모두 충족시키면서 싱싱한 재미를 선사했다.

박진감 넘치는 상황전개에다 예측을 쉽게 허락하지 않는 줄거리는, 실로 손에 땀을 쥐게 하는 즐거움을 주었다. 특히 마지막 장면은 너무나 멋있었다. 못된 침략자를 물리치려고 우리민족 전체가 항일독립군이 되어, 총궐기하는 것을 뜻하는 감동적 장면은 매우 인상적이었다. 반성을 전혀 모르면서 뻔뻔하기 짝이 없는 일본에 대한, 현대판 선전포고와도 같은 통쾌하기 짝이 없는 시원한 결말이다.

파렴치한 국제범죄 국가에서 전혀 변동이 없는 침략전범국이 일본이다. 일본만 생각해도 분노가 솟고 속이 뒤집히는 사람이 어찌 한 명 두 명뿐이겠는가? 그 무뢰배 철면피 국가를 응징하기 위해 온 겨레가 각시탈을 쓰고 태극기를 들고서, 총을 들고 돌진하며 왜적을 일망타진 소탕하는 통쾌한 승리의 결말은 정말로 압권이다. 시청자들에게 두고 두고 잊히지 않을 감동과 감격을 유감없이 선사해 주었다.

또한 이웃나라를 1천년에 걸쳐 끊임없이 침탈한데다, 기억도 생생한 100년 전의 잔혹한 침략으로 생지옥이 되었던 후유증을 지금까지도 혹독히 앓고 있는 피해국가 한국을, 현대시대에도 모독, 조롱, 겁박하는 일본에게 준엄한 경고를 내린 것이었다.

그것은 앞으로 일본의 오만방자한 파렴치 행패가 계속되면, 잔악했던 지옥살이로 뼈 속 깊이 원한이 맺힌 8천만 민족이 총궐기할 것임을 분명히 선언한 것이었다. 일본은 요즘 제2차 세계대전에서 핵폭탄 2개를 맞은 것을 두고, 미국에다 적반하장의 역선전 욕을 꾸준히 하고 있다. 하지만 가장 무서운 핵폭탄은, 8천만 각시탈이 들불같이 폭발해 일어나는 총궐기임을 확실하게 가르쳐 준 것이다. 오늘날 우리민족 모두는 누구나 각시탈을 쓰고, 마음속으로는 분노를 삭이며 산다는 것을 일본에 알려 준 것이다.

KBS는 각시탈을 통해서 KBS의 존재가치를 분명하게 증명하였다. 저질 언론매체가 적지 않은 상황에서, 시청자들을 향해 품위 있고 의연하게 수준 높은 감동을 준 제작진의 열정, 식견, 용기를 크게 칭찬한다. 특히 드라마 전체가 항일전쟁 시대를 매우 '정확하게' 고발하고 있음을 높게 평가한다. 픽션이면서도 틀린 내용이 없다.

제작진들이 아주 심도 있게 공부를 하고, 풍부하게 항일전쟁 자료를 검토하고 섭렵한 작품이라 하겠다. 본 작품은 '공부하면서 만든 작품'으로 풍부한 고증과 함께 균형감을 갖춘 수준급 명품이다.

요즈음의 신세대들은 100여 년 전의 경술국치 아픔이 혹시 잊혀졌을 수도 있겠는데, 각시탈 드라마는 매우 시의적절한 적시타 홈런을

친 것이다. 더구나 일본이 100년 전 왜구로 되돌아가, 악마의 감춰진 가면이 원색적으로 벗겨지는 때에 강력한 경고를 보낸 결정타가 확실하다.

다만 방송매체의 특성상 방영이 끝나면 그 작품이 공중파를 타고 허공으로 사라지는 아쉬움이 크다. 이렇게 뛰어난 작품은 KBS에서 적절한 기회에 틀림없이 두 번 세 번 재방송되었으면 한다. 아직 시청하지 못한 많은 국민들이 꼭 보아야 하겠다.

그리고 이 작품은, 해외동포들도 모두 보게 해야 하겠다. 가능하다면 이북 동포들도 꼭 보았으면 한다. 혼자만 보기 아깝고, 한 번만 보기에는 너무 아쉬운 최우수 명작이 아닌가? 마지막 회가 끝난 뒤에 남은 뜨거운 감격, 강렬한 감동을 어찌 쉽게 잊을 수가 있을까?

「KBS가 자랑스럽다! 제작진의 노고와 열정에 큰 박수를 보낸다!」

입헌군주제 개헌!
아주 신선한 선택입니다!

۞ 헌법재판소의 명백한 오심사례와 각시탈 항일전쟁

- 부지불식간에 벌어지는 추친일 역사해석 오판 -

헌법재판소가 대법원의 판결에 대해서도 위헌 심의를 할 수 있는가의 정당성 여부 문제가 최근에 대두 되었다. 헌재는 그것이 가능하다고 보았고, 이에 대해 대법원은 큰 거부감을 보였다.

그런데 이에 대해서는 대법원의 견해가 더 옳다고 본다. 헌법재판소가 대법원의 개별적 판결에까지도 위헌심사를 한다면 법체계가 과잉으로 경직된다. 오히려 법적 안정성을 해칠 가능성이 더 높다.

영국과 같이 불문법 체계를 택하는 나라는, 그 문제점을 일찍이 직시한 때문에 성문법을 기피한 것이다. 성문법은 불문법보다 형식적인 법적 안정성은 높다. 하지만 본질적인 법적 안정을 위협할 경우도 적지 아니하여, 개별적 실질적인 법의지를 구현함에 불합리한 경우도 있다는 점은 상식이다.

금번에 일제강점기 작위 수여문제에 대해서도, 헌재는 위헌심판을 내렸는데 이는 명백한 오심이다. 헌법재판소는 항일전쟁사의 본질을 잘 모르고, 헌법적 형식논리에만 기속된 판결을 내린 것이다. 궁극적으로는 헌법조문에만 기계적 노예가 되어 죽은 결정을 내린 것과 같다.

헌법재판소는 일제강점기 작위수여가 평화 시에 수여한 작위와 같다고 본 것과 같다. 하지만 일제침략은 워낙 간교하여, 이러한 법적 현실까지도 교묘하게 악용한 침략이었음을 간과한 것이다. 그러니까 금번의 판결은 헌법재판소가 일제침략자와 같은 입장에서, 일제침략법에 따른 판결을 내린 것과 같게 되고 말았다.

생각하면 헌법재판관들은 너무 단순하게 일제강점기를 인식했거나, 헌법적 현실 상황에 대한 연구를 등한히 했다고밖에 볼 수 없다. 일제강점기의 작위수여는 반강제적인 것이었다. 일제침략의 대표적 사례로서 작위수여 자체가 침략행위였다. 침략은 총칼로만 하는 것이 아니며, 작위수여는 결코 일방적인 수혜가 아니었다. 서슬 퍼런 헌병경찰체제에서 그것을 거부하면 불령선인이 되었는데, 그것은 전혀 고려하지 않은 것이다.

금번의 사례와 같이 헌재가 일제강점기를 인식한다면, 앞으로 일제침략 당시의 법에 따라 모든 침략을 인정하자는 출발점을 만드는 것이 될 수도 있다. 일본은 광무(고종) 황제가 국가도 합법적으로 합병동의를 했다고 강변하고, 독도도 서류상 정당히 취득했다며 국제사법재판소로 가자고 큰 소리를 치고 있다.

모든 법적 인식을 1945년 이전으로 되돌리고 있는데 이런 경악할 사례는 비일비재하다. 예전에 강제로 위협하여 조작한 서류도, 서류 그 자체로서 무조건 정당하다는 침략논리를 뻔뻔하게 강변하고 있다. 현재의 일본 정부는 물론 일본 법조계가 다 그렇지 않은가? 안중근 의사는 살인범이며, 한국 독립군은 폭도고, 마지막 황태자 영왕은 변함없이 천황가 소속이라는 철면피들이 일본 대법원이다.

독일과 같이 정의로운 나라는 깨끗이 전쟁범죄를 인정하는데, '나쁜 나라' 일본은 거의 모든 것을 부인하거나 간교하게 위장시켜 놓았다. 심지어 역사교육까지도 그랬는데 그것을 오늘날에 친일사관이라는 것이다. 금번의 헌재판결은 일제침략의 본질을 모르고, 그들의 침략을 인정해주자는 명백한 오심이다. 결과적 친일재판을 한 것이 확실하다.

최근에 KBS방송에서 드라마로 인기리에 방영된 '각시탈'은 허영만 원작의 만화였다. 그래서 젊은 세대는 거의 다 알고 있는 내용이고, 드라마를 통해 많은 국민에게 택견 영웅 각시탈의 활약은 큰 감동을 준 바 있다.

하지만 헌법재판관들은 겉으로는 악독한 일본 형사이면서, 실질적으로는 정의의 항일투사였던 각시탈 드라마의 사례를 생각이라도 해 보았는가? 헌재판결에 의하면 일본형사의 신분이었으니까 각시탈도 무조건 친일 매국노라고 보는 것이다.

헌법재판관들은 혹시 너무나 법률 만능주의에 빠진 것은 아닐까? 헌법재판소는 헌법수호의 유일 최고 기관일 수 없다. 대법원도 헌법수호의 핵심주체이다. 헌법을 수호하는 것은 기계적 법해석을 말하는 것이 아니다. 법관도 인간이고 오심이 있을 수 있다고 보아서 3심제까지 있는 것이다. 법원의 판결도 때로는 오판이 있을 수 있어서 판례제도도 있는 것이다. 심지어 헌법도 잘못될 수 있어 개헌제도가 있다.

헌법재판소는 결코 무소불위의 전지전능 기구가 아니다. 헌법재판소는 정의로운 헌법질서 유지를 위해 원모심려(遠謀深慮)해야 옳다. 지난 헌법재판관 청문회에서는 추락된 헌법재판관의 위상을 온 국민이 다 보았다. 그것은 바로 금번의 오심과 맥을 같이 하는 것일 수도 있다.

금번의 일제작위를 받았으면 무조건 단죄하라는 판결을 내리기 전에, 헌법재판관들이 항일전쟁사는 연구하지 못했다 하더라도 최소한 허영만의 각시탈 만화책이라도 탐독했어야 하지 않았을까? 물론 친일재산환수법의 예외조항을 인정하고는 있으나, 금번의 오심사례는 헌법재판관과 역사정의가 불일치함을 뜻한다.

만화와 드라마로 온 국민이 큰 감동을 받은 항일전쟁기 역사의 본질파악이, 헌법재판소와는 격리되어 있었음을 말하기도 한다. 온 나라가 일본의 아베, 아소, 하시모토에 분노하는 때에, 헌법재판소는 법현실과 역사에 눈을 감고 죽은 헌법을 만들며 일제침략에 동조한 것과 다름없다.

현재 일본 법조계도 궁극적으로는 정신대, 징용, 징병을 포함한 모든 것을 금번의 헌재판결과 같은 논리로 보고 있다. 일본은 지금도 변함없이 죄 많은 전범국가 시대를 동경하며, 최악의 전범 후손들이 정국의 주도권을 쥐고 있는 '나쁜 나라'이다.

요즘 아소다로는 나치 히틀러를 예찬하는 말로 온 세계에 충격을 주었다. 그런 경악할 사회 분위기에서 일본 법원은 히틀러 환상에 도취된 채, 죽은 법조문에 노예가 되어 냉혹한 판결로 일관하고 있다. 일본 법관에게는 정신대 할머니의 1천 번 절규, 절박한 외침도 귀에 들어오지 않는다. 온 세계의 조롱거리가 되고 있는 냉혹한 법률 기계일 뿐이다.

금번의 헌재 판결은 잘못된 법에 노예가 된 일본법관과 같은 길을 간 것과 다름없다. 그렇다면 각시탈 항일독립전쟁은 불가능했다. 일본 법관이 각시탈을 단죄한다고 해도 우리 법원은 그렇지 않아야 한다. 잘못된 법에 노예가 된 판결을 내릴 수는 없다며 단호하게 법복을 벗고 스님이 되었던 항일전쟁기 어떤 법관의 사례와, 그 암울한 시대에도 왜놈의 주구가 된 친일재판을 하며 부끄럽게 살았던 어떤 사례! 그 가운데 사실상 후자를 택한 헌재 판결에 놀랄 뿐이다.

3·1만세항쟁 사례와 같이, 국내에 있던 많은 사람은 일제강점 상태에서 짓눌려 살았어도 혼을 상실한 것이 아니었다. 다양한 각시탈이 일제 암흑기에도 다양하게 살아 있었다. 간악한 일제침략기에도 많은 각시탈 항일투사가 있었음을 인정한다면, 항일전쟁기의 재판은 대법원 판결에 맡겨야지 헌재가 나설 일은 결코 아니다.

「헌재는 대법원 위에 군림할 기구가 아니다. 헌법과 역사의 본질보다 상위에 있지도 않다.」

입헌군주제 개헌!
아주 신선한 선택입니다!

경복궁 야간개장 난장판

- 변함없는 친일문화, 변함없는 추친일 사회 -

민족의 자랑스러운 역사와 삶을 끌어안고 있는 문화재는, 국보나 보물로 지정되어 확실하게 국법으로 보호되고 있다. 하지만 국법으로 지정되어 있지 않은 것들도 하나같이 역사문화적 보물이다. 그중 경복궁은 가장 대표적 보물이다. 그런데 경복궁을 야간에 '무작정' 개장하며 언론의 큰 지탄을 받고 있다.

요즘 더구나 아주 이상한 일이 벌어지고 있다. 문화재를 정치꾼의 표몰이 대상으로 보거나, 모독의 대상으로 이끌고도 있다. 그런 후유증으로 심지어 작년에는 경복궁에서 촬영된 인터넷 음란물까지 나돌아 언론지상에 충격을 준 일도 있었다.

돈 몇 푼을 벌겠다고 민족의 자존심을 파는 최악의 사례가 발생했던 것이다. 하지만 신판 이완용이 출현했다며 여론의 뭇매를 맞고도, 경복궁을 보는 눈은 그 후 별로 변화가 없다고 하겠다.

경복궁은 나라의 얼굴이다. 태극기, 무궁화, 애국가에 맞먹는 최고의 국가상징이다. 더욱이 경복궁은 해외 관광객이 선호하는 제1순위 관광지이다. 한국문화를 대표하는 경복궁을 배경으로, 저속한 음란물을 찍은 것은 태극기를 배경으로 한 것과 다름없다. 다만 우리들이 태극기는 최고의 상징으로 알고 있지만, 경복궁을 오해하는 몰지각한 사람이 있기에 충격적 사건이 발생한 것이다.

그런 잘못된 정책의 최고 후유증이 바로 숭례문 화재사건이다. 국보 제1호 숭례문이 불탈 무렵의 우리 사회는 흡사 일제강점기, 자유당 독재시기가 다시 온 듯 착각할 정도였다. 그토록 참담한 문화풍토 속에서, 경복궁 음란물 동영상을 대낮에 관광객과 학생들이 보는 속에서 버젓이 촬영하는 참극이 오늘의 현주소이다.

민족 최고의 자랑인 국보나 문화재를 값싼 인심이나 쓰면서 '무작정' 개방하는 것이 국민을 존중하는 것은 아니다. 오히려 선심을 쓴다는 위선이다. 근본적으로는 국민을 조롱하는 것일 수 있다. 국민의 자랑거리를 짓밟는 것이 바로 국민 모독이 아닌가?

2013년 5월 말에 있었던 경복궁 야간개장 소동도, 역사의식을 잃은 문화재정책에서 비롯된 것이다. 당시 요란한 소동이 야기된 가운데, 5월 31일에 KBS방송에서 인터뷰 요청이 왔다. 방송 명칭은 '라디오 중심, 이규원입니다'였고, 전화 인터뷰로 낮 1시 30분부터 약 7분간이었다. 하지만 시간이 짧았다. 점심시간의 인터뷰라 청취자도 거의 없었을 것이다.

담당자인 이윤정 작가가 보내준 질문은 매우 좋았으나 답변이 미흡할 수밖에 없었다. 짧은 시간 인터뷰의 한계를 고려하여, 그 답변을 문장으로 다시 한다. 당시의 인터뷰 질문은 이윤정 작가의 원문 그대로이다.

질문 1) 먼저 이번에 논란이 된 경복궁 야간개방, 어떤 생각으로 지켜보셨습니까?

답변) 착잡하고 곤혹스런 마음으로 지켜보았다. 예상한 대로 난장판 소동을 낳았는데, 예고된 사건 예정된 파문이라 하겠다. 문화재 경영철학이 없는 '무작정' 개방이 그런 결과를 만든 것이다.

질문 2) 경복궁 외에도 창덕궁 경회루에서는 올해로 4년째 달빛기행이라는 행사가 열리고 있고 창경궁에서는 다문화가정 어린이들을 대상으로 숙박 체험도 진행하고 있는데… 이렇게 궁궐을 활용한 문화 행사들, 특히 밤에 진행되는 행사에 대해서 어떤 입장이세요?

답변) 문화재 예절과 문화재 철학이 정립된, 체계 있고 격조 높은 행사가 열린다면 굳이 반대할 까닭은 없다. 어떤 문화정책이나 장단점을 공유하고 있는 만큼, 그에 대한 품격평가가 선행되면서 신중한 접근이 있길 요망한다.

질문 3) 문화재 개방이 대폭 확대된 게 지난 2004년이죠? 문화유적 개방정책에 강한 소신을 지녔던 유홍준 문화재청장이 취임한 이후인 것으로 알고 있는데... 그렇다면 그 이전의 문화재정책은 어떤 방향이었습니까?

답변) 과거의 문화재 정책은 크게 두 번의 변화가 있었다. 먼저 일제침략 강점기에는 우리 문화재를 파괴, 인멸, 탄압하는 정책을 썼다. 전국의 궁궐, 왕릉, 관아, 사찰, 성곽은 물론, 사유 문화재까지도 철저히 유린, 파괴, 변조되었고 약탈이 자행되었다. 그 참담한 파괴 상태를 민중들의 놀이터로 제공한 정책을 '개방정책'이라고 거짓말로 둘러댔다.

그 개방정책은 이승만 정부 때까지 이어져 목불인견의 최악의 상태가 되었다. 요즘 연로한 장년층 이상의 사람들은 동물원으로 전락되고 명칭도 창경원으로 격하시킨, 창경궁의 밤 벚꽃놀이나 온갖 저질 행사를 생생히 기억하고 있다. 5000년 역사의 문화민족이 어찌 그 지경까지 추락했던가? 뜻있는 외국 관광객이 황성옛터의 참상을 개탄할 정도로 극심한 수난을 겪었다.

더구나 문화재는 일제 약탈의 후유증으로 부정부패의 표적이었다. 왜놈들이 거덜 낸 찌꺼기에 파리 떼같이 몰려들어 먼저 팔아먹는 자가 임자였다. 그러다 4·19혁명 직후 종합감사를 하려 하자, 1960년 6월 6일 밤에 원인 모를 화재로 창덕궁 정문에 있던 서류창고가 불타며 모든 증거를 없앴다. 자유당 정치가 오늘날까지 이어졌다면, 모든 궁궐, 문화재가 흔적도 없이 사라졌을지도 모른다. 닥치는 대로 불하하고 팔아먹었을 정도로 극심한 부정 부패시대였다.

그러다가 박정희 정부 때부터 문화재 보호정책이 시행되며 큰 변화가 있었다. '문화재청'이 발족된 때도 박정희 시대이다. 문화재청의 발족은 흡사 '현대판 항일전쟁'과 같은 비장한 결단이었고 획기적인 결정이었다.

요즘도 문화재를 두고 끊임없이 항일 독립전쟁 흐름이 지속되는 것은, 문화재청이 '일제강점 침략'과 '자유당 부정부패' 극복이라는 두 개의 목표를 갖고 출범한 때문이다. 그 후 천문학적인 예산을 계속하여 투입했다. 흡사 항일전쟁을 하듯 문화재 보호활동이 전개되며, 오늘날 겨우 옛 품격의 겉모습 정도만 되찾았다.

요즘 혜문 스님의 활약이 언론을 장식하고는 하는데, 그것이 많은 국민들에게 흡사 '문화재 독립운동'과 같이 인식되는 연유는 그 때문이다. 더구나 대마도에 가서 불상 등 문화재를 밀반출해 온 사건까지도, 온 국민이 마음속으로는 일본을 더 나쁜 도둑놈으로 보며, 밀반출범을 흡사 의적 일지매로 보는 심서가 바로 그것이다. 하도 일제침략을 가혹하게 입은 탓에 오히려 일본을 원천적 도둑으로 보는 심서가 국민적 기본정서라고 할 정도이다.

질문 4) 하지만 문화재 개방을 더욱 확대해야 한다고 주장하는 쪽에서는 후대의 손때가 묻는게 진정한 보존이다! 선조들의 얼을 생생하게 느끼려면 문화재를 더 적극 개방해야 한다고 말하지 않습니까? 어떻게 받아들이세요?

답변) 문화재를 보는 눈의 근본적 차이 때문이다. 그 저변에는 아직도 일제강점기 흑색선전의 잔재가 짙게 남아있다고 생각된다. 왜적들은 우리 문화재를 '죽은 문화재'가 되도록 이끌었다. 그렇게 만든 침략 문화정책에 오염된 사람들이 아직도 적지 않게 있다.

오늘날 남아있는 문화재는 일제침략 문화정책을 뚫고서 구사일생으로 겨우 살아남은 것이다. 왜적들은 러일전쟁 직후 우리 황궁을 강점하고, 거의 계엄 상태에서 모든 것을 약탈해 갔다. 인천항까지 약탈물을 싣고 가는 운반 차량 줄이 끊이질 않았는데, 그 많은 것을 팔아 전쟁부채를 갚았다.(안천, 일월오악도 제4권)

통상적으로 러일전쟁은 일본의 승리라고 하지만, 러시아는 레닌 공산혁명이 시작되어 어쩔 수 없이 종전한 것이다. 패전이라기보다 작전상 종전이었다. 반대로 일본은 당시 외형상 이겼으나 거의 패전국과 같았다. 침략 만행을 뒤에서 도운 영국이 없었다면, 일본이 오히려 패했을 것이다. 그리하여 온 나라에 무력증, 허무주의, 퇴폐풍조가 만연하였다. 40만의 인명피해에 국고가 바닥나고 빚더미에 눌린 참담한 나라가 되었다. 그것을 한국 약탈로 만회했다. 한국을 송두리째 완전 거덜냈다.

경악할 강제 반출은 그들이 패망하여 쫓겨날 때까지 끝없이 이어졌다. 온갖 탄압을 뚫고 천신만고 끝에 겨우 살아남은 것이 오늘날의 우리 문화재이다. 예컨대 고려불화와 같은 것은 국내에는 극소수만 남았고, 9할 이상 대부분이 일본에 있다. 민족 최고의 그림인 안견의 몽유도원도나 일본국보 1호 불상을 비롯해, 한국의 궁궐 문화재에서부터 관아, 사찰, 민간문화재까지 철저히 강탈을 당했다. 일본 땅은 거대한 한국문화재 장물 창고이다.

노무현 정부 때에 느닷없이 개방정책을 다시 도입한 것은, 아직도 일제침략 시대에 최면 되어 추친일 문화정책이 돌출한 것이다. 그 결과로 숭례문이 불타고, 금번의 대형 소동을 낳은 것이다. 문화재는 일본인들이 했던 개방정책을 답습하는, 정치판의 대중적 인기조작을 위한 수단적 지위가 아니다.

그러한 인기편승 주장은 예컨대 박물관의 국보 고려청자도 존엄성을 상실한 죽은 문화재의 시각으로 보자는 것과 다름없다. 그래서 갖고 놀며 만져 손때를 묻혀야 한다는 것과 같은 논리이다. 문화재를 축구공 같이 다루고, 궁궐을 축구장, 공원, 유원지 같이 다뤄야 조상의 얼을 느낀단 말인가? 임금님릉이 거의 철부지들의 미끄럼장 같았고, 숭례문이 동네 놀이터에 가까웠던 자유당 때로 되돌아가자는 말인가?

질문 5) 이번 야간 개방에 수만 명이 몰린 데에서도 알 수 있듯이, 문화재를 가까이에서 보고 느끼면서 특별한 체험을 하고 싶어 하는, 국민들의 마음도 문화재 정책을 세울 때 고려해야하는 것 아니겠습니까?

답변) 대책 없는 문화재 포퓰리즘의 폐해가 그런 결과를 낳은 것이다. IT산업 최강국인 나라에서 '무작정' 인터넷 홍보를 하여 그런 결과를 낳은 것이다. 국민들에게 문화재 시민의식을 고취하며 계획성 있게 추진하고 안내를 했다면, 결코 금번과 같은 황당한 소동은 없었다고 본다. 우리 국민의 대다수가 가진 기본적 시민의식은 결코 낮지 않다.

문화재를 국민들에게 돌려준다는 명분을 내세우는데, 과거에도 문화재를 국민들에게서 빼앗은 적은 한 번도 없었다. 노무현 정부에서 문화재를 개방한다는 정책을 시행하기 이전에, 언제 문화재 폐쇄정책이 있었는지 되묻고 싶다.

일제강점기, 자유당 때의 참상을 벗어나 겨우 외형 정도를 갖춰 놓자마자, 정치적 환심이나 사려고 시행한 경솔한 문화정책의 타성에 젖어 큰 파문을 낳은 것이다. 문화재는 국가 최고의 보물이다. 철저히 아끼며 보호할 국민 공동의 재산이다. '문화재청 탄생의 기본정신'을 절대로 잃지 말아야 한다.

질문 6) 대한제국 황실 연구 전문가로서 교수님께서는 문화재 개방이 일제의 잔재라는 주장도 하고 계신데... 이건 어떤 맥락에서 나온 얘긴지, 설명을 좀 해주시죠.

답변) 노무현 정부의 개방정책은 사실상 일제강점기의 답습이다. 근본적으로는 똑같다. 왜냐하면 문화재 보호에 대한 만반의 사전 대책이나, 문화재 예절교육, 철학정립 등이 선행되지 않았기 때문이다. 무작정 민중들을 위한다면서, 정치적 환심이나 사려고 한 것과 같으니까 일제강점기와 똑같다는 것이다.

사실상 추친일 문화정책이 돌출한 것이다.

그리하여 숭례문이 불 탈 때의 숭례문은 완전 무방비 상태였다. 밤마다 노숙자들이 모여 술판을 벌이던 곳이 되고 말았다. 숭례문 화재는 당시의 무책임한 개방 문화정책이 자초한 인재가 분명하다. 일제당국과 무엇이 달랐던가, 겸허하고 냉정하게 다시 생각해 보자.

질문 7) 정치권에서는 국민 불편을 덜기 위해서라도 야간 개방을 더욱 확대하자는 목소리가 나오고 있는데... 경복궁을 야간에도 매일 개방하면 어떤 문제점이 발생할 것으로 내다보세요?

답변) 정치권이 도대체 어떤 정치권인가? 무엇이 불편하단 말인가? 대다수의 정치인은 그렇지 않다. 무작정 표몰이를 하려는 일각의 정략성 발언에 앞서서, 왜 국보 1호 숭례문이 화재로 불타는 대참사가 발생했는가를 먼저 다시 생각해야 한다.

우리의 문화재는 자손만대에 영원히 물려 줄 소중한 국가자산이다. 이 시대 사람들만의 소모품이 아니다. 제2의 숭례문 화재가 나면 누가 책임질 것인가? 그 때에도 말단 공무원 몇 명에게 책임을 지우고 끝날 것인가?

국보 제1호 숭례문을 불태운 '최악의 문화재 참사'에도 책임을 진 정치인은 아무도 없었다. 불탄 숭례문 앞에서 통곡하고 자책하기보다는, 책임 떠넘기기 변명이나 했었고 말단 공무원 몇 명을 희생양으로 처벌했다.

사실상 문화재 차원에서는 대통령까지도 책임지고 하야해야만 했다. 국무총리, 문화관광부장관을 포함한 내각이 총사퇴하며, 문화재청장은 석고대죄 해야만 할 초대형 참사였지만 흐지부지 시간을 보냈다. 너무나 문화를 경시하고 문화재를 홀대하는 것이다. 왜놈들의 문화재 모독정책을 무의식중에 흉내내며 답습한 황당함에 덧붙여, 최악의 문화재 참사 앞에서 한국정치의 비열하고 부도덕한 모습을 원색적으로 생생하게 증명했다.

하지만 그 후에도 구태의연했다. 국가보물인 문화재를 근본부터 없애며 식민국가를 만들려던 일제강점기 문화말살정책이, 아베, 하시모토의 망언이 난무하는 가운데 현대판 추친일 개방정책으로 되살아 난 것이 경복궁 야간개장 소동이다. 아니 제2의 숭례문 참사를 경고하는 준엄한 꾸짖음이다.

문화재를 보호하려는 것은 항일 독립전쟁과도 같은 단호한 마음이 있어야 하는 것이다. 제2의 숭례문 참사가 나면 도대체 누가 책임질 것인가? 숭례문 방화범은 아직도 살아있다.

추친일 답습정책이 만든 야단법석 난장판에, 대거 4만 명이 한꺼번에 몰렸다. 흡사 대도시 시장판 같이 되며, 일제 강점기 참상을 그대로 보는 듯 했다. 심지어 무엄하게도 근정전 앞에서 돗자리를 펴고, 눕고 떠들면서 삼겹살을 굽고 술판을 벌였다. 그 참담한 밤의 경복궁 모습과 숭례문 화재 참사의 전야가 무엇이 다른가?

아직도 일각의 우리들은 일제강점기 문화재 의식에서 크게 바뀐 것이 없다. 적지 않은 사람들이 문화재를 일제 침략자들의 '죽은 문화재' 시각으로 보고 있다. 아직도 우리들 일부는 황성옛터에 버려져 있고, 식민지 문화정책에 세뇌되어 있다.

그렇다. 문화재는 현대판 항일 독립전쟁의 최고 지위에 있다. 온 국민이 문화재보호의 최고 담당공무원이 되어야 한다. 온 나라가 문화재 보호의 박물관이 되어야 한다. '문화재 항일전쟁'은 오늘도 잔혹한 왜구침략의 잔재인 개방정책과 처절하게 싸우고 있다.

최고 최대 국경일인 광복절은 지난날을 기억하려는 것만은 아니다. 오늘의 살아있는 광복절이 되어야 진정한 광복절이다. 문화재를 '죽은 문화재' 골동품으로 보던 추친일 문화재정책을 깨끗이 청산해야 한다. 문화 광복절이 되어야 한다. '문화'는 외교, 국방, 경제만큼 중요한 것이다. 문화가 국정운용의 최고 가치가 될 때에, 일제청산 신시대의 '살아있는 문화재'가 되는 것이다.

'문화 강대국'으로서의 신시대를 만들려면, 설익은 '개방문화정책' 잔치판이 필요한 것이 아니다. 그 잔혹했던 일제강점 치욕을 극복하고, 우리 후손들에게는 절대로 우리들이 겪었던 뼈아픔을 물려주지 않을 단호한 '항일애국 문화정책'이 절실하다. 지난 번 경복궁 개장 난장판은 우리민족의 최고 자랑거리인 경복궁에 대한 최악의 모독이었다. 일본인들도 그렇게 모독하면서 경복궁을 헐고 흉물 총독부 청사를 지었다. 어쩌면 그대로 똑같이 따라 하는가?

아직도 세계 최고 문화강대국의 길은 멀다. 아직도 문화재청에는 천문학적 예산이 더 필요하다. 아직도 문화강대국을 향한 인적자원은 크게 부족하다. 아직도 문화강대국다운 문화재교육의 길은 요원하다. 우리는 보다 더 겸손한 자세로 문화재 광복을 완수해야 한다. 현재진행형 문화재 항일전쟁에는 여야가 있을 수 없다.

「온 국민이 문화재 독립운동가가 되어야 한다. '문화재청 창립정신'을 망각하지 말아야 하며, 그 바탕에서 모든 문화재 정책이 나와야만 한다.」

입헌군주제 개헌!
아주 신선한 선택입니다!

II

대한황실 발상지 경기전!

영광의 땅 전라북도!

우리나라에도

메카, 바라나시, 예루살렘, 라싸 같은

최고 성지가 있었다.

- '경기전' - 일제침략 최초의 조준사살
- 경기전 잔치, 뜻 깊은 축제
- 전주시의회에 큰 박수를 보낸다.
- 전주시 성역화 프로젝트 -전라북도의 역사혁명
- 남원 황산대첩 축제와 태조 이성계 장군
- 상이암, 뜬봉샘, 마이산 - 용비어천 개선행진 찬가
- 전북 진안 황단(皇壇) 항일 독립운동

❁ '경기전' - 일제침략 최초의 조준사실

- 우리나라에도 라싸, 룸비니, 메카, 예루살렘 같은 성지가 있었다 -

인류의 삶은 상징의 삶이다. 어떤 사회나 상징체계의 숲에서 삶이 이루어진다. 대한황실이 태어난 전주시에도 많은 상징체계가 존재하는데, 전주시에는 너무나 중요한 최고 국가상징이 존재하고 있다. 그래서 일제침략에 따른 상징교란이 극심했었다.

전주시는 그 후유증으로 현대시대에까지도 상징혼란 고질병을 심하게 앓아 왔다. 물론 우리 사회 전체가 그러하지만 범위를 전주로 좁혀 볼 때에, 전주 시민들은 아직도 일제침략 시대의 어두운 그늘에 젖은 추친일 생각을 하는 것이 적지 않다.

전주시에서는 오랫동안 최고의 문화행사가 풍남제였다. 그것은 전주시의 문화적 상징혼란을 생생하게 보여주는 사례였다. 왜냐하면 전주시에 있어서 풍남문은 나름대로 중요하지만, 결코 전주시를 대표하는 제1 상징이 될 수는 없기 때문이다.

일제침략자들은 우리나라를 침략하고서 전국의 모든 궁궐, 관아, 문화재, 산성 등을 파괴, 유린하는 극심한 만행을 철저하게 저질렀다. 요즘 그것을 복원하고 있는데 그 비용은 천문학적이란 표현 그대로,

한도 없고 끝도 없을 정도로 일제침략 피해가 크다.

그토록 많은 파괴행위 가운데 제1순위로 가장 먼저 짓밟은 것이 전주의 '경기전(京畿田)'이었다. 도대체 경기전이 무엇이기에 첫 번째로 피해를 처참하게 입었는가?

경기전은 그러니까 우리나라에서 침략자들이 제1순위로 짓밟고 유린한 최고의 국가상징이었다. 우리나라를 강점한 침략자들이 최초로 없앨 것은 대한황실이니까, 대한황실이 태어난 거룩한 '땅'인 경기전을 무엇보다도 먼저 짓밟아 버렸다. 경기전은 그 만큼 중요하고 드높은 최고 존재이다.

그리하여 서울의 5대궁궐에 앞서 첫 번째 희생물이 되었고, 그 성스러운 성지(聖地)에다 무엄하게도 초등학교를 지었다. 많은 사람들은 경희궁을 헐고 경성중학교를 세운 몹쓸 짓만 탓하는데, 경기전은 그것에 앞선 최초의 일본침략 만행인데도 관심이 거의 없었다.

일본이 그 땅에 초등학교를 만든다는 발상은, 단순한 궁궐유적 파괴라는 침략행위를 넘어서 거룩한 땅인 전주를 몹쓸 땅으로 만들고, 우리 황실이 완전히 망해서 그들에게 흡수 통합되길 바란 최악의 침략 의지였다.

만약에 거꾸로 우리민족이 그들 천황 부부를 잔혹하게 죽여 버리고, 황궁을 헐어 초등학교를 만들었다면 오늘날 무엇이라고 말할 것인가? 경기전에는 그리하여 긴 시간에 걸쳐 초등학교가 자리 잡고 있었다.

생각하면 일제침략의 최초 희생물로서, 그 이후 가장 긴 시간의 침략상처로 남아 있던 것이 경기전 침탈이었다. 그런데 왜 그렇게 오래 그 참담한 상처 그대로 초등학교가 존재했었는가? 하지만 그것은 매우 어처구니없는 일이었다. 현대시대에 들어서도 일제침략으로 탄생한 그 모교를 사수한다고, 학부모들이 장기간에 걸쳐 이전을 반대하였기 때문이다.

2000년 무렵까지도 경기전은 그 초등학교가 점령하고 있었다. 추친일 추태의 전형적 사례였다. 우리 국민들도 수준 높은 국민이 되어야 한다. 그런데 아무데서나 불법시위를 하고, 아무 의견이나 강변해버리는 무모한 일이 최근까지도 경기전을 어둠으로 뒤덮고 있었다.

전주시 차원이 아니라, 우리나라 최고의 국가상징인 경기전은 태극기, 무궁화, 애국가와도 맞먹는 최고의 상징물이다. 아니 경기전은 당시로는 태극기, 무궁화, 애국가가 확정되지 않은 때라 거의 독보적인 국가 상징물이었다. 그것은 당연히 서울에 있는 궁궐터보다도 더 거룩한 상징 터전이다.

그렇기에 일본이 최초로 침략하며 무참하게 조준 사살한 것이다. 그것은 오늘날로 말하면 애국가를 오도하고 태극기를 없애는 것과 같은 엄청난 침탈행위였다. 그런데도 경기전을 능욕한 일본침략 상처 그대로가 최근까지 전주시에 존재했다는 것은 많은 것을 시사한다.

그런데 여기서 꼭 유의할 사안이 있다. 경기전에는 조선 태조의 어진(임금님 초상화)을 모신 경기전(慶基殿)이 만들어져 있는데, 적지 않은 사람들이 그 어진이 있어서 주요한 곳으로 착각한다. 물론 경기전의 조선 태조 어진은 현재 남아있는 옛 임금님 어진에 있어서도 완벽한 국보급 어진으로 대단히 의미가 크다.

하지만 어진을 모신 것은 부수적이다. 대한황실이 태어난 성스러운 '땅'으로서의 경기전(京畿田) 자체가 중요한 것이다. 문자 그대로 최고의 땅인 거룩한 성역(聖域)이기에 최고상징인 것이며, 너무나 존엄한 땅이기에 핵심 국가상징인 것이다. 태조의 어진도 그 땅이 거룩해서 나중에 모신 것이다. 어진은 그 땅에 비하면 부수적 개념이고, 이런 착각을 하는 것도 그 땅을 모독한 일제침략 후유증이다.

경기전에는 예전에 국사범은 물론 흉악한 중대 범죄자가 뛰어 들어가도 감히 들어가서 잡지 못했다. 그 범인이 밖으로 나오길 기다려야 했다. 성역 중에서도 가장 거룩한 국가 제1순위의 절대 성역이었기 때문이다.

일제침략 당국이 그 성스러운 땅을 초등학교로 만들며 훼손한 것은, 최고의 지엄한 성역 위에서 어린이들이 마구 뛰어놀게 만들었다가 훗날 경기전을 흔적도 없이 없애려는 전초 단계였다. 생각하면 가장 추잡하고 간교한 침략행위였다. 그러다 중도에 패전으로 쫓겨나고 마니까, 요즘에는 생각 없이 막 들어가는 곳이 된 것이다.

하지만 생각이 깊고 바른 사람이라면, 오늘날에도 마음을 경건하게 가다듬고 조심하며 땅을 밟아야만 한다. 물론 복장을 단정히 하고 모자를 벗고서 옷깃을 여며야만 한다. 공손한 태도는 당연하고 고성방가는 상상도 못할 일이다.

요즘에 경기전 앞에 서서 드나드는 방문객을 바라보면, 역사의 무상함을 뼈저리게 느끼게 된다. 예전부터 우리민족이 가졌던 전통적 국가의식이 너무나 많이 사라졌다. 그래서 전주땅이 일반적인 보통의 땅인 듯 무감각해진 상태같이 되었다. 그것은 특히 일제침략의 가장 가슴 아픈 상처이며 뼈에 사무치는 후유증이기도 하다.

일본은 침략강점의 만행을 저지를 때에 예부터 가졌던 우리민족의 귀중한 정신세계를 무참히 짓밟았는데, 그 가운데에서도 가장 최초로 짓밟은 곳을 드나드는 뭇 사람들의 무감각이 안쓰러울 뿐이다. 예전의 우리민족이 최고의 성지순례를 하던 특별한 곳에 해당했던 곳이 경기전이었기에, 일제침략자들이 그렇게 짓밟은 것을 거의 의식하지 않는 것이다. 더구나 우리나라에도 성지가 있었나 하는 어처구니없는 마음까지 있을 수 있다. 일본침략의 후유증은 이토록 큰 상처를 깊게 남겼다.

「경기전은 회교도의 메카, 힌두교도의 바라나시, 불교도의 룸비니, 붓다가야, 티베트인의 라싸, 기독교도의 예루살렘 등에 해당하는 아주 거룩한 곳이었다.」

아니 조선시대에는 그 보다 더 성스러운 곳이 분명했다. 예전에 조선 선비들이 전주를 찾는 것이, 불교도가 룸비니를 찾고 기독교도가 예루살렘을 찾으며 회교도들이 메카 순례를 하는 것과 큰 차이가 있었을까? 현재도 남아 있는 거대한 객사가 그것을 증명한다. 그 당시의 호텔이었던 그 건물의 당당함에서, 그것을 정확히 유추하고 확인할 수 있다.

그런데도 오늘날 전주는 한낱 지방 도시로 전락되고 말았다. 아니 일제침략으로 그곳이 평범한 땅으로 강요되며 망각시켜졌던 것이다. 우리들은 일제침략자들이 원하던 그대로의 추친일파로 남아 무감각하게 되어, 감각이 마비상태로 굳어진 것이다. 그것을 말하는 가장 가슴 아픈 현상은, 가혹했던 경기전 탄압 후유증으로 전주사람들조차 거의 최근까지 풍남문을 최고의 지역 상징물로 오해해 왔던 것이다.

아니 일제당국은 한국인 전체에게서 경기전을 깨끗이 망각시켜 그렇게 허망하게 된 것이다. 일제강점기의 일제침략 교육이 얼마나 혹독하고 확실했던가를 말하는 것이다. 하도 일제침략의 상징조작이 지독하였던 여파로 우리민족에게는 성지라는 개념도 없는 것 같이 만든 것이다.

조선시대 임금님과 임금님 문화는 철저히 부정하고 짓밟는 판에, 성지라는 개념이 감히 어떻게 존재했겠는가? 원래 조선시대에는 성은(聖恩), 성총(聖聰), 성상(聖上), 성덕(聖德), 성심(聖心), 성탄(聖誕) 등은 임금님을 부르던 것으로 감히 아무나 쓸 수 없는 것이었다. 그래서 전주는 임금님 발상지로 최고의 성지(聖地)가 확실했는데, 오늘날에는 임금님 자체가 사라지고 말았으니 성지란 전혀 생각할 수도 없는 곳이 되고 말았다.

더구나 우리나라 전체를 일본인 천민촌인 '부락'이라고 낮춰놓고 최하층 '부락민'이 우리들이라며 짓밟고 모독했던 후유증으로, 우리사회에는 메카, 예루살렘, 라싸, 룸비니가 전혀 없었던 줄 알게 되었다.

그러니까 전주가 성지란 것은 도저히 상상할 수도 없는 지극히 황당한 어불성설 개념이 되었다. 아니 상놈나라 부락민 천민촌으로만 생각이 굳어 버렸으니, 우리들의 의식 속 깊은 곳은 몸에 젖은 부락민 의식으로 추친일 노예시절에 침잠되어 있다(예컨대 반상회(班常會)는 1917년에 일제강점 통제조직으로 등장한 것이다. 그것은 양반, 상놈 함께 부락민이니까 같이 회의를 하란 뜻이다. 1976년에 그것이 다시 등장했는데, 그것은 마을회의라야 맞다. 생각하면 반상회의 뜻도 제대로 모르며 현재도 쓸 정도이다). 그래서 전주땅을 거룩한 성지라면 아주 어색하게 느껴질 정도로 감각이 마비되었다.

오늘날 많은 돈을 들여 고생고생하며 해외 성지순례 여행을 간다는 사람들이 인천공항 등 전국의 공항에 줄을 잇는다.

하지만 의연하고 주체성 있는 역사의식을 갖고, 온 나라 온 겨레가 줄지어 전주땅 경기전 순례여행을 먼저 떠나는 날이 아쉽다. 5000년 역사에서 유일하게 온전하게 남은 태조 고황제 이성계 장군의 당당한 국보 어진을, 감개무량하게 친견하고 감격, 감읍, 감동, 감탄하면서 감루를 흘릴 날은 언제 올 것인가?

「온 가족이 흥겹게 전주 성지순례 여행을 가자. 자식들에게 조국애를 설명해주는 아빠가 보고 싶다. 자랑스러운 역사 얘기에 신바람 난 애국 엄마가 보고 싶다.」

입헌군주제 개헌!
아주 신선한 선택입니다!

❁ 경기전 잔치, 뜻 깊은 축제

- 태조 이성계 장군 동상 건립을 촉구한다 -

경기전을 제1순위로 짓밟은 일제침략자들이, 풍남문은 그대로 둔 이유는 어떤 변명으로도 설명이 궁색하다. 그런데도 겉보기로 멋진 풍남문만 대단한 문화재라고 자랑하면 전주시를 상징한다고 본 추친일 의식은 길고 길게 이어졌다.

일본이 풍남문을 남겨준 대로 풍남문 의식이 강하게 남은 것은 추친일 현상의 전형적 잔재이다. 일본이 풍남문을 그대로 둔 것은 경기전을 망각시키려고 한 호가호위 심리 교란책으로의 교활함까지 엿보이는데, 그들의 간교한 뜻대로 오늘날을 살아 왔다.

예컨대 전라북도 서쪽의 유명한 사찰인 선운사 계곡에는, 그 계곡을 따라서 수많은 암자, 사찰이 즐비하여 지금의 도솔암까지 꽉 차 있었다고 한다. 그대로 있었다면 중국의 돈황석굴, 용문석굴, 대동석굴에 맞먹고, 인도의 아잔타, 캄보디아의 앙코르 와트에 해당할 정도의 세계적 문화유적일 텐데 깨끗이 청소하듯 파괴했다. 전라북도의 옛 전통은 이렇도록 곳곳에서 파괴되었다.

일제침략의 피해는 너무도 크고 참혹했다. 모든 것을 파괴했고, 모든 것을 빼앗아 갔다. 죽도록 일만 시키면서 끼니나 겨우 이을 정도로 굶겼다. 또한 모질게 차별하고 때리고 인간 이하로 내몰았다. 지구상에서 이런 악독한 사례를 어디서 찾겠는가? 경기전은 그렇게 우리민족을 혹사시키며 참혹하게 망각되었고, 사무라이 조폭문화에 철저히 짓밟힌 죽음 직전의 빈사상태 중환자였다.

그런데 전주시에서는 요즘 새로운 변화가 일어나기 시작하였다. 극심했던 침략에서 깨어나 경기전의 중요성을 서서히 깨닫게 된 것이다. 전주시에서는 그간 풍남제가 대표축제였으나, 타지역의 축제에 비해 풍남문을 내세워서는 경쟁력이 낮다는 등의 생각으로 비빔밥 축제, 한지 축제, 영화제 등으로 분산 시행한다고 한다.

왜 그렇게 되었는가? 그것은 풍남문의 상징성이 허약함에 따른 자연스런 흐름이다. 그것은 또한 경기전과 같이 중요한 상징이 있는데도 불구하고, 일제침략 후유증 속에 풍남문을 지나치게 강조한 것이 잘못되었다는 것을 깨닫는 자연스런 흐름이라고도 하겠다. 일제침략 상처는 이렇게 더디게 치유되고 있는 것이다. 그 악독했던 침략으로 우리를 '우물안 개구리 친일파'로 잘못되게 세뇌시켰던 것이 하루아침에 쉽게 고쳐지겠는가?

이런 흐름 속에 신기하게도 경기전을 강조하는 새로운 축제가 자생적으로 태동되었다. 그것은 일제가 패망하여 쫓겨 간 뒤에도 거의 환갑 정도의 긴 시간이 흘러서 나타났다. 생각하면 이제야 실질적인 현대판 항일 독립전쟁이 구체화된 것이다.

그런데 최근에 시민들이 자발적으로 시작한 '경기전 잔치'는 아직 대부분의 전주시민들이 관심도 별로 없다. 아직은 축제라고 부르기도 딱하다. 일부 시민들이 십시일반으로 푼돈을 모아 시행하고 있지만 전주시민의 관심도가 낮고 소꿉놀이 수준이다. 그러니 아직도 일본의 악의적 침략 의도는 생생히 살아있는 것이며, 전주시를 대표하는 상징을 아직도 망각하고 있는 현상인 것이다. 일제침략 후유증을 치유하는 길은 멀고도 아득한 고행길이 분명하다.

그 참혹한 상처가 어찌 쉽게 아물겠는가? 그간 경기전 잔치에 누가 참석했으며, 누가 후원하며, 어떻게 기획되고, 진행되었나는 앞으로 명백히 점검되어야 한다. 그것은 전주시민들이, 더 나아가 우리민족 모두가 추친일 시민의식을 어떻게 극복해 나가고 있는가를 가늠해보는 주요 평가기준이 될 것이다.

생각건대 현대시대에 시민들에 의해 자발적으로 시작한 경기전 잔치는, 앞으로 대한황실 문화를 창달하는 '거국적 행사'로 진행되어야 옳다. 풍남문이 전주시 차원의 지방문화 상징이라면, 경기전은 국가 최고 차원의 제1 상징물이기 때문이다. 지난 시절의 풍남문 축제는 지방축제 수준이었지만, 경기전 잔치는 앞으로 우리나라에 임금님이 모셔 진다면 임금님을 직접 모셔서 치르고, 대통령이나 총리가 직접 주관하는 나라축제가 되어야만 한다. 차원이 전혀 다른 국가 최고 성지의 축제이기 때문이다.

그런데 여기서 유의할 사안은 그렇다고 여타의 축제를 소홀히 하라는 것은 아니다. 예전의 풍남문 축제는 전주 지방문화를 강조하고, 반면에 경기전 잔치는 황실문화를 강조하며 모두 다 멋지게 활성화되어야 할 것이다.

대한황실 발상지인 전주시는 황실문화의 자랑스러운 보물창고이다. 생각하면 1년 내내 매달 다양한 축제가 계속될 수 있고, 그 가운데 '경기전 잔치'는 우뚝 선 최고의 상징적 축제로 시행해야 될 것이다. 그리하여 언제나 관광객의 발길이 끊임없이 이어지는 신나는 도시가 되어야 하겠다. 찾아가면 항상 즐겁고 기분 좋은 성지순례가 되게 해야 하겠다.

망각되어져 있던 황실성지를 탈바꿈시키려는 노력을 약간만 기울여도, 전주시는 구름같이 관광객이 몰려오는 경이로운 곳이 되고 놀라운 자태를 뽐내게 변화될 것이다. 아니 약간만 더 관심을 쏟고 북돋우면 머지않아 '세계문화유산'이 되고도 남을 대단한 곳이다. 황실발상지 문화가 얼마나 독보적 의미가 큰가? 우리들 모두가 그간 추진일 흐름에 눈이 흐려져서 최고의 보물을 몰랐을 뿐이다.

하지만 전주관광을 가보면 아직은 아쉬움이 크다. 첫째로 전주다운 독특함이 보다 더 아쉽다. 둘째로 성지순례를 하는 곳으로의 근본적 전환이 필요하다. 셋째로 항일전쟁을 완성하듯 황실유적 역사를 되찾으려는 뚜렷한 의지가 보다 강력하게 요망된다.

현재는 무언가 전주를 되살리려는 노력은 열심히 하고 있는데, 아직도 과거에 온 나라가 새마을운동을 시작할 때와 같은 느낌이 든다. 그렇지만 온 국민의 마음의 고향이 되는 곳! 세계적인 황실유적으로서, 온 세계의 외국인이 찾아오는 곳! 왔다 가면 또 오고 싶고, 가슴에 남는 추억이 있으며, 마음이 끌리는 곳을 만들려는 착상은 결코 먼 곳에 있지는 않다.

대한황실 성지 전주시는 이 시대에 나날이 빛나는 보물도시로 떠오르고 있다. 일제침략의 먹구름이 가시면서, 전주시는 경주, 부여, 서울과 같은 드높은 역사 문화도시가 되고 있다. 특히 전주시는 다른 어느 곳보다 생생하게 옛 삶이 순수하게 그대로 살아있는 생활도시라는 점에서 돋보이는 곳이며 더욱 가치가 크다.

앞으로 조금만 더 가꾸면, 마음 설레며 로마관광을 가듯 세계인이 전주를 찾게 할 수도 있다. 그것은 온 겨레에게 광화문 광장에 세종대왕 동상을 새로 모시며 뿌듯한 감동을 주듯이, 전혀 생각도 못하던 최고의 자랑거리 관광도시를 새로 선사하는 것이다. 그것은 일제침략자들을 쫓아내고 60여 년 만에야 정신적으로도 독립이 되는 통쾌한 쾌거이다.

전주시는 찬란한 승리의 땅으로 재탄생되어야 한다. 전라북도는 용비어천의 위대한 성지로 재탄생되어야 한다. 혹시 전주시는 아직도 추친일 늦잠을 자고 있지 않은가? 전라북도는 아직도 왜놈들의 쌀이나 단순 생산하던 곡창지대일 뿐인가?

왜 전주에서는 아직도 태조 이성계 장군의 동상을 세울 생각을 못하는가? 왜 아직도 전주가 바라나시, 룸비니, 메카, 예루살렘, 라싸 같은 성지란 생각을 못하는가? 왜 아직도 전주와 전라북도가 민족사의 지극히 자랑스런 영광의 땅이란 생각을 못하는가?

「태조 고황제 이성계 장군의 동상을 세우자. 전주시를 영광의 땅으로 만들자.」

전주시의회에 큰 박수를 보낸다.

- 지방자치의 우수 사례 -

전주시의회가 전국 지자체 중에서 최초로 멋있는 쾌거를 단행하여 전국적으로 신선한 충격을 주었다. 지방의회는 이런 일을 하는 곳이란 모범을 보인 우수 사례이다.

요즘 국회의원을 제대로 된 정치인으로 보는 국민이 거의 없다고 해도 과언이 아닌 분위기이다. 소신도 없고 무능한 여당에다 무조건 반대투쟁만 하는 황당한 야당을 보며, 국민들의 분노는 극에 달했다고 보아도 될 정도이다. 도대체 믿을 정치세력이 없고, 누구를 위한 국회인지 알 수 없다고 이구동성으로 말한다.

그런데도 여러 지방의회에서 국회의원 흉내를 내는 치졸한 모습에 많은 국민들이 식상해 있었다. 주민자치는 없고 정략만이 난무하는 곳도 적지 않다. 그렇지만 전주시의회에서 보여준 상쾌한 소식은, 전국적으로 큰 파장을 일으키면서 지방자치 개선의 신호탄 같이 주목받고 있다.

금번 전주시에서 대형마트와 기업형 슈퍼마켓(SSM)의 강제 휴업일을 정하는 조례안을 통과시킨 것은 너무나 잘한 일이다. 원래 대형마트와 기업형 슈퍼마켓은 전통적으로 서민들의 경제권역이었다. 예부터 재래시장은 서민들의 삶을 대변하는 곳이었다. 그런데 거대자본이 서민경제권을 압살하고 강점하는 전형적 사례가 된 것이다. 무조건 돈만 벌면 된다는 것과 같으니, 대형자본은 결코 이런 행태로 칭찬받기는 곤란하다.

전주시는 아주 독특한 성향을 가진 도시이다. 전주시는 호남지역 전통문화를 대변하는 곳이고, 대한황실이 태어난 발상지로서 역사성이 매우 큰 특성을 갖고 있다. 따라서 전주시는 일제강점기에 적지 않게 피해를 입은 도시이다. 그런데 역설적으로 가장 피해를 덜 입은 도시이기도 하다. 왜냐하면 일제침략 당국은 전주시가 대한황실 발상지이기 때문에, 발전을 시키지도 않았지만 결코 파괴를 쉽게 할 수도 없었다.

그들의 전주시에 대한 정책은 낙후 방치정책이었다고 생각된다. 따라서 처참히 파괴된 타 도시보다는, 옛 모습을 나름대로 유지한 골동품 도시로 이끌어진 것이다.

그렇지만 전주와 나주를 합해서 전라도가 된 주요도시인 나주는, 나철 등을 중심으로 한 애국 독립운동가를 탄압하는 일환으로 거의 소멸시켜 버렸다. 그리하여 광주에 흡수되어 없어진 도시같이 되었고, 전남지역의 최고 역사성을 띤 나주시가 사라진 것과 다름없게 되었다. 나주는 일제침략의 피해를 입은 대표적 도시의 하나이다. 이렇듯 전국의 곳곳에서는 예컨대 부산, 신의주, 대전, 영주 등의 신도시를 만들어, 주변 전통도시를 흡수시키며 압살시켜 온 나라가 황폐화되고 기형화되었다.

하지만 전주시는 상대적으로 옛 역사유적이 적지 아니 그대로 남았다. 전통적인 가옥을 비롯해 여러 생활문화도 적지 않게 남았다. 전주시에는 대도시로서는 드물게 전통시장과 골목상권의 다양한 가게 점포도 살아있다. 생각을 가다듬고 보면 전주는 도시 전체가 흡사 서울의 인사동을 보는 듯하다.

그런데 대형마트와 기업형 슈퍼마켓에 의해서, 그 소중한 생활역사 문화가 압살되는 일은 없어야 한다. 전주시는 도시 전체가 살아있는 전통 문화유산이다. 생각하면 역사유적이 많은 서울, 경주, 부여는 너무나 많이 옛 원형을 잃었으나, 전주시는 다양한 전통문화의 원형을 나름대로 순수하게 간직하고 있다.

금번에 전주시의회가 상쾌한 결단을 내린 것은, 전주시가 가진 역사문화적 특성에서 비롯되었다고도 생각할 수 있다. 하지만 이왕 결단을 내리려면 전주시에서는 보다 적극적으로 역사문화 전통을 살리는 다양한 결단까지 내리면 어떨까 생각된다. 왜냐하면 전주시에 남은 전통 생활문화는 거의 유네스코에 등재할 수준의 문화원형이기 때문이다. 이것은 전주시의회만 아니라 전주시민 그리고 전라북도민 전체가 총단결하여 수호해야 할 중요 과업이다.

이 기회에 전주시에서는 전주시의 전통적인 골목 상권과 재래시장을 인사동이나 북촌과 같이 적극적으로 보존하고 지원하여, 전국에서 특화된 대표적 관광도시로 만드는 것이 좋을 것이다. 콩나물국, 비빔밥, 모주 등 독특한 생활문화를 어디서 찾겠는가? 싱싱하게 생동하는 새벽시장, 재래시장의 활력을 어디서 쉽게 찾겠는가?

현재 한국 땅에는 예부터의 전통을 순수하게 간직한 도시가 사라져서 없다고 볼 정도이다. 거의 모두 전통과 뿌리를 상실한 국적 없는 도시가 되었다. 그렇기에 우리민족의 옛 전통이 그대로 살아 있는 뼈대 있는 도시와 재래시장이 꼭 그대로 살아 있어야 한다는 사명감까지도 요망된다.

그리고 보다 더 적극적으로 생각한다면, 전주시 도시 전체를 유네스코 세계문화유산으로 만드는 위업을 달성하면 더욱 좋을 것이다. 전주시는 그럴 여건과 가치가 확실히 갖춰진 매우 역사성 높은 문화도시이다.

「우리민족의 보물도시를 보물답게 가꾸는 것은, 이 시대 후손들의 주요과제이다. 전주시의회에 힘찬 박수를 보낸다.」

입헌군주제 개헌!
아주 신선한 선택입니다!

전주시 성역화 프로젝트 – 전라북도의 역사혁명

- 전주시는 세계문화유산이 되어야 한다 -

대한황실이 태어나며 이 나라의 신시대를 개창한, 민족성지 전주시는 오랜 동안에 걸쳐 잠자는 도시였었다. 예부터의 타성에 젖어서 한탄과 체념으로 지새우는 도시였다. 그러면서 문화도시 경주를 부러워했고, 역사도시 공주나 부여의 일취월장하는 모습은 남의 일이라고 생각했다. 당연한 듯이 패배주의에 젖어 있었고 거의 죽은 도시에 가까웠다.

경주, 공주, 부여는 살려주고 전주는 망각시킨 것이, 왜놈들의 침략정책이란 생각도 별로 발견되지 않았다. 전주는 일제의 1차적 침략대상인 조선 황실이 태어난 곳이기에, 경주, 부여, 공주는 살려 주어도 전주는 망각시킨 것이다. 그러다가 약 10년 전부터 놀라운 변화가 생기기 시작했다.

외지에서 온 방문객이 택시를 타고서, 전주에서 좋은 곳은 어디냐고 물으면 퉁명스럽게 '없다'고 말하던 한심한 도시에서 도저히 믿기 어려운 일이 발생했다. 10여 년 전에는 너무나 황당했으니, 어떻게 그렇게 말하느냐고 반문하면 오히려 짜증을 내면서, 전주는 '끝난 도시'

라고 한숨 쉬며 퉁명스럽게 말하던 택시 기사들도 확실히 달라졌다.

그렇게 달라진 것은 오로지 한 가지를 깨달은 뒤부터이다. 그간 일제침략 탄압정책에 짓눌려서 숨도 제대로 쉬지 못하고 잊히어졌던 전주시가, 자랑스러운 '대한황실 발상지'라는 것을 자각한 뒤부터 그런 새바람이 분 것이다.

물론 그것은 전주시만 그런 것은 아니었다. 일제침략자들이 우리나라를 강점하고 나라님을 짓밟고 비방하며 온갖 모략으로 헐뜯던 것이 근본적으로 잘못되었다고 깨닫게 되면서, 온 나라가 다시 태어나는 흐름에서 전주시가 특별 조명을 받게 된 때문이다. 조선시대가 새롭게 조명되면서 드라마, 소설, 영화는 물론이고 실질적인 생활에서도 임금님 문화를 다시 살리자는 열풍이 시작되었고, 전주시는 그 혜택을 입는 대표적 도시가 된 것이다.

일제침략 당국은 우리의 모든 것을 강탈, 파괴, 왜곡했지만, 그중에서도 가장 집중적으로 공격한 것은 대한황실이었다. 그러니까 대한황실이 태어난 전주시와 전라북도는 가장 참담하게 피해를 입은 곳이다. 다만 황실발상지라는 너무도 중차대한 민족성지이기에, 철저히 망각시키며 잠자는 땅으로 이끌어 가던 후유증이 그렇게 만든 것이다.

그런데 전주시는 역설적으로 복 받은 도시라고 생각된다. 다른 도시들은 너무나 일제침략의 피해를 원색적으로 입었기 때문이다. 전주와 나주가 합해 전라도가 된 나주는 전주와 쌍벽을 이루는 도시였으나, 거의 없어지며 사실상 광주에 흡수 통합되고 말았다. 의주, 안동, 동래, 공주, 밀양 등 예부터의 명성 있는 도시들은 예외 없이 나주와 같이 만들었다.

더구나 전국토를 이 잡듯이 파내고 뒤지면서 특히 경주와 공주는 도굴, 파괴, 약탈, 왜곡의 큰 피해를 입었다. 부여는 아예 일본식 도시로 완전히 개조하다가 중도에 그들이 쫓겨 갔다. 온 나라를 그렇게 샅샅이 파괴하며 약탈한 사례는 인류사에서도 쉽게 찾기 어렵다.

하지만 전주시는 대한황실이 태어난 성지라는 드높은 위상 때문에, 감히 파괴, 왜곡을 노골적으로 하기가 어려웠고 옛 모습이 나름대로 많이 남았다. 그래서 방치해 둔 혜택을 입은 것이 되었다. 일제침략은 워낙 잔혹하고 포악하여, 그대로 방치해둔 것이 오히려 큰 혜택이 되었을 정도로 심각했었다.

그런데 전주시가 10여 년 전부터 '대한황실 발상지'라고 알려지며 전국적 주목을 받게 되자 도시훼손이 시작되었다. 일부 생각 없는 사람들에 의해서, 돈만 벌면 된다는 생각에 무작정 변화가 시작되었다. 그러나 전주시는 마음대로 변할 수 없는 도시이다. 아무렇게나 변하면 미래에 큰 지탄을 받을 수 있다.

요즘 중국땅 전체가 공산당에 의해 국적도 없는 황당한 관광지로 변해가는 잘못을 타산지석으로 삼아야 한다. 중국은 이미 고유한 중국을 잃었다. 진짜 중국은 사라졌다.(안천, 타이완의 힘) 중국땅 전체가 고증도 되지 않은 얼치기 영화 촬영장 같이 전락했다. 특히 소수민족 문화는 그 원형을 찾기도 어렵게 변형되고 사라졌다.

전주시는 절대로 그렇게 될 도시가 아니다. 흉악한 일제침략자들도 함부로 손대지 못한 성스러운 곳이 아닌가? 전주시와 전라북도는 이제부터라도 전주시 성역화를 위한 종합계획을 면밀하게 세워야겠다. 지금 그것을 시행하지 않으면, 일본이 방치한 도시를 전주시민 스스로 망치는 일이 발생할 수 있다. 전주시 스스로 자멸하는 길을 가는 일은 없어야 한다.

전주시는 그간 숨겨진 보물이고, 잊히어진 보물이었으며, 잠자는 보물이었다. 그러나 제대로만 가꾸면 '세계문화유산'이 되고도 남을 충분한 조건을 확실히 갖추고 있다. 전주시가 갖고 있는 모든 문화유산을 종합적으로 체계화하여 가장 바람직한 방향으로 이끄는 노력은 시급하다. 보물은 보물이 되게 가꾸어야 진짜 보물이 된다.

그런데 특히 유의할 것은 '가꾼다'는 뜻이 정확해야 되겠다. 문화유산을 가꾼다는 것은 원래의 고유한 모습을 더욱 돋보이게 한다는 뜻이다. 아무렇게나 부수고 아무렇게나 고치는 것으로, 절대 착각을 하지 말아야 성공적으로 가꾸게 된다. 현재 경주시는 지난날에 무조건 개발한다면서, 그렇게 잘못된 바가 적지 않아 개탄의 소리를 듣고 있음을 유의해야 하겠다.

예컨대 서울의 북촌이 최고 인기 있는 관광지가 된 것은 '고유한 생활문화'가 생생히 보존되었기에 그런 것이다. 그런데 요즘 만들어진 '전주 한옥마을'의 일면에는 전주답지 않은 느낌도 있다. 보다 전주답게, 보다 독특한 생활문화가 고유하게 보존되어야 성공한 개발이다. 진정한 전주 가꾸기는 전주의 순수성을 철저히 지키며 가꾸는 것이다.

전주시를 성역화하는 일은 전라북도민 전체가 합심해서 해야 할 일이다. 그리고 점차 전국적으로 후원과 호응을 이끌어 내야 한다. 스스로의 자율, 자조, 자립 의지가 없이 중앙정부나 국민이 도와주지 않는다고 불평 한탄하는 일은 없어야 한다.

그러므로 전주시 성역화는 먼저 전주시에서 횃불이 타올라야 한다. 스스로 나서서 솔선하여 힘차게 단결하고 노력하는 모습을 보여야 한다. 그 불빛으로 모든 시민을 일깨우고, 전라북도민을 하나로 뭉치게 해야 한다. 그러면 온 국민이 전주시는 보통 도시가 아니고 민족 성지라는 것을 더욱 깨닫게 될 것이다. 그리고는 점차 온 국민이 염원하는 국가적 성지로 승화될 것이다.

「수많은 사람들이 구름같이 몰려오며 인구가 쑥쑥 늘어나는 희망의 땅을 전주시민들 스스로 만들어야 한다. 영광의 내일은 결코 멀리 있지 않다.」

너무나 좋은 보물을 갖고서 왜 한탄만 하는가? 손을 가진 자는 빗자루를 들고 대청소를 하고, 발을 가진 자는 삽을 들고 무너진 길을 고치고 다듬어야 한다. 노래를 할 줄 아는 자는 장단 맞춰 노래를 부르고, 춤을 출 줄 아는 자는 덩실덩실 춤추며 흥을 돋우어야 한다. 모든 택시 기사는 친절한 민간 외교관이 되며, 불친절했던 과거를 반성해야 한다. 모든 시민이 친절한 관광 안내원이 되어야 한다.

「전주 성역화! 그것은 전주다운 순수성을 키우는 것이다. 전주는 전주다워야 전주이다.」

❁ 남원 황산대첩 축제와 태조 이성계 장군

- 일제침략 왜곡 친일역사의 대표적 사례 -

매년 8월 15일은 전라북도 남원의 운봉에서 황산대첩 축제가 거행되는 날이다. 그런데 많은 한국인들에게 매우 헷갈리고 의아스러운 것이 있다. 그것은 '황산대첩'이 너무나 이해가 되지 않는 역사지식인 때문이다.

황산대첩은 바로 '친일사관' 침략역사 교육의 대표적 존재라 그렇다. 일제당국은 중일전쟁을 도발할 무렵으로서, 그들이 망해서 쫓겨갈 즈음에 특히 역사날조 교육을 많이 했다. 그 가운데 대표적인 것의 하나가 황산대첩 날조 교육이다.

요즘 일본의 아베, 아소 다로, 하시모토 등이 역사 왜곡을 하여 큰 국제문제가 되고 있는데, 역사 조작은 일본의 구제불능한 고질병이다. 온 세계가 다 아는 것도 생떼를 쓰듯 거짓말로 우기는 것은, 일본이 망조가 들 때면 항상 있던 일이었다. 20년 경제침체에다 후쿠시마 쓰나미 참사가 겹치면서, 일본이 B급 국가로 전락되는 위기감이 요즘 일본병을 강하게 촉발시킨 것이다.

오늘날 일본은 지구촌 전체가 개탄하는 정신대 성노예를 부정하여, 오히려 세계적 쟁점으로 부각시키면서 '나쁜 나라' 일본을 스스로 적극 홍보하고 있다.

일본이 처절하게 망하며 히로시마, 나가사키에 원자탄 투하를 재촉했던 때와 무엇이 다른가? 지구상에서 없어질 나라를 미국이 크게 아량을 베풀어 살려준 은혜는 깨끗이 잊고, 아무 잘못 없이 미국의 원자탄 세례를 받았다고 하는 황당한 일본병 '역사협심증'은 패전 직전과 똑같다.

일본이 패전을 재촉할 당시의 학교 교육에서는, 전격적으로 한국 역사상의 유명한 승리라면서 3대첩이니, 4대첩이니 하는 새로운 수업 내용이 등장했다. 그것은 살수대첩, 한산대첩, 황산대첩에다 귀주대첩까지를 포함한 교육내용이었다.

당시 사범교육을 받은 원로 선생님들은 누구나 그 날조 과정을 소상하게 알던 것이었다. 별안간 공문까지 보내면서 황산대첩을 바꿔서 가르치라고 강조 강요했기 때문이었다.

그리고는 느닷없이 태조 이성계 장군을 신랄하게 비난하면서 깎아내렸고, 계백 장군을 최고의 장군이라며 비정상적으로 별안간 추켜세웠다. 더구나 특급전범 천황의 항복선언 6개월 전에는, 끝내 남원 운봉의 황산대첩비를 파괴해 버리는 경악할 폭거도 자행하였다. 도대체 그것이 무엇이기에 그런 역사왜곡 폭력을 휘둘렀던가?

일제당국은 당시에 황산대첩을 작심하고 날조 왜곡했다. 사실상 3대첩, 4대첩 운운하는 것도 황산대첩을 날조하려고 내세운 신조어에 가깝다. 분류 기준도 뚜렷하게 정해진 것이 없다. 일제 강점당국이 작위적으로 무작정 내세운 것이다. 황산대첩이 조선을 창업한 태조 이성계 장군의 찬란한 승리였고, 일본의 참담한 패배였기 때문에 그런 황당한 역사 왜곡을 무모하게 자행했던 것이다.

그래서 별안간 백제시대 계백 장군의 황산(黃山)벌 전투를 크게 강조했다. 계백 장군은 일제당국이 이성계 장군을 왜곡 비방하기 위해서 조연 배우로 등장 시킨 인물에 가깝다. 원래는 이성계 장군만을 비방할 것이었는데, 계백 장군이 참패한 곳도 발음은 같고 한자만 틀린 것에 착안하여 간교하게 악용했던 것이다.

일제가 제2차 세계대전에서 참패하던 무렵의 선생님들은, 애초에 느닷없이 계백 장군이 등장함에 대단히 의아해 했다고 한다. 당시에는 계백 장군을 단지 삼국시대에 등장하는 하나의 역사적 인물 정도로만 보았을 뿐이다. 유난히 특출하게 위대하다고 생각하는 한국인들은 별로 없었다고 한다. 오히려 형편없는 패전지장이 졸지에 위대한 영웅으로 돌변하는 데에 큰 의아심을 가졌다고 한다.

생각하되 계백 장군이 황산벌 싸움은 5000명의 정예 결사대를 허망하게 전멸시키며, 백제왕국의 망국을 초래한 참패였다. 12척의 배로도 위대한 승리를 거둔 이순신 장군이 영웅이지, 5000명이나 되는 정예 정규군을 전멸시키고서 대첩은 말도 되지 않는다. 황당한 어불성설 억지 용어이고, 수치스럽기 짝이 없는 처절한 참패였다.

더구나 계백 장군의 가족까지 몰살시키며 자결한, 가족동반 자살까지를 과잉으로 미화한 이해할 수 없는 자살극, 자멸극이었다. 이 나라에 앞으로 다시는 그런 창피한 아버지, 그런 수치스런 군인이 또 나와서는 큰일 날 일이다. 계백 장군은 하나도 칭찬할 것이 없다. 일제 침략사관은 최악의 패전지장을 졸지에 미화시켰다. 그럼에도 일제당국의 잘못된 날조 교육내용이 오늘날까지 도도하게 이어져 내려오고 있다.

최근에는 영화로까지 만들며 국민의식을 극도로 혼란하게 오도시켰다. 이 나라는 현재도 사실상 식민지 잔재 의식구조에 찌든 원색적인 추친일 세태이다. 그런 기막힌 상황이니까 오늘날에도 많은 사람들이 계백은 대단한 장군이고, 이성계는 별 볼일 없는 하찮은 장군이라며 우습게 아는 것이다. 너무나 잘못된 '친일사관 고정관념'에 맹목적으로 짓눌려 이성을 잃고 있다.

그래서 위대한 황산(荒山)대첩은 거의 망각된 전투 같이 되었다. 고려말 왜구의 침략은 문자 그대로 거대한 떼도둑의 벌떼 같은 약탈, 공격이었다. 그것은 그 시대로서는 거의 임진왜란, 경술왜란에 맞먹는 것이었으나 극도로 축소되고 왜곡되었다. 침략이 극심했다면서도, 좀도둑 왜구들의 '하찮은 전투'로 격하시켰다. 고려 말의 '여말왜란' 수준이 맞는 학술용어인데도 극도로 축소되었고, 아주 별 볼일 없는 왜구 떼와의 '시시한 전투' 같이 된 것은 일제 당국이 악의적으로 그렇게 만든 것이다.

그리고는 그 전투를 노래한 서사시 '용비어천가'를 허황된 거짓말 노래라고 조롱을 했다. 그래서 지금도 국어 선생님들은 용비어천가를 '국문학적으로만 중요한, 엉터리 노래'라고 그대로 답습하여 가르친다(안천, 대한황실문화정책사). 오로지 그것이 일본군을 처참하게 전멸시켜 격퇴한, 태조 이성계 장군의 위대한 승리였기 때문에 그렇게 왜곡시킨 것이다.

황산대첩 터는 현재 전북 남원시 운봉읍 화수리에 있다. 거기에는 커다란 '황산대첩비'가 장엄하게 위용을 자랑하고 있다. 우리나라의 곳곳을 아무리 찾아볼지라도, 그렇게 위풍당당한 승전비가 서 있는 곳이 어디에 또 있는가?

그렇지만 왜 거대한 승전비가 그 곳에 우뚝 서 있는지를 깊게 생각하는 한국인은 별로 없다. 거의 다 추친일 역사 교육에 찌들어 맹목적 추친일파로 살고 있을 뿐이다.

조선시대를 창업한 위업을 호기 있게 노래한 거대한 서사시 '용비어천가'의 출발지에 해당하는 남원은, 그렇게 추친일 압박 체제 그대로 짓눌려 있다. 잔혹 무비한 친일사관에 압살당한 대표적 유적지가 바로 그 곳이다.

남원시 운봉에서는 매년 8월 15일에 씨름, 윷놀이, 백일장, 노래자랑 등을 포함한 황산대첩 축제를 거행한다. 2013년은 제28회째라는데, 일본의 악의적 왜곡사 그대로 그 동네 사람들만의 조촐한 시골행사 축제에 가깝다.

누란의 절체절명 위기에서 나라를 구한 이성계 장군의 찬란한 역사를 짓밟고 식민지로 만들어야 하겠기에, 이성계 장군의 위대한 항일전쟁 대첩을 처절하게 탄압하고 왜곡시켜 망각된 전쟁으로 몰아간 그대로 참담하게 남은 것이다.

오늘날에 운봉읍 마을사람들이라도 힘을 모아 축제를 벌이며, 탄압받은 기구한 역사를 되살려 기억하려는 노력이 갸륵하면서도 기특하고 애처롭다. 운봉 사람들의 황산대첩제는 흡사 현대판 항일전쟁과 같다. 결연한 자세로 단호하게 진행되고 있는데 크게 박수를 보내고 적극적으로 칭찬할 일이 분명하다.

하지만 정상적이라면 운봉을 뛰어 넘어 남원시가 주최해야 할 일이다. 아니 전라북도 도지사 주관 하에 행사를 확실히 진행해야 옳은 일이 아닐까? 그렇다. 문화관광부가 주관하는 국가행사로 승격되어야 옳은 중차대한 행사가 맞다. 이 나라 어느 곳에 이토록 위대한 '대첩 전승지'가 또 있는가?

황산대첩 터는 특히 일본의 역사왜곡, 역사침략이 집요하게 자행되는 오늘날의 상황에서, 국가 최고의 항일전쟁 성지로 재탄생 되어야 하겠다. 약 30여 년 전에 처음으로 일본의 역사왜곡이 시작되자 온 나라가 분노하며 천안에 독립기념관을 만들었듯이, 금번에는 운봉에 거대한 역사교육장을 만들어야 하겠다. 장엄한 황산대첩 기념관도 만들고 다양한 행사도 벌이며 운봉을 항일 애국성지로 확실히 승격시켜야겠다.

황산대첩은 운봉, 남원 그리고 전라북도나 호남지역의 애향심 차원을 넘어서는 민족적 자부심이어야 한다. 학생들 교육에서도 철저히 강조되는 영광스런 구국의 대첩으로서, 한산대첩, 살수대첩, 귀주대첩에 비견할 최상 최고의 자랑거리가 되어야 한다. 어찌 운봉의 소꿉놀이로 치부하면서, 아직도 추친일 체제를 묵인하는가?

하지만 우리는 오늘도 아베, 아소 다로, 하시모토의 망언에 격노하며 흥분만 하고 있다. 적지 않은 경우에 소중한 외화를 낭비하면서 의미도 별로 없는 해외여행을 다녀오며 그것을 자랑하는 사람은 많지만, 최고의 민족성지 황산대첩비를 친견한 사람은 거의 없다.

전국 곳곳에서 반나절 한 나절이면 갈 수 있다. 더구나 지리산 둘레길 출발지로 아주 경치가 수려하고 좋은 최고관광지인데도, 일제침략 시대 이후 짓눌려 사라진 그대로 영영 망각되어 버린 사각지대의 땅이다. 아직도 한국사 최고의 황산대첩 성지를 모르면서 진정한 한국인이라고 말할 수는 없다. 아직도 우리들 다수는 추친일파들이다.

「사랑스런 자식들에게 황산대첩 승리의 역사를 언제 느끼게 했는가? 자라나는 학생들에게 언제 황산대첩비를 친견시켰는가? 한국사의 영광의 현장 그곳은 가정교육, 학교교육의 위대한 출발지가 분명하다. 살아있는 교육은 발로 걸으며 온 몸으로 하는 것이다. 뜨거운 감동이 없는 죽은 교육에 시간과 돈을 낭비하는 경우가 얼마나 많은가?」

입헌군주제 개헌!
아주 신선한 선택입니다!

상이암, 뜬봉샘, 마이산 - 용비어천 개선행진 찬가

- 대한제국 최고 금척 대훈장의 탄생비밀 -

우리나라에서 최초로 훈장제도를 만들었던 때는 대한제국 시대이다. 광무(고종)황제 때에 국제사회의 영향을 받으며, 우리나라에도 훈장제도가 필요함을 인지하게 된 때문일 것이다.

그런데 당시 훈장제도에서 특기할 사안이 있다. 그것은 오늘날의 한국인들이 전혀 상상도 못하는 것이다. 최고의 훈장이 금척(金尺) 대훈장이라는 점이다. 도대체 '금척'이 무엇인가? 왜 그것이 최고의 훈장이 될까?

그것은 조선시대의 개국신화를 알아야만 이해가 된다. 금척은 '금으로 만든 자'를 뜻하는 것으로서, 태조 이성계 장군이 마이산에서 구국기도를 드린 뒤에 꿈에 나타난 산신령님으로부터 받았다는 금으로 만든 자를 뜻하는 것이다. 하지만 일제침략 이후 워낙 태조 이성계 장군이 정치탄압을 받은 여파로, 우리들은 거의 다 추친일파들이 되어 있었기에 조선 건국신화도 사라진 것이다.

이성계 장군은 몽골, 홍건적, 왜구, 여진족의 침략으로 인하여, 고려국가가 망국지경에 이르렀을 때에 나라를 지킨 위대한 구국의 명장이다. 그는 특히 남원의 황산대첩 신화를 창조하는 위대한 영웅이었다. 황산대첩은 특히 일본의 침략을 막은 결정적인 승리였다.

이성계 장군은 황산대첩의 승리를 거둔 후에 승리의 개선행군을 시작했으니, 그 행진루트가 임실의 상이암, 장수의 뜬봉샘, 진안의 마이산, 그리고 전주의 경기전이다. 이 자랑스러운 승리의 행군을 바탕으로 만들어진 개국찬가가 '용비어천가'이며, 그것을 자랑스러운 그림으로 그린 것이 '일월오악도'이다(안천, 대한황실문화정책사).

특히 이성계 장군은 상이암에서 '용비어천'의 신탁을 받고, 마이산에서 산신령이 금척을 내리며 그 금자를 갖고 잴 수 있는 만큼을 네 땅으로 하라는 하늘의 뜻을 전수 받는다. 그로부터 '금척신화'는 조선개국의 명분을 제공하는 핵심 건국신화가 된다.

오늘날 우리들은 고려 말의 국경이 평안도와 함경도의 아래쪽 좁은 땅이었음을 거의 잊고 산다. 그 북쪽의 넓은 땅은 이성계 장군에서부터 우리 국토가 된 바를 크게 인식하지 못한다. 삼국시대 이후 유일 최고의 영웅이 이성계 장군이다.

그럼에도 모두가 이성계를 비방하며 왜놈들 선전원이 되어 살아왔다. 아니 몽골, 홍건적, 왜적, 여진족의 침략을 받아 거의 망국지경에 이르렀던 나라를, 역전승 역사로 바꿔 세종대왕 황금기를 만든 것을 거의 느끼지 못한다.

일제침략자들이 하도 태조 이성계 장군을 비방하고 헐뜯어 그렇게 되었는데, 조선개국 시기에는 이성계 장군이 사실상 광개토 호태왕 이후 최고의 영웅으로 인식되었다. 5000년 역사에서 이성계만한 인물은 거의 찾기 어려울 정도로 탁월한 영웅인데 동상 하나도 없고, 왜놈들을 따라서 비방만하는 우리사회가 역겨울 정도이다. 오늘날의 우리는 너무나 추친일파로 전락했으나, 조선초기에는 이성계가 민족사상 초유의 영웅으로 받아들여졌었다.

그렇기에 시간이 흐르고 흘러 광무황제 때에도 훈장을 만드는 사람들의 의식을 지배한 최고의 국가의지가 금척이 된 것이다. 금척신화, 용비어천 신화, 일월오악도 정치신화가 없이 조선국은 성립 명분이 없다.

그것은 너무도 중요한 것이라, 그에 대한 일제침략의 피해가 워낙 컸다. 따라서 상이암의 용비어천 신탁도 잊혀지고, 마이산은 탑사 관광이나 하는 곳이 되었고, 일월오악도는 왜 생겼는지도 잘 모르는 몽매한 사회가 된 때가 오늘날이다. 전라북도에는 그토록 자랑스러운 최고의 개국신화가 깃든 성스러운 곳이 널려 있는데도, 일제침략의 상처는 길고 길게 이어지고 있다.

「용비어천 루트를 재건하는, 전라북도의 광역 성지화는 현대판 항일전쟁과 같다.」

입헌군주제 개헌!
아주 신선한 선택입니다!

전북 진안 황단(皇壇) 항일 독립운동

- 3·1운동의 순수한 원초적 모습 -

황단은 광무(고종)황제께서 일제침략자들에게 참혹하게 독살 시해를 당하신 1919년에, 유학자 수당 이덕응(1866-1949) 선생에 의해 전북 진안 주천면 화양산 정상에 만들어졌다.

이덕응은 대한황실의 정통 선원계통 인물이다. 선조대왕의 부친인 덕흥대원군의 직계 자손이니, 큰 테두리에서 본 황족 집단에 속한다. 1900년에 궁내부 판임관이 되었고, 대한 황실과는 매우 긴밀한 관계를 유지해 왔다. 1910년에 경술국치를 당하자 벼슬을 버리고, 전라북도 진안의 주천면 대불리에 화양도원을 개설하고 후진 양성에 힘을 기울였다.

이덕응이 진안에서 후진을 길렀다는 것은 낙향한 것이 아니다. 왜놈들이 쉽게 찾지 못할 깊은 산골로 숨어 든 것이다. 특히 진안은 태조 이성계 장군이 구국의 계시를 받은, 거룩한 마이산이 있는 곳이다. 그래서 그 곳을 택했고 그 의미도 큰 것이다.

하지만 후진양성은 암울한 시대에 둘러댄 명분이다. 사실상 국내 망명과 같은 것이었다. 당시 많은 우국 애국지사가 1차로 낙향하거나 잠적하여 국내 망명을 하였다가, 2차로 해외 망명을 떠나갔었다.

특히 이덕응이 숨어든 곳은 아주 깊은 산간 오지로서, 사실상 의병 기지를 만든 것이었다. 당시 뜻있는 우국지사들은 지리산, 덕유산, 운장산이나, 태백산맥 줄기 곳곳에 비밀 은거지를 만들고 조국광복과 황실복원을 위한 활동을 활발히 진행하였다.

오늘날에는 원래의 독립전쟁이 지닌 본질이 많이 바뀌고 퇴색되었으나, 정확히 독립전쟁의 핵심을 짚으면 나라와 나라님이신 임금님을 수호하려는 것이었다. 그래서 비밀 은거지는 나라와 임금님을 다시 찾고자하는 단호한 것이었다. 하지만 국운이 더욱 절망적 상태로 기울자 점차 해외로 망명을 떠났던 것이니, 이덕응의 활동은 그러한 항일애국 흐름의 전형적 사례라고 할 것이다. 그러니까 그 명칭도 황실성지 진안에 세워진 황단인 것이다.

당시 최악의 국난을 맞아, 황실은 물론이고 많은 우국충정 인사들이 비밀리에 총궐기했었다. 이완용, 윤덕영, 송병준, 한창수 등 매국노 일당이 준동할수록 항일 애국흐름도 반비례하여 상승 비등되었다. 황실에서는 특히 광무황제의 작은 아들이시며 융희황제의 친동생이신 의(친)왕이, 전국을 비밀리에 순행하며 항일애국을 적극적으로 고무 독려하였다. 다만 철저히 위장한 잠행 형태였다.

당시 의왕이 관여한 가장 대표적인 항일 유적 사례는, 경남 거창의 덕유산 밑 깊은 오지에 만들어졌던 '사선대'인데, 진안 황단도 그에 맞먹을 만큼의 큰 중요성이 있다. 당시 의왕은 술과 오락을 즐기는 듯 천하제일 한량으로 위장하였다. 전국 방방곡곡을 주유천하의 자세로 헤매며 눈물과 술에 취해 다녔다. 나라를 잃고 통곡하는 왕자님 신분으로 미친 듯 실성한 듯 전국을 잠행한 의왕에게 있어서, 황실 계열의 이덕응이 있던 진안은 가장 중요한 비밀기지였고 단골 방문지였을 것이다.

그것은 의왕이 바로 지척에 있는 마이산의 이갑룡에게도 많이 갔고, 수덕사의 만공스님을 만나거나, 반나절 거리의 경남 거창에서는 중종 임금님의 동생인 완원군 후손들과 긴밀히 연락하며 독립운동을 했던 것 등에서도 증명된다. 또한 예컨대 전북 정읍에는 무려 264명의 항일의병들이 의왕을 모시고 싸운 기념비가 당당히 세워져 있다. 그래서 왜적들이 의왕에게 악의적으로 금치산선고를 내리고 정치적 폐인을 만들어 버린 것이다.

오늘날 예전 독립운동은 너무나 많이 잊혀버린 흘러간 역사가 되었다. 오늘날에도 아베 총리 등 일본의 몰지각한 지도층은 최악의 침략전범 이등박문은 애국자이고 안중근은 범죄자라는 등 망언을 일삼는데, 의왕은 왜놈들 흑색선전대로 술주정뱅이로 알려지거나 황단은 시대에 뒤떨어지고 고루한 제사 터로 낮춰 생각하게 되었다.

워낙 잔혹했던 일제 왜구침략을 겪고서 차라리 이승만 같이 많은 자료가 남았거나, 김구와 같이 백범일지 저서를 썼다는 것은 위선의 증표일지 모른다. 독립전쟁사는 거의 빙산의 일각과 같이 남아 있고, 너무나 많은 것이 사라진 역사가 된 오늘날이 되었다(안천, 일월오악도 제2권). 그러므로 전북 진안의 황단제향은 바로 빙산의 대표적 일각이 남은 것이 아닐까 생각된다.

이덕응은 1919년에 광무황제의 급작스런 국상 소식을 접하고 비분강개하며 북향사배 통곡하였다. 물론 당시 널리 알려진 바와 같이 광무황제께서 왜놈 침략자에 의해 독살 시해가 되셨다는 충격적 소식을 접하였을 것이다. 당시 전국 방방곡곡에서는 곳곳에서 한양땅 경운궁(덕수궁)을 향해 국상을 당한 제향을 올리고 만세를 부르며 절규하였다. 그러니까 진안에서 북향사배를 했다면, 예컨대 신의주에서는 남향사배를 올리는 것이 된다.

오늘날 천안의 아우내 장터에서 유관순 열사를 기리며 만세 행사를 하는 것은 그 흔적이 남은 것이다. 많은 사람들이 그것을 단순한 만세 부르기 행사로 착각하고 있지만, 실제로는 광무황제께 올리는 제향이 거행된 것이다. 따라서 만세는 국상 제향을 올린 뒤에 거행한 차후의 부수적 행사였다. 요즘은 만세를 외치는 본래의 뜻도 많이 퇴색되었는데, 만세는 본래 나라와 나라님이신 임금님께 올리는 지엄한 것이었다.

이덕응은 통곡하고 몸부림치며 오열하였고, 상복차림으로 화양산에 올라 북향하여 국궁사배를 올렸다. 그것은 임금님의 비극적 시해는 물론이고 특히 경술국치의 통한이 더해진 지극한 것이었으며, 광복의지를 철저히 다지는 절박한 독립운동 그것이었다. 그는 매월 초하루와 보름이면 빠짐없이 삭망전 제향을 올리며, 제자들과 더불어 삼 년 동안 처절하게 망곡하며 항일의지를 다졌다.

그것은 그 당시 형태로서의 항일 독립운동과 같은 것이었다. 오늘날에는 거의 다 사라졌지만 당시에는 전국 방방곡곡에서 널리 거행된 국상 의식이었다. 오늘날에도 예컨대 대구 팔공산 자락에 그 명맥이 남아있는 이제묘 제향은 바로 황단 제향이 남은 전형적인 것이다(안천, 일월오악도 제1권).

이덕응은 그 후 일제강점 하에서 날로 쇠퇴해가는 존황 애국심을 다잡고, 기울어가는 국운을 만회하고자 전라북도의 화양봉, 선암봉, 제천봉, 천황봉과 충청남도의 두문봉, 파초봉, 유제봉 등 7개소에 황단을 만들 것을 상소하였다. 융희(순종)황제는 이를 윤허하고 광무황제의 어진을 하사하며 삼극사로 임명하였다.

그렇다면 왜 7개소였는가? 그것은 바로 이덕응의 제자들이 분포된 지역을 말하는 것이다. 그것은 바로 이덕응의 제자들이 의병으로 발전되어 나가는 이행과정을 보여주는 것으로서, 준군사조직으로 변환되어 나가는 모습을 생생히 나타내 준다고 하겠다.

황단제향에서는 삼극을 모시는데, 천(옥황상제), 지(공자), 인(광무황제)을 일컫는다. 이덕응은 그 삼위에 대하여 성인으로서의 예에 따라, 매년 팔월 그믐 정오에 북쪽을 향하여 제사를 올리며 자주독립을 염원하고 국태민안을 기원했다.

하지만 그것은 겉으로 내세운 명분에 가까웠다. 실제로는 광무황제를 모신 '황실수호 독립전쟁' 결의 기념식을 계속 거행했던 것이다. 그리고 그 날짜도 광무황제께서 돌아가신 때의 3·1절을 택해야 했으나, 태어나신 8월을 택해 삭망제를 위장하여 올렸다고 보인다.

지금도 남아 있는 황단에는 그 제단을 "황극단"으로 분명히 새겨둔 채 남았으니, 삼극은 겉에 내세워 위장시킨 명분의 성향이 더 높았다고 해석된다. 이덕응은 지금의 대불초등학교 전신인 화양도원 옆에 삼극전을 세우려 했으나, 일제탄압으로 중단되었는데 현재는 그 터만 남아 그 갸륵한 뜻을 전하고 있다.

그렇게 일제가 삼엄하게 탄압한 것은 삼극전이 바로 '임금님'을 다시 모셔 대한황실을 재건하려는 독립운동이었기에 그러했던 것이 분명하다. 따라서 화양봉 꼭대기에 세워진 황극단(황단)은 황실수호를 위한 '비밀 독립전쟁 기지'와 같은 것이다.

광무황제의 등극을 배천광성(配天光聖)의 원년으로 삼은 이덕응은, 삼극사에 이어 1922년에 13도 도강장(都講長)으로 임명 받아 전국을 순방하며 교육을 통한 유교부흥과 항일사상을 앙양하였다고 한다. 그러니까 삼극사도, 도강장도 위장된 직책일 뿐이다. 전국을 돌며 독립운동을 독려하고 애국지사를 발굴했던 것이니, 그것은 의왕이 했던 주유천하 항일고취 여행과 똑 같은 형태이다.

아마도 이덕응은 의왕과 긴밀하게 연계되어 전국 순회를 했을 것이다. 이덕응의 애국정신 고취를 받은 후학의 수효는 전라, 충청, 경상지방에 300여 명으로, 항일전쟁을 향한 구국의 동량이 되었음은 물론이다.

하지만 삼극제 황단 제향은 일제의 감시와 6·25전란으로 위기를 맞으며 힘을 잃을 수밖에 없었다. 그럼에도 불구하고 이덕응의 우국충정 도학정신으로 화양산 황단만큼은 한 해도 거르지 않고 오늘에 이르렀다. 특히 그의 자부인 김영기 여사와 후손, 제자, 황단보존회 등의 정성으로 오늘날까지 그 전통을 연면히 이어오고 있다.

화양산 황단은 오늘날에도 생생히 현존하는 전통적 제향 형태의 항일 구국운동이다. 현재는 이덕응의 후손인 이부용 등이 중심이 되어 이어지고 있으나, 최소한 진안군을 넘어 전라북도 차원의 행사가 되어야 옳다. 아니 국가보훈처, 독립기념관이 주관하며 국가적 차원에서 기릴 '문화재 국보'와도 같은 행사가 분명하다. 광무황제께서 돌아가시고서 그 후 한 해도 빠짐이 없었으니, 이런 희귀 사례를 어디서 쉽게 찾겠는가?

온 백성이 들불 번지듯 벌떼와 같이 총궐기 했던 삼일운동이, 이제는 국경일의 하나로 정착된 국가행사로 남았다. 흘러간 역사로 박제화된 것이다. 하지만 전라북도 진안 심산유곡에 생생히 살아 있는 보물 하나가 그대로 남았다. 살아있는 국보급 문화행사가 분명하다. 유일하게 옛 모습의 원형 그대로 남은 희소가치도 대단하다.

그러니까 국경일이 된 삼일절이 하나의 제도로 정착되어졌다면, 황단제향은 그 순수한 원초적 형태가 생생하게 살아 오늘에 이른 것이다. 오늘날 때로는 삼일절이 놀고 쉬는 날이 되었다는 잘못된 착각이 들 수도 있는데 반하여, 생생히 살아서 숨 쉬는 진짜 애국 삼일절이 바로 황단 제향인 것이다.

황단 제향 항일운동은 앞으로도 영원히 이어질 것이다. 2013년 현재 94회째 제향을 이어 온 전국 유일의 '삼일운동' 유적이다. 삼일운동이 현대시대에까지 그대로 생생하게 살아있는 깊은 산골 향촌의 순박한 사람들은, 이 시대에도 남아있는 '전통적 충신 애국열사'가 확실하다. 아니 현대판 독립지사들이 분명하다.

그들에게는 훈장도 상장도 전혀 주어지지 않았다. 그렇지만 마음만은 아직도 항일전쟁 독립군으로서, 그 누구보다도 애국 충심으로 가득 차 있다. 그들의 마음에는 아직도 임금님을 다시 모시려는 갸륵한 존황 애국심이 충만해 있다. 거의 공개되지 않은 산간벽촌 오지에서, 오늘날에도 우직하게 모시는 제향이 놀랍고 신기할 따름이다.

「유일하게 살아 있는 삼일운동 항일전쟁 원형에 뜨겁게 감동할 뿐이다.」

III

민족대통합의 구심점 – 임금님!

우리 민족은 하나이다.

임금님은 계층, 지역, 성별, 종교, 학벌을

하나로 묶어 민족 대통합을 만들어 주신다.

- 여성대통령이 드디어 탄생했다
- "만세" - 임금님께의 절대충성
- 코리아 최고 브랜드 — 임금님
- 박준영 대망론과 상쾌한 안철수 돌풍
- 진정한 보수주의자는 박정희뿐이다.
- 5·16은 혁명이다.
- 김종훈을 다시 불러야 한다.
- 세계 제1공용어-영어가 아닌 한국어가 맞다.
- 국제연합(UN) 본부는 DMZ가 최적 장소이다.

여성대통령이 드디어 탄생했다

- 양성평등은 국민대통합의 기본 -

2013년 2월 25일은 우리민족의 5000년 역사에서 대단히 특기할 날이다. 예전 역사서에 나온 선덕여왕(재위 서기 632년부터 647년까지) 이후 약 1300여 년 만에 여성 최고지도자 박근혜가 탄생된 뜻 깊은 날이다.

선덕여왕은 3국으로 나뉜 신라의 최고지도자였고, 3국통일을 만들었다. 박근혜는 현재 2국으로 나뉜 나라의 최고지도자인데, 2국시대를 극복한 민족통일의 날이 점쳐지기도 한다.

생각하면 박근혜 대통령의 취임은 현대정치사에 있어서도 의미가 크다. 그간 우리사회에서는 국민의 50%인 여성을 사회적으로 인정한 적이 많지 않았다. 약 30년 전만 해도 여성의 사회적 진출은 흡사 요즘의 아랍국과도 같다고 할 만큼 드물었다. 여성들은 집에서 육아와 가사에 종사하는 것을 제외하고는 할 일이 별로 많지 않은 나라였다.

박근혜 대통령의 등장은 현대정치사에 있어서 획기적인 엄청난 발걸음이다. 스웨덴 한림원은 오바마 대통령에게 핵무기 감축 등 세계평화를 위해 노력했다며 노벨상을 주었으나, 실제로는 흑인 대통령이 탄생되었다는 자체만으로도 흑백 인종대결을 극복한 위업이라며 오바마에게 노벨 평화상을 준 것이다. 박근혜 대통령의 탄생도 온 인류 차원에서는, 오바마 대통령에게 노벨상을 수여한 바와 같은 수준의 의미가 있다.

여성 대통령은 민주정치의 대명사 국가인 미국에서도 아직 탄생되지 않았다. 세계 최고 수준의 민주주의가 꽃피워져 있다는 미국에 있어서도 여성대통령의 탄생은 미래의 일이다. 하물며 극도의 독재체제인 중국, 러시아는 물론이고, 예부터의 숨 막히는 계급 독재사회인 일본에서는 상상하기도 어려운 쾌거이다. 여성을 사회적 노예로 보던 흐름이 아직도 팽배해 있는 일본인들은 박근혜 대통령의 탄생이 믿어지지도 않을 것이다.

스웨덴 한림원이 보다 더 크게 세계 사회문화 역사에 식견이 있다면, 박대통령에게 노벨상을 수여하는 것이 백번 옳다. 인류사회에는 아직도 여성을 노예로 보는 잘못된 흐름이 넓고 크게 잔존해 있기 때문이다.

특히 박근혜 대통령은 일본 눈치나 보면서 차일피일 시간이나 끈 역대 대통령들과는 달리, 위안부 성노예 여성 명예회복 문제를 국가 최우선 외교정책으로 정립하며 올인 하였다. 흡사 애국여성 잔 다르크나 유관순을 보듯, 국민과 세계의 여론을 정신대 문제 해결을 위해 강력하게 결집해 나가고 있다. 철저하고 단호하게 일본의 성노예 위안부를 부각시키면서, 현대판 항일전쟁을 펼치며 일본을 세계사회에 정면으로 고발하고 있다.

박대통령은 인류사 최악의 여성학대 전쟁범죄인 정신대 위안부에 대해 거국적이고 세계적인 차원으로 대응하며, 여성인권 창달을 위해 노력한 점으로도 노벨상 후보 제1순위라 하겠다. 스웨덴 한림원이 정신대 문제를 아직까지 주목하지 않은 것은, 노벨상의 본질을 외면한 것과도 같다. 그렇기에 세계사상 최악의 여성모독, 착취, 유린, 탄압 전쟁범죄와 정면 대결하며, 추잡한 전범국 일본과 항일혈투를 벌인 박대통령을 기리는 것은 언제라도 칭찬받을 일이다.

노벨상은 일본과 같은 철면피 부도덕 국가를 응징하라고 있는 것이다. 그래야 인류사회의 양성평등 평화가 이루어진다. 그래야만 노벨상이 존재하는 근본적 가치가 있다.

오늘날의 일본은 아직도 여성의 지위가 거의 전형적인 미개사회 그대로이다. 정신대 성노예는 일본사회에 예부터 만연해 있던 보편적 관습이었을 뿐이다. 오늘날 위안부의 존재를 부인하는 일본 남성들 전체가, 실제로는 예부터의 관습대로 해오던 못된 짓 그것이 정신대였다. 그것을 앙큼하게 부정하고 감추는 나라가 일본임을 온 세계가 잘 알고 있다(한국 사회에는 손자 손녀들에게 창피하여 차마 말도 못하고 늙은 비참한 할머니들이 수없이 많고, 일본에는 고개를 들 수 없게 못된 짓을 하고도 숨기고 사는 몹쓸 할아버지가 수없이 널려 있다).

일본은 사실상 현재도 여성을 위안부로 보는, 전근대적 관습이 널리 퍼져 있는 미개 사회를 벗어나지 못한 나라이다. 그래서 아베, 아소 같은 전범 후손들이 사활을 걸고 조상의 더러운 범죄를 무작정 부정하고 있다. 내면적으로는 너무나 소상하게 잘 알고 있는 망측스러운 국가 범죄이기 때문이다. 특히 자민당 직계 조상의 흉악한 만행이기 때문이다.

세계인이 놀라고 분노하는 정신대 위안부는 일본의 옛 전통일 뿐이므로, 일본 사회는 아직도 아베, 아소, 하시모토 같은 망언이 돌출하는 것 자체가 결코 이상한 일이 아니다. 일본은 그런 여성차별 저개발 국가이다. 그래서 온 인류가 분노하는 국제 문제로서, 1000번이 넘게 이어진 정신대 할머니들의 피맺힌 절규에도 그렇게 후안무치한 것이다.

일본이 정상적이라면 일본여성계 전체가 총궐기해야 한다. 정신대 성노예는, 여성 차원에서는 히틀러의 유태인 학살보다 더 잔혹한 것이다. 차라리 학살당하는 것이 더 낫다(일본여성은 여성이기를 포기한 부끄러운 동물들이다. 추악한 남성의 추악한 여성이길 즐기고 있는 더러운 동물과 무엇이 다른가?). 최악의 생지옥 삶을 살았던 이웃 나라의 여성에 눈을 감고 뒷짐지고 있다면 어찌 여성이라고 할 것인가? 세계적 쟁점이 되기 이전에, 총궐기해서 미리 미리 해결했어야 옳다.

하지만 일본 여성들은 아직도 사실상 성노예 상태에 머물며 남성 독재체제를 인정하고 있다. 일본은 양성 불평등이 심각한 남성 독재국가 수준이다. 박근혜 대통령의 탄생은 이러한 동북아 동토사회에서 핀 양성평등의 놀라운 신기록이다. 남성 독재 철벽을 깨고 이룩한, 여성 인권창달의 금자탑이다.

박근혜 대통령의 탄생은 나의 개인적 기쁨이기도 하다. 젊은 교수 때에 발간한, 나의 저서에 쓰인 그대로가 드디어 현실화되었기 때문이다. 박근혜 대통령이 취임하는 날에 그 책을 다시 펼치니, 그 책이 1991년

4월 30일에 출간되었으니까 꼭 21년 9개월 26일 만에 여성대통령이 탄생되었다. 박근혜 대통령 취임식의 예포가 국가원수에 대한 것으로서, 묘하게도 21발이 발사되는 것을 보면서 21년의 세월이 감개무량하다.

21년 9개월은 약 22년이 되는데, 22년 전의 우리나라는 어떤 나라였는가? 생각하면 당시는 매우 당혹스러운 시기였다. 책의 제목을 '여성대통령은 언제 나올까'로 정하고서, 작은 글씨로 부제목을 '여성정치 문화론'이라고 붙여 출간하자 기묘한 반응이 이어졌다. 물론 당시는 나부터도 책 출간을 앞두고서 여러 가지로 부담이 되어, 책 제목을 갖고 고민을 한참 했었다. 우여곡절 끝에 발간이 되자, 우선 책 표지만 보고서도 황당하다는 반응이 나왔다.

첫째는 어불성설 서적이라는 것이었고, 둘째는 저자인 나를 이상하게 보는 것이었고, 셋째는 아주 현실성 없는 무의미한 책이라는 것이었다. 심지어는 학회에서 공개적으로 힐난하듯, 소설을 썼다는 농담 반 진담반의 얘기까지 들었다. 수도서울의 당당한 국립대학 교수 신분이기에 감히 정면 도전을 못해도, 기인(奇人) 학자라는 농담 섞인 얘기를 들어야 했었다.

어떻게 여성 대통령이란 지극히 비현실적인 발상이 나오느냐며, 아주 기이한 사람이라니 할 말도 없었다. 물론 여자가 밖에 나가 자동차 운전대를 잡는 것조차도 아주 기이하게 보이던 때였으니, 당연히 그럴 수 있다고 생각되기도 했다.

돌이켜서 생각하면 22년밖에 앞서 나간 것도 아니었다. 그럼에도 나는 당시에 아주 황당한 '기인'이었다. 하지만 나의 책은 꽤 많이 읽혀서 8쇄까지 출간되었고, 우리사회에 많은 영향을 주었다. 물론 우리사회에는 무조건 흠집잡기를 하는 일각의 흐름도 있기야 하지만, 사상 최초로 정치적 양성평등의 분명한 논리를 제시한 것이기에 호응도 컸었다.

금번에 박근혜 대통령이 최초의 여성최고지도자로 선출되었으나, 여성이기에 부당하다거나 잘못 되었다는 말이 전혀 없음은 22년의 성숙과정이 있었기 때문이라고 보고 싶다. 우리나라 사람들은 22년 만에 이렇게 혁명적으로 크게 바뀌었다.

나의 책의 논지는 간단하다. 원래 우리민족은 고대시대에는 '모계사회'였고, 그렇기에 여성이 최고지도자가 되는 것은 지극히 자연스러운 우리민족의 '순수한 원형 회복'이라고 본 것이다. 그래서 단군할아버지는 틀린 것이고 '단군할머니'가 맞는다는 것이었다. 생각하면 전혀 듣지도 보지도 못한 충격적이고 파격적인 논리일 수 있었다.

당시 나는 몇 년간에 걸쳐서 고대시대 동북아 국제정치론인 '거시국토통일론'을 집필함에 진력했었다. 그렇게 고대시대 국제정치 연구를 진행한 결과로, 우리민족의 원초적 원형 리더십은 '여성리더십'이었다는 결론을 얻게 되어 쓴 책이다. 세월이 흐르면서 이제는 두 책이 모두 희귀 서적이 되었다.

어떻든 두 책은 당시에 큰 충격과 함께 신선하다는 호평을 받았다. 우리사회가 일제침략을 당하며 강요된 좁고 어두운 정신세계에 짓눌려 있었던 때의, 철벽같은 장벽을 허문 뜻 깊은 서적이었다고 자평한다.

당시에는 두 책이 나오자 애초에는 모두 허황되다는 힐난조의 얘기가 더 많았으나, 그 후 점차 우리민족이 동북아 국제정치판에서 통 큰 세계관을 갖고 새 시대를 열어갈 최초의 안내서가 되었다고 하겠다. 생각하면 당시는 일제침략 역사관에 짓눌리고 찌들어서, 드넓은 만주벌의 고조선, 고구려 의식은 거의 사라진 지극히 편협한 국가의식이 지배하던 때였다.

심지어 학생들의 교과서에까지도 북한 지도가 나오면 삭제되던 전두환 시대였고, 휴전선 이남지역에 사로잡힌 지극히 편협한 국토의식이 지배적이던 때였다. 요즘 젊은이들은 도저히 이해도 할 수 없는 그러한 때에, 그런 책을 처음으로 출간했으니 충격적 반응이 나오는 것도 무리는 아니었다.

일제침략과 6·25 전쟁을 겪은 뒤의 억눌리고 짓눌린 국가관은, 22년이 지난 오늘날에는 거의 상상도 될 수 없는 것이었다. 더구나 그 암울한 상황에서 5000년 역사를 당당히 잇는 민족원형 여성 리더십의 부활을 주장했으니, 그 첫 반응은 당연히 그러할 시대였다.

박근혜 대통령의 등장은 사실상 '단군할머니'의 현대판 환생이다. 단군은 고대시대 우리민족의 최고지도자였다. 동북아시아의 드넓은 땅을 말달리며 호령하던, 담대한 민족 기상이 되살아 난 뜨거운 감동과 희열을 느낀다.

더구나 이 무렵에 온 세계를 강타한 세계적인 가수 싸이가, 온 세계에 생중계되는 말춤을 추는 것을 보면서 온 누리에 울려 퍼지는 단군할머니의 힘찬 질주와 우렁찬 호령을 느낀다. 싸이가 온 지구촌을 말춤을 추면서 달리며 위대한 기마민족의 기백을 전하는 것은, 바로 동북아 만주벌이 좁은 듯 말달리던 단군할머니 시대의 영광이 도래함을 알리는 기쁨의 나팔소리가 아니겠는가?

박근혜 대통령은 여성대통령이란 첫 번째 역사를 썼으나, 그것은 원래의 우리민족 최고지도자의 새 역사를 감동적으로 다시 찾고 부활시킨 것이다. 최초의 여성대통령이란 평가는 오히려 생각이 짧은 것이다. 최초로 민족의 원초적인 원형 리더십을 현실화시킨 민족대통령이 맞다. 여성으로서가 아니라, 한 인간으로서의 발걸음이다. 좁은 나라가 아닌 먼 옛날 광개토 호태왕의 기개와 경륜을 잇는 박근혜 대통령의 힘찬 역사창조를 뜻하는 것이다.

특히 박근혜 대통령은 최고지도자로 탄생되는 도전의 험로를, 스스로 개척하며 승리를 낳은 감동적 신화의 인물이다. 정상적인 지도자는 수동적으로 주어지는 것이 아니다. 스스로 나아가 적극적 자세로 승리를 쟁취하는 것이다.

어느 곳에서나 덜 된 자가 남을 탓하고, 못난 자가 나라 탓 부모 탓을 하는 것이다. 일찍이 알렉산더가 말했던가? 젊은 나이로 아들이 없이 운명하는 그에게, 후사를 어떻게 할 것인가를 묻자 주저 없이 강한 자가 취할 것이라 말하며 당당히 눈을 감았다던가? 그렇다. 자랑스러운 리더십은 스스로 나아가 용기 있게 쟁취하는 것이다.

박근혜는 앞으로도 우리사회를 이끌 새로운 리더십은, 그 리더십의 주인공 스스로가 신화를 스스로 만들어야 한다는 모범을 정확하게 보였다. 창조적 도전의 싱그러운 리더십이 뿌리내리는 우리사회의 앞날은 밝다. 앞으로 제2의 여성 최고지도자가 계속 등장할 것이다. 새로운 신화는 계속하여 만들어질 것이다.

'기인 교수'라는 당혹스러운 얘기까지 들으면서, 22년 전에는 변명조로 학생들에게까지 양성평등의 당위성에 대해 구차한 설명을 하기도 했었다. 여성대통령론을 쓰면 국민들의 50%인 모든 여성들이 나의 동상을 세워줄 줄 알았는데 그것은 착각이었고, 아무도 본질은 모르면서 허황되다고만 말한다고도 했었다. 하기야 당시는 양성평등이란 개념도 거의 없던 때가 아니었던가?

하지만 22년만의 박근혜 대통령의 탄생은 모든 것을 실질로 바꾸었다. 작은 연구실의 좁은 공간 세계에서 쓴 기인 대학교수의 힐난 받던 학설은, 22년이 지나며 강력한 실질적 현실 이론임이 증명되었다. 작은 연구실에서 글이나 쓰는 서생으로서, 취임식을 TV로 보면서 감격하고 고마울 뿐이다.

「박근혜 대통령의 탄생은 양성평등 신화를 탄생시킨 쾌거다. 박근혜 대통령은 단군할머니의 정당성을 온 몸으로 확실하게 증명했다.」

입헌군주제 개헌!
아주 신선한 선택입니다!

"만세" - 임금님께의 절대충성

- 3·1절 100주년을 생각하며 -

2019년이 되면 3·1독립운동 100주년을 맞게 된다. 3·1운동은 왜적의 침략에서 임금님을 지키자는 임금님 지키기 운동이었다. 3·1항일운동을 다르게 불러서 만세운동이라고도 하는데, 그것은 바로 임금님에 대한 지극한 충성의 뜻으로 부르는 호칭이다.

예전에 '만세'는 나라와 임금님에게만 쓰던 개념이었다. 황태자는 '천세'였고, 일반 백성은 '백세'였다. 생각하되 의술이 발달된 오늘날에도 100세는 꿈의 나이로서 대단히 장수한 것이다. 따라서 만세는 만년동안을 의미하는 구체적 숫자를 나타내기보다는, 국가와 임금님이 영원무궁할 것을 바라는 상징적 개념이다.

그러니까 3·1운동은 임금님에 대한 절대 충성의 항거였는데, 세월이 지나 일제침략 선전에 세뇌되면서 3·1운동에서 그 중대한 의미가 사라졌으니 핵심이 사라진 것이다.

3·1운동이 임금님을 지키려는 만세운동이었다면, 당연하게 오늘날 임금님을 다시 모셔야만 항일애국을 완성하는 것이다. 우리민족의 위대한 항일 애국선열들께서 독립운동을 하신 궁극적 목표는, 나라와

나라님을 침략자들로부터 지키고 독립을 달성하는 것이었다.

오늘날 우리들은 독립운동이 나라를 찾는 것이었다는 반쪽짜리 생각을 많이 한다. 그러니까 틀린 생각이다. 항일 독립전쟁은 나라와 나라님을 다시 찾으려는 것이었다는 것이 옳은 생각이다. 따라서 임금님을 다시 모시는 것은 '미완성 항일독립전쟁'을 완성시키는 핵심적인 것이다.

일제침략이 가장 잔인하게 집중되었던 표적은 "임금님"이었다. 그리하여 대한황실을 일본천황 족보에 흡수통합 시키며 소멸시키는 것이었다.

그런데도 우리민족은 임금님을 상실하고, 일본천황 족보에 편입된 대한황실을 그대로 인정하며 현대시대를 살아가고 있다. 현재의 정치체제는 그토록 잘못된 추친일 체제이다. 남북한이 똑같이 일제침략자들이 원하는 대로 잘못되게 살아가고 있는 것이다.

오늘날 그렇게 잘못된 후유증으로, 임금님을 모시면 역사적 후퇴를 한다는 일각의 잘못된 주장까지 있다. 하지만 그것은 너무 고루하고 경직된 생각이다. 민주정치는 임금님 체제에서 더욱 값을 발휘할 수 있다.

민주정치는 임금님이 계신 영국, 네덜란드, 덴마크, 스페인, 스웨덴, 노르웨이는 물론이고 태국, 말레이시아 등의 여러 나라에서 세계적 수준으로 이루어지고 있다. 세계 최고의 선진 민주정치가 이루어지는 이 나라들은, 역사와 전통을 살리면서 사회발전과 조화를 맞추기에 성공한 민주정치를 하는 것이다.

군주제는 예부터 전래되는 문화전통이다. 우리들이 한복을 입고,

온돌에 살며, 김치를 즐기는 것과 같다. 임금님이 계시는 여러 선진 민주국가들도 나라님이 그렇게 계시는 것인데, 그 자랑스러운 전통을 일제침략자들이 강제로 끊은 것이다. 그러므로 나라를 되찾았다면 당연히 나라님도 다시 찾아야 하는 것이다.

하지만 현재의 대통령제는 별안간 해외에서 직수입되었다. 이승만 시대에 이유 없이 돌출한 것이다. 우리사회의 자연스런 역사 발전과정에서 대통령제가 도입된 것이 전혀 아니다. 당연히 우리의 뜻에 맞는 것이 아니고, 우리가 선택한 것도 아니다.

임금님이 계시면 시대착오적이란 논리는 누가 퍼뜨렸는가? 그것은 특히 자유당 시대에 이승만에 의해 뿌려진 것이다. 이승만은 정권을 쥐며 임금님 제도가 무조건 나쁘다고 집중적인 공격을 하면서, 대한황실의 황궁과 유물, 유적을 낱낱이 빼앗고 짓밟았다. 그리하여 이승만은 임금님을 끊으려던 일제침략을 완성시키는 엄청난 잘못을 저질렀다.

그럼에도 오늘날의 우리들은 너무나 이승만의 잘못된 왜곡 논리에 세뇌되어 있다. 깊게 통찰해 보면 여야 극한대립 속에 온 나라가 정쟁으로만 표류하면서, 해외에서 직수입된 대통령제에 따른 부작용이 너무 크다. 그런데도 우리는 거꾸로 임금님 비방을 하던 일본과 자유당 때의 논리를 꾸준히 답습하고 있다.

이북은 국방위원장이 있고, 이남은 대통령이 있는 그 상태로, 임금님을 남북공통의 상징적 어른으로 모셔도 아무 잘못된 점이 없다.

세계 10위권으로 경제발전을 성공시키며 한강의 기적이란 찬사를 들을 만큼의 "근대화 신화"를 만든 박정희는, 대한황실의 황태자였던 영왕을 성심껏 모셨으며 임금님을 생각하면서 스페인의 왕정복고를 면밀히 연구했었다.

공산당 주석이던 김일성도 캄보디아 시아누크 국왕을 극진히 보살폈으며, 지금도 캄보디아 시아모니 국왕의 경호담당은 북한에서 맡고 있다.

오늘날의 번영하는 한국을 만든 박정희도, 이북 사회주의 체제를 만든 김일성도 똑같이 임금님을 정중히 받들었음을 뜻한다. 사회주의나 자본주의나, 민주정치는 임금님이 계실 때에 더 안정되고 살찌워진다. 나라의 어른이 계셔야 정치가 안정되기 때문이다. 임금님은 현실정치에 초연한 나라어른이시기 때문이다.

특히 유의할 바는 임금님을 모시면 단군 이래의 긴 역사를 되찾게 된다. 오늘날 우리사회의 일각에서는 1945년에 일본을 쫓아내고 새 나라를 세운 신생국이라는 오해를 하기도 한다. 그래서 건국 60년 등의 망언을 한다. 하지만 건국은 반만년 전에 있었다. 현대시대의 정부수립을 60년 전에 했음을 유의해야 한다.

건국 60년이란 망언은 일제침략으로 나라가 망했다는 것이 전제된 개념이다. 사실상 매국노 친일파들의 견해이다. 독립운동가들은 망국을 추호도 인정하지 않았다. 결코 우리나라는 새나라가 아니다. 아주 오래된 나라로서, 단군 이래로 반만년 이상의 유구한 역사를 자랑한다.

일각에서 우리나라가 아프리카 신생국들과 같은 나라라고 생각하는 것은, 어이없게도 일본이 나라를 망친 상태에 몰입된 추친일 생각을 하기 때문이다.

신선하고 밝은 마음으로 역사를 보자. 추친일 악몽에 찌든 마음을 비우고 진심으로 역사를 보면, 단군 이래의 자랑스러운 역사가 저절로 선명하게 보인다.

「우리나라의 다수 국민들은 잘못된 정치의식에 침몰되어 있다. 눈 앞의 이익 다툼, 권력싸움에만 몰입되어 우리들의 본 모습을 몰랐다. 일본침략자들이 원하던 대로 임금님을 없애고, 이승만이 임금님 의식을 말살시킨 대로 살고 있다. 우리들 모두가 일본이 망쳐 놓은 그대로 사는 추친일파들이다. 사실상 자유당 독재 추종자들이다.」

입헌군주제 개헌!
아주 신선한 선택입니다!

코리아 최고 브랜드 – 임금님

– 경복궁에는 임금님이 계셔야 한다 –

한국사회는 뜨겁게 달아오르고 있다. 한류열풍이 세계를 강타하고 있다. 그러나 한국정치만은 표류하고 있다. 한국 국회의 폭력싸움은 세계적 웃음거리였고, 국민들은 정치인이라면 고개를 돌릴 정도가 되었다. 한국정치의 국리민복 외면은 끝이 없기 때문이다.

왜 한류열풍으로 세계를 휩쓰는 우리나라가 무책임한 정치권을 따라 추락하고 있는가? 그것은 궁극적으로 우리나라를 대표하는 코리아 국가 브랜드가 상실되었기 때문이다. 우리는 그간 일본이 망쳐 놓은 추친일 체제 그대로 살아, 마음의 중심처가 없는 것이 가장 큰 국가발전 저해요인이었음을 간과해 왔다.

요즘 우리의 한류는 거의 하나 같이 민간부문이다. 그것은 솔직히 말해서 정치권의 손이 닿지 않는 자유로운 부문은 세계최고를 구가하는데, 정치권 리더십만이 졸렬하게 방황하고 있기 때문이다.

우리사회가 일제침략 강점상태에 있을 때의 최고 매국노는 이완용이었다. 그의 특성은 국리민복이 아니라 사리사욕 정치를 하는 것이었다. 나라를 팔아 개인의 영달을 택한 자를 매국노라고 하는데, 일본은 당시의 우리사회를 매국노들만 잘사는 사회로 이끌어 나갔다. 그런데 침략국 일본이 물러가고 60여 년이 흐른 오늘에도 그 독버섯 병균이 널리 퍼져 있다.

우리사회는 특히 정치권이 추친일 체제를 생생하게 보여주고 있다. 민간부문은 지극히 우수하고 한류열풍으로 세계를 이끌고 있지만, 우리의 정치권은 생각하면 거의 국리민복 의식이 실종되어 있다. 오늘날 온 국민이 국회의원이라면 외면하고, 정치인이라면 비정상적이라고 보는 이유를 직시해야 하겠다.

한국정치의 공황상태를 극복하는 최고의 지름길은, 우선 우리민족의 국가 브랜드를 회복하는 것이다. 일본이 왜 그토록 임금님을 없애려고 철저히 대한황실을 짓밟고 공격했는가를 잊고서, 일본이 원하는 그대로 살면서 출현한 대통령제를 재고해야 할 때가 눈앞에 왔다.

임금님은 특정 개인을 나타내는 것이 아니다. 원천적인 국가 브랜드 국가상징이다. 그것은 온 국민의 마음을 '대통합'시키는 커다란 포용력을 가진 큰 그릇이다. 그런데 현대시대에 느닷없이 수입된 대통령은 많은 경우에 부분이익을 대변하고 파당적인 이익을 표출한다. 아무리 훌륭한 대통령도 임금님 같이 모든 가치를 포용할 수가 없다.

우리는 일제침략자들이 원하던 대로 우리 사회의 얼굴인 국가 브랜드를 무력화, 왜소화시키며 살아왔다. 임금님이 없어진 바에 대한 문제제기도 없었다. 어차피 우리의 대통령인데도 불구하고, 대통령을 모독하며 제 얼굴에 침을 뱉으며 살아 왔다.

일제침략에 찌든 추친일병이 고질화되어 있기 때문이다. 그러한 흐름 속에 한국사회에는 기현상이 있다. 한류로 세계를 놀라게 하고,

삼성, 현대, LG, SK, 포스코 등 세계최고의 자랑스러운 기업이 많이 있는데도, 국민들은 해외명품 시장을 이끄는 선두에 서 있다. 국산품에 대한 자부심도 적고, 국내는 모르면서 겉 멋든 해외여행도 생각 없이 나서고 있다.

사실상 나라 전체가 스스로를 가볍게 알고 제 얼굴에 침 뱉는 상황이다. 그것은 우리의 신세대 젊은이나 여러 소비자들이 소비할 정신적 브랜드의 실종현상을 말하는 것이다. 그토록 대통령을 우습게 알고 민족적 자긍심도 거의 실종된 듯이 된 것은, 궁극적으로 국가 브랜드를 없애고 역사를 폄하하며 자긍심을 짓밟으려고 획책했던 일제강점 정책이 그대로 존치된 때문이다.

우리는 아직도 어둠의 시대를 완전히 벗어나지 못했다. 아직도 몸속에 '이완용 바이러스'가 적지 않게 잔류된 채로 일제강점의 타성에 젖어 있다. 그런 속에서 대통령을 뽑고 국회의원을 선출하니, 정치가 실종되고 정치공황 상태가 된 것이다.

오늘날 세계를 휩쓰는 한류 물결 속에, 우리의 뼈대 있는 전통 브랜드를 다양하게 되살려야 한다. 코리아 브랜드의 최고봉인 임금님을 이제는 단호하게 되찾을 때가 되었다. 또한 최고의 기술력과 디자인 능력을 가진 한국기업의 우수한 제품이 많이 있는데도, '국산품' 코리아 브랜드에는 무비판적 공허감을 갖는 전염병을 고칠 때가 되었다.

소위 명품이라는 것은 실질적 제품이 아니다. 헛된 허상일 경우가 많다. 아주 좋은 국산품이 많은데도 병적일 정도로 해외명품에 혼을 빼앗긴 청소년을 직시하고, 코리아 브랜드에 열광하는 청소년을 처음부터 다시 길러낼 때가 되었다. 여기저기에서 해외명품에 무비판적으로 혼을 빼앗긴 소비자를 보면서, 코리아 국가 민족 브랜드 찾기는 절박한 현실이 되었다. 민족의 마음을 대통합시키려는 단호한 결심, 결단, 결정의 시기가 눈앞에 왔다.

그간 우리사회에서는 기이한 현상이 있어 왔으니, 황실, 황제, 왕은 물론이고 임금님 표가 있으면 최고로 쳤다. 그러다 보니까 심지어는 황실목욕탕, 황실냉면, 왕회장, 왕초, 왕만두, 왕라면, 왕대포 등 곳곳에 좋다는 뜻이면 그것이 붙었다. 임금님 표도 최고로 좋다는 브랜드로 오늘날에 널리 쓰인다. 임금님 표 쌀밥은 더욱 맛있게 느껴지며 밥맛이 좋다. 그것은 일제침략으로 코리아 최고 브랜드가 사라지고 빈자리에 남은 짙은 공허감의 표시이다.

경복궁에서 인자한 웃음으로 손을 흔드는, 코리아 국가 브랜드 최고상징이신 임금님께 열광하며 운집한 해외 관광객이 기다려진다. 임금님은 수많은 관광객을 모으는 마법의 열쇠이다. 임금님의 따사로운 미소가 너무나 그립다. 국가자존심을 확립한, 탈친일 시대가 절실하게 기다려진다. 아직도 남아있는 일제 악몽을 깨끗이 털어내자.

「사라진 국가 최고 브랜드, 임금님이 사라진 빈자리를 메울 다른 대안은 없다. 그것은 한 가정의 부모님께서 돌아가시면 그 공허함을 결코 메울 수 없는 것과 똑같다.」

박준영 대망론과 상쾌한 안철수 돌풍

- 국민 대통합 없이는 대권도전도 없다 -

호남지방은 예부터 우리나라의 곡창이었고 수많은 인재를 배출한 곳이었다. 풍부한 물산과 다양한 국가동량재를 낳은 호남은 언제라도 중요한 곳이다.

그런데 특히 현대시대에 들어서면서 호남지방이 지역이기주의의 표상과 같은 이상한 흐름이 나타났다. 그것은 현재의 남북분단 비극시대에 있어서, 영남지방과 쌍벽을 이루면서 상호간에 호각지세를 보이고 있기에 더욱 그렇다. 여기서는 호남지방을 중심으로 얘기하지만, 이 지적은 영남지역도 똑같이 들어야 할 쓴 소리이다.

최근 전라남도 박준영 도지사가 금번에 실시된 대통령 선거 결과를 두고 인터뷰 한 말이, 나라 전체에 큰 화제 거리가 되었다. 하지만 그 발언은 전혀 그렇게 될 것도 아니다. 그런데도 그것이 커다란 지역쟁점이 되었고 나라 전체의 얘깃거리가 된 것이다. 생각하면 매우 부끄러운 일이다.

도대체 박준영 발언은 왜 문제가 되는지 이해하기가 어렵다. 아주 당연하고 상식적인 발언에 불과한 것이다. 그런데도 전남 광주지역에서 큰 풍파를 일으켰으니, 이것이 이 시대의 우리사회 자화상이다. 이것은 그런데 호남지역만이 아니다. 우리나라 전체가 근본부터 반성할 중차대한 한국병이다.

박준영 발언은 전남 광주 지역에서 금번의 대통령 선거에 '민주당 몰표'가 나온 것은 '충동적 투표'의 성향이 있다는 것이었다. 그러자 이 지역이 소란해졌고, 생각이 부족한 지방의원 한 명이 급기야 도의회에 업무보고 차 나온 도지사에게 물을 끼얹는 모욕적 사건이 터지고 말았다. 그래서 온 나라에 큰 충격을 주었다.

이렇게 되니까 전남도의회는 그 지방의원을 제명하기로 하는 투표를 진행하게까지 되었다. 그러나 의원 제명의 의결 정족수에 2표가 미달되어 부결되었다. 재적의원 62명 중에서 58명이 출석한 가운데 찬성 40명, 반대 11명, 기권 7명으로, 재적의원 3분의 2인 42명에 2명이 모자라 부결된 것이다.

박준영 발언은 광주 전남지역에 엄청난 소용돌이를 낳았지만, 냉정하게 큰 눈으로 국가차원에서 보면 결코 있을 수 없는 평지풍파인 것이다. 라디오 인터뷰에서 한 그 말은 투표를 이성적으로 해야 한다는 원론적인 얘기를 한 것에 불과하다. 당연히 할 수 있는 지극히 상식적인 말을, 지역적 차원에서 한 보통 얘기일 뿐이다.

그렇게 되자 광주 전남지역에서는 납득하기가 어려울 수 있겠으나, 많은 다른 지역에서는 바로 박준영 같은 사람이 차기 호남지역 대선후보가 되어야 한다는 반응이 나왔다. 이 나라 전체의 지역병을 개탄하면서 '박준영 대망론'이 심심치 않게 퍼졌다. 그 까닭은 우리 국민들 전체가 극도의 지역이기주의에 넌더리가 날 지경인데, 그에 정면으로 대응한 소신 있는 발언에 신선한 감동을 받았기 때문일 것이다. 박준영 탄핵론이 나온 호남지역과, 박준영 대망론이 나온 비호남지역이 극명하게 갈린 반응인 셈이다.

금번의 대선에서 최초의 여성 대통령인 박근혜가 탄생된 데에 대한, 야당의 패인 분석으로 여러 얘기들이 오간다. 그러나 박근혜의 당선은 여당의 승리만이 아니다. 야당이 승리하게 만들어 준 때문일 수 있다. 그것은 야당도 잘 안다. 그래서 선거 결과를 두고 민주당은 근본부터 바뀌어야 한다는 말을 민주당 스스로가 한다. 그런데 그 해답을 정확히 제시한 것이 박준영 발언이다.

민주당은 결코 호남지역 몰표로만은 집권할 수 없다. 대통령은 특정 지역에서가 아닌, 국가 차원에서 탄생되는 것이다. 그러므로 호남에서만 몰표가 나오면 나올수록 집권할 수 없다는 것을, 정확히 지적한 것이 박준영의 용기 있는 정확한 발언이다. 생각하면 박준영이 가장 호남을 아끼는 충정어린 발언을 했는데도, 호남지역에서 여론재판으로 뭇매를 맞은 기이한 일이 벌어진 것이다.

차제에 우리는 현행 선거풍토에 대해 근본적 성찰이 긴요하다. 요즘 국회의원 혹은 지방선거는 후보자가 특정 정당의 공천만 받으면 심지어 막대기라도 당선되며, 유권자는 없고 정당 실세만 존재하는 곳이 많다는 것에 근본적 이의제기가 어렵다. 그러니까 유권자를 근본적으로는 우습게 안다. 사실상의 정당 독재 횡포만 난무하게 된다. 그리고 탐관오리가 날뛰는 토대를 만들어 주는 선거제도로 전락하게 되는 것이다.

그러니까 금번의 박준영 발언에 의해 의외의 평지풍파가 일어난 것도, 그러한 잘못된 정치토양에서 싹튼 잘못된 유권자 병리행태에서 돌출된 것이다. 솔직히 말해 유권자가 병들어 버리니까, 유권자의 대우조차도 못 받는 병든 정치풍토가 된 것이다.

우리는 차분하게 마음을 가다듬고, 케냐 출신 유학생의 풋사랑이 낳은 오바마를 흑인대통령으로 선출한 미국을 배워야 한다. 철저히 인격주의, 실력주의에 바탕을 두고 국가 차원의 대통령을 뽑아야지 자기 동네 대통령을 뽑겠다는 잘못된 생각은 고쳐야 한다.

영남지방, 호남지역의 잘못된 생각을 하는 사람들은 지역이기주의적인 마음을 근본적으로 고쳐야 한다. 강원도, 제주도는 물론이며 충청도, 수도권 사람도 당연하고 이북 출신, 더 나아가 해외동포도 훌륭하면 누구나 대통령이 되어야 한다. 그런 큰마음을 가져야 우리나라의 밝은 내일이 있다. 동독 출신의 여성총리 메르켈을 뽑은 독일을 정확히 직시해야 한다.

고질적 지역병을 고치며, 미국과 같은 실질적 민주주의를 성실히 배워야 한다. 이 나라는 현재 영호남 출신이 아니면 결코 대통령이 될 수 없을 만큼 병든 나라이다. 이런데도 영호남 사람들 입에서는 온통 불평불만이 넘쳐난다. 이런 자세로 남북통일은커녕 상쾌한 국가미래가 있을까? 영호남 전체가 대오 각성해야 이 나라의 희망이 있다.

야당인 민주당이 왜 패배했는가는, 박준영 발언에서 근본적 해답을 찾으려는 노력이 절실하다. 호남지역은 호남출신 대통령을 낳으려면 마음을 비워야 한다. 마음을 비운 박준영 스타일로 차기전략을 겸허하게 다시 짜야 한다. 오로지 나 혼자만을 위해 모든 이익을 독식하겠다는 지역이기심을 버리고, 물폭탄 같은 망발은 더욱 상상도 말아야 할 일이다.

그런데 박준영은 특히 물폭탄을 맞으면서도 의연한 모습이 온 나라에 생생히 방영되었다. 그래서 특히 박수를 받았다. 일국의 지도자가 되려면 지위 고하를 막론하고 그렇게 품격 있고 당당해야 한다. 그렇게 옳은 말을 하고 시원하게 물폭탄을 맞을 수 있는 용기, 식견, 인품, 그것이 축적되는 그 어느 날에 저절로 호남대통령이 나오는 것이다.

언제라도 호남출신 대통령만을 뽑겠다는 지역이기심을 넘어서, 국가 차원의 대통령을 선출할 큰마음을 가져야 호남대통령이 나온다. 금번에 뽑힌 박근혜 대통령을 국민의 대통령으로 만들고 성공한 대통령으로 만들면, 다음에는 온 국민이 열렬히 바라는 호남출신 대통령이 나오는 것이다. 하지만 그는 결코 호남지역 대통령이 아닌, 국민의 대통령으로 탄생되어야만 한다. 언제라도 호남대통령이란 궤변은 사라져야 옳다. 자랑스러운 "우리나라의 국민 대통합 대통령"을 선출해야 하며, 그 선출결과에 온 나라가 승복하고 박수를 보내야 한다.

오바마 대통령이 의회 연설을 할 때에, 여야 국회의원이 수십 번이나 기립 박수를 보내는 미국의 멋진 민주주의를 배워야 한다. 대통령제의 껍데기만 모방했다는 비판을 듣지 않아야 한다. 대통령은 나라가 잘 되게 하고자 선출하는 것이다. 견제도 비판도 국가발전을 위해서 건설적으로 해야 하는 것이다.

그런데 지난 대선에서 민주당은 안철수와 함께 동반 패배했다. 아니 자멸했다. 왜 그렇게 되었는가? 그것은 민주당과 안철수가 쌍두마차를 타고 나와서 구태의연한 예전 모습 그대로 달렸기 때문이다. 그래서 그 충격은 너무 큰 것이다. 쌍두마차가 달리는 모습을 호남 땅에서만 보면 너무나 멋있었다. 꼭 호남이 바라는 대통령이 탄생될 것 같은 착시 착각 현상이 생겼다. 그래서 지려고해도 절대로 질 수 없는 선거를 졌다고까지 말한다.

하지만 민주당은 박준영과 같은 혜안이 없었다. 구태의연한 정치틀에다 60년 내내 쓴 상투적인 접근법 그대로였다. 예컨대 정수장학회 공격을 한두 번 써 먹었는가? 그것이 그토록 큰 잘못이었다면 이미 박근혜는 형벌을 받고 사라졌어야 하는데, 항상 진부하고 상투적인 방법과 흑색선전에만 매달리니까 호남 땅에서만 몰표가 나오는 것이다.

같은 얘기를 TV에서 한없이 시청하는 시청자는 없다. 그런데도 민주당은 무모하게 재방송만 하며 모든 것이 항상 같다. 대통령 선거에서 2등은 필요 없다. 국민의 마음을 사로잡을 신선한 '창의적 전략'이 왜 나오지 않는가?

민주당은 정당의 '기본 패러다임' 자체가 개혁되어야 한다. 겸허한 자세로 5장6부를 다 갈아 치우는 총체적 근본적 수술이 필요하다. 하지만 국민을 감동시키는 드라마는 없고, 자기들끼리만 감동 감격한다. 온통 60년간 요지부동 답보상태이다. 그런 상태에서 박준영 파동이 안 나오면 이상한 일이다.

건전한 야당은 국가발전을 위해 필수적이다. 국민은 야당도 확실하게 사랑한다. 그렇지만 현재와 같이 지리멸렬한 상태에서 골동품 같은 야당에게 누가 신뢰를 보내겠는가? 국민적 호응이 있어야지, 자기들끼리만 열광하는 지역방송을 연이어 재방송하지 말아야 한다. 특정한 지역만 일방적으로 뭉치는 정당으로는 언제라도 2등은 가능하다. 그렇지만 대통령 선거에서 은메달은 아무 의미도 없다.

또한 안철수는 왜 혜성 같은 돌풍을 일으키다 중도하차를 했는가도 철저히 점검되어야 한다. 애초에 안철수 현상은 구태정치에 대한 환멸현상이었다. 안철수는 문자 그대로 한국사회의 어둠을 극복하고 광명을 줄 희망의 별로 등장했다. 안철수는 멋지게 살아온 그의 지난날을 통해, 국민들에게 신선한 인물로 떠오르며 신시대의 선지자 같이 나타났다.

그런데도 안철수는 실제 선거과정에서는 오히려 구태정치에 영합을 했으니, 새로운 구태가 된 것이다. 안철수는 신선한 돌풍을 재생산하면서 박준영과 같은 산뜻한 용기를 줄기차게 선보였어야 했다. 그러나 안철수는 너무나 의외로 구태정치와 손을 잡았다. 그러니까 청산되어야 할 골동품 구태에 압살되어 물러난 것이다.

안철수 현상은 현대정치사에 있어서 최초 최대의 신선한 정치적 충격일 수 있다. 앞으로도 한국 정계에는 새로운 안철수 현상이 계속 나와야 한다. 안철수가 처음 등장했을 때에, 그는 상종가를 달리며 기존 여야 정치세력을 압도했었다. 그것은 기존 여야 정당이 사실상 일제 침략틀에서 구태의연한 골동품 정치를 한 데 대한 환멸과, 잘못된 기성 정치인들에 대한 몸서리치는 염증 때문일 것이다. 안철수는 그것을 극복할 희망으로 등장하며 상쾌한 돌풍을 일으켰지만, 한 때의 돌풍으로 끝나며 중도하차 했다.

선거가 끝나고 패배한 민주당은 안철수를 탓하며, 그 패인을 안철수에게 전가하려는 낯간지러운 촌극도 있었다. 그러면서 안철수는 한낱 아웃사이더(out sider)에 불과하다고 저평가를 내리기도 했다. 하지만 현대정치사에서 이 시대를 책임진 진정한 주인공이 얼마나 있었던가?

도대체 아웃사이더라는 평가기준이나 있었는가? 이는 패배를 했어도 당당하지 않고, 한 때의 동반자에게 책임전가를 하는 기존의 병적 정치행태에 불과하다. 이는 다시 상투적인 고질병이 불거진 것이고, 비열하다는 비판까지 자초하는 것일 수 있다.

생각하되 현대 한국정치사에서 본질적으로 온 몸을 던져 정면으로 나라를 사랑하고, 국민에게 완전 헌신하며 역사의 본류를 창출한 위대한 정치인은 도대체 누구였는가? 아웃사이더가 아닌 정치인이 얼마나 있었는가? 일본이 만들어 놓은 어둠의 틀에서 수단과 방법을 가리지 않고 무조건 권력만을 좇은 기존 정치권은, 결코 안철수에게 화살을 돌릴 자격도 명분도 없다. 이 나라 정치는 그간 꿈을 상실한 정권쟁취 극한대립 뿐이지 않았는가?

생각하면 지난 현대정치사는 일제강점 시대의 연속과도 같은 부끄러운 흐름이 짙었다. 일본이 망쳐 놓은 그대로가 너무나 좋다는 듯이, 그 잘못된 정치사회 틀에서 진흙탕 권력싸움으로 지새우며 아귀다툼을 이은 기성 정치권이 결코 안철수를 이방인이라고 저평가 할 자격은 없다. 오히려 안철수에게 돌을 던진 측이 더 아웃사이더일 수 있다.

안철수는 그래도 한때나마 국민의 본심을 보여준 신선한 충격의 주인공이었다. 안철수 현상에서, 이제라도 한국정치가 새로 탄생되는 교훈을 얻어야 한다. 안철수는 금번에 승리자는 못 되었어도 최소한 시원한 홈런은 쳤다.

국민이 바라는 신선한 목표는 무엇인가? 극심한 지역갈등, 구태의연한 모략, 저질 꼼수, 일방적 비방이나 헛된 선전이 절대로 아니다. 안철수를 탓하기에 앞서서 그간의 지저분했던 정치판 모습을 겸손하게 되돌아보아야 했다. 불안, 공포, 절망, 위선, 부패한 그릇에 국민의 꿈을 담을 수는 없다. 국민들의 절실한 꿈을 거짓말 꼼수로 사로잡을 수 있을까?

진정한 정치는 국민에게 희망을 주고 꿈을 선사해야 한다. 새로운 내일을 열어주는 진실 되고 참신한 것이었어야 했다. 안중근 의사와 같은 순도 100%의 헌신적 애국자가 되어, 역사창조의 본류를 만들려는 정치가다운 정치가가 되어야 했다. 최소한 정치가가 되려면 온 몸을 나라사랑에 깨끗이 바치고, 문자 그대로 '역사에 남을 정치가'로 탄생되길 소망했어야 하였다. 민심을 천심으로 아는 진정성어린 자세가 절실했다.

일제침략자들이 우리의 임금님 황통을 처절하게 끊어 없애며, 서로서로 쪼개져 콩가루 나라가 되게 만들면서 나타난 구태의연한 악습에다, 그러한 정치적 지역구도에 노예가 된 극치가 박준영 모독사건이다. 그것을 과감하게 뛰어넘는 새로운 시대는 일제침략 후유증에 찌든 한국병을 치유하는 근본적인 것이어야 한다.

안철수에게 박준영과 같은 혜안과 용기가 있었다면 전혀 다른 선거결과가 나왔을 것이다. 하지만 안철수는 본인이 나중에 자인했듯이 준비부족이었다. 박준영은 조용히 혜안만 있었다. 그래서 여당이 이긴 것이다.

현대정치사에 남을 안철수 돌풍, 그것은 신선한 새 시대를 바라는 국민들의 절박한 열망이었다. 그러므로 안철수의 눈에 구태의연한 지역갈등, 그것을 뛰어넘는 신시대의 새로운 지평이 보였어야 했다. 안철수에게 박준영 혜안이 있었다면, 안철수에게는 좁은 호남지역이 아니라 국가 전체가 보였어야 한다. 민족이 보였어야 하고, 거대한 역사가 보였어야 한다. 그렇게 보이는 그 최고정점에 안중근, 윤봉길 같이 불타는 애국철학과 결연한 행동이 있어야 했다.

일제침략의 최고 표적은 '임금님'이었고, '나라와 민족' 이었다. 그것을 통찰하는 역사창조력이 있어야 제대로 된 지도자가 된다. 기초적 정치철학도, 확실한 역사관도, 정상적인 목표정립도 없이, 일제가 망쳐놓은 그대로에서 무조건 권력만 좇던 부나비 정치꾼 시대는 끝나야 한다. 사실상 추친일 정치꾼들이 절대다수였던 저질정치 시대는 사라져야 한다.

안철수가 한국정치사 초유의 홈런을 치고도, 패전 투수가 된 허전함은 어디 한 두 사람의 것일 것인가? 그렇지만 안철수는 아직도 몸서리치게 일제침략 후유증을 앓는 이 나라의 본질을 꿰뚫어 보아야 했다. 아직도 일본인들이 악의적으로 만들었던 최악의 일제침략틀 쇠사슬에 묶여져, 중증 고질병에 시달리는 이 나라의 참상을 직시하는 구세주가 되었어야 했다.

구태 구악에 찌든 정치판과 정면 대결하면서 혜성과 같이 나타난 구세주로서, 미완성 항일전쟁을 완수할 거대한 청사진 설계도가 제시되었어야만 했다. 그것이 이 시대의 시대적 과제요, 시대정신임을 만천하에 선언했어야 했다. 그것을 깨닫는 순간, 호남을 뛰어 넘는 우리의 대통합 대통령이 가까이에서 손짓하게 된다. 우리민족의 꿈을 노래하고 영광의 춤을 추게 된다.

「호남지역은 이순신 장군을 모시고 임진왜란을 승리로 이끈 위대한 충절의 땅이다. 그런 자랑스러운 곳이기에 충성스런 박준영 쓴 소리 바른 소리가 나온 것이다.

호남지역은 호남대통령에 집착하는 옹졸한 마음을 버려야 한다. 광개토 호태왕이 주름잡던 거대한 만주벌이 눈앞에 다가오고, 단군 이래의 거대한 새 역사를 창조하려는 웅지를 가져야 한다. 호남대통령 타령을 넘어 대통합 대통령을 탄생시키는 위대한 땅이 되어야 한다. 민족 최고의 통합 구심점인 임금님을 다시 모시는 통 큰 호남인이 되어야 한다.

안철수 돌풍은 새 시대를 열망하는 온 국민의 소망이었다. 하지만 안철수 자신도 새 시대의 정확한 정답을 구체화시키지 못하도록 준비 부족이었다. 단지 용기 있는 혜안을 가진 지도자, 박준영 도지사가 알고 물폭탄을 시원하고 멋지게 맞았다. 하지만 많은 국민들은 상쾌한 돌풍과 의연한 물폭탄 세례를 보며 우리나라의 새로운 희망을 보았다. 진흙탕에서 피어나는 영롱한 연꽃의 가능성을 보았다.」

입헌군주제 개헌!
아주 신선한 선택입니다!

❁ 진정한 보수주의자는 박정희뿐이다

- 진보 보수 개념유희가 지나치다 -

오늘날 우리사회의 신문이나 방송에서 심심치 않게 나오는 용어에, 보수와 진보가 있다. 그래서 많은 사람들이 보수진영도 되고 진보진영도 된다. 그러나 우리사회의 현실은 진보와 보수를 그렇게 쉽게 말할 상황이 아니니 너무도 답답한 실정이다.

생각하면 그것은 우리사회에 별로 도움도 되지 않는, 엉터리 분류법이다. 전혀 국민통합과는 거리가 먼 개념이다. 그것은 국민들을 인위적으로 억지로 편 가르면서, 갈등이나 부추기는 지극히 잘못된 분류기준이다. 생각하면 너무나 막무가내 분류법이 난무하는 잘못된 현실이라고까지 생각된다.

도대체 무슨 기준으로 그렇게 분류하는지 이해할 수 없다. 보수와 진보의 개념 정의를 엄밀히 말한다면, 거의 정의하기가 불가능한 분류법이 오늘날의 언론에는 무덤덤하게 피상적으로 나온다. 아니 생각 없이 난무한다. 그러니까 정확하게는 엉터리 보수와 사이비 진보가 준동하고 있다. 그래서 사람들은 너무나 함부로 보수가 되고 진보가 된다.

한때는 우리사회에 우익, 좌익이라는 분류법도 꽤 쓰였다. 6·25전쟁이라는 혹독한 동족상잔을 겪었고, 극심한 남북 냉전 상황도 계속되니까 그랬다고 하겠다. 하지만 대한민국 현대사회 안에서는 절대 다수가 반공정신이 확고한 건전시민인데, 우익, 좌익이라는 원색적인 용어가 꼭 적합한 것도 아니다. 물론 누가 보아도 좌익이 분명한 어떤 부류도 확실하게 존재하고는 있지만, 우리사회에 보편적 분류법으로 쓰기는 부적절하다.

그래서 보수와 진보라고 하는 분류가 궁여지책으로 나왔다고 보인다. 생각하면 편법이다. 아주 자의적인 성향이 농후하다. 언젠가부터 언론에서는 거의 보편적인 듯 진보와 보수가 사용되고 있는데, 그것은 별로 오래된 일도 아니다. 그것은 아주 최근의 행태이며 결코 명쾌한 사회현상이 아니라고 하겠다.

그렇게 명쾌하지 않으니까, 상대를 노골적으로 부를 때에는 수구꼴통 혹은 빨갱이로 각각 호칭하기도 한다. 생각하면 저질 호칭이 분명하며, 우리사회의 부끄러운 현주소를 말해준다.

그렇다면 먼저 우리사회에서 보수주의는 무엇일까? '보수'는 우리 민족의 고유한 가치와 유산을 확실하게 수호하려는 전통주의의 입장을 가진 경우가 되겠다. 그런데 우리들은 일제강점기를 거치고, 광복 이후의 격동기를 거치면서 거의 보수 성향을 상실했다. 전통적 가치로서 수호해야 할 것이 너무나 붕괴되고 사라진 상태가 되었다.

생각하되 우리들의 겉모습은 물론 머릿속을 해부하면, 오늘날 순수한 우리 민족이 어디에 있는가? 너무나 황당하고 참괴한 지경이 되고 말았다. 100년 전의 조상이 살아서 다시 오신다면 우리를 후손이라고 쉽게 알아 볼 수 있을까? 하지만 거의 불가능할 것이다.

오늘날의 우리들은 사실상 전통적이고 고유한 우리민족이 아니다. 순수성을 너무나 상실하여 거의 색다른 별종 인간으로 변한 우리들이 되었다. 그래서 궁여지책 해석으로 빨갱이가 아닌 측을 보수 진영으로 보는 것에 가깝게 되었다. 하지만 그것은 본질적으로 잘못 되었다. 그것은 결코 진정한 의미의 보수가 아니다. 정확히 말하면 엉터리 보수다.

오늘날의 우리사회에는 보수라고 불러줄 진정한 보수가 거의 실종상태로 없어 졌다. 도처에서 사이비 보수가 보수 행세를 하고 있다. 우리민족의 고유한 전통적 가치는, 이런 논의를 쉽게 하기도 어려울 정도로 너무나 퇴색되고 무너졌다.

생각하면 한국 근현대사에서는 일제침략을 막고 왜적을 쫓아내려던 시대의 독립운동가들이, 가장 우리민족의 정통가치를 수호하려는 보수 진영에 가까울 정도이다. 나라와 나라님을 지키려고 목숨과 재산까지 독립운동에 바친 애국자가 진정한 보수주의자이지 어떤 다른 기준이 있겠는가?

예를 들어 단재 신채호 같은 인물을 보자. 그가 바로 서세동점 폭풍, 일제침략 쓰나미 이전의, 우리민족의 가장 순수한 원형을 간직한 표준형 보수이다. 안정복의 동사강목 국사책을 가슴에 품고서, 강화도의 단군성전에 참배하고, 만주땅의 광개토 호태왕 비석을 알현하며 통곡하고 땅을 치며 망명 독립운동의 길을 걷고 걸어서 갔던 애국지사 정도는 되어야 정통 보수주의자가 맞다. 그리고 이승만의 철벽독재 시대에 과감히 맞서며 성균관을 재건한 김창숙 정도는 되어야 한다.

현재 우리나라에서 보수 인사가 신채호나 김창숙의 발끝에라도

이를 사람이 도대체 얼마나 있는가? 보수인사라고 하는 것이 쑥스럽고 부끄러울 지경이다.

오늘날 우리가 부담 없이 쓰고 있는 개념인 보수와 진보는, 원래 우리사회의 고유 용어가 아니다. 그러므로 한국사에서는 그 용어가 도래하기 이전의 정통 애국지사들이 가장 확실한 보수주의자들이다. 그렇게 생각하면 현재 쓰고 있는 진보나 보수라는 용어는 해외에서 무작정 직수입된 용어니까, 한국사에 직접 대입시킬 소화과정도 없이 소화불량에 걸린 이상한 개념으로 전락 되었다.

그렇게 되니까 최고의 진짜 보수주의자들인 항일전쟁 애국지사들은 애국지사이고, 보수란 사람은 이 시대에 전혀 다르게 따로 존재하고 있다하니 너무 이상하게 되었다. 문자 그대로 신종 코미디가 되었다. 그 까닭은 보수란 외래어를 너무 기계적으로 직수입해서, 편의상 적당히 호칭하고 있기 때문에 비롯된 것이다. 그러니까 제대로 된 뜻도 모르며, 제각각 생각나는 대로 마구 갖다 붙여 부르는 형국이 되었다. 자세히 알고 보면 보수가 아닌 보수를 보수라고 하는 너무나 우스운 일이다.

요즘에는 그래서 독립운동은 없고 독립유공자 후손들이 존재하는 때가 되었다. 그러니까 역사는 흘러갔다는 입장이 강하다. 하지만 독립운동은 광복이 되며 별안간 끝난 것이 아니다. 1945년 8월 15일은 독립운동이 완성된 날이 아니다. 단지 흉악범 왜구 왜적을 쫓아내게 된 날일뿐이다. 너무나 미완성 독립운동 상태인데도, 독립운동가들은 광복 직후에 깨끗이 사라진 듯 해석되고 있다.

위대한 독립운동가들은 결코 일제침략으로 망쳐진 한심한 나라를 만들려고, 아니 오늘날과 같은 이런 추친일 나라를 만들려고 모든 것을 희생한 것이 아니다. 그런데도 그렇게 되었다. 그래서 독립운동가 후손들은 흘러간 시대의 조상들의 위업이나 주로 내세운다. 따라서 엄밀하게 말해서 진정한 보수주의자들은 사라졌다고까지 해석된다.

그렇기에 현대시대에 있어서 진정한 보수주의자는 박정희뿐이었다고 보인다. 오로지 박정희만이 역사의 흐름을 정확히 읽고 있었다. 박정희는 현대사에 있어서 전통 최고 가치인 대한황실을 돕고 키워준 유일한 최고지도자였다. 나아가 그는 미완성 항일 독립전쟁을 완성시켜야 한다는 분명한 철학, 혜안, 의지를 갖고 있었다. 또한 그에 대한 확실한 실천행동이 있었다(안천, 일월오악도 제5권).

하지만 다른 사람들은 일제침략 이후의 참담한 결과를 무작정 그대로 수용하며 추친일 권력에만 탐닉한 사실상의 사이비 보수들이 대부분이었다. 왜적들이 망쳐 놓은 썩은 사과라도 좋다며 달려들어, 단물 빨기에만 급급한 사실상의 추친일파들이었다.

요즘 일각에서는 무조건 박정희를 전방위 전천후로 공격하고 있다. 하지만 객관적인 평가를 하면 오히려 공격하는 측이 더 문제가 크다. 박정희는 민족 정통성 수호, 민족문화 고양에 절대적 업적이 있다(안천, 대한황실문화정책사). 일제침략과 6·25전쟁 이후의 처참한 참혹상을 정면으로 극복하려고한 유일한 인물이 박정희였다.

'조국 근대화'의 신앙으로 철저히 무장된 박정희가 없었다면, 오늘날의 번영하는 강력한 신흥강국이 되었겠는가? 박정희 철학으로 무장한 박태준의 포항제철, 그리고 산업입국으로 박정희 철학을 대변한 정주영, 이병철이 없이 민족중흥의 신화가 가능했겠는가? 박정희는 일제침략과 6·25전쟁으로 처절하게 파괴되고 참담하게 무너진 전통문화를 확실하게 고양시켰다. 요즘 세계문화유산이 된 임금님릉, 궁궐, 궁중유물 등을 문화재로 재탄생시켰고, 종국에는 '문화재청'을 발족시켰다.

대한제국이 무너지고 일제강점기를 거치면서, 옛 황실유물은 공중분해되듯 주인도 없는 물건 같이 되었고 왜놈들의 약탈 수집대상이 되었다. 그것은 자유당 때에도 거의 변함없어, 당시 문화재관리국은 흡사 부패의 소굴과도 같았다. 그것을 확실히 정비하며 문화재청으로 승격 발족시킨 박정희 시대가 있었기에, 오늘날 그런대로 우리의 문화적 체통을 지키게 된 것이다. 산림청을 만들며 온통 새빨간 민둥산이었던 나라를 나무가 우거진 금수강산으로 탈바꿈시킨 만큼의, 천지개벽을 시킨 위업이 문화재청의 출범이다.

박정희는 일제침략으로 끊긴 임금님에 대해서도 뼈대 있는 생각을 유일하게 분명히 가졌던 '진정한 의미의 보수주의자'였다. 그는 단군 이래의 민족정통과 문화적 가치를 세우려는 정통 보수주의자가 분명했다. 따라서 박정희는 이 시대 최고의 충신이었다. 박정희는 일제만행을 극복하고 임금님을 다시 모시기 직전까지 근접해 있었다. 그는 조국광복 철학이 확실했던 대표적 인물이었다(안천, 일월오악도 제4권). 박정희가 사라진 오늘날에는 우리땅에 보수주의는 끝났다고 하면 너무 지나친 표현일까?

그러면 현대시대에 있어서의 진보주의자는 누구인가? 그런데 여기서 '진보'라는 개념의 정의도 확실해야 하겠다. 우리사회는 매우 위선적 성향이 농후하다. 진보라는 개념을 너무 정략적 아전인수 방식으로 쓰고 있다. 불평불만을 갖고 가치 파괴를 일삼는 측이 진보일 수는 없는데도, 그들의 전유물과 같이 되었다. 그러므로 꼭 명심할 것은, 진보도 보수 이상가게 건설적이고 애국적이라야 한다는 점이다.

극단적으로 말해 애국가, 태극기, 무궁화를 부정하고 민족이나 나라를 망치는 진보는 진보가 아니다. 그것은 진보를 가장한 '폭도 파괴주의' 범법자에 불과하다. 그런데도 우리사회는 그런 부류를 진보라고 무작정 부른다. 현재와 같은 진보주의자들만 있다면 이 나라는 곧 망한다. 진보의 뜻도 제대로 모르는 것이다. 진짜 진보가 부끄러울 정도이며, 진보의 뜻도 모르면서 진보를 악용하고 있는 것이다.

따라서 지나간 우리 역사상 진정한 진보주의자를 생각하면, 칠흑처럼 캄캄했던 어둠의 시대를 극복하고 '이상사회'를 만들려고 온 몸을 던졌던 안창호가 대표적 인물일 것이다. 아니 예전에 신흥무관학교를 세운 이회영 같은 정도의 애국지사를 꼽을까? 이회영은 예전의 빛나는 독립운동가들 가운데에서, 가장 애국적인 자유주의자였고 진보적이었기 때문이다. 진보주의자란 이회영 같이 그 사회를 진정으로 아끼는 '꿈의 실천자'들이다.

요즘 우리사회에서는 자칭 진보주의자라고 말하는 경우가 꽤 있다. 그렇지만 많은 경우에 사이비 엉터리 성향이 높다. 그것은 결코 진보가 아니다. 차라리 가치 파탄 붕괴에 가깝다. 사리사욕적 토대에서 편의적인 노선을 제멋대로 걸으면서 진보주의자인 척 하니, 엄밀히는 진보의 뜻도 모르면서 진보주의자로서의 개념 유희를 하는 거짓말 위선자에 불과하다.

엄밀하게 볼 때에 한국사회에는 현재 진보주의자가 거의 없다고까지 생각된다. 안창호, 이회영 같은 존경할 인물이 사라지고 나니까,

진보를 참칭하는 잘못된 사람들이 횡행할 뿐이다. 영원한 이상주의자였고 자유주의자였던 이회영은 나라님과 나라를 끔찍하게 아끼고 사랑한 애국자였다. 모든 것을 나라사랑에 바쳤고, 모든 것을 임금님께 희생하며 평생 항일전쟁을 하다가 일제경찰에 잡혀 매 맞아 순국했다 (안천, 신흥무관학교).

요즘의 거의 사기꾼, 협잡배 같은 위선적인 부류가 진보라고 말하는 자체가 부끄럽다. 진정한 진보가 되려면 공부도 확실하게 해야 한다. 그것도 지적 편식에 의한 의식화 공부가 아니다. 살아있는 진짜 공부를 해야 된다. 또한 안창호 같이 확고부동한 인격체가 되어야 한다. 조국을 진정으로 사랑하고, 역사를 온 몸으로 아끼는 진정한 진보주의자가 그립다. 진정한 진보주의자는 진정한 보수주의자 이상 가게 애국적이고 인격적이기에 더욱 그렇다.

러시아 모스크바의 크렘린(kremlin) 광장에는 레닌의 무덤이 있다. 그 레닌의 바로 옆 자리에 일본인 공산주의자 진짜 빨갱이가 레닌의 최측근으로 묻혀 있다. 도대체 어떻게 그럴까? 그 놀랍고 충격적인 수수께끼 비밀도 모르면서 진보를 말할 자격은 없다. 그가 왜 레닌의 최측근이 되었을까? 무식한 부랑자가 진보주의자일 수는 없다. 현재 한국에는 진정한 진보주의자를 거의 찾기가 어렵게 혼란스럽다.

오늘날 한국 땅에는 보수도 진보도 궁극적으로는 거의 없다. 엉터리가 많을 뿐이다. 바쁜 세상에 밥 먹고 살기에 겨를이 없는 사람들과, 추친일 풍조에 젖어 나 혼자만 잘 먹고 잘 살려는 신종 매국노도 꽤 있다. 아무 하는 일도 없이 무작정 해외여행이나 쏘다니며 사치품이나 사들고 다니고, 외제차나 몰고 양담배나 피우면서 무작정 사리사욕 향락에 빠지는 것을 동경하는 부류도 많아졌다.

하지만 우리의 삶이 그럴 수는 없다며 개탄하는 절대다수의 건실한 국민이 있다. 납세, 국방, 교육, 근로의 신성한 4대 의무는 물론이고 출산, 기부, 준법, 봉사 등의 신시대 4대 의무에 충실한 건전국민이 많다. 이 나라를 진정으로 사랑하며 이 나라에 모든 것을 바치고 이 땅에 뼈를 묻겠다는 마음을 확실히 갖고 열심히 살지만, 진보니 보수니 하는 사치스러운 것을 따질 필요도 없는 절대 다수가 있다. 도대체 진보, 보수라는 것을 왜 수입 해다가 해괴한 짓을 하는지 이상하다고 생각할 뿐이다.

그렇다! 진보, 보수 없이도 건실하게 잘 살고 있는데, 별 일을 다 보는 우스운 세상인 것이다. 그러므로 한국사회에는 요즘 절대다수의 국민들이 보수도 진보도 아니다. 다만 열심히 살아가려는 평범한 보통 사람들이 절대 다수이다. 그러므로 스스로를 보수라고 보지도 않고, 진보라고 부르지도 않는 '평범한 다수'가 우리사회의 진정한 주인공이다. 우리사회는 절대다수가 중도적이면서 상당히 건전하다. 그렇기에 현대사에서 그토록 짧은 시간에 세계 10위권의 막강한 나라로 발전한 유일한 나라가 아닐까 사료된다.

금번의 제18대 대통령 선거를 보면서, 너무나 가짜 보수, 가짜 진보가 횡행하는 현실에 안타까움을 느낀다. 한국사회에서는 진보 혹은 보수라고 자의적으로 부르는 말장난 개념 유희가 너무나 지나치다. 차라리 언론에서 진보, 보수라는 말을 쓰지 말아야겠다. 무작정 수입해다 무조건 쓰는 외래품 1순위 용어를 확실히 내쫓아야 하겠다.

정말! 그 뜻도 제대로 모르면서 그저 상대방을 정략적으로 공격할 때에나 쓰는, 정상배 성향의 사람들이나 쓰는 용어로 오남용 되는 용어를 왜 언론에서 계속 써 주는지 모르겠다. 그러니까 언론이 그들에게 이용당하는 것과 같다. 아니 한편으로는 부지불식간에 그것을 조장하고 있는지도 모르겠다.

차라리 '건전한 중산층'이 가장 우리사회의 주인공들이다. 오남용 되는 수입품 용어가 분명한, 진보도 보수도 즉시 사라지는 것이 옳다. 거짓된 진보, 보수가 되느니, 차라리 건전하고 평범한 소시민이 더 훌륭하다.

그런 사치스런 말장난 개념 유희를 하느니, 차라리 교통규칙 지키기, 휴지 줍기, 담배 끊기, 가래침 뱉지 않기, 악성 댓글 퇴치, 고운 말 쓰기, 국산품 애용, 근면, 검소, 절약하기, 저축, 곳곳에서 질서를 지키며 줄서기 등 작은 일에 충실한 건전시민이 더 돋보인다. 가짜 진보, 가짜 보수들이 횡행하며 얼마나 이 나라를 병들게 했던가?

「우리사회에는 엄밀히 말하여 진보도 보수도 없다. 절대 다수의 건전층과 소수의 불건전 세력이 존재할 뿐이다.」

5·16은 혁명이다

- 격조 높은 청문회는 언제 가능할까 -

박근혜 정부가 출범하기 위한 각 부처의 장관 후보자 청문회가 진행되며 코미디가 연출 되었다. 느닷없이 5·16을 무엇이라고 정의하는가 하는 질문이 계속 되었다. 금번 5·16을 맞아서 5·16을 다시 한 번 재음미 해보자.

특히 지난 번 청문회에서 가관인 것은, 5·16 질문에 대한 답변을 제대로 하는 사례가 별로 없었다는 점이다. 다만 정홍원 국무총리 후보자만, 학생들이 배우는 교과서에 5·16정변으로 되어 있다고 답하여 순탄하게 통과가 되었다지만 그것이 정답일까? 정말 코미디답다.

그렇다면 정답은 무엇인가? 그것은 애초에 부르던 혁명이 정답이다. 과거에 5·16을 혁명으로 부른 것은, 그런대로 장기간 학계에서 정리한 결과이다. 물론 5·16혁명은 나름대로의 차별적 특성을 갖고 있지만, 포괄적 의미로서의 혁명이 맞다.

그러면 현재 학생들이 배우는 교과서에 있는 정변은 어떻게 보아야 하나? 하지만 그것은 엄밀하게 말해서 틀린 것이다. 정변은 쿠데타를 억지로 번역한 것인데, 정변이란 아직 정치학계에서 확증된 학술용어가 아니다. 쿠데타를 번역할 용어를 무엇으로 할지 학계에서 합의한 적은 없다. 4·19를 의거라고 부르는 것과 같이 학술용어로 정착되지 않은 것이다. 우격다짐에 가깝고, 수사적 표현에 해당한다. 차라리 문학적 표현이라고 하는 것이 낫다.

그간 학생들의 교과서에는 '현대사'를 사실 나열의 수준에서 간단하게 정리해 놓았었다. 따라서 초중고교 학생들에게는 1945년 이전까지의 교육은 나름대로 상세히 학문적 해석을 해주지만, 1945년 이후 현대사는 사실 관계만 간략하게 적시해서 가르쳤다. 따라서 최종 판단은 학생들이 성인이 되어 자라며 추후에 판단하게 했었다.

그 까닭은 현대사를 아직 최종적으로 학계에서 연구하지 못 했기 때문이다. 아직 미완성된 현대사를 그대로 가르치면 거짓 교육이 되는 것이다. 예컨대 6·25전쟁은 소련 기밀문서 등을 포함하여 중요 문서가 많이 공개되어, 거의 확정적으로 북한의 기습도발 남침임이 확실히 정리되었다. 그런데도 일각에서는 궤변을 늘어놓으며 오도된 해석을 늘어놓는다. 따라서 6·25전쟁은 확실하게 분명한 사실만 가르치면 되는 것이다. 거짓말을 가르치지 말아야 한다.

요즘 제주 4·3사건에 대해서도 일각에서 일방적 시각으로 결론을 내리고 있다. 그것으로 학문적 종결을 지으려는 성급한 흐름이 있지만, 그것도 매우 위험한 일이다. 심지어 영화까지 만들어 특정 방향으로 무작정 몰아가고 있는데, 4·3사건은 아직 최종 학술적 결론을 맺기에는 시기상조이다. 너무나 일각에서 일방적인 결론을 강요하는데, 그 이유를 담백하게 객관적으로 살펴보자. 결코 부화뇌동하며 흥분할 일이 아니며, 학문은 객관적 결론이 가능할 때까지 인내하며 기다려야 한다.

과거에 6·25 전쟁을 북한 선전에 동조하며, 친북 선전 학술로 진행했던 일각의 거짓말을 반복할 수는 없다. 4·3 사건도 객관적 평가를 내릴 수 있을 때까지 최종 결론은 확실히 유보되어야 한다. 학문은 정략적 선전 선동으로 해결되는 것이 아니다. 그렇다면 예컨대 왜 4·19는 거꾸로 일각의 의도적 주장이 거의 없는가도 깊게 음미되어야 한다. 4·19는 그간 실종된 혁명이었다. 하지만 왜 사실상의 실종된 혁명이 되고 말았는가 하는 이유를 우리는 그간 거의 생각한 바가 없다.

마찬가지로 5·16도 아직 최종적인 학계의 연구결과가 나오지 않았다. 모든 정치현상이 그렇듯이, 5·16은 긍정적 측면과 부정적 측면을 공유하고 있다. 그러므로 포괄적 의미의 혁명으로 부르면 틀리지 않는다. 예컨대 요즘 언론에 나오는 재스민 혁명, 오렌지 혁명 등은 포괄적 의미이지, 고전적 혁명론과는 거리가 있다. 그럼에도 결코 틀린 표현이 아니다.

세계사에서 살펴 볼 때에 완전한 의미의 혁명은 별로 없다. 프랑스 대혁명과 러시아 대혁명 정도가, 가장 혁명론에 가깝게 모든 필요충분조건을 갖추고 있다. 그러므로 여타 혁명들은 포괄적 정의와 구체적 정의에 따라 개별적 차이를 보일 수 있다. 하지만 포괄적으로는 5·16도 4·19도 혁명에 모두 포함된다. 완전한 사람이 없고 사람은 각자 천차만별인데도 불구하고, 모두 사람이라고 부르는 것과 다름없는 논리이다.

그렇다면 현재의 교과서에 있는 정변은 언제부터 나온 것인가? 그것은 학계 일각에서 사실상 최근에 자의적 해석을 한 것을 교과서에 넣은 것이니까, 사회과 교과교육 전문가들의 입장에서 보면 아주 잘못된 것이다. 잊지 말 것은 당시 정부에서 폭넓게 학계의 의견 수렴 과정을 거치지 않았다.

그런데도 노무현 정부에서는 아예 '현대사 교과서'까지 작심하고 만들어서 처음으로 가르쳤는데, 당시 교과교육 전문가들과 그 중대한 문제를 폭넓게 논의한 절차와 과정이 전혀 없었다. 그것은 정말 부당한 일을 일방적으로 한 것이다.

현대사 교과서는 출현 자체가 의도적이고 정략적임이 분명하다. 아직 학계에서 최종적 검증도 되지 않은 현대사를, 어떻게 자라나는 어린 학생들에게 자의적으로 가르칠 수 있는가?(안천, 신사고 사회과교육론) 그것은 순수한 의도가 아닌 다른 의도가 분명히 존재했던 것이다. 확실히 말하자면 그것은 교육적 죄악이다. 그래서 요즘 역사 교과서 논쟁이 촉발된 것이다.

정변이란 용어조차도 학계에서 통설로 인정한 적이 별로 없다. 쿠데타를 우리말로 애써 바꾼다면 차라리 반정(反正)이 더 맞다. 한국사에서 5·16과 비슷한 사례를 찾는다면 수양대군의 계유정란이나, 중종반정, 인조반정이 그런대로 가깝기 때문이다. 역사서에 나오는 반정은 동양사상가 맹자의 정치사상 등을 배경으로, 조상들이 심사숙고하여 만든 용어니까 그것이 더 합당할 수 있다.

한국사에서 등장하는 용어로 반정이 가장 흡사한데도 불구하고, 그것을 쓴 적은 결코 없다. 그러면서 5·16을 자신들의 뜻에 맞게 만들려는 일각의 흐름이 분명히 존재하고 있다. 그리하여 5·16을 무조건 특정하게 몰아가려니까, 정변이라는 수사적 신조어를 쓴 것이다. 하지만 모든 정치적 혁명을 폭넓게 보면 모두가 정변이다. 그럼에도 유독 5·16만 정변으로 모는 것은 선행적 의도가 개재된 개념이 확실하다.

장관 청문회에서 계속된 질문이 던져졌던 5·16은 정홍원 총리의 사례로 볼 때에, 틀린 답을 갖고 틀린 답변을 유도하려는 저의를 가진 의도된 것이라고 보인다. 그런 정략적 의도를 똑바로 알기에, 답변자들은 제대로 답변들을 못하거나 얼버무렸던 것이다. 어쨌든 각 부문 국정의 최고 책임자를 가리는 장관 청문회가 코미디 수준으로 전락되었던 것은 분명하다.

청문회에서 공직 후보자의 국가관을 검증하려면 5·16을 잇달아 묻는 것과 같은 방식으로는 아주 부족하다. 어찌 보면 떳떳하지 못하고 비열한 측면도 있다. 국가관을 정면으로 질문하는, 당당한 정공법 청문회가 아쉽다. 청문회에서 있었던 5·16의 질문 답변은, 사실상 꼼수 질문과 꼼수 답변이었다고 할 수 밖에 없다.

아직 학계에서 최종적 정리가 되지 않아서 후세의 사가(史家)에게 최후 판결을 맡길 것을, 특별한 저의를 갖고 자의적으로 청문회에서 오남용하는 것이기 때문이다. 5·16 정변이 정답이라면 정치학계는 왜 존재하는가? 그리고 사회과교육 학계는 없다고 보는 것이 아닌가? 모든 학술 연구를 국회에서 다 알아서 결의하고, 학생들 교육도 국회의원들이 결정해 주면 되는 것이 아닌가?

5·16을 묻는 청문회 사례는 학계의 존재 자체를 본질적으로 무시해서 나온 것이다. 그런 논쟁은 학술대회에 맡겨서 학계에서 학자들이 해결할 일이다. 학자들 끼리 온갖 의견을 다 내놓으며 긴 시간을 보낼 학문적 주제를, 정치인들이 특정한 시각으로 오용하거나 남용하는 일은 없어야 한다. 그렇게 일방적으로 몰아가는 정치적 흐름은, 민주적 청문회 절차로 위장하여 호가호위하는 새로운 신판 독재일 수 있다.

또 하나의 정치적 위선이다. 그것은 남이 하면 독재고 내가하면 민주라는 위선 그대로이다.

정상적인 민주주의를 위해서는, 청문회 자체도 민주적이라야 한다. 민주주의를 위해 존재하는 청문회 자체가 민주주의를 남용한다면, 청문회의 본질적 존재 가치를 상실하게 된다. 민주주의는 선전이 아닌 실천이라야 한다. 하지만 사실상 독재자들이 민주주의 선전은 더 많이 해 온 것이 지나온 세월이다.

죽은 민주주의를 위한 죽은 제도는, 허장성세 민주주의로 시간을 허송하는 죽은 시간일 뿐이다. 그럴 시간이 있다면 정치인은 제대로 나라를 다스릴 방안에 대해 골몰해야 한다. 그리고 5·16을 정상적으로 연구하도록 학계를 지원할 방안이나 논의해야 옳다.

「청문회다운 청문회가 아쉽다. 낮은 차원의 신상 털기 청문회가 진행되는 현실이 안타깝다. 민주주의의 본질을 천착하는 격조 높은 청문회는 언제쯤 가능할까?」

입헌군주제 개헌!
아주 신선한 선택입니다!

❁ 김종훈을 다시 불러야 한다

- 해외동포도 우리 국민이다 -

김종훈은 현대 한국이 낳은 신화와 같은 인물이다. 온갖 역경을 극복하고 찬란한 성공을 거두어서, 한국인은 물론이고 미국을 포함하여 널리 칭송받는 인물이다.

그런데 단 보름 동안의 짧은 기간에 그를 볼썽사납게 만들고 말았다. 더구나 김종훈을 아주 이상한 사람을 만들어 추방해 쫓아 내보낸 것이 되었다.

김종훈은 박근혜 정부에서 가장 중요한 미래창조과학부 장관 후보자로 낙점되어, 온 나라의 주목을 받는 존재가 되었다가 15일 만에 도중하차 하였다. 그의 표현대로 하면 조국의 미래를 위해 온 몸을 바쳐 일하려던 희망의 꿈이 산산조각 나고 만 것이다.

도대체 이상한 일이었다. 그 짧은 기간에 흡사 마녀사냥을 하듯이, 그를 온통 문제투성이의 사람 같이 만들었다. 곳곳에서 그 사람의 훌륭한 점을 말하거나 장점은 찾지 않고, 이것저것 흠결만 찾다가 억지로 바보를 만들어 출국시켰다. 앞으로도 해외동포를 불러다가 김종훈 같이 바보를 만들면 바보가 되지 않을 사람은 거의 없다.

현대는 과거가 아니다. 앞으로의 초현대 시대를 준비하는 첨단 행정이 필요한 때이다. 따라서 수많은 대중을 이끌 뛰어난 소수의 천재가 절실하게 필요한 때이다. 김종훈은 그러한 사람으로 낙점되어, 박근혜 정부에서 삼고초려 끝에 초치한 인물이다. 그러한 그가 모든 것을 포기하고 미국으로 되돌아갔다.

현대시대는 아날로그 시대가 아니다. 모든 삶이 융합, 통섭, 혼합되는 '무한 창조력' 분출 시대이다. 학교의 수업에서도 분과 위주의 전근대적 교육으로는 결코 내일의 시대를 준비할 수 없다.

그래서 한국 교과교육에서도 통합 교육과정이 이미 제4차 교육과정 때인 30년 전에 도입되었다(안천, 생활화 사회과교육론). 통합 교과서인 초등학교의 '즐거운 생활', '슬기로운 생활' '바른 생활' 교과서가 이미 30년 전에 나왔고, 그 책으로 공부한 학생들이 벌써 중년의 나이가 되었다. 현재의 중고등학교 교과서도 다분히 통합적 첨단 융합교육과정이다.

요즘 삼성 전자를 비롯한 한국의 기업들이 세계를 선도하는 것은 결코 우연이 아닐 것이다. 융통합 창조력 교육을 이미 30년 전부터 선도적으로, 일본보다 먼저 한국 교실에서는 일찍이 실행하고 있었다. 요즘 한국이 다양한 부문에서 일본을 제치는 경쟁력은 이미 학교 교실에서 뿌리가 내려진 것일 수 있다.

한국의 선생님들이 그렇게 만든 것이다. 오바마 대통령의 한국 교육 칭송은 결코 무리한 것이 아니다. 현대는 교육경쟁력으로 국가를 평가하는 시대가 되었기 때문이다.

한국 학교에는 '묵묵히 교단을 지키는' 훌륭한 선생님들이 아주 많다. 그래서 삼성전자, 현대자동차, 포스코가 나왔고 한류열풍이 일어난 것이다. 아무리 잘난 인물도 초등학교 선생님을 잊을 수 없다. 중고등학교 선생님이 있어 성공했음을 부정할 수는 없다. 선생님은 그 국가의 모든 것을 만든다. 어떤 나라의 발전도 그 나라 선생님의 질적 수준에서 나온다. 그런데도 한국사회에서는 한강의 기적이 선생님들에서 비롯되었음을 지적하는 사례가 거의 없다.

우리사회에서는 주로 대학 교수만 부각되는데, 진짜 교육자들은 초중고등 학교에 있다. 교육의 기본과 원초적 인격, 창의력, 고등 사고력은 고등학교 이전에 대부분 길러진다. 특히 초등학교 교육은 근본적으로 창의적 전인교육이고 융합교육이다.

그렇기에 그 어떤 천재도 거의 대부분이 대학 이전에 결정된다. 현대시대 선생님의 중요성은 아무리 강조해도 지나치지 않으며, 한강의 기적은 선생님들이 이룩한 것이 분명하다. 치마 바람만으로는 불가능하다.

우리사회 일각에서는 이상하게 기계적 평등교육만 강조하는데, 절대로 착각하지 말아야 한다. 교육기회를 골고루 평등하게 주어야지, 평범한 둔재에게 모든 교육 예산을 쏟아 부으면 나라의 미래는 없다. 나태한 평범 사회를 만드는 것을 교육적 정의로 오해하지 말아야 한다.

현대는 석기시대도 아니고 전통사회도 아니다. 아니 인류사는 항상 소수의 천재가 이끌며 발전된 것이다. 더구나 오늘의 세계는 날로 첨단화되고 초 경쟁사회가 되고 있다. 그래서 특히 수많은 평범한 사람이 아닌, 소수의 탁월한 천재가 필요한 것이다. 스티브 잡스의 사례는 그것을 정확히 말해 준다.

그래서 세계 각국은 치열하게 교육 투자에 열중하고 있다. 그래서 선생님이 절대적 가치가 있고, 우수한 선생님이 존경받는 것이다. 교육 경쟁력이 없이는 최첨단 선진국이 될 수 없다. 그래서 각국은 인재 영입에 공을 들이고, 온 세계가 무한 교육 경쟁을 하는 시대가 된 것이다.

그런데 청문회를 한다며 지극히 전근대적 난맥상을 노출하면서, 이해 못할 인민재판 행태를 보이다가 힘들여 영입한 천재를 덧없이 잃었다. 더구나 온갖 상처만 입혀서 내쫓듯이 출국하게 만들었다. 앞으로 어느 천재가 이 나라를 위해 달려오겠는가? 이렇게 해서 이 나라의 미래가 있겠는가? 그런 청문회를 도대체 왜 해야 하나?

김종훈을 잃은 것은 우리사회가 얼마나 포용력이 부족하며, 사회적 지체현상을 보여주는가를 정확히 말해준다. 천재는 천재에 맞게 끌어안아야 한다. 그럼에도 흡사 초현대 디지털 시대에 2000년 전의 공자 왈 맹자 왈이나 따지면서, 전근대적 천자문 외우기를 시키는 낙후된 청문회 방식을 본다는 착각이 들 정도이다.

우리사회의 청문회는 역사가 아주 짧다. 그래서 청문회의 본질을 벗어난 미성숙 성향이 크다. 예컨대 우리사회는 성실하게 사는 최진실 일가를 비참하게 파멸시킬 정도로 크게 잘못된 병적 성향이 있다. 너무나 사람 평가를 잘못하고 비뚤어진 면도 있다. 청문회는 그 공직자를 그 공직에 맞게 뽑으려는 것이다. 그 사람을 바보로 만들면서 모든 일을 망치려는 것이 아니다. 이 나라에 완벽한 성인군자가 어디에 있는가?

현존 청문회 제도 자체에 회의심을 품은 국민이 너무나 많음을 유의해야겠다. 금번의 청문회를 보면서 아주 중요한 점은, 바로 '청문회 자체를 청문회할 필요성'의 절실함이다. 문자 그대로 청문은 '듣는다'는 뜻이다. 그런데 듣지는 않고 '윽박지르다' 끝난다.

특히 유의할 점은 우리사회에서 가장 문제 있는 영역이 정치권이라고 말하는데, 그런 정치권이 그런 문제투성이의 정치논리로 윽박지르기를 한다는 점이다.

현재와 같은 상태에서는, 평생을 복지부동 상태에서 조용히 눈치나 보며 시간을 보낸 '평범한 기회주의자'에게 모든 공직을 내주겠다는 것과 같다. 그러면서 능력 검증은 별로 없다. 소위 신상 털기만 한다.

그런 비정상적 청문회를 거친 뒤에 어디서 생동하는 국가적 활력을 찾고, 창조적 미래창출이 가능하겠는가? 나라를 망치려는 청문회는 차라리 하지 않는 것이 더 낫다.

더구나 김종훈 사례에서는 청문회 본질인 미래창조과학부에 맞는 인물인가가 아니라, 지엽말단 신상 털기만 하다가 청문회도 못하고 사람을 바보로 만들었다. 이런 청문회를 통해서 최첨단 시대의 역동적이고 창의적인 국정운영이 가능하겠는가? 오히려 나라를 답보상태로 후진시키려는 청문회가 왜 필요한지 의아스러울 뿐이다.

삼고초려가 아니라 백고초려, 천고초려를 해서라도 최고의 인재를 모셔야 한다. 그런데 현재대로 하면 한국에서도 그렇고 해외에서도 좋은 인재를 발탁하기가 어렵다. 금번의 김종훈 파동은 김종훈만이 아니라, 해외의 다른 인적자원에게도 큰 실망을 안겨 준 것이다. 김종훈은 결코 그 개인이 아니라, 해외동포를 대표한 발탁이기도 하다.

온 세계에서 조국을 주목하고 있었는데, 이런 불합리한 풍토를 보고 해외 인재가 조국을 위해 달려오겠는가? 예전에 KAIST를 만들 때와 같은 마음가짐으로, 겸허하며 적극적인 자세로 국내외 인재를 영입해야 한다. 해외동포에 대해 보다 큰 포용력을 보여야 한다.

우리사회 전체가 김종훈과 해외동포에게 정중하게 사죄해야 한다. 그리고 제2, 제3의 김종훈에게 조국을 위해 일을 해달라고 강조해서 말해야 한다. 온 국민은 해외동포를 사랑한다고 적극적으로 알려야 한다.

「조국에는 아직도 김종훈을 사랑하는 사람이 많다. 김종훈이 모국에서 떠나지 말았어야 한다는 안타까운 심정이 크게 지배하고 있음을 알려야 한다. 그리고 제2의 김종훈이 조국을 향해 열정적으로 달려오길 기다리는 사람이 아주 많다는 것도 알려야 한다.」

입헌군주제 개헌!
아주 신선한 선택입니다!

세계 제1공용어 - 영어가 아닌 한국어가 맞다
- 한글날 공휴일 재지정 기념사 -

현존하는 세계 공용의 국제 언어로는 에스페란토(Esperanto)가 있다. 1887년에 폴란드의 안과 의사였던 자멘호프(Zamenhof)가 만들어낸 국제어이다. 에스페란토는 자멘호프의 필명으로서, '희망하는 사람'이란 뜻이다. 모음 5개 자음 23개로서 도합 28개의 자모로 만들어졌고, 어휘는 주로 게르만, 로만어 계열 언어에서 뽑은 1900개의 기본단어로 되어 있다. 문법이 매우 간단하여 배우기 쉬운 언어로 알려져 있다.

그러나 유럽인은 쉽지만 비유럽에서는 어차피 외국어일 뿐이다. 따라서 120여 년이 지난 오늘날에 에스페란토는 전혀 국제어로서 제 기능을 발휘하지 못하고 있다. 물론 전 세계에 에스페란토 협회도 만들어져 있고, 약 200만 명 정도가 서로 대화할 수 있는 상태라고 한다. 하지만 사실상 에스페란토는 현실적으로 존재하지 않는 언어이다.

에스페란토가 거의 죽은 언어인 까닭은, 그것이 비현실적 이상주의에 토대를 두고 만들어졌기 때문이다. 특히 에스페란토가 등장할 당시인 19세기와는 지구사회가 확연히 달라졌다. 그 당시는 유럽이 지구의 주인이라고 착각한 잘못된 때였으나, 그 후 지구는 인류 전체가 주인인 지구로 변모했다.

19세기 이전의 유럽은 인류사에 있어서 최악의 범죄주체 시대였다. 지구 전체를 지옥으로 만들면서 살육, 약탈, 방화를 자행하며 식민지옥을 만든 때가 당시였다. 아프리카를 아비규환의 노예수출 기지로 만들었고, 아메리카 대륙의 인디언을 씨가 마르도록 죽였다. 그것이 좋다고 흉내 내며 모방한 일본에 의해서 우리나라 사람들도 많이 노예로 팔렸으니, 임진왜란 무렵 이후 경술왜란까지 우리나라를 포함한 동아시아 전역을 지옥의 도가니로 만든 때가 그 때였다.

당시는 문자 그대로 인류사상 최악의 죄 많은 세기였고, 그 범죄는 유럽인들과 일본이 주체였다. 인류사상 최악의 세계대전은 모두 그들의 범죄행각일 뿐이다. 정의와 도덕은 없고 끝없는 욕망으로 살육전쟁만 벌인 때이다. 인류사에 영국, 네덜란드, 스페인, 포르투갈, 러시아, 프랑스, 일본과 같은 악마의 나라가 있었다는 것은 세계사에 남을 수치이다. 어찌 인간이 그런 침략 만행을 자행할 수 있는가?

그럼에도 당시의 일본인들은 탈아입구(脫亞入歐)라는 부끄러운 슬로건을 내세우며 최악의 범죄에 동참했다. 죄 많은 영국과 손잡은 조폭 동맹국이 되었다. 일본관광을 가보면, 또 일본역사를 조금만 깊게 읽어보면 일본인들이 얼마나 사상적 뿌리도 없고 문화도 없는 한심한 도둑떼 왜구들인가를 쉽게 알 수 있다. 그렇게 철학이 없는 나라니까, 유럽의 죄악에 그토록 쉽게 동조하며 최악의 전범국이 된 것이다.

그런데 에스페란토는 그토록 죄 많은 시기의 범죄주체 언어에 토대를 두고 만들어졌으며, 그 언어의 모체인 유럽인들은 국제범죄 행위에만 혈안이 되어 있었다. 자멘호프는 러시아의 강압을 받는 상태에서 국제어를 창안한 꿈은 대단히 좋았으나, 자신이 처한 편협한 위치의 언어 내에서의 이상론을 폈을 뿐이다. 따라서 에스페란토는 전혀 국제어로서의 기능을 발휘하지 못했으며, 오늘날에는 본의 아니게 국제범죄 원흉 문화에서 피어난 허황된 이상주의 언어로 매도되는 측면도 크다.

하지만 인류사의 먼 미래를 내다 볼 때에, 국제 언어는 꼭 필요하다. 자멘호프의 이상주의적 꿈은 백번 옳은 것이다. 하나의 가설로서 만약에 우주인이 날아오고 화성인이 찾아온다면 지구의 대표언어가 있어야 한다. 앞으로 인류국가 창설을 위해서도 꼭 필요하다.

현재 영어가 세계 언어로 대용되고 있으나, 그것은 아쉽게도 영어가 5대양 6대주를 유니온 잭을 휘날리며 피바다로 만든 침략 결과물의 참담한 현상일 뿐이다. 현재 국제사회에서 힘을 쓰는 언어의 역사는 대부분 평화와 질서, 정의와는 거리가 있다. 오로지 지난 시대의 악한 과거를 대변할 뿐이다. 전쟁, 살육, 불의를 자행한 부도덕 세계 언어 현상일 뿐이다.

아직도 지구는 먼 미래를 향한 과도기 상태에 있고, 어둠의 미개상태에 있다. 그래서 범죄 침략언어가 주도권을 행사하고 있다. 먼 훗날의 인류가 본다면 현재의 우리들은 후진적 야만상태에서 방황하는 미개인에 불과할 것이다. 그래서 황당하게 영어공부를 하고 있을 것이다.

우리의 자랑스러운 세종대왕은 에스페란토보다 440여 년이나 앞선, 세종 28년에 한글을 반포하셨다. 그것은 결코 우리민족만의 역사가 아니다. 인류사에 있어서 한글과 같은 문자창제는 거의 유례가 없는 전무후무한 찬란한 위업이다. 그 어떤 곳에서도 흉내를 낼 수 없는 사상 초유의 빛나는 업적이, 지금부터 무려 660여 년 전에 나왔다는 것은 인류사에 있어서 희대의 불가사의와 같은 경이로운 일이다.

한글은 현대시대에도 꾸준하게 발전하며 나날이 효용성을 높게 인정받고 있다. 특히 오늘날 한글의 우수성은 첨단 컴퓨터 IT시대가 되면서 더욱 돋보이고 있다. 오늘날 한국이 세계 IT 전자산업의 선두를 달리는 최첨단 국가인 것은, 세종대왕의 음덕이라고까지 말할 만큼 한글은 독보적으로 우수하다.

한글은 아주 과학적으로 소리를 표출시키는 표음문자로서, 온 세계의 언어를 표현하지 못하는 것이 없다. 그러면서 IT시대에 걸 맞는 최적의 과학적 기호이다. 한글은 한국 차원이 아니라, 인류 차원의 최고의 발명품이다. 세종대왕은 한글을 우리민족 언어라기보다는 인류어로 만들었다고 생각될 만큼 잘 만들었다.

그런데 특히 한글은 죄 많은 과거사가 전혀 없다. 오히려 민주적이고 박애주의적인 것으로서 수많은 민초들의 공익과 복지를 대변한다. 한글은 현대의 세계사회에서 힘을 쓰는 언어들의 배경에 깔린, 부끄럽고 어두운 과거 역사가 전혀 없는 사랑의 언어로서도 단연 독보적이다.

앞으로 시간이 지날수록 영어는 세계적 도전에 직면할 것이다. 스페인계 국가에서는 물론이고, 러시아, 프랑스, 독일도 그렇고 중국도 영어를 세계사회의 제1언어로 인정하지 않는 분위기이다. 영국이 지구 전체 차원에서 유니온 잭을 휘날리며 저지른, 과거의 죄악에 따른 당연한 귀결점이요 당연한 업보이다.

그렇다고 영어를 대체할 언어도 거의 없다. 영국보다 더 악랄한 과거를 지닌 스페인, 포르투갈, 네덜란드, 독일, 일본, 러시아 언어는 물론 배척될 것이다. 그렇다고 중국어, 아랍어를 세계사회가 수용할 리도 전혀 없다. 중국어, 아랍어는 특히 유럽권에서 경계하고 혐오하는 제1순위 언어이다. 온통 죄 많은 언어들 뿐이다.

그러한 국제사회를 꿰뚫어 보고 중국이 온 세계에 공자학원을 만들며, 중국어를 퍼뜨리려고 발버둥치고 있다. 그러나 온 세계에서 공자학원은 중국의 침략 전초기지로 인식되어지고 있다. 그것은 중국어의 언어이기주의를 위한 것으로, 중국이 세계사회에 언어침략을 하는 것으로 받아들여지고 있다. 공자학원은 오히려 극도의 경계의 대상이 되고 있을 뿐이다.

요컨대 온 세계에서 배척(비토) 세력이 없이 흔쾌히 동의할 세계 언어는 한국어, 한글뿐이다. 그것은 소박하고 촌스러워 보이는 반기문 유엔 사무총장이 원만하게 세계 사회를 이끌어 나가는 원리와 같다. 반기문 총장도, 한글도 적대 세력이 없다. 실로 천하무적이다.

세종대왕은 너무나 훌륭한 인류의 보물을 만드셨다. 한국어, 한글은 세계 언어로서의 모든 필요충분조건을 갖춘 최고, 최적, 최선의 언어이다.

「한국어, 한글이 국제연합(UN)의 대표 공용어가 되어야 한다. 온 인류가 쉽게 부담 없이 배우며 사랑할 제1 공용어는 한국어, 한글뿐이다.」

입헌군주제 개헌!
아주 신선한 선택입니다!

국제연합(UN) 본부는 DMZ가 최적 장소이다

- 국제연합일을 맞아서 -

신성동맹(HA), 국제연맹(LN)은 세계사회로 진화하는 인류사의 징검다리였다. 그러다가 제2차 세계대전의 참극을 겪고서 국제연합(UN)이 출현하였다. 국제연합은 인류평화를 염원하는 현존 최고의 국제기구이다. 그러나 국제연합은 제2차 세계대전이 끝나고, 전후처리 과정에 의해서 탄생된 숙명적 불합리함을 가지고 있다.

그것은 당시로서는 어쩔 수 없었다고 생각되는데, 전승국의 최고 위상을 갖고 있던 최강국 미국이 주도하여 탄생될 수밖에 없었다. 물론 전쟁범죄국을 똑같이 용인할 수도 없었으니, 안전보장이사회의 상임이사국은 미국, 영국, 프랑스, 러시아, 중국의 5개 전승국이 차지했다. 그리고 최악의 전범국인 독일, 일본, 이탈리아는 견제되고 응징되는 분위기에서 탄생될 수밖에 없었다. 따라서 국제연합 본부는 당연히 미국에 만들어졌다.

하지만 세월이 흘러 환갑을 넘긴 나이가 되면서 국제연합은 변화의 과정을 겪는다. 그 가운데 가장 큰 충격은 제2차 세계대전의 전승국이었던 자유중국이 곧 이어서 벌어진 국공내전에서 참패하며 타이완으로 패주했고, 티베트, 위구르를 강점 침략했을 뿐만 아니라, 제1차, 제2차 세계대전에 이은 사실상의 제3차 세계대전이라는 참혹한 6·25전쟁의 전쟁범죄국 중공이 중국땅을 차지했다고 상임이사국으로 대체되었다. 더구나 타이완은 국제연합에서 아예 내쫓기어 회원자격도 없게 축출한 부도덕, 불합리가 이어졌다.

정의를 위해 탄생한 국제연합이 중국 공산당 범죄를 눈감아 주고, 제2차 세계대전에서의 최악의 전쟁범죄국 일본과 맞싸운 최고의 공로국가인 자유중국 타이완은 나라 취급도 안 하는 불의의 길을 걷고 말았다. 그러니까 중국 최고지도층 인사인 시진핑 등이 6·25전쟁을 정의의 전쟁이었다고 공개적인 망언을 하게까지 되었다.

국제연합 역사에 있어서 최악의 실책은 중국 대표권 혼란상이었다. 그것은 불의가 정의를 몰아낸 국제 부도덕의 생생한 사례였다. 자유중국을 몰아내고 공산중국이 대표가 된 것은, 원천적으로 국제법상 무효행위이고 폭력만행에 불과하다.

이를 보고 오늘날 전쟁범죄국 일본이 온갖 교활한 술수로 상임이사국이 되겠다는 부도덕 책동을 계속하고 있으니, 중국대표권 실책이 낳은 틈새를 노리는 것이다. 최악의 침략국 중공도 상임이사국인데, 불의가 정의를 몰아내는 상태에서 왜 일본 같은 나쁜 나라가 상임이사국이 될 수 없느냐는 일본의 부도덕 발상이 그래서 나온 것이다. 정말로 왜구답다. 이러한 잘못된 흐름은 앞으로 어떠한 미래를 낳을 것인가?

앞으로 죄 많은 불량국가 중국이 국제사회에서 도덕성 높은 길을 갈 개연성은 그리 높지 않다. 중국은 내부적으로 티베트, 위구르, 몽골, 만주, 묘족, 회족, 장족 등 많은 소수민족의 생존권을 극도로 탄압하고 있다. 그리고는 주변국과 끊임없이 분쟁을 야기하는 불량국가 그대로이다. 중국이 주변국과 분쟁을 겪지 않는 나라는 거의 없다.

중국어선의 불법어로는 원색적인 해적 수준이다. 중국 어선과 소말리아 해적은 거의 차이가 없다. 심지어 바다 속의 작은 암초인 우리나라의 '이어도'를 비롯해 동남아 각국과 벌이는 갈등, 분쟁 행각은 온 세계가 놀랄 수준이다. 하지만 중국을 선량하게 이끌려는 노력을 해야만 하는 어쩔 수 없는 상황에 놓인 국제사회이다.

중국은 앞으로 국제연합 본부의 이전을 요구할 것이 분명하다. 중국은 언제나 힘이 약할 때는 발톱을 숨기고, 그 언젠가 기회가 오면 꼭 노골적인 불량국가의 길을 걸어 왔다. 그러한 행태로 볼 때에 국제연합 본부가 미국에 있는 것을 옮기라고 획책하는 날은 머지않아 꼭 올 것이다. UN본부가 미국 땅에 있는 것을, 중국은 현재도 속으로는 항상 불편하게 생각하고서 그것을 표출할 날을 기다리고 있을 것이다. 그 날이 멀리 있다고 보이지도 않는다.

그 때에 최적 장소는 어디인가? 그러한 미래의 날에 있어서 가장 알맞은 장소는 우리나라의 DMZ가 최적이라고 보인다. 왜냐하면 DMZ는 세계에서 가장 첨예한 대치상태에 있는 남북한의 완충지대일 뿐만 아니라, 미국과 중국의 완충지대이고, 러시아와 일본의 완충지대이기 때문이다. 생각건대 온 세계의 중립적 완충 평화지대가 그곳이기 때문이다.

앞으로 남북한은 정치적 완충 장치로서, 필히 공통의 임금님을 모시고 공동번영을 찾는 길을 가야 한다. 다양한 차원에서의 국제평화회의도 열어야 한다. DMZ는 그러한 장소로 최적지이다. 그런데 DMZ

는 남북한의 두 정치체만이 아니라 미국, 중국의 양대축은 물론이고, 일본, 러시아와 온 세계의 군축, 평화를 낳는 DMZ가 되어야 한다. 그러므로 필히 국제연합 본부가 DMZ로 이전되어야 하겠다.

앞으로 사실상 이에 대해 동의하지 않을 나라는 존재하지 않게 변해가는 상황이 오늘의 세계이다. DMZ는 문자 그대로 지구상에 있는 절묘한 비무장 지대요, 세계적으로 첨예하게 대립되는 여러 세력의 힘의 중심 균형점이기 때문이다. 그것은 반기문 UN사무총장에 온 세계가 동의하는 것과 같은 논리이다.

생각하면 DMZ에 비무장 성역을 만든 바탕에다가, 오늘날 개성공단이 만들어져 남북경협을 하고 있는 것은 세계평화기구의 전초적 단계가 분명하다. 판문점과 개성공단은 그러한 미래로 나아가는 디딤돌이 확실하다. 개성공단이 발전하여 점차 평화공단이 되고, 그곳에 세계차원의 평화도시가 만들어지면서 유엔본부가 옮겨와야 할 것이다. 그리고 그것은 점차 세계국가의 수도로 발전되어야 하겠다. 그래야만 인류사의 평화로운 미래가 존재한다. 앞으로 지구는 꼭 세계국가로 발전되어야만 한다.

현존하는 국가들은 장구한 미래의 지구에서는 필히 없어져야 한다. 그래야 지구에 평화가 온다. 현존하는 국가는 인류사 진화과정의 '필요악'으로 나타난 것이다. 국가라는 이름으로 얼마나 잘못된 일을 벌여 왔는가? 국가는 생각하면 또 하나의 범죄조직이라고도 생각된다. 국가는 먼 옛날 구석기, 신석기 시대에서부터 부족국가를 단계별로 거치며 만들어진 또 하나의 과도기 단계일 뿐이다.

예컨대 이웃의 일본을 보라. 일본은 본질적으로 나라도 아니다. 그것이 국가인지도 헷갈릴 정도이며, 실질적으로는 야쿠자 범죄조직임을 역사는 생생히 증언하고 있다. 지구상에 있는 국가조직은 세계조직으로 필히 개편되고 진화되어야 한다. 지구상에 존재하는 소위 강대국 선진국이란 여러 나라들이 아메리카 인디언, 시베리아 원주민, 아프리카 흑인들에 저지른 죄악을 보고도 그 나라를 범죄 집단이 아니라고 말할 수는 없다.

눈을 크게 뜨고 훗날에 화성인이나 우주인들이 찾아 왔을 때를 대비하면서, 지구인도 떳떳한 모습을 만들어 나가야 한다. 먼 훗날 우주인을 만나서 지구라는 별을 문명의 별이라고 당당히 말할 수 있으려면, 필히 국가라는 리바이어던 범죄조직은 사라져야만 한다.

현재의 지구는 아직 너무도 부끄럽고 미개한 상태에 머물러 있다. 만인에 의한 만인의 투쟁 상태에서 별로 진화된 것이 없다. 문명과학의 발달에 반비례하여 본원적 인간성은 더 악해졌고, 핵무장한 전쟁 체제는 원시시대 보다 더 악랄해 졌다. 지구가 멸망할 날은 거의 시한폭탄을 장치한 일촉즉발 상태와도 같다.

현존하는 지구는 아직도 약육강식의 미개한 상태에 머무는 불완전한 지구일 뿐이다. '동물의 왕국'과 다를 것이 전혀 없다. 지구가 문명의 별이 되려면, 아직도 멀고 먼 길을 가야 한다. 사람들은 생각건대 짐승들과 다른 점이 없다. 오히려 짐승 가운데 가장 교활하고 사악한 동물이 인간일 수 있다.

겉으로만 고매한 듯 꾸미고서 속으로는 곳곳에서 질병, 기아, 살육, 전쟁, 고통이 난무하는, 오늘날의 지구는 긴 미래를 향한 과도체제일 뿐이다. 예컨대 일본사 전체를 통관해 보라. 일본을 어찌 인간이 사는 나라라고 하겠는가? 정말로 일본 같은 짐승 나라는 없어져야 옳다. 반성이라도 하는 유럽 국가에 비해, 일본은 짐승만도 못한 나쁜 나라이다.

그러므로 점차 인류는 평화로운 지구촌으로 하나가 되어야 한다. 세계국가로 향하는 장벽, 국가라는 리바이어던을 과감히 허물어야 한다. 탈국가 체제! 하나의 인류국가로 나아가야 한다. 그 평화로운 지구국가의 수도는 그렇기에, 전쟁과 살육, 탐욕으로 얼룩진 오늘날의 어두운 지구를 정상화시킬 완충점인 DMZ가 최적 장소이다.

「온 세계는 평화공존의 지구국가의 길을 가야 한다. 온 세계의 힘의 중심 균형점이며, 평화완충점인 DMZ에는 필연적으로 국제연합본부가 이전되어 와야만 한다. 그리고 언젠가 인류평화를 위한 지구국가의 수도가 건설되어야 한다.」

입헌군주제 개헌!
아주 신선한 선택입니다!

IV

1국 2체제 임금님 나라!

상쾌한 남북통일!

임금님을 모시는 그 순간부터,
이미 우리나라는 남북통일이 된다.
온 세계에 퍼진 민족을
하나로 만든다.

한국 제1호 교회, 새문안교회

- 대표적인 현대 황실유적 -

새문안교회는 우리나라 최초의 제1호 교회이다. 광무황제 24년인 1887년에 세워졌으니까, 약 130년 정도를 거슬러 올라간 조선시대 말기에 세워진 교회이다. 초대 주미공사 박정양이 이 해에 미국으로 부임했다. 그러니까 한미 외교관계가 시작된 때에 세워졌다.

새문안교회를 세운 언더우드 선교사는 1859년에 런던에서 태어났고, 1872년에 미국으로 이민을 갔다. 그 후 뉴욕대학 신학교를 졸업하고, 1884년에 우리나라 최초의 장로교 선교사로 뽑혔다. 그리하여 1885년 4월에 감리교 선교사 아펜셀러와 함께 인천에 상륙하였다.

언더우드는 선교사로 조선왕국에 부임하였으나, 결코 낯선 이역만리 타지에서 쉽게 선교가 될 수는 없는 일이었다. 따라서 선교활동을 위해 황해도의 유력인사 서경조를 찾게 된다.

서경조는 원래 평안북도 의주에서 출생하였다. 압록강 가에 위치한 의주는, 당시 청나라로부터 해외문물이 유입되는 가장 개화된 도시였다. 일제 강점 이후에 부산이 커졌으나 예전에는 의주가 아주 큰 도시였다. 그래서 일본은 의주 옆에 신의주를 만들며 의주를 견제하는 지역탄압을 하였다.

그의 형 서상륜은 일찍이 만주땅에 가서 세례를 받았고, 귀국하여서는 전도활동을 했다. 그러므로 서상륜이 예배를 본 곳은 사실상 한국 최초의 교회라고 하겠다. 그러나 당시 국법을 어기고 예배를 본 것이 관청에 알려져 황해도로 도피한다. 서경조도 형을 도와 전교를 하다가 황해도 장연군 송천으로 형과 함께 이사를 했다.

당시 서경조는 대외무역을 활발히 하여, 재력을 확고하게 갖춘 거상(巨商)이 되어 있었다. 언더우드가 선교사 활동에서 어려움을 극복하고자 주목한 사람이 서경조이다. 서경조는 해외문물에 눈을 뜨고 개화사상을 가진 재력가였으므로 서경조의 집을 찾아 간 것이다.

언더우드는 초기에는 서경조의 사랑방에서 계속하여 기거하며 선교활동을 할 수밖에 없었다. 따라서 서경조의 사랑방이 있는 사랑채 건물이 한국교회의 시원적 교회가 된다. 그래서 그곳 토착지명 이름을 따서 '소래교회'라고 불렀다.

그 후 언더우드는 서울로 옮겨서 서경조와 함께 새문안교회를 만들었으니, 오늘날 새문안교회를 한국 제1호 교회라고 일컫는 역사가 된다. 새문안교회는 오늘날 언더우드가 세운 교회로 알려져 있다.

하지만 정확히 말하면 한국 최초의 교회는 서상륜, 서경조가 세웠던 의주의 교회이고, 다음으로 황해도 장연의 소래교회가 두 번째이다. 그 후 언더우드와 서경조 등이 서울에도 교회를 세울 결심을 하고서 새문안교회를 세운 것이다.

그렇지만 기독교를 자유롭게 믿을 수 없던 때라 서경조의 역사는 쓰지 않았다. 언더우드의 역사만 기록에 남겨 놓았다. 그래서 미국인 선교사가 최초의 교회를 세운 것이 되었고, 새문안교회가 최초의 한국 교회가 된 것이다. 생각하면 소래교회와 새문안교회는 거의 일심동체 같은 교회이다. 현재의 북한에는 종교의 자유가 없으니 옛 교회는 벌써 사라졌을 텐데, 여건이 가능하다면 소래교회 옛터에 신식 첨단 교회를 새로 지어 줄 마음도 있을 듯하다.

황해도 장연 앞의 바다가 몽금포이고 그 끝이 장산곶이다. 그 앞바다가 유명한 인당수로서 효녀 심청이 몸을 던져 심봉사의 눈을 뜨게 한 곳이다. 그 건너에 백령도가 있는데, 백령도에는 현재 한국에서 두 번째로 오래된 초기 교회가 존재한다. 초기의 한국 교회 역사 정리가 불분명하여 잘 알려지지 않은 점도 있으나, 백령도에 거의 최초 수준의 오래된 교회가 있음은 매우 중요한 사실이다.

백령도는 서양문물이 선박을 통해 쉽게 들어올 수 있는 곳이다. 또 가까이에 언더우드가 찾아간 황해도 장연이 있음을 유의해야겠다. 비행기가 없이 선박을 많이 이용하던 100여 년 전에는 백령도가 교통의 요지였다. 그 건너 중심지인 장연이 크게 번창하며, 효녀 심청전 설화가 탄생할 온갖 조건이 확실하게 갖춰져 있다.

새문안교회는 원래 현재의 자리에서 출발한 것이 아니다. 정동에서 출발한다. 그러다가 한두 번 이사를 하며 현재의 위치에 자리를 잡게 된다. 그런데 새문안교회에 대한 아쉬움이 있다. 왜냐하면 새문안교회는 예전의 원형이 계속 사라졌다. 초기의 모습이 그대로 존재하며 교회가 발전해야 했으나 계속 허물며 오늘에 이르렀다.

현재의 새문안교회 건물은 1972년에 세워졌다. 그런데 그 건물을 설계한 때와, 그 건물을 설계한 인물이 범상치 않다. 1972년은 바로 일제강점을 실질적으로 극복한 초기 시대를 말하는 것이며, 그 건물은 대한황실의 정통 맥을 잇는 이구 황태손의 건축 작품이라는 점이 대단히 중요하다.

우리나라는 1945년에 일제강점에서 벗어났으나, 봄이 오되 봄이 온 것은 아니었다. 왜적 침략의 생지옥살이 이후에도 6·25전쟁, 4·19, 5·16의 격동기를 지나 1972년 무렵에야 실질적 신시대를 열게 되었다. 그 때에 세워진 새문안교회 본당건물은, 현대사를 확고히 증언하면서 현존하는 대한황실의 귀중한 역사유적이다.

이구 황태손은 일제의 대한황실 탄압 악행으로 광무황제와 명성황후가 비참하게 시해를 당하시고, 그의 부친인 황태자 영(친)왕이 평생 인질로 잡혀 있다 식물인간으로 귀국한 비극을 증명하는 마지막 역사 인물이다. 그가 귀국한 것은 그 무렵에야 겨우 대한황통 직계손이 모국 땅을 밟을 수 있었기 때문이다.

따라서 건축학을 전공한 그가 귀국하여 설계한 새문안교회는 최초의 실질적인 일제극복을 선언한 것이며, 실질적인 항일독립을 선언하는 건물로 지은 작품이 된다.

그러므로 현재의 본당 건물은 개신교가 우리민족을 사랑한 '애국애족 전통'을 이어 받아, 이구 황태손의 작품으로 건축되었다고 해석된다. 새문안교회가 서경조 가문의 항일애국을 토대로 세워졌고, 이구 황태손이 그 무렵에야 귀국해서 나라의 정통혼을 새로 정립한다면서 지었던 기념물이라고 하겠다.

그렇다! 한국 땅에 교회는 흔하고 많아도, 항일애국의 빛나는 역사를 바탕으로 대한황실 황태손이 직접 설계한 유일한 교회가 현존하는 새문안교회 건물이다. 서양식에 한국 전통미가 돋보이는 건축예술품으로 유명하고, 한국 건축사에도 굵은 발자취를 남기는 작품이다.

벌써 40여 년이 지났으니, 이구 황태손이 미국에서 귀국한 초기에 새문안교회를 그의 작품으로 만들도록 한 교회 의지는 이미 흘러간 역사가 되었다. 미국과 한국은 언제부터 동맹국인가? 통상 6·25 전쟁을 말하지만, 이미 새문안교회가 창립된 130여 년 전에 씨앗이 뿌려진 것은 아닐까? 1972년에는 그것을 재확인한 것과 같다.

미국 교회는 긴 동안을 우리민족과 아픔을 나누며, 항일전쟁 동지의 길을 걸어 왔다. 미국의 태평양전쟁, 6·25전쟁 참전의 핵심 이유에는 한국 수호 의지가 뚜렷했다. 새문안교회를 이구 황태손의 작품으로 건축한 교회의지는 결코 가볍게 볼 일이 아니다.

그런데 아쉽게도 그 훌륭한 건축예술 기념물을 헐고, 새로 현대식 고층빌딩 교회를 짓는다는 충격적인 소식이 들린다. 흡사 우리나라 곳곳에서 약 20여 년만 지나면 아파트를 재건축하여 부동산 재테크를 하듯 하는 충격적 소식이라고 할 상황이다.

하지만 그것은 생각이 아주 짧은 일이라 하겠다. 일반 보통 건물도 그런 경우에는 비난을 받는데, 현재의 문화재적 가치가 높은 본당 건물은 그대로 보존해 두어야 한다. 그리고 고층빌딩은 다른 장소에다 지으면 된다. 교회 건물도 신구 조화가 있어야 한다. 그래야 역사가 있고 혼이 살아있는 것이다.

이 나라에는 수많은 교회가 있다. 과잉으로 많다는 말이 나올 정도이다. 하지만 역사성 있는 '문화재'로 당당하게 내세울 교회 기념물이 어디에 있는가? 거의 새문안교회가 유일할 정도이다.

기나긴 역사가 있는 한국 최초의 제1호 교회를, 새로 세워지는 신흥교회와 같이 크게 짓기만 한다고 좋은 일은 결코 아니다. 다른 교회들은 새문안교회와 같은 당당한 역사가 없는 열등의식이 배경에 깔려 있다. 그래서 그 자격지심으로 흡사 졸부들 같이 대형건물을 경쟁적으로 짓는 것이다.

하지만 그에 대한 세인의 여론은 결코 호의적이지 않다. 새문안교회와 같이 역사성 높고 뼈대 있는 교회가, 기업형 신흥교회와 같은 길을 걷는다는 것은 훗날 크게 후회할 일이다.

새문안교회는 현재 그대로의 상태에서 이미 최고의 국가 문화자산이다. 최초의 제1호 교회인데다가, 마지막 임금님 황통을 잇는 분이 남긴 회심의 역작이다. 더구나 매우 우수한 예술 작품으로 건축사에 남을 건물이기 때문이다. 이 나라의 어떤 교회가 대한황실의 황태자, 황태손의 작품으로 지어진 문화재가 있는가?

생각하면 너무 아쉬운 일인데, 황해도 장연의 옛 교회는 이북 공산체제에서 제대로 존재할 리가 없다고 보인다. 그런데 백령도의 교회도 약 20년 전에는 역사성 높은 '초기 교회의 원형'을 그대로 갖고 있었다. 아담하며 고졸한 모습을 갖고, 흡사 수줍고 예쁜 시골 소녀 같은 교회였다. 너무나 정감이 넘치는 멋진 문화재였지만, 현재는 그 훌륭한 문화재를 무참하게 헐고서 지극히 평범한 시골 교회로 둔갑시켰다. 유구무언으로 아연실색할 뿐이다.

옛 모습을 기억하는 관광객들은 누구나 실망하며 개탄한다. 문자 그대로 문화실조의 적나라한 현장이다. 현재의 백령도 교회에는 한국 최고령 고목나무 무궁화가 존재하고 있어서 유명할 뿐이다. 그 뜻 깊은 문화재 교회건물은 속절없이 사라졌다. 우리나라 어디에도 남아 있지 않은 조선 말기의 원초적 모습을 띤 유일한 문화재 교회가 그렇게 무참히 사라질 수 있는가?

왜 백령도 교회에 무궁화 천연기념물이 존재하고 있는가? 그 자랑스러운 무궁화에서 백령도 교회를 지은 초창기의 애국적 독립정신이 생생하게 느껴진다. 무궁화를 철저히 뽑아내며 박해하던 공포의 왜적 탄압시대를 의연히 견딘 무궁화가 대견하다.

백령도 교회 문화재는 이 시대에 참담하게 사라졌으나, 민족 최고의 무궁화가 남아서 항일전쟁의 단호한 기백을 자랑하고 있다. 백령도 교회는 새문안교회의 시원적 성지와도 같은 곳이다. 그 무궁화나무가 의연하게 초기 교회의 애국의지를 웅변하고 있다.

새문안교회도 문화재를 지키려는 단호한 뜻이 있어야 훗날 후회하는 일이 없을 것이다. 기존의 문화재를 허물어 없애기는 쉽다. 하지만 그 문화재를 허물고 나면 영원히 못 찾는다. 새문안교회를 다시 지으면 무궁화라도 남을 것이 있는가? 도대체 무엇이 남을 것인가?

이렇게 교회를 마구 허무는 나쁜 관행이 왜 생겼을까? 그것은 생각하되 일제탄압의 후유증이라고 보인다. 일제 강점시대에 일제에 영합했던 천주교는 좋은 장소에다 좋은 대우를 받았다면, 미국 교회였던 개신교는 의연하게 한국인들을 돕는 독립운동을 하여 일제에 푸대접 탄압을 받은 때문으로 보인다.

그런 연유로 나쁜 장소에다 허름한 교회에서 출발하게 되니까, 교회를 마구 허물며 다시 짓는 악습이 생긴 것은 아닐까? 하지만 교회 건물도 역사가 있다. 문화재로서의 가치도 있다. 교회 기념물을 아끼는 교회 문화가 정립되어야만 하겠다.

끝으로 다시 한 번, 130여 년 전에 최초로 미국 교회가 전래 되었다면서 도대체 역사 있는 교회 건물이 어디 있나 눈을 씻고 다시 찾아보자. 현재의 40여 년 된 문화재가 가장 대표적이다. 그런데도 대한민국 교회를 상징하는 그 보물마저 사라지며 재건축 된다면, 문화 역사적 가치는 전혀 없는 한낱 '부동산 건물'에 불과하게 된다.

「백령도 교회의 천연기념물 무궁화를 잊고서, 미국 교회의 숭고한 역사를 욕되게 할 수는 없다.

예전에 서양 종교가 도래할 때는 프랑스 교회(천주교), 러시아 교회(정교회), 영국 교회(성공회), 미국 교회(개신교)라고 나라 이름을 붙여서 불렀다. 그 중에서 진심으로 이 나라를 위한 종교는 미국 교회가 가장 대표적이었다. 그렇기에 백령도 교회에 뿌리깊은 무궁화가 있는 것은 전혀 이상한 일이 아니다.

교회 건물은 단순한 부동산이 아니다. 역사와 혼이 없는 교회에 무궁화 꽃이 심어져 있지는 않다. 백령도 교회에다가 일제침략의 암흑기에 무궁화를 심던 그 마음이 없이, 교회 건물은 진정한 혼을 가질 수 없다. 단순 부동산과 문화재의 차이는 그것이다.」

입헌군주제 개헌!
아주 신선한 선택입니다!

한국 제1호 목사 서경조와 언더우드

- 최초의 한미동맹 발원지를 찾아서 -

서경조는 철종 3년인 1852년에 평안북도 의주에서 태어났다. 그리고 86세인 1938년에 중국 상해에서 망명 독립운동을 하다 작고하였다. 서경조는 한국 최초의 목사로서 역사성이 대단히 높은 인물이다.

서경조는 그의 형 서상륜이 만주에서 로스 목사에게 세례를 받고 돌아온 뒤에, 형을 따라 신자가 되었고 전도 활동도 시작하였다. 하지만 당시의 국법을 어긴 것이라, 황해도 장연의 송촌 소래마을로 숨어들게 된다.

서경조는 그 후 장연에 한국 최초의 신식교회를 세웠다. 바로 그의 사랑방에 언더우드 선교사가 장기적으로 기거하며 세워진 것이다. 사실상 한국 최초의 교회는 언더우드가 머물던 서경조의 집 사랑채 건물에 만든 것이다. 따라서 서경조는 시원적 최초 목사로서의 활동을 하고 있다가, 평양에 신학교가 창설됨에 신학을 공부하여 정식으로 한국 최초 7인의 목사 가운데 한 명이 되었다.

서경조는 그 후 언더우드와 함께 새문안교회를 세우고 초대 목사가 된다. 서경조의 활동은 한국 근현대사에서 매우 중요하다. 목사란 어떤 사람이어야 하는가? 그 해답의 최고봉이 서경조의 일생이다. 그는 한국의 개화를 도왔고, 애국 애족하는 한국교회의 전통을 만드는 일에 앞장을 섰다.

그런데 천주교의 김대건 신부는 그토록 유명한데, 왜 서경조를 아는 사람이 거의 없을까? 그 까닭은 프랑스 천주교는 일제에 영합하는 친일노선을 걸었고, 미국 개신교는 그렇지 않았던 때문이다. 소위 105인 사건이라는 안명근 의거 때에도 미국 선교사들은 우리민족을 위한 일을 많이 했다. 일제당국에 애국선열들이 일망타진 당한 그 전율할 사건에서도, 우리민족과 함께 독립운동을 했다. 일제에 함께 잡혀가며 감옥에도 같이 갔다.

미국 선교사들은 정의의 종교인들이었다. 진심으로 한국을 도왔고 함께 고통을 겪었다. 그런데 놀랍게도 일제당국에 안명근 의거를 은밀히 일러바친 경악할 밀고자가 바로 천주교 뮈텔 주교였음은 이제 공개된 역사가 되었다(안천, 신흥무관학교).

그런 암울한 상황에서 서경조는 아들 서병호와 함께 상해로 망명을 떠났다. 가족 모두가 망명하여 활발한 독립운동의 길을 갔는데 서경조를 일제침략자들이 좋게 보겠는가? 서경조, 서병호는 일제의 요시찰 불령선인으로 일제강점기의 국사범 범죄자가 되었다.

오늘날에도 우리들이 배우는 한국사의 근간은 왜적들이 만든 그대로가 허다하다. 그래서 서경조가 역사에서 깨끗이 실종선고 상태인 것이다. 생각하면 더러운 이름과 함께 더럽게 기록된 역사에서 실종된 것이 더 자랑스러운지도 모른다.

망명의 길은 사라지는 길이다. 사라져 망명을 했다는 것은 일제강점 상태의 현실을 부정하는 것이다. 악(일본)에 정면 대결하면서 불의를 초극하는 것이다. 서경조의 망명은 그가 언더우드와 함께 세운 소래교회, 새문안교회가 항일전쟁 민족주의의 시원적 활화산이었음을 증명하는 것이다.

특히 서경조가 언더우드와 손을 잡았다는 것은 바로 '시원적 한미동맹'으로서 단호하게 불의의 길을 거부하는 것이다. 일제하 생지옥에서 신음하는 나라와 나라님과 백성을 구할, 목사다운 목사의 길을 찾는 애국충정의 몸부림이었다. 유사 이래 최악의 국난에서 고민하고 통곡하지 않는 종교인은 종교인일 수 없다. 죽은 목사와 살아있는 실질적 목사의 차이! 그 해답을 찾는 구도자의 길이었고 몸부림이었다. 하지만 그것을 실천한 거룩한 망명은 망각의 사라짐이었다. 그래서 서경조는 사라졌다. 그리고 일본형사들의 악의적 기록만 남았다.

서경조의 역사에서 가장 유의할 점은, 서경조가 당시 황해도의 토착 세력가인 안중근 의사 가문과 긴밀한 관계를 유지하고 있었음이다. 당시 안중근 가문은 천주교에서 집중적인 선교를 하였고, 안중근 의사의 부친인 안태훈 진사가 이끌며 가문 전체가 천주교도가 된다. 그런데 천주교는 친일 매국노선을 걸으며 일제침략을 도왔고, 애국적인 안중근 가문과는 전혀 다른 길을 걷게 된다. 그러니까 황해도를 대표하는 가문의 돈과 힘을 이용만 하고, 안중근 가문이 원하던 애국에는 정면 배치되는 반대의 길을 간 것이다.

따라서 안태훈 진사와 긴밀한 관계를 가졌던 서경조가 망명 독립운동의 노선을 택했음은, 황해도의 쌍벽을 이루는 두 가문의 애국의지가 서로 확실하게 연결점을 갖고 협력관계에 있었음을 말한다. 백척간두에 선 나라와 나라님을 위해 모든 것을 바치려는 충군애국의 드높은 뜻이 일치했기에 공동 전선을 펼칠 수 있었던 것이다.

당시는 국가가 존망지추의 기로를 헤매던 때였다. 그래서 힘 있는 유력 가문에서는 자력으로 포수들을 고용하며 의병을 양성하고 있었다. 그 상황에서 어느 날 두 가문의 포수 의병들이 사냥을 나갔다가 정면으로 마주치게 되었다. 수십 명씩의 쌍방 무장 군인집단의 긴장된 대치 상태가 만들어진 것이다. 이때에 두 집단을 중재, 교호, 화합시키며 뭉치게 한 사람이 안태훈 진사와 서경조 목사였다고 한다.

이후 황해도의 쌍벽을 이루는 두 애국가문은 비밀 연합군 결사대같이 움직였다. 그리고 나라가 끝내 치욕적으로 강점되며 생지옥으로 바뀌자, 종국에는 동반 망명 독립운동의 길을 간 것이다. 그러니까 서경조 가문은 일제당국이 최악으로 보는 안중근 가문과 동맹 가문이 된 것이고, 일제침략 당국의 눈에 최악의 국사범 가문으로 낙인찍히며 처절하게 쫓기게 된 것이다.

당시를 말해주는 얘기가 아주 재미있다. 상호간에 긴박하게 대치한 두 가문의 의병 집단이, 화해를 하고 서로 숫자를 세니 너무나 기묘하게도 똑같았다고 한다. 그 많은 의병들도 훗날 대거 애국 전선으로 통곡하며 절규하며 달려갔다. 훗날 황해도에서 항일 애국자가 많이 나오는 것은 결코 우연한 일이 아니었다.

대한황실이 망국지경에 이르렀을 때에, 항일 독립전쟁에 나선 제1호 목사 서경조! 미국 개신교는 그를 철저히 후원했다. 하지만 겉으로는 언더우드의 독자적 선교 활동으로 위장시킨대로 기록에 남았다. 서경조의 충군애국 활동은 혹독한 일제강점 상황에서 혹시 기록이 있더라도 숨기고 인멸시켜 잊혀져버린 때문이다.

그리하여 부끄러운 추친일 역사가 이어진 이 나라의 국사 시간에는, 김대건만 침소봉대하여 가르쳐졌다. 서경조는 거론조차도 않고, 언더우드는 단순한 선교사일 뿐이다. 마찬가지로 천주교에 비해서 개신교 목사들을 속되게 세속에 물들었다고 말하는 참담한 비아냥거림 속에, 무작정 비하하고 헐뜯는 추친일 풍조가 짙게 남았다.

더군다나 그렇게 독립의지가 강한 목사들을 비난하다가, 우리민족의 항일전쟁에 동조한 미국을 공격하며 반미선전에 열을 뿜었다. 그리고는 끝내 하와이 진주만 기습을 전격적으로 도발했다. 목사도 밉고 미국은 적대국이 되는 것이 당연한 수순이었다. 일본의 반미 선전 확산과정과 제2차 세계대전 확전과정을 면밀히 살피면, 그 시원적 출발은 소래교회, 새문안교회를 비롯한 미국교회들에서 싹이 튼 원초적 한미동맹이 거의 확실하다.

제도화된 법조문으로서 생각하되, 정식 한미동맹 조약은 6·25전쟁이 끝나면서 체결되었다. 하지만 미국의 6·25 참전과 9·15 인천상륙, 9·28 서울수복은 조약 이전의 가장 확고한 한미동맹의 실천이었다. 그렇다면 한미동맹은 외형적 법조문 이전에 존재했던 것이 분명하다.

무엇이 연인원 3백만의 미군 참전에, 무려 5만 명이 전사하는 미국역사상 가장 대표적인 정의의 전쟁을 창출했는가? 그것은 동맹 이전에 가장 확실한 신뢰를 만든, 서경조와 언더우드의 원초적 항일 독립전쟁 동맹에서 비롯된 것이 확실하다.

일제의 한미동맹을 향한 미움은, 원색적으로 해부하여 말하면 목사들에서 잉태되었다. 그래서 만주땅 등에서는 일본 헌병이 목사를 만나면 많은 경우에 즉결 사형을 시행했다. 침략자들의 눈에 목사는 적대국 미국과 혼동되고 착각되었던 것이다. 그것이 점차 증폭되면서 이성을 잃고 미친 듯 하와이를 공격하며 집단 자살극을 저지른 것이다.

도대체 진주만을 기습한 가미카제 특공대 같은 비이성적이고 몰인간적인 광란의 정신병 집단이 어디에 있을까? 동학도 싹쓸이 학살, 의병과 독립군 학살, 정신대 만행, 징병, 징용, 착취, 약탈의 총체적 광란을 총결집한 일본 광란극이 진주만 기습이다.

하지만 훗날의 역사 기록에는 '한미동맹 항일 독립전쟁'을 가급적 축소시켰다. 오로지 '신사참배 거부'만 의도적으로 부각시켰다. 흡사 임진(정유)왜란 때에 7년간에 걸쳐 총체적 약탈 살육을 하고는 이삼평, 심수관 도공들만 잡아간 듯 기록해 놓은 것과 같다.

모든 기록을 축소, 왜곡, 은폐한 가운데, 목사들은 왜 어떤 다른 종교 같이 성스럽지 못하고 '세속적 존재'일까라고 우회하여 비난 하였다. 세속적이라 함은 거룩함의 반대말이다. '가장 최악의 존재'란 말을 완곡하게 말한 것이니, 목사들에게 최악의 욕을 쏟아낸 것과 같다.

미움의 상승 소용돌이! 작은 미움이 축적되며 큰 증오가 되었고, 제2차 세계대전의 끝 무렵에는 일제당국 전체가 이성을 상실한 광란 집단이 되었다. 눈먼 반미 가미카제가 되어 하와이로 미친 듯이 돌진한 것이다. 그것은 목사와 미국을 향한 초유의 광기 폭발이었다. 인류사에 유례를 찾기 어려운 사상 최악의 반미 광란이었다.

특히 언더우드의 새문안교회는 상해에 망명한 서경조와 극비리에 끈질긴 교류를 했을 것이고, 언더우드의 거물 문하생 안창호도 상해에서 독립운동을 총력 진두지휘하고 있었다. 서경조와 안창호, 언더우드의 항일동맹 애국충심이 쌓이고 쌓일수록 그 반작용으로 잉태된 미운 마음들이 증폭되면서, 일본은 이성을 잃고 하와이 진주만을 기습하며 자멸의 길을 간 것이다. 히로시마, 나가사키의 원자탄 투하는 일제침략이 자초한 집단자살극의 클라이맥스였다.

침략자들이 서경조를 최악의 국사범으로 보는 것은 너무도 당연한 것이었다. 그렇기에 서경조가 한국사에서 흔적도 없게 된 것은 일제 침략 역사관을 생생하게 대변하는 것이다. 한국사는 그토록 엉터리다. 추친일 성향이 높다. 친일매국을 한 측은 과잉으로 칭송하며 거룩하다고 쓴 견강부회 거짓말 역사가 남았고, 독립운동을 한 측은 범죄자로 남았거나 잊혀졌다.

그런 추친일 사회니까 오늘날 이유도 없이 '맹목적 반미구호'를 외치는 토착화된 '추친일 풍조'도 강하다. 제2차 세계대전에 참전하여 우리를 왜놈들 생지옥에서 독립시켜 주고, 제3차 세계대전에 맞먹을 6·25 남침전쟁을 막아준 미국! 그 하늘같은 은공에도 불구하고, 추친일 최면상태에서 무의식적 반미 흐름에 경도된 추친일파가 적지 않다. 흡사 맹목적 반미구호를 외치면서 가미카제가 되어 미국을 비방하던 일제말기 태평양전쟁 때와 무엇이 다른가?

서경조의 아들 서병호는 상해 임시정부에서 큰 활약을 했다. 그의 손자 서재현은 장개석 군대와 중경 임시정부의 수류탄 제조용 제철을 모두 담당한 총책임자였다. 중일 전쟁의 폭탄 등 모든 무기 제조용 철제품을 총괄 생산한 제철소 용광로를 책임지고 운영한 실력자다. 당시 임시정부는 물론이고 중국군에 있어서도, 공학석사 학위를 가진 사람인 서재현이 최고 학력자였다. 그래서 서재현은 광복 후 최초의 해군

제독(장군) 병참감이 된다.

그 직계 아들이 요즘 고생하는 조선족들을 돕는다고, 조선족교회를 세워 동분서주하며 고군분투하는 서경석 목사이다. 서경조부터 서병호, 서재현, 서경석을 잇는 핏줄은 애국 애족정신에 투철한 남다른 특수 DNA가 도도히 흐르고 있음을 보여준다.

약 10여 년 전에 서재현이 작고하였다. 그의 장례식은 당연히 새문안교회장이 될 수밖에 없었다. 아울러 독립유공자로 대전 국립묘지의 애국자 묘역에 정중히 모셔졌다. 또한 최초의 해군창설 제독으로, 해군에서 최고 선배로 모든 예우를 다 한 해군장으로 엄수되었다. 새문안교회에서 대전 국립묘지까지 모든 과정을, 해군에서 직접 호상하며 군악대와 의장대가 모든 정성을 다 바쳤다.

이 시대에 감히 서재현과 같은 대단한 장례식은 찾기 어렵다. 어디에 또 다른 사례가 있을까? 보훈처, 해군, 한국 제1호 교회가 삼위일체로 총합 협력하며 모든 정성을 다한 극진한 예우였다. 서재현의 장례식은 서재현 개인만이 아니라, '충군애족 항일전쟁'의 거룩한 삶을 산 제1호 목사 서경조 가문의 총체적 애국에 대한 극진한 예우였다.

하지만 한국의 국사 교육에서는, 변함없이 서경조는 실종선고 상태에 있다. 서재현의 장례도 그렇게 예우를 했을 뿐 즉시 망각되었다. 아직도 내면적으로는 도도히 물결치는 추친일 사회의 추친일 국사 교과서, 교실, 선생님이기 때문이다. 한국사회는 아직도 추친일 리바이어던(Leviathan) 괴물이 곳곳에서 칭송되고 있다. 새문안교회는 오로지 오래된 교회일 뿐이다. 사실상의 골동품 자랑으로만 이어지고 있다.

그렇다. 빼앗겼던 들판에 봄이 왔다지만 우리들은 거의 모두가 친일파들이었다. 침략자들이 만들어 놓은 그대로 살아오면서 부끄러움도 없었다. 너무 감각이 마비되어 뼛속 깊이 병든 채 잠을 자고 있었다. 광복 70주년이 다 되었어도 왜놈들 추친일 체제로 한심하게 사는 것이 얼마나 많은가?

일제가 만들어 놓은 왜곡사 그대로의 한국사 교육은 분명하게 재고되어야 한다. 위대한 항일애국 종교인 '서경조와 언더우드'는 확실하게 평가되어야 한다. 또한 '한미동맹 항일 독립전쟁'도 재조명되며, 새문안교회는 '한미동맹의 발원지'로서 구국의 애국전당다운 위상을 자랑해야 한다.

서경조 기념사업회도 만들고 '한미동맹 기념행사'도 품위 있고 새롭게 진행해야 하겠다. 서경조와 언더우드가 손잡고 새문안교회에서 키운 한미동맹의 나무는, 거대한 나무 장대한 숲으로 키워져야 한다. 새문안교회에는 한미동맹 기념관이 세워지고, 한미동맹 기념비도 드높게 세워야 한다.

언더우드만이 아니라 맥아더도 칭송되고, 고마운 미국 대통령들의 흉상도 세우며 오바마 대통령을 당당하게 새문안교회로 초대할 수는 없을까? 최고의 '한미동맹 관광지'로 재탄생되며 명실상부한 최고의 명물교회를 만들어야 하겠다.

하지만 오늘날의 새문안교회는 일제침략 시대에 주눅이 든 채 그대로 있다. 추친일 역사틀에 꽁꽁 묶여진 채 일제침략시대 그대로 있다. 서경조는 실종되었고, 새문안교회는 오래된 교회일 뿐이고, 한미동맹은 흡사 죄를 진 동맹과 같은 분위기! 침략자에게 영합했던 잘못된 곳은 지극히 거룩하다면서도, 새문안교회는 사실상 침략자에 짓눌린 참담한 분위기 그대로이다. 가장 추악한 곳은 성스럽고 가장 거룩한 곳은 그렇지 않다니, 너무도 온 나라에 추친일 병이 만연해 답답할 뿐이다.

왜놈들이 철저히 짓밟으며 착취했고, 6·25전쟁으로 폐허가 되었던 당시의 나라는 이제 역사 속의 나라가 되었다. 동방의 떠오르는 신흥 강대국 코리아는 세계 10위권의 막강한 나라로 재탄생되었다. 한미동맹으로 꽃피운, 미국정신 최고의 성공사례를 온 세계에 널리널리 알려야 한다. 오바마 대통령이 온 세계에다 입에 침이 마를세라 계속하여 칭찬한 유일한 나라가 코리아 아닌가?

반면에 맥아더 장군이 크게 아량을 베풀며 살려준 최악의 전범국 일본은 오늘날 거의 원래의 흉악한 왜구로 되돌아갔다. 요즘 아베, 하시모토가 준동하는 것은 근본적으로 미국을 가소롭고 우습게 보는 것이다. 제2의 진주만 기습을 획책하는 것이며, 미국과의 항복 약속을 헌신짝 같이 차버리는 배은망덕의 표출이다.

일본을 국화와 칼의 나라라는 것은 비열한 이중인격의 나라라는 뜻이다. 미국은 간악한 일본에게 너무 순진하게 속았다. 이제 일본은 거의 공개적으로 미국을 우롱하며, 진주만 기습 전야의 늑대로 되돌아갔다. 겉 다르고 속 다른 양두구육의 나라! 미국은 본심을 철저히 감추고 사는 간교한 나라에 철저히 이용당하며 배신당하고 있다.

「미국은 시간이 갈수록 일본에 크게 실망할 것이다. 언젠가 일본은 제2의 진주만 기습만행을 저지르며, 다시금 미국의 암 덩어리가 될 것이다.」

삼별초와 태권도, 가라데

- 태권도 남북통일과 태권도 세계통일의 염원 -

태권도의 날은 9월 4일이다. 2006년 7월 25일에 베트남 호치민시에서 열린 WTF(세계 태권도 연맹)의 정기총회에서 결정된 날이다. 이 날은 1994년 9월 4일에 파리에서 열린 제103차 10C(국제올림픽위원회) 총회에서 태권도가 정식 올림픽 종목으로 채택된 뜻 깊은 날이다.

태권도는 한국 땅에서 자생적으로 만들어져 출발된 세계적인 무예 스포츠이다. 세계인들에게 널리 사랑받는 인기 스포츠로서, 인류의 건강증진과 스포츠 정신 함양에 큰 기여를 하리라고 본다.

이 날을 맞으며 태권도계의 화합과 단결을 호소하는, 진정한 스포츠 정신을 새롭게 다짐했으면 한다. 그 까닭은 어이없게도 오늘날의 태권도계가 분열, 갈등의 고질병이 있기 때문이다. 특히 북한에서 까지도 다른 태권도를 내세워, 태권도까지도 남북분단 상태에 있음이 매우 안타깝다.

그 내분의 중심적 이유는 태권도가 일본 가라데의 영향을 받았는가, 우리민족의 고유한 것인가 하는 것이 핵심 쟁점이다. 그런데 그것은 전혀 갈등의 여지가 있을 수 없는 부질없는 쟁점이다. 왜냐하면 궁극적으로 내분 당사자인 양쪽의 견해가 모두 맞는 것이다. 그 하찮은 것을 갖고 싸울 이유가 없다.

한국 태권도를 창설한 인물은 최홍희이다. 그리고 북한 태권도도 최홍희가 창설했다. 그는 일제강점 35년간에 한국의 고유무술 택견을 아주 뛰어나게 수련했다. 그리고는 일본에 가서 가라데도 열심히 수련한 뒤에 훗날 현대시대에 들어 태권도를 창안했다.

그러니까 태권도가 우리민족의 고유한 무술이란 견해도 맞고, 일본의 영향을 받았다는 것도 결코 틀리지 않는다. 최홍희는 그 모든 것을 종합했기 때문이다.

그런데 특히 이 논쟁에서 잊지 말아야 할 중대한 핵심 사안이 있다. 그것은 가라데가 원초적으로 일본의 고유 무예가 아니란 점이다. 가라데는 오키나와 '유구왕국'의 고유한 무술이다. 겨우 청일전쟁이 끝날 무렵이니 극히 최근에야 일본에 알려진 것이다. 일본에서는 그 이전에 전혀 알지도 못하던 생면부지의 것이니까 절대로 일본 무예가 아니다.

현재의 오키나와는 원래 일본 땅이 아니다. 무력으로 강점하여 도둑질한 장물 땅이다. 따라서 국제법상 도저히 용인해 줄 수 없는 침략행위의 결과가 오늘의 오키나와이다. 현재도 확실하게 일본 땅이 아니며, 원래대로의 독립국으로 만들어 줘야 국제정의가 바로 선다.

따라서 가라데는 결코 일본 고유무술이 아니다. 그것은 원래 유구왕국의 고유 무예인데, 가혹한 일제침략을 받으면서 더욱 발전된 맨손무예이다. 흡사 일제 침략의 가혹함에 따른 반작용으로 인해 뛰어난 무술로 재탄생된 것과 같다. 일본은 임진왜란 직후에 유구왕국을 강점하고 완전 약탈하여, 그 반작용으로 가라데가 발전한 기현상을 낳은 것이다.

아무리 떼도둑 왜구들이라지만, 일본은 유구왕국의 모든 것을 송두리째 약탈했다. 예전에 산적들이 길목을 지키다가 길손의 모든 것을 빼앗고, 속옷 팬츠만 입혀 보내듯 한 결과로 가라데 맨손무예가 발달된 것이다. 당시 유구왕국에는 과일을 깎는 칼도 없을 정도로 철저히 약탈을 당하여, 맨손으로 하는 무예인 가라데가 발달된 것이다.

그러니까 가라데는 일본의 잔혹한 침략 역사를 상징하는 전형적인 것으로서, 일본문화의 부도덕을 확실히 증명하는 존재이다. 또한 가라데는 유구왕국의 독립운동을 위한 무예로 발전된 것으로서, 가라데가 크게 발달된 것은 유구왕국의 독립의지가 매우 드높음을 말해주는 것이다.

요즘 오키나와에서 관광객을 위해 공연해 주는 무예 공연을 보면, 그것이 바로 유구왕국의 독립운동 무예 춤임을 쉽게 알 수 있다(안천, 대한황실문화정책사). 아니 그것은 춤이 아니다. 왜적에게 강점되어 조국을 잃은 통곡의 몸부림이다. 항일전쟁 절규와도 같은, 피눈물 항쟁임을 쉽게 알 수 있다.

그런데 최근의 연구에 의하면, 유구왕국의 가라데는 고려말의 삼별초가 몽골군과 항전하며 망명할 때에 가져간 고려왕국의 무예였다. 원래 유구왕국 국민은 고려시대의 삼별초 망명객이 중심이었고, 가라데도 그들과 함께 한국에서 전해진 것이었다.

사실상 유구왕국은 숫자가 많은 떼도둑 일본 왜구에게 겁탈 능욕을 당하기 이전에는, 일본보다 더 잘사는 선진국이었다. 워낙 부강한 해양왕국이라, '만국진량국' 즉 만국의 항구나라로서 오늘날의 싱가포르 같은 나라라고 자부심이 대단했었다.

가라데의 가라는 가야, 가락, 구야, 구사와 같이 한국의 가라를 뜻하는 말이다. 가라데는 삼별초가 가져간 것으로서, 가야국, 가라국의 데껸, 태껸을 의미하는 것이다. 그런데 임진왜란 이후에 모든 것을 약탈당하고, 맨손으로 하는 무예인 그것이 더욱더 정교하게 발전했던 것이다. 그러니까 태권도가 일본 가라데의 영향을 받았느냐 아니냐 하는 논쟁은, 별로 실익도 의미도 없는 하찮은 말싸움에 불과하다.

논쟁하는 양측이 둘 다 맞는 것이다. 갈등, 분쟁을 끝내고 차라리 태권도의 위상을 높이는 데에 온 힘을 쏟아야 할 일이다. 태권도의 날을 맞아서 태권도 당파싸움을 끝내자. 실사구시의 정신으로 태권도 실학운동을 전개해야 마땅하다.

특히 북한과의 태권도 통합에도 열중해야 하겠다(그래서 북한도 올림픽에 나와 태권도로 금메달도 따고 남북화해도 촉진하자). 온 세계가 지켜보고 있는데, 태권도까지도 남북 이기심 대결을 하며 갈등을 빚는 추태를 볼 때에 민족적 비애를 참담하게 느낀다.

남북분단의 불구자 나라 상태에서 온 나라가 전라도, 경상도 등으로 나뉘어 현대판 당파싸움으로 지새우고, 학벌, 계층, 성별, 종교로 갈라져 원색적 갈등을 겪는 나라가 너무나 부끄럽다. 정치인들이 정치는 없고 정쟁 당파싸움에나 몰입된 오늘날이 너무나 안타깝다.

그것은 북한도 마찬가지다. 6·25 동족상잔으로 생지옥을 만든 전쟁범죄를 저지르고도, 끊임없이 남북분쟁을 조성하는 것이 얼마나 치졸하고 창피한 일인가? 그런 상황에서 정의로운 무술이라는 태권도 스포츠계까지 치졸한 당파싸움을 하는 바에 환멸을 느낄 정도이다.

차라리 '도'라는 말이나 쓰지 말 일이다. 태권도의 날을 맞아서 진정한 태권도 정신을 가다듬어야겠다. 현재로서는 태권도의 날이 결코 자랑스럽지 않을 수 있다.

「남북한 화합의 민족 대통합 태권도는 물론, 세계 대통합 태권도가 모색되어야겠다.」

입헌군주제 개헌!
아주 신선한 선택입니다!

정동진과 6·25전쟁 기습남침

- 해병대 해군의 최고 안보교육장 -

정동진은 요즈음 사랑을 불태우는 청춘남녀가 즐겨 찾는 필수적 관광지같이 인식되고 있을 정도이다. 동해바다의 한적한 시골 포구에 불과했던 정동진은, 약 15년 사이에 흡사 천지개벽을 하듯 인파가 몰리며 큰 변화가 일어났다.

생각하면 도저히 이해하기 어려운 경천동지할 일이다. 정동진은 많은 한국인들이 상상도 못하는 놀라운 비밀을 안고 있는 역사적 장소인데도, 그와는 전혀 다른 정반대의 관광지가 되고 말았다.

정동진은 지금부터 60여 년 전인, 6·25전쟁이 발발하는 날의 새벽 3시에 북한 해군 해병대가 기습남침하며 상륙한 충격적인 6·25전쟁 유적지이다. 한국인들은 전혀 모르게 전격적 남침을 하고는, 아무 일도 없었던 듯 정동진에는 세월이 물 흐르듯 흘렀다.

정동진은 38선으로부터 아주 멀리 떨어진 남쪽에 있다. 설악산 관광을 가다 보면 동해안에 38선 휴게소가 있는데, 그 이북은 6·25전쟁 전에는 북한이었다. 그리하여 설악산과 고성, 속초, 양양 등은 6·25전쟁 때에 국군이 북진 탈환하면서 되찾은 수복지구에 해당한다.

그러므로 38선에서 아주 훨씬 남쪽에 있는 정동진에, 6·25개전일 새벽에 인민군이 대거 상륙했다는 것은 충격적인 놀라운 일이다. 요즘 서울의 땅 밑까지 인민군 땅굴이 와 있다는 섬뜩한 얘기가 심심치 않게 나돌고 있는데, 정동진은 6·25날의 새벽에 그 정도로 경악할 기습 남침 상륙 지점이었다.

당시 인민군들은 엄청난 대부대가 거의 뗏목이나 낡은 어선에 가까운 수준의 조잡한 배를 타고서 기습상륙을 했다. 수십 척의 배였는데 군함다운 배는 별로 없었다고 한다. 그러한 상태의 인민군 기습남침 특공부대니까, 6·25개전일에 맞추기 위해서는 북쪽에서 적어도 1주일 이전에 출발했을 것이다. 특히 동해안에는 적당한 항만시설이 미비했던 당시를 생각하면, 거의 원산항에서 출발했을 것이니까 약 1개월쯤 전에 출발했다는 것이 된다. 상상도 못했던 충격적인 기습 남침인 것이다.

그러니까 6·25전쟁이 미군과 국군이 먼저 침략하며 우발적으로 전면전이 되었다는 북한측 역선전 주장이, 거짓말 궤변임을 확고하게 증명하는 장소가 정동진이다. 북한 공산측에 의해 장기간에 걸쳐서 만반의 준비가 있었던 전쟁이고, 확실하게 남침계획이 세워진 전쟁임을 증명하는 대표적 장소가 정동진인데 이북에서는 그간 원색적인 흑색선전을 해 왔던 것이다.

38선의 다른 지역은 북한에서 일방적으로 거짓 선전을 한다면 속을 수도 있었다. 6·25 개전일 새벽에 인민군들은 그들 수뇌부만 남침계획을 극비리에 특급비밀로 공유하고, 인민군들에게조차도 남침의 속사정을 속였었다. 예컨대 서부전선에서는 동부전선을 국군이 북침

하니 인민군도 남쪽으로 공격해야 한다고 했고, 반대로 동해안에서는 서부전선이 공격을 당하니까 남쪽으로 공격하자는 등 모든 전선에서 생거짓말을 하며 전면적 기습남침을 했었다.

그러니까 김일성은 인민군들에게까지도 거짓말을 하지 않으면 안 될 정도로, 개전 명분이 전혀 없는 전면적 침략전쟁을 자행했던 것이다. 하지만 정동진만은 전혀 그런 거짓말을 할 수 없는 동해바다 특수 지역이었다.

38선 전체에서 동시에 기습남침을 극비리에 숨기며 개전하고 역선전도 할 수 있겠지만, 멀리 남쪽으로 내려와서 기습상륙한 정동진은 그것이 전혀 불가능한 곳이었다. 그래서 38선 전 지역에서 새벽 4시에 남침이 개시되었지만, 정동진은 새벽 3시가 되고 말았다. 인민군 해군 해병대는 너무 멀리에서 왔으니 1시간의 시차는 오히려 정확한 것과 같다.

그런데 그토록 중차대한 정동진이 오늘날 전혀 다른 곳이 되고 말았다. 6·25전쟁이 북한 측에 의해서 면밀하게 사전 계획된 전쟁이고, 기습적 남침 전쟁임을 정확히 증명해주는 정동진이 상상 밖으로 전혀 다른 의외의 관광지가 된 데는 나의 책임도 크다.

벌써 약 25년 가까이 시간이 흘렀는데, 당시에 나는 6·25전쟁 개전 장면을 직접 겪은 목격자, 경험자들을 찾아서 현지조사(fieldwork)를 장기간 진행했었다. 눈으로 생생하게 목격하고 경험하여, 6·25 전쟁이 시작되는 상황을 직접 증언할 목격자들을 찾아다녔던 것이다.

전혀 6·25 전쟁에 대한 정치학 및 정치사적 연구가 부재한 불모지 상태에 가까웠던 때였지만, 그 때에는 '6·25개전일 연구'를 할 수 있는 때였다. 6·25 전쟁이 발발한 그 새벽을 현장에서 직접 경험한 노인들이, 표집조사가 가능할 정도로 생존해 있어 이론정립을 위한 연구 가능성이 높은 시기였었다.

그러니까 나는 오로지 6·25 전쟁이 일어난 '그 날 하루의 역사'를 연구한 정치학 및 정치사 논문을 쓰려고, 만사를 제폐하고 현장 자료를 수집하러 다녔었다.

회고하건대 당시 38선 현장 연구를 한 사람은 나 하나였다. 당시 나는 인가가 별로 없는 38선 오지 산골 마을들은 물론이고, 판문점 서쪽 지역은 곳곳의 피난민을 샅샅이 찾았었다. 심지어 캄캄한 밤에도 증언자를 찾아 다녔다. 되돌아 생각하건대 나의 무모할 정도의 젊은 열정이 없었다면 수행하기 어려운 연구였는데, 그 후에 아무도 그 연구를 한 사례가 없다. 현재도 나의 연구가 유일무이한 현장연구이다.

생각하면 흡사 전쟁터를 다시 찾아 전쟁을 하듯 한 연구였다. 약 4년여를 38선 전 지역을 답사하며, 주민은 물론이고 국군과 인민군 생존자를 찾아 표집조사를 했었다. 특히 극소수의 인민군 생존자를 찾는 과정은 정말로 가시밭길이었다. 그 결과를 '남침유도설 해부'라는 책으로 출간했다. 정동진은 나의 책 결론부에 나온다.

정동진은 너무도 중요한 6·25 전쟁사 현장인데, 내가 현지조사를 할 때에는 지극히 한적하고 깨끗하며 수려한 바닷가였다. 전혀 꾸민 것이 없는 촌색시같이 티 하나도 없이 맑은 청정 바닷가였다. 공해, 오염 같은 말은 전혀 존재할 수도 없었다. 너무나 환상적으로 아름답고 좋은 바닷가 마을인데, 산 중턱 등명낙가사의 스님이 한가로이 텃밭에서 농사를 짓고 있었다. 사람들이 거의 살지 않았고 인가도 몇 되지 않았다.

그런데 나의 책을 읽은 유명 언론인 한 분이, 매우 감동적인 장소라며 어떤 작가에게 소개를 했다. 그 작가의 작품에서 정동진이 감격적인 장소로 소개되며 유명 관광지가 된 것이다. 광화문 근처의 중국 음식점에서 그 언론인 및 작가와 함께 점심식사를 나누면서, 정동진을 자기 작품의 가장 상징적인 장소로 하겠다고 하기에 흔쾌히 수락했다. 하지만 그 당시에 나는 그 작품의 내용도 전혀 몰랐었다.

그 방송 드라마는 매우 잘 만들어져 감동적이었다. 엄청난 반향을 일으키며 대성공을 거두었다. 그 이후에 많은 사람들에게는 정동진이 특히 해돋이(일출)가 신비하게 아름다운 곳이며, 임금님께서 계시는 경복궁에서 정확하게 동쪽 바다에 있어 정동진으로 불린다거나, 세계에서 가장 바닷가에 가깝게 붙은 기차역으로 기네스북에 올랐으며, 너무나도 깨끗하고 보석같이 아름다운 바다마을이라는 등의 여러 환상적 스토리가 덧붙여지며, 연인들이 사랑을 나누는 전국 제1순위의 핵심 관광지가 되었다. 힘 있는 작가의, 힘 있는 드라마의 마력을 여실히 보여주는 사례이다.

생각하면 한국의 동해안에는 아주 아름다운 곳이 많다. 정동진보다 좋은 곳도 적지 않다. 그럼에도 유독 정동진이 유명해진 까닭은 애초에 내가 연구하며 소개한, 6·25전쟁 개전일의 충격적인 기습남침 역사에서 비롯된다.

새해 벽두의 해돋이 관광에는 흡사 남대문 시장, 종로거리라고 착각할 정도로 인파가 몰려 놀랄 정도이다. 하지만 봄, 여름, 가을, 겨울이 없이 꾸준히 몰려드는 해돋이 관광객들이, 정동진의 숨겨진 비밀을 아는 사람이 얼마나 될까? 연중 변함없이 수많은 관광객이 찾아드는 정동진의 진면목을 다시 볼 것이 요망된다.

6·25 전쟁은 거의 제3차 세계대전에 버금할 정도로 참혹한 전쟁이었다. 당시 우리나라의 건장한 젊은이들은 거의 모두 죽었다고 할 정도였다. 엄청난 인명피해를 낳고 전 국토를 초토화시킨 전쟁이 6·25 전쟁이다. 다시는 결코 있어서는 안 될 최악의 비극을 낳은 전쟁범죄이다. 그토록 비극적인 6·25전쟁의 기습남침 상륙이 처음으로 자행된 정동진을, 6·25 전쟁의 날이 찾아 올 때마다 확실하게 직시해야 하겠다.

예전에 우리사회에는 6·25 전쟁 후의 폐허 속에서 발버둥 치며, 피눈물 속에 살아가는 전쟁 과부가 도처에 널려 있었다. 심지어 정동진 아랫마을은 남자들은 모두 죽고 여자들만 사는 '과부마을'이었다. 요즘 젊은이들은 많이 잊었지만, 우리나라 곳곳에는 과부마을도 적지 않았었다. 왜 정동진에서 가장 가까운 마을이 참담한 과부마을이 되었는가?

나는 과거에 장기간을 만주땅 통화에 있던 독립운동 유적지인 '신흥무관학교' 연구를 위해 연속적 현지답사를 진행했었다. 그 때에 너무나 가슴 아픈 비참한 곳을 방문했었다. 신흥무관학교 옛터에는 놀랍게도 '여인 공동묘지'가 있었다. 세계 어디에서도 쉽게 찾아보기 어려운 충격적인 공동묘지였다.

일본군들이 남자들은 모두 죽여 흔적도 없고, 할 수 없이 여자들만 묘지에 묻힌 비극의 공동묘지였던 것이다. 훗날 남편의 시신이라도 찾으면 합장을 하겠다면서, 통곡하고 오열하며 만든 가매장 묘소가 모여 여인 공동묘지가 되었다고 한다. 왜놈들은 그렇게 잔악했었다. 우리의 독립전쟁은 그토록 처절했었다. 그런데 그렇게 못된 왜놈들 말고 누가 또 우리나라 곳곳에 과부마을을 만들었는가?

그렇도록 엄청난 전쟁범죄를 저지른, 6·25 전쟁 발발의 첫날 그 장소가 바로 정동진이다. 그 참혹한 전쟁이 멈춘 뒤에 한국 땅에는 남루하게 헐벗은 차림으로 빈 깡통을 들고 동냥을 다니는 거지가 수두룩했었다. 전국 곳곳에 아버지 없는 아이들이 널려 있었다. 고아원마다 전쟁고아가 가득 차 있었다.

정동진의 티 없이 아름다운 바다를 보며, 나라의 소중함과 자유의 참된 뜻을 음미하려는 생각을 얼마나 하고 있을까? 함께 여행을 온 남자 친구나 남편 그리고 아빠가 대단히 소중함을 뼈저리게 가슴 속 깊이 되새겨야겠다.

또한 정동진의 보석같이 영롱한 일출을 보며, 오늘날의 우리들이 얼마나 행복한 삶을 살고 있는가를 사무치게 느끼며 되새기는 젊은이들이 몇 명이나 될 것인가도 생각할 일이다. 정동진에는 앞으로 더욱 많은 관광객이 찾아와야 한다. 지금까지의 관광목적에 덧붙여서, '안보관광지'라는 새로운 추가목적을 갖고 많이 찾아갈 곳이 정동진이다.

힘차게 떠오르는 동해 바다의 해돋이 태양을 보면서 연인, 아내, 아빠의 손을 굳게 잡아보자. 정동진은 젊은 청춘 남녀들이 내일의 희망을 크고 멋지게 설계하면서, 아울러 강력한 안보와 국방 정신을 다짐하는 곳이 되어야 할 곳이다.

나라의 소중함을 깨닫고, 동해 저 멀리에서 지금도 망언을 남발하는 아베, 아소, 하시모토 같은 원색적 왜구에 대한 경각심도 다잡아야 할 곳이다. 생각하면 6·25 전쟁도 그 원죄는 일본에 귀착된다. 온 나라를 생지옥으로 만들고 짓밟은 후유증으로 무방비 진공 상태가 되며

6·25 비극이 벌어졌다.

특히 동해의 휘황찬란한 일출을 보면서 해군 해병대의 중요함도 다시 인식해야겠다. 23전 23승의 완전승리 신화를 창출한, 세계 최고의 해군 해병대장 이순신 장군의 길을 따르는 젊은이가 연속 나와야 한다. 충무공의 '충군애국 열정'을 찾아 자랑스럽게 해군에 입대하고, 귀신 잡는 해병대원이 되려는 젊은이가 줄을 이어야겠다.

정동진은 이 나라 젊은이들이 꼭 찾아야 할 '위국헌신 군인본분'의 최고 교육장이다. 60년 전의 정동진은 국군의 소중함을 확실하고 분명하게 증명해준다. 그렇다. 우리땅 어디에 해군 해병대 차원의 '국민 안보교육장'이 있는가?

6·25 개전일 새벽마다 해군 해병대가 대거 참여하는 '해돋이 안보결의대회'가 매년 개최되어야 하겠다. 강릉시와 함께 다양한 시가행진도 하고, 멀리 바다에는 군함도 나타나고 공군 비행기가 하늘을 나르며, 함께 손을 잡은 육군 관광객도 격려 함성을 질러야 하겠다. 이순신 장군의 기상이 용솟음치며, 대양해군의 나팔소리가 천지를 진동하게 만들어야겠다.

많은 인민군이 정동진으로 상륙한 충격적인 6·25전쟁 개전일 새벽에, 순박한 어촌마을 주민들은 처음에는 인민군인 줄도 몰랐다고 한다. 국군이 상륙훈련을 한다고 구경을 하며, 심지어 철부지 어린애들은 국군이 왔다며 뛰어 달려가 만세를 불렀을 정도로 그 엄청난 비극의 새벽을 졸지에 별안간 맞았다. 그 기습상륙을 국군도 전혀 몰랐으니까, 정동진에는 단 한 명의 국군도 없었고 전투도 없었다.

당시 인민군은 멀리 산 너머 마을의 주민들까지 모두 데려다가 무기, 탄약 등을 며칠 간 계속 날랐다고 한다. 여자들까지도 일을 시켰다. 아주 후방인지라 전혀 전투도 없었고 인민군은 곧 다른 곳으로 모두 이동해 버렸다. 물론 마을의 남자들은 강제로 총동원되며 탄약, 무기류를 등에 지고 따라가야 했다. 그렇게 끌려가서 많이 죽었고, 집에 돌아 와서는 그 후유증 갈등으로 서로 간에 죽고 죽이며 남자들은 다 죽었다.

그리고는 6·25전쟁이 진행된 3년간에 총소리 한 번 제대로 듣지 못한 특이한 바다 마을이 정동진이었다. 너무나 특별하고 특수한 6·25전쟁 현대사이다. 요즘 한국현대사를 너무 겉보기로만 보는 흐름이 많다. 때로는 순수성을 상실한 왜곡 연구도 적지 않다. 그간 우리들 주변에는 6·25전쟁사의 원색적인 거짓말도 심심치 않게 횡행해 왔다.

이제 배고픔도 면하고 세계 10위권의 경제 강국이 되었는데, 우리 사회도 사려 깊고 격조 높은 길을 향해야겠다. 아직도 북한 선전물에 휘둘리며 헛된 소리를 하는 일각의 이상한 사람들도 제 정신을 차려야 하겠다.

「학술연구의 A, B, C만 정상적으로 알아도, 남침 북침 논쟁은 있을 수 없다.」

입헌군주제 개헌!
아주 신선한 선택입니다!

7·27 전승절 기념일과 조국해방전쟁 승리기념관

- 민족통일 대통합에는 거짓말이 필요 없다 -

요즘 많은 한국인들은 너무나 당혹스럽고 어리둥절한 얘기를 듣는다. 도대체 왜 7월 27일이 북한의 전승절 기념일인가? 더구나 북한에서는 60주년 행사를 대대적으로 치를 것이라고 한다. 또한 전승기념탑을 세우고 전승기념관까지도 만든다고 한다. 이러한 얘기가 언론에서 흘러나오면서 전혀 이해를 못하겠다고 생각한다.

그간 전승(戰勝)이란 단어는, 많은 한국인들에게는 거의 듣도 보도 못한 금시초문의 황당한 것이었다. 그것은 북한에서 그들 내부적으로만 쓰던 용어에 가까웠다. 그런데 최근에 들어 크게 대외적 선전을 하고 있는 것이기 때문이다.

아마도 북한에서는 6·25전쟁이 참담한 패전으로 끝나며 휴전된 뒤에는 그런 생각을 할 겨를도 없었을 것이다. 김일성이 죽을 때까지도 북한을 '이밥에 고기 국'을 먹는 나라로 만들겠다는, 한심한 국가목표를 세우고 온 인민을 독려하다 죽었을 정도였지 않은가? 그토록 최빈국 수준의 가난한 상태에서는 하루하루의 생존문제가 더 다급했을 것이다.

김정일도 평생을 낮은 차원의 상태에서 전혀 벗어난 적이 없었다. 최소한의 호구지책조차도 제대로 해결하지 못하고, 꽃제비 거지가 널려있는 상태에서 무슨 다른 생각을 하겠는가? 그러다 거의 최근에야 그것을 '전승'으로 주장하자고 일방적으로 결정하여 선전 선동을 하는 것이라고 보아야 옳다.

6·25전쟁을 그들이 도발했지만 그렇게 참혹한 지경으로 처참하게 역전패를 당하리라고는 상상도 못했을 것이다. 중공군의 개입이 없었으면 북한 정권은 지구상에서 사라져 소멸되었다. 확실하게 남북통일이 되었을 것이다. 그래서 전승이란 애초에는 북한에 존재하지도 않았던 생소한 용어일 수밖에 없었다.

북한의 전승기념일은 북한정권이 얼마나 위선적이고 허황된 정권인가를 말하는 전형적인 사례이다. 전승이란 6·25전쟁에서 북한이 국군과 미군의 침략을 격퇴하고 승리했다는 뜻이니까, 도저히 존재할 수 없는 황당한 거짓말인 것이다.

이제 6·25전쟁은 북한 측이 1950년 6월 25일 새벽에 전면적으로 기습 남침한 '침략전쟁'인 것을 온 세계가 다 아는 일이다. 북한정권 스스로도 핵심부는 자기들이 부당한 침략전쟁을 도발한 것임을 모두 잘 알고 있을 것이다. 더욱이 자기들이 도발한 전쟁이니까 자기들이 더 잘 알고 있을 것이다.

그런데도 북한에서는 시종일관 국군과 미군이 먼저 선제공격을 했다고 일방적인 거짓말 선전을 해왔다. 그러니까 국군과 미군의 침략을 격퇴하고서 승리했다고 우격다짐의 무작정 선전을 하려니, 7월 27

일이 전승절 기념일이란 황당한 거짓말이 되는 것이다.

북한은 애초부터 '조국해방전쟁'이라고 침략을 미화하며 전쟁도발을 했다. 조국을 해방시킨다는 것은, 자기들이 침략을 했다고 하는 뜻과 같다. 애초부터 솔직하게 자백을 한 것이다.

그래놓고는 모순되게도 국군과 미군이 먼저 선제공격을 했다니 할 말도 없다. 자기들이 조국해방 선제공격을 했다면서, 동시에 공격을 당했다는 해괴한 모순논리인 것이다. 거짓말을 하고서 자꾸 변명을 하려니까, 거짓말이 거짓말을 낳으면서 이어지는 거짓말의 확대재생산 거짓말인 셈이다.

그래서 금번에 새로 개관한다는 '조국해방전쟁승리기념관'은 전혀 얼토당토 하지 않은 호칭이 된다. 그 호칭은 자기들이 조국해방 도발을 하고서도, 거꾸로 침략을 막으며 승리를 했다는 자충수의 뜻이다. 완전히 모순된 자가당착 호칭인 것이다. 자기들이 도발한 것을 자백하면서도 동시에 국군과 미군이 선제공격을 했다는 1차 거짓말에, 2차적으로 국군과 미군에게 참패를 당하고도 승리했다는 2중 거짓말 호칭이 된다.

그 기념관에는 그러므로 날조된 설명과 침략을 미화하는 견강부회 해설로 가득 찰 수밖에 없다. 어차피 거짓말인데, 안면 몰수하고 원색적인 새빨간 거짓말을 하는 것이다.

그간 한국인들은 7월 27일을 휴전협정, 정전협정이 발효된 날로 인식해 왔다. 그래서 남북에서 합의한 그대로 금년은 정전 60주년이 되는 것이다. 이 사실만 보아도 북한이 남침을 했고 전승이 거짓말임이 증명된다. 만약 북한 측 주장이 맞는다면 한국에서 7월 27일은 패전일이 되기 때문이다. 그런데 한국에서는 전혀 패전이란 개념이 존재하지 않아 왔다.

오히려 북한의 기습남침을 격퇴하면서 눈앞에 바로 남북통일이다가 왔었는데, 중공군의 불법 개입으로 본의 아니게 휴전된 통한의 안타까운 날로 기억한다. 최근에도 북한은 세계를 경악하게 하며 제2의 남침도발을 하겠다고 위협했었는데, 아마도 도발하는 경우에는 확실하게 남북통일이 되며 북한정권 자체가 지구상에서 사라질 것이다. 그 전쟁 후유증이 워낙 크겠기에 인내하며 평화통일을 바라지만, 제2의 남침도발은 북한정권의 자멸을 뜻한다.

더군다나 중국이 돕는다는 것도 착각일 수 있다. 중국이 북한의 국제폭력을 언제까지 도우며, 중국의 국가이익을 최악의 수렁으로 이끌 것인가? 현재의 세계는 중국이 북한을 따라 동반자살하기에는 국제사회가 너무 많이 바뀌었다. 중국은 이제 60년 전의 옛날 어수룩한 C급 나라가 아니다.

특히 중국은 한국과 수교를 하면서도 6·25침략전쟁에 대한 사죄가 없었다. 중국은 1949년에 정권 수립이 되자 즉시 서쪽은 티베트, 위구르를 침략 강점했고, 동쪽은 김일성을 내세우며 한국을 침략했다. 그 참혹한 침략 전쟁범죄의 멍에를 그대로 간직한 전범국 중국은, 항상 잠재된 죄의식과 부담감을 갖고 있을 것이다. 다시금 북한과 함께 침략국가로 전락할 만용은 있기 어렵다. 중국은 그 멍에를 벗을 길을 걷지 않으면 앞으로 큰 나라가 될 수 없기 때문이다.

억지로라도 해석한다면 6·25 전쟁은 거꾸로 국군과 미군이 인민군, 중공군의 기습남침을 격퇴하고 전승한 것이 맞다. 그런데도 거꾸로 북한이 전승했다니 정말로 우스개 희극이다.

그간 한국에서는 7월 27일을 너무나 안타깝게 생각하며 살아 왔다. 그리고 미국에서는 그저 망각된 전쟁이 되어 시간이 흘러 왔다. 그런데 미국에서는 최근에 6·25전쟁에 대한 재평가 움직임이 강력하게 등장하고 있다. 미국을 포함한 UN군 측과 한국이 승리한 날이 바로 7월 27일이라는 견해가 강화되고 있다.

미국이 인민군과 중공군의 침략을 막아 번영하는 한국을 만들어 주었다며, 미국 역사상 최고의 자랑거리로 회자하고 있다. 일제강점기의 가혹한 수탈 및 파괴로 거덜이 난데에 더하여, 6·25전쟁으로 초토화되었던 나라가 오늘날 세계 10위권의 막강한 나라가 되었다. 한국은 미국이 정의의 나라임을 증명할 최고 최적 사례이다.

그래서 6·25 전쟁의 전승기념을 오히려 미국에서 해야 한다는 견해가 강화되고 있다. 북한이 억지로 '전승절 기념일'이라고 강변한 거짓말의 역풍을 맞는 것이 되었다.

당시 판문점이 있는 중서부 전선을 빼고 동쪽은 금강산 바로 눈앞에서, 그리고 서쪽은 서해 5도는 물론 평안북도 압록강 입구까지의 모든 섬을 남한에서 완전히 장악하고 있었다. 그럴 정도로 남쪽이 월등하게 강했는데, 북쪽의 휴전제의에 말려들어 통일을 이루지 못한 아쉬움은 매우 컸다. 오늘날에도 북한은 막다른 궁지에 몰리면 회담을 열자고 하는데, 과거부터 항상 그랬던 상투적인 행태이다.

오늘날 왜 서해 5도의 NLL 북방한계선이 그렇게 북쪽에 치우쳐 있는가는, 바로 당시에 북측이 그 정도로 궁지에 몰려 있었기 때문이다. 그렇게 최악의 궁지에 몰린 김일성이었기에 NLL이 그렇게 만들어진 것이다. 사실상 NLL은 김일성의 항복 선언 선이다. 북측에서 패전 조건으로 받아들인 것이다.

그간 많은 사람들이 궁금해 했던 바로서 백령도, 대청도, 소청도, 연평도, 우도의 서해 5도가, 그렇게 북쪽에 가깝게 치우쳐서 위치해 있는데도 왜 남쪽의 소유일까 궁금해 하는 사람들이 많았다. 그 까닭은 바로 전격적으로 휴전회담을 제의한 북한의 정치선전술에 의해 그렇게 된 것이다.

그 당시의 전황은 UN군 측이 제해권, 제공권을 확고하게 가진 상태였다. 육상에서도 남측이 확실하게 우위에 있었다. 사실상 황해도, 강원도는 당연하고 북한 전역을 석권할 기세로 국군과 미군이 강했었다. 그렇기에 인민군과 중공군이 전격적으로 휴전을 제의한 것이다. 대망의 남북통일이 성취되면서, 북한 측이 완패를 당할 정도로 국군이 강하니까 비열한 잔꾀를 쓴 것에 가깝다.

휴전회담이 없었다면 중공군이 참전한 상태에서도 백령도, 연평도는커녕 금강산, 평양도 현재 대한민국 땅일지 모른다. 당시 중공측도 섣불리 6·25남침전쟁에 개입했다가 얻은 교훈은 매우 컸다. 아마도 모택동은 참전한 것을 크게 후회했을 것이다. 당시에 휴전을 먼저 제의한 것도 중공군이었다. 그 정도로 중국이 수세에 몰려 있었고, 김일성은 발언권조차도 없었다.

그 뼈아픈 교훈이 있기에, 오늘날 제2의 6·25전쟁을 중국도 철저히 막을 것이다. 당시의 패전은 북한만이 아니다. 중국도 참담하게 패전한 것이 확실하다. 만약에 당시 휴전회담이 없었다면, 중공정권이 붕괴되며 타이완 국민당 장개석 정권이 중국을 탈환했을 수도 있다.

당시 타이완은 내전에서 패했으나 아직 큰 힘이 있었다. 중국대륙에는 장개석을 동경하는 친 국민당 인사들도 꽤 많았다. 오죽하면 모택동이 문화대혁명이란 이름으로 장개석 잔당 숙청운동을 벌였겠는가? 모택동이 정권안보가 불안하니까 그랬던 것이다. 요즘도 북한이 전쟁분위기를 조성하고 주민을 들볶는 것은 그 정권이 아주 불안하기 때문이다.

최근에 박근혜 대통령이 중국을 방문하면서, 중공군 유해 300구를 반환하며 다시금 6·25전쟁을 환기 시켰다. 시진핑 주석은 그 때에 자연스럽게 6·25전쟁에 대한 사죄를 했어야 했다. 박대통령도 그것을 당연히 요구했어야 맞다. 1992년에 수교를 하며 그 절차가 없었다는 것은 두 나라의 큰 실책이다. 1949년에 정권수립을 한 이후, 중국의 대표적인 전쟁범죄가 6·25전쟁이다.

중국은 그 부끄러운 불명예를 털어내야 대국이다. 아직도 중국은 북한과 같은 저질 침략국의 굴레를 쓰고 있다. 현재 옛 휴전선 격전지에는 최소한 10만구 이상의 중공군 유해가 묻혀 있다. 그래서 요즘도 그곳에선 유행성출혈열 등 중국에서 유입된 중국토착 전염병이 계속 출현하고 있다. 휴전선을 따라 수없이 묻혀 있는 중공군 유해는, 말없이 중국의 처참한 참패를 증언하고 말없이 중국의 전쟁범죄를 폭로하고 있다.

당시의 중공군은 대부분 국민당 포로들이었다. 그들이 강제동원 되며 약 30만 명이 참전하여 포로로 잡히거나 거의 다 죽고 다쳤다. 그래서 전후 반공포로 석방 때에 중공군 포로가 거의 100% 모두 타이완으로 간 이유는 그 때문이었다. 중국 본토로 가겠다는 포로가 별로 없었다.

그것은 6·25 전쟁의 생생한 현주소 성격을 분명히 증언하는 것이다.

그렇다. 6·25전쟁은 바보 천치 수준의 잘못된 전쟁이었다. 김일성은 천추에 남을 죄악을 저질렀다. 어디에서도 변명할 수 없는 확고부동한 전쟁범죄이다. 절대로 제2의 6·25 전쟁을 도발하지 말아야 한다. 도대체 같은 민족이 누구를 위해서 왜 싸우는가?

개성공단도 확실하게 활성화 시키고, 북한도 중국과 같이 과감한 개혁 개방을 단행해야 한다. 왜 중국의 경륜을 못 배우는가? 금강산 관광 하나도 한심하게 주접을 떨고 있는데 너무 창피하다. 평양 방송에다 큰소리치듯 확실히 실천해 보라. 백두산, 묘향산, 칠보산 관광 및 북한 핵심부 평양, 함흥, 원산까지의 관광을 과감하게 실시하는 통 큰 용단을 내려야 한다. 무엇이 도대체 두려울 것이 있는가?

수없이 많은 북한의 청정 생수를 두고도, 대동강 물장사를 한 봉이 김선달은 왜 생각도 못하는가? 주을 온천, 연안 온천 같은 최우량 자원을 두고도, 왜 관광객을 못 받는가? 그토록 우수한 북한 동포들이 왜 최하 거지 수준으로 살아야 하나? 그 정도의 자신감도 없으면 정권을 내놓는 것이 낫다. 왜 북한 국민을 인질로 잡고 생고생을 시키는가?

절대로 남쪽이 제2의 6·25전쟁을 도발하지는 않는다. 남쪽은 국민이 강하다. 국민이 주인이다. 국민이 정상적인데 절대로 제2의 6·25전쟁을 남쪽이 도발할 수는 없다. 남쪽을 믿고 평화로운 민족화합의 멋진 미래를 만들자. 남쪽은 북한을 재건하고 번영시킬 힘을 확실히 갖고 있다. 남쪽 사람들은 북한 동포들을 너무도 사랑하고 있다. 서로 도와야지 도대체 왜 싸우는가?

남북은 너무도 가까운 같은 동족이다. 아니 따뜻한 친척 친지들이다. 남북으로 나뉜 형제자매 친족도 많다. 같은 동족으로서 진심으로 순수하게 후손들을 잘 살도록 이끌어 주어야 하지 않겠는가? 정직하게 남북간 신뢰를 쌓아야 한다. 민족번영의 미래역사를 허심탄회하게 논의하고 진실하게 실천해야만 한다.

김일성의 6·25전쟁 남침도발은 단군 이래 최악의 동족살상 전쟁 범죄였다. 같은 동족이 남북으로 갈라져 싸우는 것을 누가 즐기고 있나 사려 깊게 생각해 보자. 1000년 떼도둑 왜구국 일본이 지금도 날뛰는데 못된 왜놈을 혼내야지, 요즘 아베, 아소, 하시모토가 이웃 나라를 모독하는 것을 보면 일본이 주적이다. 북한은 도대체 주적개념도 너무나 비정상적이다.

북한의 위선적인 7·27 전승기념일 행사는 정말 코미디에 불과하다. 오히려 기습남침 6·25전쟁으로 수많은 동포가 죽고, 전국토를 폐허로 변하게 만든 바를 반성하는 속죄의 행사를 해야 옳다. 거짓말 엉터리 기념관을 만들며 망발 행사를 벌이기보다는, 그 돈으로 굶주린 인민에게 빵 하나라도 더 먹여야 옳다.

먼 훗날 역사에서는 7·27 전승절 기념일을 무엇이라고 쓸 것인가 겸허하게 생각해 보라. 역사는 정확한 사실을 쓰는 것이다. 김일성의 6·25 남침도발을 아무리 미화시키며 우긴다고, 거짓말 선전이 역사로 기록되지는 않는다.

「남북문제는 평화적 대화에 의해 풀어야 한다. 무조건 총을 모두 내려놓자. 무조건 평화적 방법에 의한 '자연통일'의 길을 가야만 한다. 남북 이기심을 훌훌 털어내고, 민족문제는 정직하게 해결해야 한다.」

❁ <남북한 1국 2체제 임금님 나라> 어떨까요?

- 설날맞이 즐거운 상상, 웃음꽃 덕담 -

설날이 돌아왔다. 우리민족의 100년 전, 그 시절의 우리는 한 집안 한 민족이 화기애애하게 웃으며 행복하게 살았었다. 설날을 맞으면서, 100년 전 우리민족의 공동체 원형이 너무나 그리워진다. 100년 전 그때에는 우리민족이 남북으로 갈라져 대립하고 갈등하는 이산 민족이 될 것을 꿈에라도 생각했었나?

우리민족은 100년전까지는 거의 한 덩어리가 되어, 동북아 고향땅에서 함께 행복하게 살아 왔다. 고조선, 부여, 고구려, 백제, 신라의 옛터에서, 발해 땅을 잇고 고려, 조선 그리고 대한제국 땅을 지키며 꿋꿋하게 역사를 창조해 왔다. 그런데 그 행복했던 나라를 아비규환의 생지옥으로 만든 일본침략의 후유증으로, 단일 민족이라고 자랑까지 해왔던 나라가 남북으로 쪼개졌다. 더구나 온 세계에 걸쳐 산산조각으로 흩어진 풍비박산의 나라가 되었다.

제2차 세계대전의 전범국 일본은, 독일이 4개로 나뉘며 고통을 겪었음에도 불구하고 그 죄과를 우리민족에게 뒤집어 씌웠다. 너무나 어이없는 국제적 오판이다. 전범국가 일본이 분단되어야지, 거꾸로 우리민족이 남북분단이 되는 최악의 전후처리 결과가 나왔다. 미국이 너무 어수룩한 전후처리를 하고 말았다.

그러한 참담한 현실에서 맞는 설날 아침! 온 가족이 조상님께 인사를 올리듯이, 우리민족의 어른이신 임금님을 생각함은 너무나 당연한 일이 아니겠는가? 민족의 뿌리를 생각하고 조상의 음덕을 추억하면서, 일제침략으로 사라진 나라님이 절실하게 생각난다. 우리들은 이제 100여 년 전에 일본이 끊어 놓은 임금님 제도를 심도 있게 생각할 때가 되었다.

임금님 제도는 장점이 너무 많다. 임금님이 계시면 남북분단 상태에 있어서도 아주 좋은 기능을 발휘 할 수 있다(안천, 일월오악도 제1권). 임금님은 그 존재 자체가 바로 남북 공동의 뿌리를 확인하고, 공동의 역사와 전통을 뜻하는 것이다.

따라서 임금님이 계시면 남북공동의 구심점이 되고 공통의 어른이 되며, 남북 분단이 아닌 하나의 공동체를 자연적으로 인정하는 것이 된다. 임금님이 계시는 때부터 자연스럽게 두 정치체제는 하나의 민족 공동체로 묶여지는 것과 같다.

현재의 우리나라는 남쪽과 북쪽으로 쪼개져 분단 상태에 있지만, 그것은 본질적으로 우리나라가 정치적으로 나뉜 것일 뿐이다. 따라서 임금님을 모시면 자연스럽게 통일이 되는 것과 같다. 남북한은 같은 우리민족이 남북으로 나뉜 것이지, 이민족이 남북으로 나누어 점령하고 있는 것은 아니기 때문이다.

이러한 입장에서 2013년 1월 21일에 연합뉴스가 전하는 매우 기쁜 소식이 있다. 그것은 바로 북한 노동당 기관지 노동신문이 94년전 이

날에 있었던 일제의 광무(고종)황제 독살 시해를 정면으로 꾸짖으며, 일본이 옛 잘못을 반성함도 없이 다시 군국 침략주의로 나아가며 재무장 정책을 펼치는 것을 단호하게 비난한 것이다. 그것은 북한도 자연스레 공동의 역사를 인정하며 공동의 임금님 의식을 갖고서, 항일전쟁의 의지를 재확인하는 것이기 때문에 의미가 큰 것이다.

특히 북한 체제에서 북한 정권을 대변하는 노동신문이 "독살설"을 정면으로 거론한 사실은 아주 의미가 크다. 이제 대한민국 정부에서도 일제의 광무황제 독살만행을 확실히 거론해야 옳다. 남북한이 함께 일본을 단호하게 꾸짖고, 특급전범 천황의 사죄를 받아내야만 한다.

그런 입장에서 요즘 북한도 아베 총리를 '히틀러'와 같다며 강력한 항일입장을 보이는 것은 긍정적 변화이다. 그간 북한은 김일성의 항일독립운동을 정권수립의 정당성으로 내세운 바가 무색할 정도로, 일제 침략을 꾸짖는 데에 소극적이었다. 북한은 6·25 남침 이후 동족만 크게 괴롭혔지, 어찌 그러고서 김일성이 독립군이었다고 말할 수 있나?

북한은 이제라도 바뀌어야 한다. 남쪽에서 1000번이 넘는 정신대 절규가 있다면 북한에 거대한 정신대 박물관도 세우며, 정신대 위안부 만행 규탄에 동참해야지 그간 너무 미온적이었다. 독도에 대해서도 입장이 분명해야만 한다. 그간 먼 산 불구경하듯 한 북한의 대일자세는 너무나 부끄럽다.

남북한은 남이 아니다. 그런데도 일본에 대해 남북 공동 대응책이 나오지 않는 것은, 근본적으로 일제 침략 후유증이다. 일본에 말려들어 그렇게 된 것이다. 하지만 임금님을 모시면 자연스럽게 남북분단이 해소된다. 저절로 "1국 2체제의 한 나라"가 된다. 남북은 전쟁을 하지 않는 평화체제로 길게 살다가, 언젠가 미래에 평화적으로 '자연통일'이 되면 된다. 생각하면 현재도 우리민족이 1국 2체제로 살고 있기에, 사실상 통일은 된 것과 같다.

앞으로 임금님이 "상징적 국가원수"로 계시고, 남북이 사회주의와 자본주의로 공존번영을 하면 사실상 완전한 통일이 되는 것이다. 남북 양측은 상대방이 자본주의나 사회주의를 포기하라고 강요할 필요도 없다. 각자 올바르게 정치를 하는 것이 더 중요하다.

남북은 서로를 확실히 인정해야 한다. 그리고는 앞으로 실질적 통일을 이룰 방안은 무엇인가 깊게 연구해야 한다. 천안함 폭침사건이나 연평도 포격사건 같이 강제로 무력까지 불사하며 위협하고 긴장을 강화하는 부끄러움은 절대로 없어야 한다. 우리 민족이 서로 싸우는 것을 좋아할 나라는 철천지원수의 나라 일본이다. 6·25전쟁도 다 망해가던 일본이 다시 부강해지는 데 악용만 당하지 않았는가?

남북은 앞으로 결코 역사의 죄인이 되지 말아야 한다. 남북공존번영의 길을 찾는 상생협력의 아름다움을 보여야 한다. 그렇게 되면 먼 훗날 남북이 자유왕래도 하고, 남북의 젊은이들이 친구도 되고 결혼도 하면서 시간이 흐르며 저절로 통일이 될 것이다.

[남북한! 우리는 모두가 이산가족일 뿐이다. 우리는 단군의 자손으로 한 핏줄 한 뿌리다. 그간 돌아가시기 직전 노인들의 이산가족 만나기를 했었는데, 통크게 그 분들을 자유왕래하게 해드리면 어떨까? 65세 이상의 노인들에게 지하철을 무임승차하는 경로우대증을 드리듯이 남북 자유왕래증을 만들어 드릴 수는

없을까? 아니 다 늙은 분들에게 아예 고향을 찾아가 노후를 보내시게 해드릴 큰 마음 큰 도량은 불가능할까?

남북한 젊은이들의 결혼도 주선하고 양가 친척의 상호 방문을 추진함은 어떨까? 온 세계를 모두 자유롭게 다니는 글로벌 시대에, 같은 동포 같은 민족만이 못 다니게 할 수 있는가?

1000만 관광객이 한국을 찾아오고, 그 이상의 한국인이 해외여행을 자유로 하는 국제화 시대가 오늘날이다. 세계 제1 국제공항인 인천공항이 우리나라에 있다. 온 세계로 관광객이 나다니듯이 남북관광은 도대체 왜 못 다니는가? 민족의 자랑인 백두산 관광을 남쪽 사람들이 자유로 가고, 북쪽 동포들이 세계적으로 아름다운 제주도 올레 길을 춤추며 걷는 날이 기다려진다. 그것이 통일이다. 설날 아침에 기쁜 상상을 해 본다.]

그렇다. 남북공동의 어른이신 임금님을 즉시 흔쾌히 모셔야 한다. 남북의 균형을 잡고, 평화적 안전장치가 되며, 따듯한 조정자의 위치에 서는 임금님이 조속히 모셔지도록 해야 한다. 임금님은 민족대통합 화합 상생의 커다란 그릇이 된다.

그리고 점차로 공동번영을 위한 1국 2체제 국가운영 기구를 만들고, 무역도 하고, 이산가족도 만나며, 자유롭게 관광도 가게 교류를 활성화해야 되겠다. 그 기구는 임금님을 모시고서 임금님의 뜻에 따라, 남북 상호간의 상설기구로 운영하면 되겠다.

강용자 여사님을 애도합니다

- 추친일 극복 명예혁명가의 거룩한 삶 -

강용자 여사는 현대 황실사에서 꼭 기록될 중요 인물이다. 작고 왜소한 몸매였으나, 실로 여장부다운 배포와 경륜과 식견을 가진 통 큰 분이었다.

강용자 여사는 서강대학교 영문과를 졸업하고 경향신문사에 입사하여, 문화부장, 편집위원, 논설위원 등을 역임하였다. 1981년에 한국문학 신인상을 수상한 소설가였고, 1986년에는 제3회 최은희 여기자상을 수상한 대기자였다. 하지만 강용자 여사는 이러한 화려한 경력 이상을 뛰어 넘는, 용기 있는 발자취가 있어서 역사에 기록된다.

강용자 여사는 '왕조의 후예'라는 저서를 쓰면서, 일제침략으로 사라진 대한황실사를 의미 있게 정리한 업적을 쌓았다. 그러나 이런 일은 누구나 할 수 있는 일을 열심히 한 업적이다. 지나간 일을 쓰는 일은 힘들지만 언제라도 한다면 할 수 있기 때문이다. 그렇다면 강용자 여사의 역사적 의미는 왜 중요한가?

그것은 강여사가 이석 황손님과 함께 최초로 대한황실의 영광된 복원운동을 시작하였기에 중요한 것이다. 누구라도 쉽게 못할 일을 최초로 한 역사성 높은 발자취였기 때문이다. 내가 전임강사, 조교수 무렵이다. 젊은 교수 시절에 처음으로 강여사를 만났는데, 이석 황손님과 함께 서울교육대학교의 내 연구실을 찾아오면서 만남이 이루어졌다.

당시의 나는 학생들에게 미국식 대통령제나 영국식 내각제가 아닌, 우리 고유의 정치원형을 되찾자는 강의를 하던 때였다. 왜냐? 한국 정치학은 죽은 정치학이다. 정치학은 물론 거의 모든 학문이 서양 이론을 갖다가 그에 꿰맞추는 짜깁기 이론이기 때문이다. 우리민족도 5000년의 유구한 역사가 있는데 왜 수입품 외래 정치제도에 노예가 되어 있는가? 그렇게 국적 없는 현대 정치사에 근본적인 문제제기를 하면서, 임금님을 모시자는 어설픈 논문을 한두 편 씩 써나갈 때였다.

생각하면 한국사회는 너무나 이상한 사회이다. 많은 것이 일제 침략시대의 잘못된 논리에 짓눌려 있고, 그것을 바로 잡는다고 무작정 서양 논리가 대체이론으로 수입되어 있다. 그것은 남북한이 똑같이 부끄럽기 짝이 없다. 김일성도 이승만도 왜놈들이 망쳐 놓은 그 상태에서 권력 잡기에만 혈안이 되어 그렇게 잘못되었다. 그들은 민족사를 오도한 사람들이다. 일본을 몰아낸 직후에는 절대로 그런 정치를 하는 것이 아니었다.

현대사를 제대로 심층분석하는 사람들이 개탄하며, 이 나라를 너무나 버려 놓았다는 비판을 할 때에 항변할 길이 없다. 생각하면 이승만도 김일성도 항일 애국철학이 확고했던 사람이 아니었다고 생각된다. 서재필이 개탄했듯이 A급은 사라지고 B급, C급들이 광복 정국을 주도했다는 말이 정확한 표현이 되었다. 솔직히 말해 두 사람은 일본이 망쳐 놓은 생지옥 원판 그대로를 서로 차지하겠다며 아귀다툼한 사람들이 분명하다.

현대 남북한 정치사는 그리하여 잘못된 오욕으로 점철되었다. 6·25전쟁은 그 오도된 현대사의 극치이다. 전범국 일본은 응징하지 않고, 동족에게 총포를 겨눠 100만 명을 살상한 지극히 잘못된 현대사이다. 김일성이 진정한 항일애국 선각자였다면 이승만과 함께 남북연합군을 결성하고, 1000년 전범국 일본을 응징하는 정의의 전쟁을 했어야 했다. 그 때에 일본을 단호하게 징벌하고, 전범천황의 석고대죄 사죄를 받았어야 했다. 그리고는 남북 공동 승리를 바탕으로, 평화적 국민투표에 의한 통일국가를 만들었어야 했다.

그리하여 엠마누엘 황제에게 통일된 나라를 바치는 가리발디, 마치니가 되었어야 했다. 외세가 아무리 엄습해도, 그렇게 했어야 역사에 길이 남을 위대한 애국자이다. 그런데 이 나라 현대사에는 가리발디도 비스마르크도 없었다. 광개토 호태왕, 왕건, 이성계 같은 국가건설 역량도, 을지문덕, 김유신, 이순신 같은 애국충정을 가진 영웅도 호걸도 없었다. 어즈버 항일 독립전쟁 초창기의 그 찬란하고 다양했던 인걸들은 모두 어디로 사라지고 말았는가?

너무나 불행하게도 이 나라의 현대사를 이끈 김일성과 이승만은 눈앞의 권력욕만 있었다. 한국판 가리발디가 되어 임금님께 통일 조국을 바친 불세출의 영웅이 되었어야 했는데, 일본이 망친 나라를 보다 더 망치며 분열 갈등의 최악의 난장판을 만들었다. 그래서 일본이 만든 생지옥 위에다, 제2차로 남북분단 6·25전쟁으로 피바다 아비지옥을 만들었다.

김일성과 이승만은 일본이 원하던 대로의 최악의 나라를 만든, 결과적 친일만행을 저질렀다. 어찌 독일과 같이 순탄하게 자연통일이 되어야지, 무모한 불장난으로 불바다를 만들었던가? 그들에게 진정한 민족애와 애국철학이 확고하게 있었다면, 현재와 같이 지구상 유일 최악의 '화약고 분단국'이 되지는 않았을 것이다.

그러니까 오늘날의 남북한은 일본이 망쳐 놓은 생지옥 위에다, 서양이론을 강제 접목시킨 비정상 사회이다. 그래서 혹평을 하면 남북한은 우리나라가 아니라 '추친일 서양사회'이다. 일본논리는 악하다고 부정되면서도 강하게 잔류되어 있고, 그것을 부정하면서 서양논리는 무작정 선한 이론으로 오해하는 사회이다.

국가 전체가 그렇지 않은 부문이 없을 정도이다. 남북한은 똑같이 잘못되어, 국적도 없는 이상한 나라가 되고 말았다. 일제침략이 지극히 가혹했던 후유증으로 돌출한, 이상야릇한 돌연변이 분단국이 되었다.

현대 한국정치사가 왜 얼룩진 상처투성이인가? 그것은 거의 대부분의 현대 정치인들이 궁극적으로는 이승만 논리에 포로가 된 때문이다. 박정희를 그토록 비방하며 꿈의 사회를 만들 것이라고 호언장담했던 3김씨 시대가 지나며, 핵무장한 북한의 호전적 위협 아래 천문학적 빚더미의 부패사회만 남은 것은, 이승만의 실수를 극복하지 못한 오도된 탁류가 현대 정치사를 지배한 때문이다.

거의 하나같이 위대한 애국자였던 안중근, 이상설, 이회영, 신채호, 나철이 아니었기 때문이다. 그것은 북한도 똑같아 너무나 혹독한 지옥국가가 되었다. 남북한 국민들은 너무나 속아 살아 왔다.

위대한 항일애국 선각자들은 결코 이런 한심한 나라를 만들려고 독립운동을 했던 것은 아니었다. 현대 정치사에서 존경 받는 거목이 없는 이유는 남북한이 모두 이승만, 김일성의 잘못된 뒤를 추종했기 때문이다.

정치를 한다고 할 것이라면, 소위 정치인이라며 명함을 들고 다니려면, 좌고우면하지 말고 국리민복에 온 몸을 바쳐야 한다. 이 시대의 이순신, 이황, 이이, 윤봉길, 안창호가 되지 않으려면, 왜 정치를 하는가 자체를 부끄러워하며 스스로 묻고 또 물어 정답을 찾아야 한다. 그렇지 않다면 깨끗이 정계를 떠나는 것이 옳다.

이렇게 개탄하며 정치학 강의를 하고 있던 때이다. 그리하여 우리 정치제도를 국산품 애용체제로 재확립하며, 일제만행이 남겨놓은 어둠의 추친일 정치틀을 극복하자는 나의 주장이 약간씩 알려지기 시작했다. 상상 밖의 기발하고 신기한 의외의 주장일 수도 있었지만, 그 소문을 듣고 이석 황손이 내 연구실을 찾아왔다.

그리고 다시 강용자 여사를 동행하여 방문했으며, 그 후 의기투합한 3인의 만남이 연이어졌다. 따라서 우리의 고유한 정치원형은 일제침략으로 사라졌고, 그 침략상처 그대로인 오늘날의 잘못된 현대정치사를 초극해야 한다는 결론에 공감하게 된다. 그것은 일본이 망쳐 놓고 끊어 놓은, 우리 고유의 임금님 제도를 다시 복원해야 한다는 것이었다.

그렇지만 입헌군주제의 당위성은 지극히 옳아도, 현실적으로는 매우 난감한 논리였다. 너무나 일제침략의 상처가 깊고 후유증이 컸던 당시는, 일본의 악선전 논리가 완전히 고착된 추친일 사회였다. 어둠의 친일논리가 너무나 강하게 짓누르던 캄캄한 시대로, 왜놈들만 물러갔지 사회 전체가 일제침략 쇠사슬에 그대로 묶여진 암울한 사회였기 때문이다.

임금님은 무조건 악의 대명사였고, 조선시대는 태조 이성계 장군부터 광무(고종) 황제까지를 총체적으로 비웃으며 매도하던 때였다. 하도 일본의 악선전에 세뇌를 당하여 우리민족은 열등하고 국민성이 나쁘다고 생각함이 당연했고, 우리 역사문화는 총체적으로 조롱을 받았다. 심지어 전주이씨 황실가문의 존재가치 자체를 원색적으로 비난하는 암흑시대였다.

내가 황실복원을 주장하다가 큰 봉변을 당할 험악한 분위기였다. 너무나 일본의 악선전에 찌들어서, 임금님을 다시 모시자고 하면 조선시대는 아예 없어져야 할 치욕적 시대인데 무슨 헛소리냐며 일본인들이 하던 못된 행태를 그대로 답습 재현했다.

그것은 소위 배웠다는 사람들이 더 심했다. 오로지 일본인들이 남겨 놓은 추친일 골동품 지식만 알면서, 자기가 가장 잘 안다고 착각하는 사람일수록 더 그랬다. 황실은커녕 전주이씨 자체가 아예 성을 갈아야 할 수치스런 가문인데 무슨 정신 나간 황실복원이냐고, 면전에서 거칠게 주먹까지 내흔들며 섬뜩하게 공박을 해댈 정도의 암담한 분위기였다.

생각하면 그 칠흑 같은 어둠의 추친일 풍토에서 황실복원 주장을 최초로 공론화시킨 나는 '황당한 학자'로 매도되는 분위기였다. 노골적인 비판과 힐난을 면전에서 들으며 모든 것을 밑 빠진 독에다 쏟아 부을 정도로, 20여 년의 긴 세월에 걸쳐 고독하고 힘든 악전고투가 이어졌다. 인생의 거의 대부분을 바쳐서 황실복원의 이론을 나름대로 완성시킨 오늘날에 되돌아보면, 지난 세월은 첩첩산중 가시밭길 그대로였다.

그 악몽 같은 출발점에서 만난 이석 황손님과 강용자 여사는 외로운 3인일 수밖에 없었다. 그렇지만 셋이서 가칭 '황실복원추진회'라는 이름하에 이석 황손은 총재, 강용자 여사는 회장, 그리고 가장 나이가 젊었던 나는 부회장이라며 용감하게 출발했다.

일제침략 추친일 악몽 속에서, 천길 만길 나락에 떨어져 헤매는 나라와 나라님의 명예회복을 위한 3인의 횃불은, 칠흑 같은 어둠 속에서 그렇게 서서히 타올랐다. 아니 캄캄한 바다 위에서 나날이 빛나는 등대불이 되었다.

이때부터 이석 황손은 현대판 태조, 정종, 태종과 같이 새 역사를 창출하려고 동분서주 했고, 차츰 현대 황실복원운동의 아이콘(icon)으로 떠올랐다. 일제침략과 이승만 탄압 이후의 돌덩이 화석과 같은 암흑사회를 일깨우며, 신시대의 새벽을 알리는 선지자가 되어 나갔다. 물론 그 흐름은 강용자 여사를 포함한 3인의 공동합작품으로 추진되었다. 애초에는 오로지 셋이서 북도치고 장구도 치며 현대판 항일전쟁

선전포고를 했었다.

많은 사람들은 신기한 듯이 이석 황손의 일거수일투족을 주목하며, 일제의 악몽을 걷어내는 살아있는 드라마를 보게 되었다. 새 역사 창조에 대한 상쾌한 가능성을 점차 신뢰하게 되었다. 우리도 임금님을 모시고 당당하게 살던 과거가 있었다는 바를 불현듯 깨닫고, 임금님을 모신 멋진 나라를 다시 만들어야겠다는 열망, 열정, 열성을 키우며 민족사에 대해 자신감을 갖게 되었다.

하지만 완전히 잊히어지고 처참하게 사라진 황실을 어떻게 복원할지, 어디서부터 시작할지 애초에는 막막하기만 했다. 명성황후 시해, 광무황제 독살 이후부터 워낙 참혹하게 진행된 일제침략기 '황통단절책동'과 현대시대의 '이승만 탄압'으로 대한황실은 거의 흔적도 찾기 어려웠다. 그 두 개의 역사적 장벽은 난공불락의 히말라야 설봉과 같이 엄청나게 다가왔다. 600년 전의 태조 이성계 장군과 정도전 대감의 앞에 놓였던 개국창업 보다 더 난감한 느낌이었다.

황실복원 운동은 문자 그대로 절망적 상황에서 시작된 무모한 일에 가까웠다. 그래서 초기에는 과거 한때는 인기 연예인이었던 이석 황손을 띄우며, 황실이 아직도 살아있다고 알리는 언론 홍보 활동에 주력했다. 이석 황손은 '비둘기 집' 가수로, 미남 왕자님 가수로서, 옛 TBC방송 투나잇 쇼의 유명 사회자로 인기 상종가를 달리던 젊은 황금기 경력이 있었다. 그러나 월남전 상이군인으로 귀국한 뒤, 무너진 황실에 통탄하며 '황성 옛터'를 목 놓아 부르며 방황하던 때가 있었다.

더구나 전두환 집권초기에 살던 칠궁에서 내쫓긴 비탄감에 미국으로 날아가, 망명객 같은 떠돌이 밑바닥 10년 생활이 있어 잊히어진 상태였다. 신군부 시대가 끝나고 다시 조국 땅을 밟을 무렵에는, 그래서 이석 황손을 아주 신기한 인물로 보며 아직도 황손이 살아 있냐고 되묻고 놀라는 때가 되었다. 황실이 깜깜한 어둠속에 침몰된 제3자의 '타인의 이야기' 같은 암흑기였기에 그런 것이다.

이름도 없는 3류 주간지 기자에게 점심을 대접하며 이석 황손에 관한 글을 써달라고 간곡히 부탁하면서, 황실의 명예회복을 주장하던 그 때는 하지만 용기충천이었다. 언젠가 빈 궁궐 상태인 경복궁에 꼭 임금님이 다시 모셔진다는 신념을 갖고 저돌적으로 달려갔다. 그 때에 항상 든든한 후원자가 강용자 여사였다.

황실복원운동 초창기의 언론 홍보는 많은 경우에 강여사의 도움이 있어 가능했다. 사회활동의 폭이 대단히 넓고 바쁜 일이 많은 분인데도, 전화를 걸면 항상 즉시 해결해 주었다. 조금도 주저함이 없었고, 언제나 웃으면서 적극적으로 도와주었다. 사사로운 입장은 전혀 없었고, 흡사 살아있는 독립군 애국지사 그대로였다.

강여사에게 특히 감사의 인사를 드리고 싶은 바가 있다. 암울한 암흑 세상을 뚫으려면 황실복원의 논문이 산출되어야 하겠기에 '황실학 논총'을 창간할 때의 일이다. 그러나 그런 논문을 써 줄 사람도 없었다. 그런 말을 꺼내면 나를 정신이상 상태의 인물로 보고 피해 버렸다. 그래서 나의 억지가 통할 사람들에게 무조건 강요하듯 부탁했다. 하지만 여러 사람에게 부탁해도 써주는 사람이 거의 없었다.

그러다가 겨우 겨우 몇 개의 논문이 모아져 창간호가 나오기 까지는 약 2년여가 걸렸다. 그것도 내가 2편을 써서 가능했다. 그런데 처음으로 학회장을 누구로 모실 것인가도 고민거리였다. 그 때에 선뜻 나서서 강여사가 한 분을 추천해 주었고, 그 분을 초대 학회장으로 모셔서 논문집 창간호를 인쇄했다.

물론 예산도 없었다. 내가 가진 돈을 무리하게 투입해 억지로 인쇄를 끝냈다. 그런데 난감한 일이 벌어졌다. 발간된 창간호를 그 학회장에게 보냈더니, '황실복원'은 말도 안 된다며 사퇴를 한다는 것이었다. 첫 논문집이 인쇄되어 나왔는데 사퇴를 한다니 유구무언이었다.

그 때에 호탕하게 웃으면서, 그렇다면 내가 직접 초대 학회장을 맡겠다고 하신 분이 강용자 여사였다. 그 어떤 비난도 감수하고 어려운 난관을 뚫어주겠다는 결연한 자세였다. 그렇게 첫 난관을 돌파하며 초대 여성 학회장이 탄생된 것이다. 그 후 세월이 많이 흘러 황실학 논총은 현재 13집까지 나왔다. 물론 쉽지 않은 여정이었다. 그리고 나의 졸저서 '일월오악도' 시리즈도 7권까지 출간되었다.

그리고는 이를 악물고 고군분투하며 이 책자들을 배포해 나갔다. 몽매한 어둠을 깨는 계몽전략은 책을 읽고 생각이 바뀌게 만드는 것이 최선책이었다. 이석 황손은 태조 이성계 장군이 말 타고 활 쏘듯 책을 들고 전국을 종횡무진 내달렸다. 곳곳에서 열변도 토하고 인기 가수의 관록을 살리며 신나게 노래도 불렀다.

이석 황손은 인간미가 푸근하며 따끈따끈했다. 허점은 물론 장점도 많았지만, 아주 신비롭게 사람을 매혹시키는 마력을 가진 인물이었다. 볼수록 대한황통의 대통을 이은 사람다웠으며, 많은 사람을 감동시키며 얼음짱 같았던 어둠의 사회를 서서히 녹여 나갔다.

그는 실로 무너진 황실의 재건 드라마에 꼭 들어맞는 배역의, 살아있는 멋진 배우였다. 아주 잘 생긴 꽃미남 연예인으로서, 황금색 두루

마기를 입으면 너무나 돋보이고 매력적이었다. 600년 역사의 열성조가 이 시대의 역사적 소명에 맞게 탄생시킨, 회심의 인물이 이석 황손이라고 볼 정도로 감동적 드라마를 보여주는 명배우였다.

아니 이 시대 상황에 딱 맞는 최고 최선의 황실독립운동가였고, 미완성 항일전쟁의 기수였다. 만약 이석 황손이라는 희대의 명배우가 없었다면, 추친일 먹구름을 헤치면서 당당한 신시대로 국민 여론을 바꾸는 항일전쟁 드라마 상영이 가능했을 것인가? 추친일 냉동상태의 어름덩이 같았던 국민들을 감동시키며, 새 역사 탄생의 정당성을 떳떳하고 용기 있게 주장했겠는가? 황실발상지 전주를 빛내면서 누가 존황입국의 정당성을 증명하겠는가?

특히 온 나라의 언론마다 대서특필 되도록 찜질방 시위를 하며, 경복궁을 되돌려 달라는 용기와 뱃심을 가진 자가 어디 있겠는가? 이구 황태손이 의문사를 당한 변사체로 귀국했던 그 참담한 때에도, 모두가 입 다물고 있을 때에 격렬하게 항거한 유일한 인물이 아니었던가? 더구나 일본에다 이구 황태손의 비명횡사를 추궁하며 해명서를 요구한 유일한 황손이고, 천황궁 앞에까지 직접 가서 항의한 유일한 황손이 아니었던가?

또한 침략 전범 천황과 대등한 입장에서, 단호하게 천황을 꾸짖고 호통을 친 대한황손이 그 누가 있었는가? 이 나라에 이석 황손이 없었다면, 대한황실은 일제침략으로 흔적도 없이 사라진 비참한 골동품에 불과했다. 아예 흔적도 없이 사라진 황실일 뿐이었다.

그렇지만 맨주먹 무일푼의 황무지 상태에서 비바람 눈보라를 헤쳐 나가듯 힘겨운 고군분투일 수밖에 없었다. 일제침략 후유증에 시달리는 노숙자 수준인 이석 황손의 앞길은 도처에서 험산준령이었다. 이석 황손에게 박수는 있었지만 지원은 없었다. 많은 국민들이 공감하며 점차 호전되기는 했지만, 맨손으로 온 몸을 던져 싸우는 형극의 길이었다. 이렇듯 황실복원의 씨앗은 어렵고 힘들게 뿌려졌다. 일제침략과 이승만 탄압 시대가 만들어 놓은 험산준령 질곡 속에서 극심한 악조건과 싸우며 더디게 전진했다.

현대 황실복원운동의 주연 배우로 결정적 활약을 펼친 이석 황손이나, 조연이었던 내가 수모를 겪고 봉변을 당한 적도 많았다. 지난 세월을 돌이켜 보면 달콤한 추억 보다는 쓰디쓴 기억이 더 많았다. 하지만 이런 고통이 축적되면서 우리사회가 바뀌기 시작했다. 서서히 대한황실에 대한 여론이 호전되었다. 20여 년이 훌쩍 흘러간 오늘은 실로 다른 세상이 되었으며, 지난 암흑기를 생각하면 정말 천지개벽을 한 것이다.

조선시대가 우리민족의 당당한 역사로 재탄생되었고, 황실문화가 긍정적 대우를 받는 오늘날이 되었다. TV 드라마나 영화는 적극적으로 조선시대의 역사 정체성을 표출하게 되었고, 언론의 논조는 긍정적이고 자신감 넘치는 역사인식으로 확실하게 바뀌었다. 이렇게 변한 우리사회를 보면서, 어렵게 출발했던 초창기의 그 너무도 막막하고 힘들었던 때에 강용자 여사가 있어 항상 든든했던 고마움은 언제라도 잊을 수 없다.

하지만 이렇게 세상을 바꾼 지난날의 역경이 어찌 한두 가지였겠는가? 특히 황실 명예회복의 가능성이 보인다는 생각이 드는 때부터, 많은 국민이 공감도가 높아갈수록 역풍도 심했다. 전혀 예상치도 못한 일인데, 첫째는 이석 황손을 느닷없이 모함하며 몰아내고 그 허상적 위상이나마 빼앗으려는 어이없는 찬탈 맞바람이 일었다. 다 무너져버린 허망한 허상에 불과했는데도 그랬으며, 둘째로는 상상 밖으로 끈질기게 이어지는 사기 협잡꾼의 대두였다.

일제침략 후유증을 앓는 처참한 빈털터리 상태의 황손을 돕는다는 일은 거의 없고, 맨손의 황손을 몰아내고 등치려는 경악할 일이 연달아 이어졌다. 무엇보다 사이버 공간에서 자행되는 인터넷 정신병 수준의 악담은 극심한 고통이었다. 특히 일본계의 SNS 사이버 폭력과 직접적 테러위협까지 엄습해 오는, 현대판 왜구침략 공포분위기는 너무나 힘든 일이었다.

강여사는 함께 앉으면 담배 한 두 갑은 앉은 자리에서 다 피웠다. 소주도 한두 병은 기본적인 수준이었다. 대화에는 항상 구김살이 없었으며, 생각의 폭은 대단히 넓고 호탕한 여걸이었다. 그렇게 만나면서 내가 쓴 '남침유도설 해부' 책에 나온 사례를 바탕으로 하여, 새로운 창작물로 탄생시킨 것이 소설책 '연분홍 치마가 봄바람에'이다.

강여사님의 저서들은 모두 이 나라가 일제침략 추친일 수렁에서 탈출하여, 당당한 나라로 나아가는 이정표를 제시하고 있다. '왕조의 후예'는 그 대표작으로서, 강여사의 필봉은 생애 전체가 '미완성 독립전쟁의 영광스러운 끝내기'에 집중되어 있다. 강여사의 역사에 남을 활동인, 황실복원운동의 실천은 그의 필봉을 현실화하는 뜻 깊은 발자취였다.

그렇지만 너무나 아쉽게도 언젠가부터 강여사에게 연락이 닿질 않았다. 별안간 강여사를 볼 수 없었다. 휴대전화, 인터넷은 당연히 없었고 유선전화만 있던 아날로그 옛 시절이라 궁금했지만 시간이 덧없이 흘렀다. 그러다가 충격적인 소식을 따님으로부터 들었다. 치매에 걸려 아버님이 금족령을 내리셨고, 자기가 모시고 있으며 전혀 외출을 못하신다는 것이다.

돌이켜 보면 치매의 증상도 있었으나, 그것이 치매 전조 증세인 줄은 전혀 몰랐었다. 너무나 졸지에 급박하게 벌어진 돌발 상황이었다. 그리고는 거의 10여 년의 세월이 흘렀고, 2013년 6월에 향년 72세로 돌아가셨다. 어디서 또 그런 큰 그릇의 현대판 애국지사를 만날 것인가?

예부터 재상집 초상에는 파리가 날고, 재상집 개가 죽으면 조문객이 문전성시 인산인해라고 했던가? 그렇듯 다 무너진 황실의 충신이며, 어둠 속의 맨 앞에서 용기 있게 명예혁명의 횃불을 든 선구자가 사라진 날은 한산하고 썰렁했다.

많은 국민들이 추친일 사회의 추친일파가 되어 사는 불의의 사회를, 정상사회로 고치려던 정의의 여걸이 간 날은 조용했다. 곳곳의 여러 곳에 조문객이 줄을 잇고 조화가 즐비한 상가집이 있으련만, 이 시대의 충성스러운 명예혁명가가 사라진 날은 아무도 몰랐다.

대한황실 명예회복에 헌신한 고마운 분이 떠나고, 남겨진 빈자리가 너무나 크고 공허하다.

「대한황실 현대사 초창기의 초석을 놓은 큰 별이 뚝 떨어졌다. 하지만 추친일리바이어던과 싸우던, 정의의 명예혁명가가 꿈꾸던 당당한 우리나라는 꼭 찾아올 것이다. 제1법궁 경복궁에 임금님을 모시는 감격적인 그 날은 꼭 올 것이다.」

V

전범천황은 석고대죄하라!

전범천황의 침략 청산은
태조 고황제, 광무황제는 물론
종묘에 석고대죄 하는
진정한 사죄라야 한다.

공민왕 신당

- 조선 건국의 정신적 지주 -

종묘는 조선시대 최고의 국가사당이다. 국권의 정통성, 정당성을 뜻하는 최고 위상을 갖는다. 그래서 종묘대제의 초헌관은 절대로 임금님 이외에 어떤 신하도 대행이 불가한 것이었다. 임금님이 직접 모시지 못할 불가피한 때에는, 황태자 혹은 최측근 황족이 맡을 수는 있어도 원칙적으로 임금님의 친행(親行) 국가사업이었다.

몇 년 전에 그 지엄한 초헌관을 함부로 썼던 무지한 사례가 있어서 큰 지탄을 받기도 했는데, 그것은 너무나 몰상식한 일이라는 상식 정도는 당연히 알아야 했었다.

매우 서글픈 일인데 일제침략 이후에 무너진 상식이 너무도 많지만, 아무리 해도 감히 종묘대제의 초헌관을 함부로 쓴 것은 결코 용납될 수 없는 것이다. 상식 이하의 몰상식이 중인환시 속에서 백주에 버젓이 시행될 만큼 우리들의 역사문화 감각은 퇴락했다.

그런데 그토록 중차대한 국가사당인 종묘의 맨 앞에는 공민왕 신당(神堂)이 모셔져 있다. 그것은 조선을 세운 개국집단이 공민왕을 최고의 개국 수호신(開國 守護神)으로 모시고 있다는 뜻이다. 요즘의 후손들은 거의 감각이 무뎌졌는데, 당시로 되돌아가서 생각하면 조선을 개창한 조상들의 마음이 절실하고 뼈저리게 느껴질 것이다. 그것은 흡사 박지성, 이영표가 온갖 정성을 기울여 히딩크에게 보은의 동상을 세운 것과 같은 것이다.

공민왕은 그렇기에 일제침략 역사왜곡의 가장 큰 피해를 입은 임금님에 해당한다. 일제사학계는 태조 이성계 장군을 역사적으로 짓밟고, 최영 장군을 극도로 부각시키는 흐름을 의도적으로 강조했었다. 가능한 한 최영 장군을 영웅으로 만드는 일환으로, 이성계 장군은 최영장군과 나쁘게 대비되게 했었다. 그러나 두 장군에 대한 비교 평가는 객관적 연구라기보다는 주관적이고 의도적인 흐름이 컸다.

요즘 새로운 연구에는 공민왕의 죽음이 단순히 측근 자제위 미소년들에 의한 것만은 아니라고 한다. 오히려 최영은 공민왕의 시해 이후에 정국의 주도권을 쥔 실력자로 떠올랐고, 심지어 그의 딸이 우왕의 왕비까지 되었음을 유의하면서 정말로 최영 장군의 묘소에는 풀도 없나 등을 다각도로 재검토해야 되겠다. 당시의 역사는 아직도 최종적 결론까지는 검증을 많이 필요로 한다.

공민왕도 인간이다. 인간은 실제로 누구나 신이 될 수 없다. 그렇지만 공민왕은 야릇한 역사 드라마의 단골 소재가 될 정도로 너무나 부정적으로만 나왔다. 그리하여 공민왕이 망해가던 나라의 기틀을 잡고, 몽골족에게 빼앗겼던 넓은 북방영토를 회복한 줏대 있고 뛰어난 임금님이란 해석은 희미해졌다. 한낱 나약한 인간으로 몰아갔던 후유증이다.

공민왕도 태조 이성계 장군도 의도적으로 짓밟은 어두운 흐름 속에, 공민왕 신당은 너무나 잊혀졌다. 아니 종묘대제 초헌관을 아무나 쓴다는 정도로 무감각해졌다. 종묘에 들어서며 공민왕 신당에는 목례도 하지 않도록 망각되었다.

특히 요즘 사람들은 일제사학자들이 조선과 고려를 단절, 대결시키며 흑백 논리적 흐름으로 인식시킨 결과로, 태조 이성계 장군과 개국신하들이 공민왕을 그토록 모셨다는 것을 상상할 수도 없는 정서를 갖고 있다. 흡사 고려와 조선은 이민족 관계라도 되듯 생각하는 오도된 인식은 잘못된 것이다. 고려와 조선의 교체는 오늘날의 대통령 선거에 따른 정권교체와 결코 다를 것이 없다. 고려에서 조선은 사실상 권력교체 승계 흐름일 뿐이다.

그러므로 몽골족, 홍건적, 왜구, 여진족이 연이어 국토를 유린하던 급박한 전란에 휩싸인 국난기를, 우리들의 객관적인 눈으로 보는 주체적 역사관이 절실하다. 풍전등화의 국난을 수습하고 세종 르네상스를 만든 조선 개국집단들은, 공민왕을 최고의 어른이며, 최고의 임금님으로, 최고의 존경하는 지도자로 보았음이 명백하다. 공민왕 리더십이 근본적으로는 세종 르네상스의 뿌리라고 본 것이다.

일제 침략의 오도된 잔류의식을 훌훌 털어내고서 담백하고 신선한 마음가짐으로 보면, 태조 이성계 장군과 그의 아들인 정종, 태종 및 개국 신하들은 사려 깊고 예의바른 애국집단이었다. 그들은 신도읍지 한양에 종묘를 건설하면서 고마운 마음으로 공민왕 신당을 세우는 사려 깊은 결단을 내린다.

더구나 지엄한 종묘에서도 맨 앞에 아주 정중하게 깍듯이 모셨다. 위대한 이성계 리더십과 세종 르네상스는 결코 하늘에서 그냥 떨어진 것이 아니었다며 겸손하게 성심껏 모시며 옷깃을 여몄다.

개국 수호신이여! 고맙습니다! 최선을 다해 좋은 나라를 만들겠습니다! 그렇게 예의 바르게 최선을 다했기에 600년을 잇는 대업을 낳은 것이다.

「이성계 장군은 의리의 지도자였다. 태조, 정종, 태종, 세종은 공민왕을 거룩한 개국 수호신으로 모셨다. 조선개국 집단은 공민왕 정신으로 새 나라를 건국했다.」

입헌군주제 개헌!
아주 신선한 선택입니다!

'혼일강리역대국도지도'의 거대한 경륜

- 조선건국 아버지들의 세계관 -

세계 학계가 인정하는 현존 최고의 세계지도는 1402년에 좌정승 김사형, 우정승 이무가 검상관 이회에게 명하여 만든 혼일강리역대국도지도(混一疆理歷代國都之圖)이다. 역대 여러 나라의 수도를 하나로 합해 표기한 지도라는 뜻이다. 그것은 유럽에서 만들어진 프라마우로 지도보다 57년이나 앞선 경이로운 존재이다.

태조 이성계 장군이 임금님으로 등극하신 1392년에서 10년이 경과했고, 태종이 등극한 1400년에서 2년째가 되던 해에 이런 기념비적인 세계지도가 제작되었음은 당시를 근본부터 재해석하게 만든다.

특히 혼일강리역대국도지도에는 아시아는 물론이고 유럽, 아프리카까지 포괄하여 당시 알려진 세계를 모두 담고 있다. 더구나 100여 개의 유럽지명과 사하라 사막, 나일강, 빅토리아 호, 킬리만자로 등 35개의 아프리카 땅이름까지 나와 놀라움을 준다. 당시까지의 세계지도로는 동서양을 망라하여 가장 탁월한 세계적 보물이며, 인류사에 남을 놀라운 작품이다.

다만 너무나 아쉽게도 이 지도가 우리나라에 있다면 특급 국보에 해당하겠으나, 일본의 용곡대학이 소장하고 있다. 수없이 약탈 노략질을 한 일본이기에 너무나 많은 것이 일본에 있는데, 이것도 임진왜란 때에 가토 기요마사가 훔쳐간 도둑질 장물이다.

장물은 당연히 원주인에게 반환해야 한다. 또한 그 절도범 일본은 처벌을 받아야 한다. 하지만 국제경찰도 없고, 국제법도, 국제정의도 한심한 지경이라 아직도 도적 나라 일본에 장물로 있다.

이 지도는 조선 개국집단의 거대한 꿈과 경륜과 세계관을 담고 있다. 또한 태조, 정종, 태종, 세종 임금님 시기의 자신만만했던 세계적 시야와 포부를 보여주는 것이다. 가장 중요한 것은 우리나라를 중국과 함께 중앙에 그려 놓아, 세계적 긍지와 자존감을 당당히 표출하고 있음이다. 지금부터 600년 전의 조상들이 가졌던 자신만만한 세계관을 보여준다. 특히 대륙과 해양을 향해 뻗어나가는 거시적 의지가 생생히 담겨있다.

여기서 우리가 잊지 말 것은 조선시대를 개창한 리더십은 원래가 다국적 조직에 바탕을 둔 것이었다. 조선시대를 낳은 이성계 장군은 이미 조상 때부터 인류사상 최초의 세계국가였던 몽골족과 깊은 교류를 쌓았고, 이성계 장군의 친족, 측근들은 여진족은 물론이고 위구르, 돌궐을 포함한 다양한 국제인맥을 포용하고 있었다.

태조의 리더십은 당시로서는 거의 지구차원(global)적인 토대를 가진 다국적 다문화 군대였고 시야가 넓은 지도세력이었다. 조선 국가를 만든 개국세력들의 일본관은, 일본을 매우 격이 낮고 가소로운 왜구 정도로 보았다. 아니 일본 정도는 나라 취급도 하지 않았고, 중국과는 천하를 양분하는 정도의 당당함을 가졌었다고 그 지도에 생생하게 나와 있다.

북만주 벌판을 포효하며 달리던 진취적 기상으로서 거시적 시야를 가졌던 태조, 정종, 태종, 세종 임금님 때였기에, 삼국시대 이후 유일하게 북방영토를 경략하여 평안도, 함경도의 드넓은 국토를 포용했다.

일제침략 이후에 우리의 눈이 왜곡되어, 태조 이성계 장군이 활약했던 시대를 매우 부정적으로 보았는데 그것은 근본적으로 바뀌어야 옳다. 삼국시대 이후 잃어버린 고토회복은 오직 그 때뿐이었다. 좁은 반도지역만이 아니라 만주벌 전체를 좁은 듯이 종횡무진 하였고, 머나먼 고대사 이후에 유일하게 폭발하는 국력발산의 획기적인 시기였다고까지 생각된다.

왜놈들이 만들어 놓았던 어둠의 추친일 역사관을 훌훌 털어내고, 태조 이성계 장군 시대를 다시 보자! 자랑스러운 시대를 직시하자! 태조, 정종, 태종, 세종 시기는 명실상부한 '영웅시대'였다. 우리나라 역사를 총체적으로 살피건대, 가장 역동적이고, 창의적이고, 진취적인 상쾌한 시대의 하나였다. 그렇기에 경이로운 세계지도가 탄생한 것이다. 찬란한 세종대왕 르네상스는 바로 그 지도의 힘이 현실화된 것이 분명하다.

혼일강리역대국도지도는 오늘날 우리민족이 반기문 유엔사무총장을 필두로, 세계차원의 FTA경제영역을 만들며, 지구차원의 곳곳에서 두각을 나타내는 초광역 DNA를 가진 민족임을 600년 전에 이미 인

증해주는 증거물이다.

세계 10위권의 경제 강국이 될 우리나라를 이미 600년 전에 예견했고, 혼일강리역대국도지도를 그린 때에 이미 세계적 위상을 그렇게 가졌었다고까지 증언한다고 보인다.

그 무렵에 대거 망명한 삼별초가 유구(오키나와) 왕국을 건설한 것은, 이런 시각으로 보면 전혀 놀랄 일도 아니다. 삼별초 고려 왕국은 인류사상 최대 강국이었던 당시의 원나라와 장기간 혈전을 편 유일 대표적 존재가 아니었던가?

혼일강리역대국도지도를 제작할 당시 참찬이었던 권근이 쓴 발문은 사뭇 통쾌하게 느껴진다. 일제침략이 만들었던 먹구름의 잔재가 확 가시는 경이로운 기쁨이다.

「천하는 지극히 넓다. 안으로는 중국에서부터 밖으로는 사해까지 몇 천 만 리나 되는지 알 수 없다.(중략) 집을 나가지 않아도 천하를 알 수 있게 되었다.(중략) 이 지도의 완성을 기쁘게 바라본다.」

그 당시에 이성계 장군이 서울의 삼각산 백운대에 올라서 읊은 당당한 애국시가 있다. 거기에 담긴 이성계 장군의 국제정치적 생각은 중국 본토 전체를 차지하겠다는 당찬 것이었으니, 요즘으로 말하면 천하경략, 세계제패를 뜻하는 것과도 같다.

혼일강리역대국도지도를 만든 큰 뜻은 그처럼 거대한 조선개국

리더십이었다. 하지만 그 후 수양대군의 패륜찬탈로 국력이 위축되자, 이성계 장군이 말달리던 그 옛터에서 나타난 누루하치에 의해 청나라로 현실화되며 드넓은 땅 전체가 만주세력의 식민지가 된다. 아니 이성계 장군 후예들의 땅이 된다.

특히 혼일강리역대국도지도에는 금나라 수도와 여진의 남경을 확실하게 우대하여 표시하는 등 여진족에 대해 각별히 동족의식을 나타내고 있으니, 누루하치의 청나라 건국은 이성계 리더십의 연장선에서 이성계 장군의 꿈을 현실화시킨 것이 확실하다고까지 생각된다.

백운대에 올라(登白雲峯)

손 당겨 댕댕이 넝쿨 잡고 푸른 봉우리에 오르니(引手攀蘿上碧峰)
한 암자가 흰 구름 속에 높이 누워 있네(一庵高臥白雲中)
만약 눈에 들어오는 세상 전체가 우리땅이 된다면(若將眼界爲吾土)
초나라 월나라 강남을 어찌 마다 하겠는가(楚越江南豈不容)

입헌군주제 개헌!
아주 신선한 선택입니다!

❁ 오대산 월정사 선원보각 성보박물관

- 원초적 고궁박물관의 찬란한 부활 -

국립고궁박물관은 1992년에야 '궁중유물전시관'이란 이름으로 탄생된다. 생각하면 너무나 늦게 탄생되었다. 왜냐? 왜적들에 의해 거의 모든 것을 약탈당한 조선시대와 대한제국 시대를 증명하듯, 황실문화재는 거의 하나도 없었기 때문이다.

문자 그대로 텅텅 비어 있는 빈집에 가까웠다. 일본의 약탈은 그 정도로 가혹했다. 예부터 일본 왜구는 항상 그랬는데, 100년의 참혹한 침탈과 35년의 강점 수탈이 있었으니 남아 있는 황실문화재가 있을 리 없었다. 흡사 예전 산적들이 모든 것을 빼앗고 벌거벗겨 들판에 내버려 둔 듯이 한 처참한 몰골이었다.

그러다가 영(친)왕이 귀국하면서 방자 여사가 기증한 '진'왕자의 유품을 전시하는 것으로서 궁중유물전시관이 탄생된 것이다. 하지만 방자 여사도 귀국 즉시 기증한 것이 아니다. 세월이 한참 흐른 뒤에 본인이 다 늙어 죽게 될 즈음에야 별안간 기증을 했다. 그래서 왜적들이 물러간 1945년에서 거의 반세기나 시간이 흘러 탄생된 것이다.

왜적들은 러일전쟁 직후에, 거의 계엄 상태에서 우리 황실의 모든 것을 강탈해 갔다. 인천항까지 약탈물 운송 차량이 끝없이 줄지어 있었다. 그 후에도 강점 기간 내내 씨를 말릴 정도로 모든 것을 약탈 갈취해 갔다. 그들은 지난 1천 년간 항상 그랬는데, 그 1천년 떼도둑 왜구 약탈사의 절정을 보여 주듯 원색적인 도둑놈의 모습을 보이며 싹쓸이해 갔다.

그래서 우리 황실은 흡사 맨손의 빈껍데기 집 같이 되었다. 아니 빈집의 황궁 건물까지도 수없이 허물어 갔다. 그 빈털터리 상태에다 기증한 젖먹이 어린 왕자의 유품이 첫 출발점이었다는 것은, 너무나 비참한 황실박물관 역사이다. 도대체 아무 것도 남은 것이 없을 정도라, 1992년에라도 그런 생각을 한 것이 신기할 정도였다.

영왕과 방자 여사의 강제 정략결혼은, 한일 양국의 강제병탄 비극에서도 가장 참담한 것이었다(안천, 일월오악도 제1권 및 제4권). 그에 의해 태어난 첫 왕자 '진'은 그러나 첫돌박이 어린 나이에 융희(순종)황제를 뵈러 첫 나들이를 나왔다가 돌연사 하였다. 독살설이 돌았으나 살벌한 일제강점의 시대를 지나며 묻혀버린 비극사로 끝났다.

방자 여사는 그 아들의 유품을 자기가 죽기 전까지 계속 보관하고 있다가, 죽기 직전에 한국정부에다 기증했다. 애초에는 그 기증품이 궁중유물전시관의 소장품을 대변할 정도로 그것이 거의 전부였다. 개관 무렵에는 찬란하던 문화강국은 어디로 가고 오직 젖먹이 아기의 유품뿐인가 하는 허탈감이 만연했고, 더욱이 항상 한국 알기를 우습게 알고 얼음장같이 냉정하게 한국인을 대했던 방자 여사가 그 유품을 기증한 것도 가히 신기할 정도였다.

하지만 그것이 계기가 되어서 13년 후인 2005년에 국립고궁박물관이 탄생되었다. 1992년 이후 많은 노력을 기울여 유물을 더 수집하고 확충하여 경복궁의 현 장소로 옮겨 개장한 것이다. 광복 60년 만에 겨우 황실박물관의 흉내나 내고, 처음으로 간판을 달았다고 할까?

하지만 국립고궁박물관을 발족시킨 매우 칭찬받을 결정에 대한 아쉬움도 크다. 왜 국립고궁박물관이 되어야 하는가? 고궁이란 '옛 궁궐'이라기보다는 '죽은 궁궐'을 말한다. 일제강점기에 그들은 우리 궁궐을 '고궁'이라고 불렀다. 황성 옛터에 남은 죽은 황실의 죽은 궁궐이라고 했는데, 그 참담한 호칭을 생각 없이 그대로 쓴 것이다.

박물관 개장 당시에도 우리의 의식 상태는 일제강점기 그대로였다. 일제침략을 그대로 인정한 추친일 개념인 것이다. 만주족의 청나라 이후에 한족(漢族)들이 세운 베이징이나 타이베이에서의 박물관은 고궁이 맞을 수도 있다. 하지만 우리민족은 중국인들과는 다르다. 대한황실은 우리민족의 우리 황실이다. 나라를 되찾았으면 우리들은 오늘날에 주체가 뚜렷하게 '대한황실박물관'이라고 호칭해야 맞는다.

그렇지만 그것도 궁극적으로는 옳은 말이 아니다. 틀린 호칭이다. 더 올바른 말은 선원보각(璿源寶閣)이 맞는 말이다. 사실상 박물관이란 말 자체가 왜색용어이다. 조선시대 최고의 황(왕)실 유물, 서적, 서류는 온갖 '박물'이 아니다. 보물이다. 그것도 황실 '선원'의 보물을 보관하던 '선원보각'에 모셔 두는 지극히 고귀한 존재였다.

오대산 월정사 경역에 존재하는 오대산 사고와 맞붙어 있던 선원보각은 현재 텅 빈 건물로 남아 있다. 물론 그 안에 있던 최고 황실보물 유품은 일제강점기에 낱낱이 약탈을 당했다. 그간 오대산 사고의 실록만을 문제 삼았는데, 실록은 보각을 구성하는 일부분이지 실록만

이 선원보각을 대변하지는 않는다. 일본 천황의 특급 도둑질 약탈 범죄를 이제라도 확실히 추궁해야 한다. 약탈 주범 천황을 단호하게 꾸짖어야 한다.

생각건대 정상적이라면, 현대시대에 오대산 사고와 선원보각을 합한 대한황실박물관이 월정사에 다시금 재건되어야 옳다. 현재의 국립고궁박물관은 명칭부터가 추친일 성향이 높다. 차라리 아무 것도 없던 빈 집 상태에다 '진'왕자의 유품을 갖고 출발하면서 궁중유물전시관으로 출발했던 애초의 호칭이 더 맞는다.

궁중유물을 전시했다는 것은 그래도 일제강점의 참담한 개념이 덜 이입되었다. 하지만 '고궁'은 침략자들이 부르던 죽은 궁궐의 모욕을 그대로 승계한 개념이다. 도대체 이 시대에 누가 왜 그런 치욕적 이름을 지었는가? 더구나 제1법궁인 경복궁 경내에다가, 경복궁은 죽었다며 죽은 궁궐이란 '욕지거리' 호칭을 쓸 수 있는가? 너무나 상식 이하의 참괴한 추친일 호칭이다.

국립고궁박물관은 '대한황실박물관'으로 승격되어야 한다. 오대산 월정사에도 당당한 '대한황실 선원보각 성보박물관'이 만들어져야 하겠다. 대한황실 보물들은 아직도 선원의 보각을 찾지 못하고 있다. 왜적들의 침탈로 쫓겨난 참상 그대로, 길 잃은 떠돌이 미아 상태로 방황하고 있다. 대한황실 보물들은 아직도 일제강점 후유증에서 신음하고 있다.

「대한황실 문화재 독립운동은 아직도 미완성독립운동 상태로 추친일 굴레에 묶여져 있다.」

성균관대학교의 빛나는 대약진

- 실력주의 교육 대통합 고속도로 개통 -

새로 출범하는 박근혜 정부의 정부구성 학맥을 두고 놀라는 사람들이 많다. 박근혜 대통령이 기존의 통상적인 인재등용이 아니라, 거의 상상도 못할 독특한 인재발탁을 하기에 그런 것이다. 지금까지 전혀 없었던 놀라운 일이다. 가히 충격적이라고 할 정도이다.

특히 성균관대학교 출신 인사를 대거 주요 보직에 임명하였다. 그것은 기존의 통상적인 생각으로는 예측이 불가능한 일이었다. 너무나 일반인들의 상식을 깨는 파격적인 정부구성 포석을 단행한 것이다. 더구나 박근혜 대통령은 대통령 비서실장과 수석 비서관을 임명할 때에는, 유독 성균관대학교 출신들만 한꺼번에 하루에 몰아서 일괄 발표하였다. 아주 작심하고 확실하게 보란 듯이 성균관대학교를 정면에 내세운 특이한 인사발표였다.

도대체 왜 그랬을까? 지난 세월의 대통령들이 처음 정부를 구성할 때에 하던, 관행적인 대학교별 안배라는 통상적 상식은 전혀 고려되지 않았다. 도대체 박근혜 대통령은 왜 이런 파격적인 일을 벌였는가? 많은 사람들의 궁금증과 놀라움이 증폭되고 있다.

하지만 박대통령은 매우 신중하고 사려 깊게 인사를 단행했는데도, 성균관대학교 출신들을 마음먹고 대거 등용했으니까 의도적인 원모심려일 가능성이 크다고 본다.

박근혜 대통령은 현존 정치인들은 물론이고, 기존의 대통령들과는 전혀 다른 과정을 거쳐 대통령이 되었다. 어린 나이부터 대통령에 대한 관찰실습을 확실히 했고, 온갖 역경과 도전을 극복하고 대통령이 되었다. 공산당 암살범에 의해 비참하게 최후를 맞은 어머니를 잊을 수 없을 것이고, 조국 근대화를 위해 생애를 불사르며 한강의 기적을 낳은 아버지의 지근거리에서 애국심을 철저히 익힌 사람이다. 그렇다면 박대통령의 인사 스타일은 결코 우연의 결과라고만 볼 수는 없을 것이다. 그것은 상상을 뛰어넘는 놀라운 '인재등용 결단'이라고 보아야 옳다. 지금까지의 다른 대통령과는 전혀 다른 분명한 기준이 세워져 있다고 보인다.

일각에서는 박근혜 대통령의 인사가 아버지를 닮았다는 등 가볍게 촌평을 던지기도 한다. 하지만 결코 그렇게 안이하고 막연한 것일까? 박대통령은 지난 세월을 보내며, 그 잘살던 나라가 허망하게 무너지는 참상에 통탄하는 긴 시간을 보냈다고 보인다. 아버지의 '조국근대화' 애국심이 참혹하게 짓밟히며 조롱당하고, 사랑하던 나라가 빚더미로 무너지는 악몽에 편한 잠을 잤을 것인가?

금번 박대통령의 인사는 나름대로 확고한 기준이 세워진 고뇌의 결단으로 해석된다. 그 기준은 물론 전문성이나 능력은 당연한 것이다. 특히 철저한 애국심, 사명감을 중심으로 한 그 무엇이 확실히 있다고 보인다. 그 무언가가 분명하게 존재하고 있다.

우리들은 막연하게 살아 온 경우가 많지만, 우리나라의 현존 교육체제는 다분히 일제침략 시대의 잔재 그대로이다. 지극히 추친일 성향이 높은데도 무작정 오늘에 이르렀다. 일제침략 때의 생지옥 같았던 교육체제는 침략자들이 물러갔다면 당연히 청산되고, 원래 우리민족의 교육원형이 재탄생되어야 마땅하다.

그런데도 지난 60여 년의 교육틀은 겉으로만 친일청산 운운하면서 실제로는 어둠의 잔재 그대로였다. 그간 생각하면 우리사회의 교육체제는 겉과 속이 완전하게 일제강점기 잔재가 남은 추친일 교육이었다.

정상적이라면 성균관, 서원, 향교, 서당이 부활되어야 했지만 전혀 그렇지 않았다. 골수 일본 국민을 만들었던 친일정예 경성제대를 비롯하여, 당시의 교육틀이 사실상 생생히 살아있는 나라가 우리나라이다. 더구나 교육내용도 일제강점기 장학사들이 선두에서 이끌던 추친일 본류가 생생히 남아 있었다(안천, 대한황실문화정책사).

우리나라는 그간 세칭 SKY대학이라면서 수도권 3개 대학이 당연한 듯 사회적 흐름을 주도해 왔다. 지방대학을 키운다는 말은 선거 때마다 늘 나오는 상투적 거짓말에 가까웠다. 하지만 왜 그런지 이유도 모르고 당연한 듯 그래야 한다고 추종해 왔다. 그래서 지난 시절의 역대 대통령들도 그렇게 타성에 젖어서 인재 등용을 해 왔다. 어떤 대통령도 사려 깊은 고민이 없었다. 그저 적당히 출신학교를 섞어 안배인사를 해왔다.

그러니까 검증되지 않은 비정상적인 흐름이 관습 정부조직법이라도 되는 듯 대대로 이어져 왔다. 그것을 벗어나면 인사편중이니 인사난맥이라는 등 막연한 거부 반응을 보여 왔다. 그렇게 되니까 그 고정된 학벌 테두리 내에서 궁극적인 노력 보다는 선후배 정실이나 따지면서, 원색적 파벌다툼이 많은 경우에 당연한 듯 이어졌다.

온 나라의 고등학생들은 그 대학에 입학할 때까지만 혼신의 노력을 기울인다. 심지어 재수, 삼수를 해서라도 그 대학에만 들어가면 사회보장 보험에 가입한 것이므로 안일하게 시간을 보내는 경우가 많다. 이런 나태한 SKY 풍토에서는 당연히 실적주의가 사라진다. 건전한 면학 풍토나 실력주의도 실종되며, 게으르고 썩은 SKY 정실사회의 토양이 만들어진다. 온 나라에는 부패 고리가 일파만파로 엮어지고 부패천지가 된다.

망국에 몸부림치며 온 몸을 던져 항일전쟁을 벌인 안중근 의사는, 일제침략으로 성균관, 서원, 향교, 서당이 모두 없어지는 비극에 전율했다. 그래서 명동 천주교당의 뮈텔 주교를 찾아가 대학을 세워달라고 읍소하며 간청했으나, 너희 민족이 개명해지면 종교를 믿지 않는다며 거절하는 경천동지의 경악할 사태에 직면한다. 공부를 하지 말고 우매한 바보로 살아야 한다는 참담한 말을 듣고 분노하며 귀가한 그는, 통곡하고 절규하며 전 재산을 팔아 진남포에 삼흥학교를 세워 청소년 교육을 시키다가 항일전쟁 최전선으로 달려가 순국한다(안천, 신흥무관학교).

망국지경을 헤매던 나라였기에, 일제강점기에 강제로 왜놈을 만드는 생지옥 식민지 교육을 받았다면 광복 이후에는 당연히 그것이 없어져야만 했다. 하지만 이승만은 전혀 그렇지 않았다. 이승만은 명목상으로만 독립운동가이었다. 안중근 의사와 같은 투철한 민족애와 교육

철학이 있었다면 도저히 그럴 수 없는 일이다. 너무나 놀랍게도 이승만은 치욕적인 추친일 교육체계를 원형 그대로 살려 놓았다.

그리하여 광복된 나라는 '안중근 정신'이 넘치는 나라가 되지 못했다. 곳곳에서 이완용 부류들의 사리사욕 흐름이 흐르게 되었다. 이에 정통 유림 독립운동가 김창숙은 극도로 분노하며, 사립대학으로라도 성균관을 부활시켜 놓아 오늘에 이른 것이다. 성균관대학교의 설립은 사실상 현대시대의 대표적인 교육 독립운동과도 같다.

오늘날에는 거의 생각할 수 없게 변모되었지만, 왜놈들을 몰아낸 광복 직후에는 뜻있는 가문에서는 자식들을 진학시킬 때에 세칭 1류 고등학교에 보내지 않았다. 애국 혼이 깃든 학교에 보냈다. 망국지경을 당한 때를 자책하며 대학 진학도 자식 가운데 하나는 국방을 위한 사관학교에 보냈다. 그리고 다른 자식은 산업 부흥을 위해 공대, 상경대를 보내거나, 순수 과학을 하는 기초학문을 전공시키는 것을 자랑했었다. 국방을 게을리 하고 산업에 뒤져서 왜놈들에게 생지옥살이를 당했다는 죄책감으로 그랬던 것이다.

광복 당시에는 공과대학에 가는 것을 흡사 독립군이 되어 독립운동을 하는 것으로 간주할 정도였다. 더구나 당시 최고 경쟁률 학과가 '화학공학과'였다는 것을 요즘 학생들은 전혀 모른다. 산업 발전을 위한 상경계 및 다양한 기초 학문도 대단히 중시 되었다. 당시는 3군 사관학교가 최고 선호도를 자랑하며 고등학생들의 선망의 표적이었음도 거의 망각한 오늘이 되었다. 당시는 자식 교육도 독립전쟁을 하듯 대단히 애국적이었다. 광복의 감격 속에 항일애국의 기백이 대단히 높았었다.

하지만 이승만의 실책은 그 후 대학만 아니라 국가 전체를 골병들게 했다. 우선 추친일 중고등학교 교육 병폐가 극심해졌다. 그래서 중고교 평준화 정책을 추진할 수밖에 없게 만들었다. 그러자 소위 일컫는 1류 중고등학교는 사라졌는데 8학군이란 고질적 난치병이 생겨 모든 국가시책이 일파만파로 병들게 되어 버렸다.

식민지 암흑교육이 끝나고 어언 환갑의 세월이 흘렀다. 이제는 정면으로 교육 본체를 재점검해야 될 때가 도래했다. 좋은 학교란 무엇인가? 그것은 바로 안중근, 윤봉길, 신채호, 이회영, 이상설 같은 위대한 애국자를 배출하고, 을지문덕, 이순신, 이율곡, 이퇴계나 장영실, 정약용 같은 훌륭한 국가동량재를 낳는 곳이라야 한다. 아무리 똑똑해도 사리사욕이나 채우는 매국노 모리배를 기른다면 무슨 의미가 있는가?

일제 침략자들이 만들어 놓았던, 추친일 1류 환상은 확실히 재검토 되어야만 한다. 소위 1류, 2류, 3류라는 기준도 그들이 자의적으로 만든 것이다. 가장 친일매국 교육을 자행하던 나쁜 학교가 1류 모범학교였던 것을 결코 잊지 말아야 한다. 그런데도 그것을 거의 원형 그대로 살려 놓은 이승만에 의해, 궁극적으로 우리들은 아직도 사실상 추친일파일 수 있다. 그래서 박근혜 인사에 큰 충격을 받는 것이다.

박근혜 대통령은 총리, 비서실장부터 작심하고서 대거 성균관대학교 인재를 등용함에 아무 설명이 없었다. 다만 강력한 실천의지만을 보였다. 하지만 그의 실천의지는 교육적 인재등용의 새 시대를 선언한 무언의 결단이 아니었을까? 그 단호한 결단은 미완성 항일전쟁을 종결지으려는 교육혁명 그것이 분명하다.

그것을 보고 일각에서는 대통합 인사와는 거리가 멀다는 등 상투적인 비판의 소리도 나오지만, 아무 학교나 적당히 섞어 놓았다고 대통합이 된다는 것은 식상하고 무책임한 말이다. 지난 세월에 교육적 대통합이 이뤄진 사례가 언제 있었는가?

박근혜 대통령의 새로운 정부구성은 민족사에 커다란 획을 긋는 교육혁명이 분명하다. 그것은 상상을 초월하는 사상 초유의 일이다. 일각에서는 무조건 비판할 수도 있겠지만, 언젠가 한 번은 꼭 이승만의 실책을 짚고 넘어가야 한다. 꼭 있어야 할 과감한 결단이고, 가히 통쾌한 교육적 쾌거라 해야 하겠다.

이 나라를 위해서 꼭 필요한 인물을 배출한 학교가 진정한 최고 학교이다. 하지만 왜놈들은 우리의 찬란했던 전통 학교들은 모두 없앴다. 그 후에 설립된 학교에서 조금이라도 독립정신, 민족혼이 깃든 학교는 3류 깡패 학교라며 탄압했었다. 그런데도 오늘날까지 그 잘못된 교육 탁류가 도도히 흘러 내려왔다.

그들을 위한 친일매국 교육을 하던, 소위 그들이 말하던 모범학교는 결코 1류 학교일 수 없다. 왜놈 앞잡이로서 사리사욕이나 꾀하고 민족을 배반하며, 자신만의 호의호식을 탐하는 자를 기르던 추친일 학교의 어두운 흐름은 확실히 점검되어야 한다. '보람 있는 삶'을 살기보다는 나라와 민족을 배반하고, '자기 혼자만 편하게 잘 먹고 잘 살겠다는' 매국노 부류가 더 행세하고 영달하던 추친일 악순환 고리를 이제라도 늦었지만 확실히 끊어야겠다.

오늘날에도 이 나라를 병들게 하겠다고 날뛰는 부류들이 어떤 학교에서 무슨 교육을 받았는가를 면밀히 헤아려 보라. '좋은 학생을 입학시켜 나쁜 학생으로 개악시켜 졸업시키는 학교'가 바로 추친일 학교이다. 이승만의 실책 이후에 적지 않은 좋은 학생들이 그런 학교에 들어가 오염되며 나쁘게 버려졌다.

박대통령의 인사포석은 기존의 잘못된 추친일 학벌족쇄를 과감하게 척결하고 '교육법통'을 세우려는 용기 있는 승부수로 해석된다. 현대사 최초의 결단이다. 그간 민간 차원에서 민족사관고등학교나 상산고등학교 등을 만들며, 추친일 교육체제를 초극하려는 몸부림은 있었으나 국가차원에서는 최초의 쾌거이다. 미완성 항일전쟁 차원에서 심층 진단한다면, 언젠가 한 번은 꼭 점검해야 할 이승만의 교육실책이 분명하다. 그래야만 한국교육의 미래가 있다.

고려 말 이후 조선시대를 통관하며 우리나라를 이끌어 왔던 '성균관'은, 우리나라의 혼이요 본체였다. 찬란한 지성의 상징이었던 성균관은 이제라도 확실하게 재건되어야 한다. 그로 인하여 우리사회의 모든 교육이 나아갈 새로운 개혁 방향이 제시되어야겠다. 전국의 모든 교육기관이 재탄생되어, 이제부터라도 온 나라에 '건강한 실력주의'가 확고히 뿌리를 내리는 새 시대가 와야 한다. 진정한 '교육보국' 국가건설이라는, 핵심 본질이 살아있는 '교육 독립운동'이라야 하겠다.

지난 세월을 되돌아보면 김영삼 시대의 상도동계, 김대중 시대의 동교동계, 노무현 시대의 친노 계파는 흡사 인해전술 정실인사의 탁류에 가까웠다. 하지만 박근혜의 파격인사는 전혀 그러한 사사로운 인연이 아니다. 오히려 그와 가까웠던 측근 친박세력이 불만을 갖고 서운해 할 정도이다.

박대통령의 인사는 비정상적이었던 저간의 탁류에서 보면 파격적이지만, 올바른 눈으로 보면 지극히 정상적이다. 이제야 정상적 국가건설을 위한 올바른 실력주의의 여명을 맞은 것이다. 케냐 유학생이 바람피워 얼결에 태어나, 그 바람둥이 아버지가 사라진 뒤에 홀어머니 밑에서 가시밭길을 헤치며 큰 흑인 오바마를 대통령으로 만든 미국 같은 건강한 실력주의의 서광이 비추기 시작하는 것이다.

박대통령의 인사를 보면서 왜 '한강의 기적'이 삽시간에 '한강의 빚더미'가 되었나 곰곰 되새겨 보아야 한다. 김영삼 때의 단 5년 만에 IMF 경제국치를 맞았다. 새마을 운동을 비웃고 근면, 검소, 저축을 죄악인 듯 몰아치며, 정신없이 국고를 탕진하면서 천문학적 부채에 짓눌린 나라로 달려갔다. 국민의 돈을 소중하게 아끼며, 국가를 위해 제대로 쓰는 나라로 재탄생해야 되겠다.

막연하게 적당히 추종자 측근들과 나눠먹기 인사를 했던, 지난 대통령들의 엽관주의 병폐는 고쳐져야 한다. 국가를 배반하고 민족을 헐뜯으며, 학업은 등지고 추잡한 정치꾼이 되어 날뛰는 부류를 누가 등용했던가? 그러한 부류가 휩쓸면서 한강의 빚더미를 만든 과거의 대통령들은 누구 누구였던가? 교육을 정쟁 수단으로 악용하며 최악의 교육파탄 교육황폐화를 초래한 대통령은 누구였던가? 그 암 덩어리들을 등용하고 키운 것이 대탕평 인사였던가? 나라를 망치며 국고를 탕진한 정실인사의 악몽에서 분명하게 깨어나야 한다. 빚더미의 이 나라를 작심하고 구해야 한다.

특히 박근혜 대통령의 인사는 뚜렷한 특징이 있다. 모든 인재 발탁을 확실하게 전문성, 능력 위주로 선택하는 실사구시의 '실력주의 철학'이 뚜렷하다. 더구나 세계 속에 나아가 거대한 성공을 이룬 김종훈을 단호하게 기용하는 결단에서 한국교육의 밝은 미래상을 읽을 수 있다. 김종훈이 본의 아니게 사퇴하여 대단히 아쉽게 되었지만, '신실학 운동'을 선언하며 강력한 '실적주의' 사회를 만들려는 의도에 통쾌함을 느낄 정도이다.

김종훈은 배고픔을 이기고 허리띠를 졸라매며 역경을 극복하고서, 맨 손으로 찬란한 '인간승리'를 이끌어내는 젊은이들의 교육적 우상을 세운 것이다. 결코 김종훈은 단순한 IT 전문가가 아니다. 인간승리가 더 중요하다.

김종훈이 아쉽게 도중하차를 했더라도 그의 발탁 자체가 의미 있다. 가난한 농부의 아들로 태어나 거의 정상적 교육을 받은 적이 없는 링컨을 대통령으로 만든, 미국 같은 실력주의 국가를 만들려는 의지가 대단히 중요하다. 흡사 땅 속에 묻혀 있던 보석을 골라내듯 소외되고 천대 받던 박지성, 이영표를 찾아내며, 철저히 실력주의로 무장된 야성의 돌격 부대를 이끌고 월드컵 4강 신화를 창조한 히딩크 감독의 신출귀몰한 용인술을 보는 듯하다.

젊은이들이여! 새로운 '현대판 실학운동'을 과감히 펼쳐라. 쉼 없이 땀 흘리며 미래를 향해 달려라. 추친일 시대의 1류 모범학교 허상에 현혹되지 말라. 지난 시절의 오도된 환상을 깨고 실적주의, 실력주의의 횃불을 드높게 들어라. 진정한 최고 학교는 스스로 평생을 두고 혼신의 힘을 쏟아 노력하는 실력주의 땀방울에 있다.

오죽하면 장 자크 루소는 자연으로 돌아가라고 외쳤겠는가? 기존의 잘못된 교육틀에 얽매인, 판에 박힌 붕어빵 교육세계에 던진 탈출 선언! 김종훈은 박근혜 대통령이 온 나라의 젊은 학생들에게 던져 주는 링컨이며, 박지성, 이영표이었다.

못난 자식이 부모 탓하고, 게으른 돼지가 나라 탓을 하는 것이다. 지구는 젊은이들에게 무한대로 열려 있다. 스스로의 인생을 철저히 설계하라! 정면으로 도전하라! 그대가 창조하는 삶을 무한대로 사랑하며 책을 펼쳐라!

그렇다. 예전 우리의 자랑스러운 교육원형을 확실히 다시 찾아야 한다. 예컨대 당대 최고를 자랑하던 소수서원은 안향 선생님을, 도산서원은 퇴계 선생님을, 병산서원은 유성룡 어른을 최고 스승으로 모셨다. 그렇듯이 온 나라의 학생들에게 인생을 걸고 김종훈 같이 각 분야에서 대성하라는 거대한 교육지표를 제시한 것이다.

젊은이들이여! 그대는 현대판 을지문덕, 이순신, 안중근, 윤봉길, 장영실, 율곡, 퇴계가 될 수 있다. 그대는 뉴턴, 아인슈타인, 슈바이처, 셰익스피어, 톨스토이, 잔 다르크, 처칠, 비스마르크도 될 수 있다. 모든 길은 그대들에게 활짝 열려 있다. 그것이 이 시대의 '실력주의 교육 대통합 고속도로' 이다. '실력주의 교육 독립전쟁'이다.

그렇다. 세계 최고 수준의 선진 강대국이 되는 길은, 온 나라 모든 학생이 철저하게 '실력주의'의 정도를 걸으며 노력하는 것이다. 반기문, 김용, 이종욱을 필두로 이건희, 정몽구 등 세계적 기업인을 포함하여 손흥민, 양학선, 추신수, 박태환, 김연아, 이상화, 싸이, 소녀시대, 뽀로로, 김정기가 곳곳에서 쏟아져 나오는 나라를 만들려는 '신실학운동

국정철학'을 참새나 비둘기 소리로 잠재울 수는 없다. 온갖 잡새가 날면서 아무리 요란하게 지저귀어도, 지구는 의연하게 돈다. 새로운 세종대왕 영광시대는 결코 먼 시대 먼 나라의 이야기가 아니다.

「처절한 항일전쟁으로 온 몸을 불사른 신채호, 김창숙은 단지 성균관을 되찾으려는 것만은 아니었다. 임금님, 스승, 어버이를 하늘 같이 모시던, 우리민족의 '군사부일체' 정통 교육철학을 수호하려는 존엄하고 절실한 것이었다.

종묘와 창경궁을 잇는 위치에서, 임금님을 보위하는 조선 궁궐의 정통이었던 성균관은 오늘날 만신창이 상태로 중병을 앓고 있다. 일제침략 생지옥 시대가 남겨 놓은 고정관념을 극복하고 성균관의 오늘을 보면서, 그 참상이 제대로 보일 때에 진정한 교육독립이 오는 것이다.

성균관은 원래의 당당하고 의연한 모습을 되찾아야 한다. 민족혼을 담은 최고의 문화재요, 만세에 걸쳐 후손들에게 전할 민족 최고의 정신적 고향이 성균관이다. 온 세계에 자랑할 우리 겨레의 최고 배움터 학교이다. 실력주의 신실학운동을 정립할 기준점이다.」

입헌군주제 개헌!
아주 신선한 선택입니다!

❀ 호사카 유지
- 착한 일본인도 많다 -

호사카 유지는 1956년에 일본 동경에서 태어났다. 호사카 유지는 가장 올바른 현대 일본인이다. 그는 젊은 시절에 일본의 잔혹한 대한제국 침략사를 알았고, 일본의 잘못을 연구하기 시작한 훌륭한 사람이다. 생각하면 일본과 같은 나쁜 나라에도, 사람다운 사람이 있다는 것을 증명하는 대표적 사례이다.

호사카 유지는 특히 일본의 참혹했던 명성황후 시해의 역사를 접하고서, 1988년에는 급기야 한국으로 유학을 왔고 고려대학교에서 정치학 박사학위를 받았다. 그는 더 나아가 2003년에는 한국 체류 15년만에 귀화하여 아예 한국인이 된다. 물론 한국 여인과 결혼하였고, 완전한 한국인으로서 한국인들보다 한국을 더 이해하며 사랑하고 있다.

호사카 유지는 세종대학교 교양학부(일본지역학 전공)의 교수가 되었으며, 한국인들보다 더 독도를 사랑하며 독도에 관한 저서까지 썼다. 호사카 유지 교수가 쓴 독도 서적은 제목부터가 '우리역사 독도'이다. 그는 완전히 한국인의 입장에서 한국에 속죄하는 자세로 살고 있다.

그는 일본의 독도침략이 가진 부당성을 본인의 저서를 통해 정확하게 논증하고 있는데, 한국인들 모두가 확실히 정독할 아주 감동적인 좋은 서적이다. 그리고 일본인들도 호사카 교수의 독도 서적은 꼭 읽어야 할 필수적인 것이다. 특히 한국인들은 공연히 흥분만 하는 경우가 많은데, 호사카 교수의 책을 읽고서 '알고 나서 비판'을 해야 옳다. 많은 가정의 서가에 꼭 비치하는 책으로, 품위 있는 가족의 필독서가 되어야겠다.

매년 2월 22일에 일본의 시마네현에서는 국제적 저질 코미디 행사가 열린다. 7년 전부터 부끄럽게도 '다케시마의 날'을 제정하여 기념식을 거행하고 있다. 하지만 그것은 일부 무지막지한 일본인들이 하는 지극히 무례하고 몰지각한 망발이다. 제 정신을 올바로 가졌다면 어떤 일본인이라도 부끄러워 할 일이다. 일본인들 누구라도 한일관계사를 정확하게 안다면, 일본이 얼마나 악마의 나라인가를 뼈저리게 느낄 것이다.

지나간 역사에서 지구상에 일본같이 나쁜 나라는 없다. 독도를 다케시마라고 바꿔 부르며, 일본이 가장 악마국가인 때의 간교한 악마짓을 기념한다니 그 사람들이 실성한 것이 아니고 무엇인가? 예전에 강제로 침략하며 강탈한 것을 기념한다니, 일본에서는 어느 집에나 강도가 침범하여 내 것이라고 하면 강도의 것인가? 그 행사는 국제사회에서 누구도 용납하지 못할 짓을 강행하고 있는 것이니, 얼마나 일본이 바보인가를 생생히 증명하는 것이다.

도둑질 기념식을 계속할수록, 오히려 일본의 침략만행은 꾸준하게 부각된다. 요즘 일본이 정신대 성노예를 부인하여 온 세계의 비난이 갈수록 증폭되며 '지구촌 웃음거리'가 되는 것과 같다. 그럴수록 일본이 제2차 세계대전의 전범국으로 떠오를 것이니 생각하면 측은한 마음이 크게 일어난다.

일본은 온 세계가 인정하는 전범국이요 침략국으로, 그것을 세계인들이 잊었다고 착각하고 있는데 국제사회는 결코 건망증 사회가 아니다. 그렇기에 일본인들 모두가 호사카 교수의 독도 서적을 탐독하길 권한다. 무식하니까 일본인의 일부가 그런 망발행위를 하는 것이다.

일본이 독도를 다케시마로 바꿔 부르며 강탈한 때는 1905년이다. 1905년은 일본이 대한제국을 강제로 침탈하며, 을사조약을 맺고 침략 강도로 돌변한 때이다. 그리하여 한국의 외교권이 강탈된 상태에서 독도를 일본영토로 편입한 것은 완전한 불법이다.

더구나 일본은 과거에도 독도가 한국 땅이란 것을 다양하게 인정했고, 일본에서 발행된 옛 고지도에도 독도를 한국 땅으로 곳곳에서 밝히고 있다. 다케시마의 날은 일본이 독도를 침탈하고 100년 만에 다시금 도둑질 기념일을 정한 것인 만큼, 호사카 유지 교수의 책을 한국인과 일본인들이 널리 읽고 깊게 생각해야 할 일이다.

일본의 독도침탈 야욕에 다시금 불을 지핀 자는 고이즈미이다. 그는 일본이 점차 성장동력을 잃고 국력이 약화되며 발전이 더뎌지자, 자민당이 인기를 잃게 된 바를 만회하려고 독도 카드를 갖고 일본국민을 오도했다. 하지만 자민당은 무참히 정권을 빼앗겼다. 고이즈미의 잘못된 정치를 덮으려다 오히려 압살당한 것이다.

그렇지만 자민당은 일본 민주당을 계속 공략하고 흔들어 정권을 다시 잡았다. 그 후에 나온 새로운 침략행위의 선두에 아베, 아소다로가 있다. 고이즈미, 아베, 아소다로는 제2차 세계대전의 A급 전범 후예들이다. 고이즈미, 아베, 아소다로의 행태를 보면, 온 몸에서 전범 후손다운 역겨운 냄새가 물씬물씬 난다.

요즘 일본에는 소위 '우익'이라는 시대착오적 집단이 있다. 그것은 독일의 '나치스'와 거의 같은 뜻이다. 그들은 사실상 자민당의 실질적 전위단체이기에, 자민당 자체가 히틀러 '나치당'과 다름없다. 나치스 독재가 지금도 생생하게 살아 있는 나라가 일본이다. 일본국민들은 예부터의 나치스 공포 분위기 때문에, 언제 어디서나 본심을 숨기고 산다. 본심을 감추고 전전긍긍하며 비굴하게 지내다가, 곳곳에서 울며 겨자 먹기로 가미카제가 되었는데 그들은 지금도 그대로이다.

요즘 아베가 하는 행태는 히틀러와 너무나 닮았다. 그들이 도대체 무슨 차이가 있는가? 하지만 히틀러는 깨끗이 죽음으로 속죄를 했다. 그런데 오히려 흉악한 전범의 자식들이 속죄는커녕 더러운 핏줄의 더러움을 다시금 증명하려는 일본은, 정말 100년 전으로 되돌아간 황당한 나라이다. 자기 조상들이 한 전범 짓이 자선사업이었던 줄 아는 정신병자들이 집권한 나라가 자민당 일본이다.

요즘에는 고이즈미의 아들까지 전범 가문의 추악한 핏줄을 증명하려고 선두에서 날뛰고 있다. 더구나 일본인들은 일제침략 전범 깃발을 당연한 듯 흔들며 전 세계를 누빈다. 축구장에는 온통 그 깃발이다. 심지어는 공개적으로 '일본인만 입장(Japanese only)'을 수많은 군중이 모이는 야구장에 내걸 정도로 시대착오적이다. 아베 총리를 필두로, 원색적인 전범국 왜구로 완전 회귀한 모습에 온 세계가 경악하고 있다.

일본은 현재 놀랍게도 지나간 100년의 침략범죄를 철저히 부정하고 있다. 100년 전으로 되돌아 간 황당한 나라가 일본이다. 물론 미국과 맺은 항복조약도, 맥아더와 체결한 평화헌법 맹세도 인정하지 않으려 한다. 틈만 나면 미국에 대한 비난을 노골적으로 하며, 히로시마, 나가사키에는 '반미성토 기념관'을 만들어 놓았다. 원자탄 투하가 없었다면 끝도 없이 외국인을 살육하고, 온 인류 여성을 몽땅 정신대로 끌고 가면서 성폭력을 자행했을 악귀들이 '미국 비방'에는 혈안이 되어 있다.

어쩔 수 없이 투하된 정의의 원자탄을 일방적으로 비난하면서 '일본의 잘못'은 전혀 거론하지 않는 이상한 나라가 일본이다. 하지만 일본에는 무라야마, 고노를 비롯하여, 호사카 유지 같은 착한 일본인도 많다는 것을 잊지 말아야 한다. 미국에는 정의로운 일본계 혼다 의원도 있다. 다만 호사카 유지 같이 용기 있는 사람은 적다.

일본의 침략범죄를 빤하게 알면서도 대다수 일본인들은 입을 다물고 산다. 일본인들 다수는 착하고 모범적이지만, 소수의 불량 집단에 눈감고 산다. 그러므로 일본인 모두가 악해지는 것이다. 그렇게 일본인들이 비겁하게 살아, 일본이 악마의 나라가 되는 것이다.

미국을 보라! 흑인 노예제도가 부당하다면서, 남북전쟁까지 불사하며 정의를 위해 싸운 미국을 보라! 하지만 지구 전체를 생지옥으로 만들며 흑인노예를 처참하게 혹사한 영국과 동맹국이 되고, 수없이 노예무역을 한 네덜란드와 손을 잡고서, 그 천인공노할 흉악한 짓을 그대로 배워다가 가장 극악한 짓을 한 나쁜 나라가 일본이다. 영국, 네덜란드 보다 더 악독하고 잔혹했다.

한국인들 모두는 흑인 노예보다 더 가혹하게 노예 생활을 당했다. 왜놈들은 한국인 모두를 천민 노예라는 일본용어인 부락민이라고 불렀고, 한국 전체를 부락이라고 부르며 노예 식민지로 짓밟았다. 심지어 어리고 어린 초등학교 학생들의 선생님까지도 칼을 차고 공포에 떨게 하며, 제자들을 노예로 만들던 나라가 일본이다. 수없이 끌어다 징용, 징병, 성노예로 부렸고, 끝없이 약탈, 방화, 살상, 모독을 일삼았다. 한국인들은 기나긴 시간을 일본인에 의해 생지옥의 삶을 강요당했다.

일본땅에 현재도 남아 있는 재일교포의 대다수는 그렇게 강제로 끌려간 노예 후손들이다. 그들은 현재도 남아 있는, 생생히 살아있는 증인 증거물이다. 그런데도 일본인들은 비열하게 눈을 감고 있다. 오히려 그들을 지금도 학대하고 있는 더러운 나라가 일본이다. 미국인들의 발끝 수준이라도 따라가 보라! 왜 한국인들이 그토록 분노하며 전율하고 있는가를, 한번이라도 역지사지로 생각해 보라.

왜 일본에는 링컨이 나오지 않는가? 왜 일본에는 링컨 같은 위인은 없고, 풍신수길, 이등박문 같은 살인마들만 있는가? 어찌 일본 국민은 그 더러운 전범 후손들의 손을 들어 주는가? 아시아판 홀로코스트의 흉악한 악마들이 그렇게도 존경스러운가? 지구상에서 여성을 강제로 징집하여 성노예 정신대로 삼은 나라가 어디에 있는가? 어느 나라에 귀무덤, 코무덤이 있는가? 국가 전체가 이웃 나라에서 훔쳐온 장물창고인 나라가 어디에 있는가?

일본인 전체가 창피하다고 총궐기할 일이다. 일본국 전체가 부끄러워할 일이다. 일본은 리비아, 튀니지, 우크라이나보다도 훨씬 후진국이다. 지상 최악의 불의의 나라이다. 바른 말을 하는 사람은 없고, 살살 눈치만 살피며 비굴하게 산다. 일본인들이 그토록 비겁하고 정의감이 없으니까, 지나간 1000년의 일본사가 침략전범사인 것이다. 일본인들이 그러니까 항상 왜구 독재국가의 더러운 노예가 되어 살다가 가미카제 희생물이 되는 것이다.

배웠다는 지식인은 가미카제 학자나 언론인이 되어 불의의 앞잡이가 되고, 학교마다 진리를 짓밟고 가미카제 교육자가 되어 불의를 합리화하는 어둠의 나라 일본! 가미카제가 되어 죽을 수는 있어도, 정의로운 판단력은 전혀 없는 불의의 일본 국민이 지구상에 존재한다는 것은 인류의 수치이다. 특급전범 천황이 전범자인줄을 빤히 알아도, 이웃 나라에 만들어진 생지옥에는 눈을 감는 비열한 나라! 그래서 일본에 원자탄이 떨어지는 악순환이 필연적으로 계속되는 것이다.

예전 유럽의 중세는 암흑기였다. 종교라는 미명하에 너무나 잔혹하고 악독했던 그 때에 철저히 항거한 루터가 있었다. 스위스 알프스 산속에 들어가서 새로운 종교를 위해 처절하게 투쟁한 캘빈, 츠빙글리도 있었다. 그래서 근대 르네상스가 탄생하고 신시대가 도래했다.

하지만 일본인들은 지나간 이등박문 때에서부터 오늘날 아베의 준동까지가 긴 암흑시대임을 느끼지 못한다. 아니 지난 1000년이 다 암흑시대인 이웃나라 '침략사'인데 거짓 역사만 배운다. 나치당보다 더 잔혹했던 기나긴 전쟁범죄에 죄의식도 없다. 오히려 독일이 놀랄 정도로 히틀러를 칭송하며, 4월 20일의 히틀러 생일 축하까지 하고 있는 시대도착병이 극심하다. 중세 1000년에 있어서도 많은 사람들은 그 때가 암흑시대였음을 잘 몰랐던 것과 같다.

그렇다. 일본은 현재 캄캄한 암흑시대이다. 일본의 학교에서는 암흑시대를 미화하는 거짓말만 가르친다. 역사책에는 침략 살인마들이 줄줄이 예찬된다. 중세시대 같이 캄캄하게, 잘못된 침략 광신도 나치스가 일본을 지배하고 있다. 그 더러운 암흑시대와 싸우는 외로운 사나이 호사카 유지! 그는 현대판 루터, 캘빈과 같다. 악마의 나라 일본도 호사카 유지가 옳다는 것을 인정할 날은 기필코 올 것이다.

아니 일본인들 스스로가 총궐기하며 치욕의 야스쿠니 신사를 송두리째 불태우면서, 그 장소에 호사카 유지의 동상을 세울 날이 꼭 올 것이다. 분노한 군중이 바스티유 감옥을 향해 달려가던, 프랑스 대혁명의 날과 같은 날이 일본에도 기필코 올 것이다. 야스쿠니 신사가 잘못되었고 일본이 아주 아주 잘못되었다며 장탄식 피눈물을 흘리는 날은 꼭 올 것이다.

그렇다. 일본인들 모두가 호사카 유지로 재탄생되어야 하겠다. 일본인들도 비겁한 '가미카제 꼭두각시 국민'에서, 바른 말 바른 행동을 하는 용기 있는 국민으로 탈바꿈되어야 한다. 역사상 단 한 번도 정의로운 혁명이 없었던, '더럽고 비겁한 나라' 일본에도 호사카 유지가 대거 나타나야 한다. 호사카 교수의 의로운 용기에 뜨거운 박수를 보낸다.

「온 세계가 불의의 일본을 주시하고 있다. 일본혁명의 횃불이 활활 타올라야 한다. 나치당이 생생하게 살아있는, 악마의 나라 일본은 사라져야 한다. 일본도 국민교육을 제대로 하고, 국가정의를 세워야 한다.」

입헌군주제 개헌!
아주 신선한 선택입니다!

아카사카 프린스 호텔의 경천동지할 증거인멸

- 이구 황태손 의문사 현장의 경악할 파괴 -

〈아카사카 프린스 호텔은 한국에 반환되어야 한다〉

1. 들어가는 글

일본의 수도 동경에 있는 아카사카 프린스 호텔은, 일제침략의 잔혹함을 상징하는 역사 유적지이다. 대한황실을 처참하게 풍비박산 시키면서 11세 철부지 어린이를 인질로 잡아다 가둔 쇠창살 감옥과 다름없다. 그런데 놀랍게도 그 상징 유적지가 2013년에 참담하게 헐리게 되었다. 그 까닭은 도대체 무엇인가?

아카사카 프린스 호텔은 일본 동경의 천황궁 바로 옆에 있다. 애초에는 일제침략의 최대 희생양이었던, 대한황실 황태자 영왕을 인질로 잡아간 뒤에 마련해 준 거처였다. 당시 일제침략 당국은 온 세계에다 대한황실을 평화적으로 합방했다고 거짓 선전을 했었다.

하지만 당시 광무황제는 분노에 떨며 식음을 전폐했었고, 어린 아들을 빼앗긴 엄귀비는 반미치고 실성한 사람 같았다. 펄펄 뛰며 저항하던 엄귀비는 곧 급사하고 만다. 당시 왜적이 밝힌 엄귀비의 사인은 장티푸스였지만 그 원색적 거짓말을 액면대로 믿고 속는 사람은 거의 없었다. 다만 공포 분위기 속에 부들부들 떨면서 입을 다물고 있고, 초상집 같은 비통함만 대한황궁을 짓누르고 있을 뿐이었다.

그런데도 평화적이었고 합법적이었다니? 일본은 자기들이 한 침략만행은 모두 합법적이라고 우기던가, 안 했다고 상투적인 거짓말을 하는 정신착란증의 이상한 나라이다. 온 세계가 놀라고 미국이 실망했다고 개탄해도 요지부동이니 일본의 침략병은 고질병이라고 하겠다. 모든 것이 위선적인 '거짓말 왕국'이다.

2. 아카사카 프린스 호텔의 탄생배경

아카사카 프린스 호텔은 일제침략 당국의 잔혹한 대한황실 침략을 위장선전하기 위한 것이었다. 한 마디로 말하면 거짓말 선전용 건물과 같다. 일제침략의 주범 이등박문은 막무가내로 우리의 11세 어린이에 불과한 철부지를 인질로 잡아갔다.

그리고는 강제로 데려간 그 황태자를 극진하게 예우한다고 해외에 일방적인 위장선전을 하였다. 이등박문이 잘 기르려고 데려 갔다고 일방적 거짓 선전을 하는데, 일본에는 모든 것을 그렇게 앙큼한 거짓말로 위장하는 부도덕 지상주의가 판을 친다.

그러니까 아카사카 호텔은 11세 철부지 어린이를 강제 억류하여 천황궁 바로 옆에다 인질로 잡아 놓고, 편안하게 잘 모신다고 거짓된 선전을 한 침략 드라마 가설극장 같은 저택이다. 그 건물은 오늘날 일본 동경의 최고 요지에다가 천황궁 옆에 가까이 위치한 것으로, 일제의

100년에 걸친 잔악한 대한황실 침략을 상징하는 최고의 증거물로 남게 되었다.

그런데 일본이 제2차 세계대전에 패전하면서, 영왕에게도 일본의 평민과 같은 대우를 하며 거금의 세금폭탄을 퍼부어 헐값으로 넘어간 참담한 저택이다. 철없는 어린이를 잡아다 놓고는 닭장의 닭에게 모이를 주듯 했는데, 별안간 아무 생활 수단도 없는 상태에다 세금을 강요한 것이니 강탈하려는 의도와 다름없다.

특히 당시 일본 천황궁과 맞먹는 특수지위였는데도, 천황궁만은 빼고 무조건 거금의 재산세를 부과한 것은 불법 원인무효 행위가 분명하다. '현재까지도 영왕은 일본 천황가 족보에 그대로' 있을 정도인데, '천황과 같은 인질 임금님 신분인 맨손의 황태자'에게 세금 고지서를 보내며 닦달을 하여 강제로 팔게 만든 집이니까 거의 강탈한 것이다.

더구나 이 건물은 원천적으로 한국 국유재산이다. 이것은 일제침략자들이 우리나라를 강점하고 전방위로 온갖 수탈과 약탈을 자행하면서 역선전을 하기 위해 제공한 건물이다. 사실상 날강도 짓을 하듯 침략한 왜구가 도둑질용 미끼로 내세운 추잡한 건물이니, 우리 돈을 빼앗아다 그 돈으로 산 우리민족의 재산과 같다.

따라서 패전 직후의 상황에서 헐값으로 팔려나간 것은, 일본정부가 이제라도 확실하게 '반환'해야 한다(그것은 전범 천황이 책임지고 반환해야 한다). 그런데도 영왕의 아들 이구 황태손이 거의 노숙자 신세로, 동경 시내에서 장기간을 동가식서가숙 하다가 바로 그 호텔에서 '충격적인 비명횡사 객사'를 하게 만든 것은 현행범죄가 확실하다. '특급전범 천황과 일본국가의 양심불량을 증명하는 최고 사례이다'.

이구 황태손은 흡사 드라마와 같이 그 호텔에서 최후의 죽음을 맞이하면서, 일본의 양심불량을 마지막으로 처절하게 고발했다고까지 생각된다. 그리고 마지막으로 이 호텔이 정확하게 나의 소유라고 선언하며 죽었다고 생각된다.

「이 호텔은 나의 것이다. 이 호텔은 대한황실의 불가침 절대 성역이다. 나는 이 호텔에서 죽으며, 이 장소에서 전범 천황과 전범국 일본을 단호하게 응징할 것이다. 준엄하고 격렬하게 꾸짖을 것이다.」

3. 아카사카 프린스 호텔과 대한황실 비극

아카사카 프린스 호텔은 생각하면 호텔건립 자체가 대한제국을 모독하고 조롱하는 참담한 짓이다. 왜냐하면 우리의 어린 황태자를 인질로 억류했던 곳이지만, 그 곳은 일본땅에 존재하는 엄연한 대한황실 황궁이었다. 왜적은 또한 영왕을 강제 인질로 잡아다 일본황족으로 강제 편입을 시켰고, 일본황족 방자에게 강제 결혼을 시켜 일본황실 족보에 편제시켰으니 일본측으로 보아도 감히 불가침 성역이었다.

비참한 인질상태로 나마 대한황통이 존재해 있던 확고부동한 성역이었다. 당시 한국인들은 잡혀가 인질로 계신 분이지만, 결코 소홀한 마음을 가질 수 없는 절대적인 분이 바로 영왕이었다. 그런데 감히 그 존엄한 곳을 제2차 세계대전 직후에 헐값에 팔려나가게 만들었다.

그리고는 곧 그 거룩한 성역에 거대한 초현대식 호텔을 짓게 한 자체가 바로 대한황실을 농락하는 제2차적 침략이 분명했다. 경복궁에 총독부 청사를 지은 것과 무엇이 다른가?

그것은 영왕의 집터(궁궐터)를 영왕을 간교하게 쫓아 내보낸 즉시 훼손한 것이니, 흡사 의도적인 무뢰배 행태가 분명했다. 더구나 이 성스러운 곳에다 1955년에 한국을 모독하는 호텔이 세워진 그 시간 자체도 쉽게 용납할 수 없다. 일제침략의 후유증으로 이웃 한국이 초토화되면서 인구의 3할 이상이 살상 당하는 처절한 그 때! 일본의 원천적 범죄 후유증으로 참혹하게 6·25전쟁을 치루며 아비규환의 생지옥이 되어 있는 때에, 한국에서의 전쟁특수로 떼돈을 벌며 쾌재를 부르듯 지은 호텔이다.

한국의 남북분단과 6·25전쟁의 원인은 근본적으로 일본이 제공했다. 모든 것을 일제침략이 망쳐 놓았다. 사실상 일본이 원천 범죄국이다. 그래서 한국이 국제적 힘의 공백지대가 되며 발발한 처참한 전쟁이다. 자기들 때문에 그토록 엄청난 고생을 하는 6·25전쟁 당시에, 우리의 영왕은 아직도 귀국을 못하고 동경 땅에 제2차적 볼모 상태로 머물러 계셨다. 인질 후유증으로 동경 땅에 사실상의 제2차 인질 그대로 방치되어 있었다. 물론 최악의 특급전범자 천황도 그 옆의 천황궁에서 배불리 먹고 편히 살고 있었다.

그러니까 우리의 황태자 영왕에게는 광복이 왔으되 광복이 오지 않은 것이다. 아직도 봄이 오지 않은 싸늘한 어둠의 상황 그대로였다. 왜적들의 질시와 조롱과 모독을 감내하며 황태자 영왕은 비정한 땅에서 비참하게 살게 되었고, 궁궐에서 밀려나 거의 노숙자 신분이 된 것이다. 더구나 바로 눈앞에서 아카사카 호텔이 세워지는 극심한 모독을 견뎌내야 했다. 그렇게 한국을 조롱하듯 아카사카 프린스 호텔이 세워져, 그 참담한 역사적 사연을 배경으로 오늘에 이른 것이다.

그런데 동경땅의 최고 요지에 세워진 그 거대한 최고급 호텔이, 요즘 일본 정계의 뜨거운 감자로 떠오르며 별안간 헐리게 되었다. 아주 좋은 양질의 초특급 호텔이 느닷없이 철거를 당하게 되었다. 그 까닭은 바로 2005년 7월 16일에, 영왕의 외아들인 이구 황태손이 그 호텔에서 충격적인 의문의 변사체로 발견된 데에서 비롯된다.

하지만 일본은 당시에 감쪽같이 그 엄청난 국제범죄의 비밀을 숨겼다. 2005년의 이구 황태손 의문사는, 초현대 시대인 이 시대의 최고 국제문제가 분명하지만 자연사로 위장하여 극비리에 시신을 넘겨주었다. 그리하여 이구 황태손의 시신을 한국에 살짝 넘겨 버리는 상상 밖의 추잡한 범죄를 저질렀다. 변함없는 원색적 왜구의 비열한 모습 그대로였다.

그런데 훗날 완전범죄를 꾀했던 그 추잡한 현행범죄가 끝내 발각되고 말았다. 음흉하게 시치미를 떼고 있었는데, 약 3년 뒤에 이 엄청난 특급비밀이 한국에 알려지게 되었다(안천, 대한황실황통쟁투사). 엉큼하게 숨겼던 범죄의 실상이 파헤쳐지며 이구 황태손의 비명횡사가 만천하에 공개되자, 비극의 현장인 아카사카 호텔을 허물게 된 것이다.

4. 아카사카 프린스 호텔의 현대 정치사

아카사카 프린스 호텔은 생각하면 침략 범죄를 자행한 일본측 입장에서 보아도, 일제침략을 상징하는 최고의 물증 건물로서 아무리 보아도 부끄러운 건물이다. 그 건물을 볼 때 마다 일본이 침략국이며 '도둑나라'임을 끊임없이 되새겨 줄 것이다.

더구나 황태자 영왕의 유일한 혈통 외아들로서, 대한황실의 정통성 있는 황통을 잇는 이구 황태손의 비극을 낳은 최악의 현대 '대한황실 참사현장'이다. 우리의 마지막 이구 황태손이 아버지 영왕을 이어 사실상의 인질 상태에서 충격적인 변사체로 발견되며, 100년에 걸친 일제침략의 잔혹함을 상징하는 최고의 증거물 현장이 되고 말았다.

이 건물은 그리하여 현대 일본정계를 강타한 최고의 뜨거운 감자가 되었다. 그래서 허겁지겁 증거인멸을 획책하는 현대판 왜구 코미디의 모습을 생생하게 연출하게 된 것이다. 모든 침략이 거짓말이라고 날뛰는 왜구들도, 이구 황태손의 돌연사 변사사건 앞에서는 유구무언으로 전혀 할 말이 없게 되었다.

특히 일본이 당장 눈앞에서 국제범죄를 저지른 '현행범' 국가가 되었기 때문이다. 그래서 이구 황태손의 의문사 변사사건을 숨기고, 무조건 자연사로 위장한 가운데 살짝 시신을 넘겨준 것이다. 정말 놀라운 일이다. 아무리 잔망하고 사악한 왜구 후손들이라지만, 어찌 그 경악할 변사체를 숨기고 자연사인 듯 거짓말을 할 수 있었는가?

100년에 걸친 침략의 모든 것이 거짓말이라고 그렇게 날뛰면서도, 어찌 이 변사사건에 대해서는 아무 변명도 못하는가? 그들의 확고부동한 현행범죄가 분명하니까 무조건 모르쇠로 일관하며 침묵하고 있을 수밖에 없는 것이다. 한국에서 그토록 몇 년에 걸쳐 여론이 들끓는데도 불구하고 다른 묘안도 대책도 있을 리 없다. 묵묵부답으로 시간만 끌고 있으니, 사실상 확실하게 '유죄'임을 자백하고 있는 것이다(안천, 대한황실문화정책사).

하지만 앞으로 세월이 흐르고 난 뒤에는 또 무언가 거짓말을 꾸며 댈 것이다. 거짓말 꾸미기의 천재 국가답게, 일본다운 신종 거짓말이 다시 등장할 것이 분명하다. 그것은 흡사 일본의 대한황실 침략의 법칙과도 같다. 지난 100년간에 걸쳐 항상 그래왔다. 모든 침략 행태가 모두 그랬으니까 '일제침략의 법칙'이라고밖에 더 무슨 말을 할 것이 있겠는가? 혹시 실수로라도 독일과 같은 인간다운 진실한 모습을 보일 수는 없을까?

그리하여 이 건물은 현대 일본정계를 강타한 뜨거운 감자로 돌변한 것이다. 그리고는 허겁지겁 건물을 허물며 증거인멸을 획책하는, 현대판 왜구의 추잡한 코미디의 모습을 생생하게 연출하게 된 것이다. 아카사카 호텔은 2005년부터 2013년까지 8년에 걸쳐 '일제침략의 법칙'을 생생한 모습으로 보여준다.

원색적, 비인간적, 일방적 침략행위를 자행하고는 철저히 왜곡, 은폐, 부정, 부인, 인멸, 파훼시키는 전형적인 법칙을 8년에 걸쳐 생생하게 연출해 보여준다. 다만 다른 침략들은 이미 과거에 이 법칙대로의 과정이 끝났다. 예를 들어 정신대 위안부는 가장 확실하게 그 법칙을 밟아, 온 세계가 다 아는 일인데도 아니라니까 온 세계가 일본을 인간 이하로 경멸하는 것이다.

하지만 본 아카사카 호텔 사례는 철저하게 그 침략법칙대로 했으나, 현대시대의 현행범죄라 흡사 영화 상영을 하듯 전체의 모든 것이 노출되게 되었다. 아래 5단계는 일본의 침략 만행에서는 어디서나 법칙과 같이 거의 다 존재한다. 다만 많은 경우에 발각되지 않았을 뿐이다. 그러나 아카사카 호텔 철거의 5단계는 생생한 현행범죄로 공개되며, 일본이란 치졸한 전범국의 더럽게 숨겨진 속살을 너무나 생생하게 보여주고 있다.

1) 제1 단계 : 문제인지

일본에서는 제1단계로 이구 황태손이 충격적인 변사체로 발견되며, 그 범죄행위가 최초로 적나라하게 밝혀지자 지극히 당혹해하는 반응을 보였다. 증거인멸을 위해 즉시 헐어 버린다는 소식이 느닷없이 나왔다.

그것은 이구 황태손이 비명횡사한 2005년 이후에 3년이 지났으니까 2008년 무렵이다. 범행을 저지른 일본은 3년간을 조용히 숨죽이고 있었다. 그러나 그 범죄행위가 발각되자마자, 건물 철거 소문이 즉시 나올 정도로 소스라치게 놀랐던 것이다.

물론 그 엄청난 범행이 발각되지 않았다면 그 건물은 계속 존재했을 것이 분명하다. 왜냐하면 그 때까지는 전혀 철거의 논의조차도 없었기 때문이다. 하지만 그 건물이 얼마나 일본 정계의 뜨거운 감자로 떠올랐는가는, 그것이 한국 사회에서 쟁점으로 부각된 2008년에 건물 철거 결정이 즉시 내려진 것에서도 알만한 일이다.

그것은 매우 이례적인 일일 수 있다. 흉악한 범죄가 발각되자마자 즉시 나온 제1차 반응이 그것이었으니, 도대체 그 건물이 무엇이기에 왜 그랬는가?

아마도 도둑이 스스로 제 발이 저렸다고밖에 달리 할 말이 없다.

천인공노할 범행에 분노하는 한국에서는, 전혀 그 '장소' 정도는 미처 생각도 않았었다. 그런데 느닷없이 일본이 알아서 먼저 건물 철거 결정을 내린 것이다. 범행을 숨기고 있던 범죄자의 범죄 심리가 생생하게 폭로된 것이라고 하겠다. 오히려 한국에서 그것을 아주 의아하게 생각할 지경이었다.

2) 제2 단계 : 사실왜곡

하지만 제2단계로 그 범행 장소가 너무도 좋은 최고급 건물이니까, 차마 철거하기가 아까워 주저주저하는 사이에 후쿠시마 쓰나미 대참사가 발생했다. 일본에서는 어차피 증거인멸을 도모해야 하겠으니까, 쓰나미 난민들을 그 큰 호텔에 대거 수용하여 난민 수용소를 만들었다. 초대형 최고급 호텔이 거대한 난민 수용소가 된 것은 인류사에서 거의 유례를 찾아보기 어려운 놀라운 일이다.

하지만 그 후 난민이 나가게 되자 새로 변경된 고육지책적 결정을 다시 내렸다. 증거인멸을 시킬 핑계거리로 난민을 수용했으나, 그 건물이 너무나 아까워 사무실로 개조하여 임대를 하였다. 초대형 특급 건물이 느닷없이 업무용 사무실로 둔갑한 것이니, 일본의 난감한 입장을 생생하게 여과 없이 연출해 주는 것이다.

3) 제3 단계 : 증거인멸

그렇지만 제3단계로 거금을 들여 사무실로 개조한 그 건물을 눈물을 머금고 다시 철거할 수밖에 없게 되었다. 그 초현대판 최고급 초고층 건물을 헐 수밖에 없다는 번복 결정을 재차 내렸다. 왜냐하면 일본 측의 잘못을 추궁하는 한국측 여론이 계속하여 비등하였기 때문이다. 그리하여 일제침략의 추악한 상징건물은 역사 속으로 사라지게 되었다.

아마도 그 번복 결정은 일본 정부의 최고 국가 차원에서의 강압적 결정이 분명하다. 일본은 현재도 예전의 군국주의 독재 체제에서 바뀐 바가 거의 없다. 옛 전통 그대로 철저히 독재국가요, 변함없는 천황제 전제국가이다. 독일은 히틀러 체제가 완전히 사라졌으나, 일본은 예전 전범집단 후손들이 문패만 바꿔 달고 그대로 집권했다. 자민당(나치당)이라고 개명한 문패를 달고 대를 이어 집권한 지극히 잘못된 나라이다. 실질적인 옛 군국체제가 그대로 남은 최악의 나치스 독재국가이다.

절대로 건물주의 순수한 뜻일 리가 없다. 일본은 온 나라가 거대한 독재적 힘에 짓눌려 사는 나라이다. 어딘가에서 내밀하게 결정되는, 그 무서운 독재적 결정을 벗어날 수 없다. 흡사 북한 동포들과 다름없다. 북한은 원색적 공포의 독재사회라면, 일본은 간교하고 야비하며 비정한 독재사회라는 차이뿐이다.

그 건물을 허물지 않으려고 버틴 건물주 측의 반발로 그간 철거를 미루게 했지만, 어쩔 수 없이 강제철거가 되는 것이 확실하기 때문이다. 한국에서 같으면 절대로 주인의 뜻을 무시하고는 철거하기가 어려운 일인데, 가혹하고 무서운 독재국가인 일본이기에 가능한 일이 분명하다.

4) 제4 단계 : 사후조작

그런데 최종 제4단계로 그 건물이 얼마나 뜨거운 감자로 일본정계를 강타했는가를 명쾌히 보여주는 저질 코미디가 또 있다. 그것은 일본과 같이 빌딩 파괴의 첨단 기술이 발달된 나라에서 너무나 상상 밖의 의외의 결정을 내린 것이다. 느닷없이 이 빌딩만은 약 6개월에 걸쳐서 위층부터 아래로 체차적 빌딩해체를 한다는 이례적인 것이다.

명목상 내세우기는 공해를 막고 먼지가 나지 않게 한다는 것이다. 하지만 은밀하게 살짝 허물겠다는 의도가 분명하다. 가급적 조용하게 살며시 허물어서 처참한 증거인멸의 역사를 남기지 않으려는, 일제침략 왜구 당국다운 낯간지러운 최종 결정이다.

그것은 보다 분명하게 솔직히 말하면, 건물을 서서히 체차적으로 해체해야만 할 숨겨진 극비 비밀이 있을 수도 있겠다. 그리하여 너무도 참담한 역사 코미디가 2013년 7월 16일에 맞춰서 장장 6개월이나 진행되었다. 7월 16일! 그 날은 바로 이구 황태손이 의문의 충격적인 '비명횡사 변사체'로 발견 된지 8년째가 되는 참담한 날이다.

장장 100년에 걸친 기나긴 침략악행의 대미를 장식하는 그 날! 그 부끄러운 날까지 조용히 살금살금 증거인멸을 마무리 짓겠다는 것이다. 잊으려 해도 절대 잊을 수 없는 참담한 그 날까지 조용히 살금살금 증거인멸을 끝내겠다는 것과 다름없다.

5) 제5 단계 : 위장선전

앞으로 제5단계는 어떻게 전개될 것인가? 아마도 그 곳에 새로운 위장시설을 지으며 옛 흔적은 완전히 없앨 것이다. 일본은 항상 정해진 법칙과도 같이, 거짓말 위장 선전을 하는 행태를 보여 왔다. 증거인멸을 완결 지으려는 추잡한 시도가 다시 꼭 등장할 것이다.

철저하게 국제사회에 사죄하고 자숙하는 독일과는 너무도 다른 전범국 일본! 온갖 변명과 거짓말을 남발하지 않은 적이 없는 치졸한 국제적 야만국! 사실상 저질 잡범의 나라 그대로이다. 독일과 같은 큰 그릇의 나라를 따라가기에는 너무도 좀스럽고 더러운 왜구 코미디의 연속이다.

동학군학살, 의병학살, 독립군학살, 생체실험, 독도, 정신대, 남경대학살, 동경대학살은 물론이고, 셀 수도 없는 수많은 징용, 징병, 학살, 착취, 방화 등 모든 침략만행을 침략 법칙과 같이 부인하기에만 급급한 위선의 나라! 그리고는 '교과서'까지도 날조하며 제2세들까지 흉악한 왜구로 기르는 나라! 앞으로 등장할 제5단계 추태는 어떤 거짓말 시설이 등장할 것인가 궁금하기 짝이 없다.

하지만 아무리 역사를 왜곡하고 감춘다고 손바닥으로 하늘을 가릴 수는 없다. 광무황제, 명성황후, 융희황제, 덕혜옹주. 문용옹주, 엄귀비, 민갑완 여사, 의왕, 영왕, 진 왕자, 마사에, 이구 황태손을 얼마나 참혹하게 시해하고 참담하게 탄압했던가? 이웃 황실을 이런 생지옥 비극으로 짓밟은 역사적 사례를 지구상의 어디에서 찾겠는가?

5대 궁궐은 물론이고 전국적 차원에서 성곽, 관아, 사찰 등 광범위한 파괴가 어떠했던가? 한국의 궁궐을 거덜 내 듯 약탈하고, 모든 국가기관의 소장품은 물론 민간 소유물을 얼마나 강탈해 갔는가? 심지어 땅 속의 유물까지도 싹 쓸어 간 전율할 침탈로 일본국 전체는 거대한 장물창고가 아닌가? 그렇다! 대한황실 침탈 전범행위를 비롯한, 100년에 걸친 온갖 침략 역사는 영원히 일본사의 족쇄가 될 것이다. 어떤 말로도 변명이 불가능할 것이다.

5. 특급전범 천황의 석고대죄

1) 일본 천황제의 존립 부당성

생각하면 현재의 일본에서 천황제를 유지하고 있다는 것은 너무나 해괴한 일이다. 천황을 받든다는 나라에서, 어떻게 이 초현대 시대에 '이구 황태손 변사 사건'과 같은 경악할 일이 발생하겠는가?

이구 황태손은 일제침략이 없었다면 한국의 존엄한 '절대지존 임금님'이시다. 그 고귀한 어른을 그토록 참담하게 비명횡사 시키고도, 일본천황이 존경을 받는다면 희극이다. 천황이 그렇게 한심한 존재니까 일부 일본 정치인들이 그렇게 저질인 것이다.

이웃나라 황실을 그토록 참혹하게 짓밟는 나라에서, 천황제에 대한 일본인들의 충심이 존재한다는 것은 확실한 거짓말이다. 공포에 질려 수령체제를 지지하는 북한과, 왕따가 될까 두려워하며 천황체제를 묵인하는 일본과 무엇이 다른가? 천황이 최고 전범자인데 궁극적으로 그 천황을 어떻게 존경할 수 있겠는가? 철저한 거짓이요 위선일 뿐이다.

일부 몰지각한 일본인들은 역지사지로 생각해 보라! 이웃나라를 생지옥으로 만들고 이웃 황실을 잔혹하게 압살, 단절시키고도 아베, 아소, 하시모토와 같은 뻔뻔한 만행이 있을 수 있는가? 모든 일본인들이 다 그럴 리는 없다. 극소수의 철면피 일본인들이 원흉이다. 일본이 귀중하고 천황이 소중하면, 이웃나라도 그것은 똑같은 것임을 왜 모르는가?

눈앞의 정략적 이익에만 혈안이 되어 국제정의를 짓밟고 국제평화를 저버린 지난 1000년의 왜구 떼도둑 일본사를 또 답습해야 하는가?

일본에 이웃하여 있는 한국은 1000년 내내 피해를 입었다. 여말왜란, 임진왜란, 경술왜란으로 이어진 악마의 왜구 DNA가 그렇게도 자랑스러운가?

2) 특급전범 천황의 석고대죄

호전적인 침략국 일본의 최대 피해국인 한국은 그 잔혹했던 침략 후유증으로 현재도 남북분단 불구자의 나라이다. 일본이 그런 중환자 상태로 만들어 놓았다. 그래서 한국인들이 내내 생지옥살이를 하고 있다.

현대 한국은 온 나라가 폐허상태로 중증 고질병을 앓으며, 궁궐, 관아, 사찰, 성터, 민간문화재를 기초적으로만 정상화 시키는데도 천문학적 예산이 투입되었다. 그렇지만 모든 것을 다 참고서 잊으려 했던 한국사회에 아베가 다시 분노의 화약고를 만들어 놓았다.

지나간 역사라며 잊으려 했던 한국인들을 덧낸 일본 정치인들로 인해 한국은 다시금 전율하고 있다. 8000만 민족은 눈물을 삼키며 분노하고 있다. 총궐기하게 만들고 있다. 결코 아베, 아소, 하시모토의 신종 침략행태는 일본에 독약이 될 뿐이다. 국제고립을 만들 뿐이고, 추악한 착각으로 역사에 남을 것이다.

그렇다! 특급전범 천황은 즉시 한국땅을 찾아와야 한다. 하루 빨리 태조 고황제, 광무황제, 융희황제, 의왕, 영왕, 이구 황태손의 묘소를 찾아 무릎 꿇고 처절하게 빌며 사죄해야 한다. 그리고 대한황실 종묘에 눈물로 석고대죄를 해야만 한다. 다른 해결책은 없다(한국에서는 아베를 인간으로 보지도 않는다. 최악의 주범 천황이 직접 사죄해야만 한다. 정신대 할머니

앞에서도 천황이 무릎 꿇고 직접 피눈물 사죄를 함은 필수적이다).

그리고 일부 잘못된 일본인들을 혼내고 단호하게 꾸짖어야 한다. 특히 아베, 아소를 꾸짖고, 하시모토와 같은 최악의 이웃 나라 모독 신종 범죄자를 단호하게 처벌해야 한다. 하시모토와 같은 비열한 국제범죄자를 방치하는 일본은 언제라도 야만국일 뿐이다.

이웃 나라 국민들이 총궐기해야 처벌하겠는가? 오늘날 한국, 북한, 중국, 타이완, 싱가포르를 포함한 아시아 전체는 물론이고 미국, 러시아, EU의 내면은 부글부글 들끓고 있다. 제2차 세계대전의 악몽을 되새기며 분노하고 있다.

3) 제2의 국치일, 7월 16일

새로운 한일 관계사의 열쇠는 우선적으로 천황이 쥐고 있다. 총리도 필요 없다. 모든 것이 천황에게 귀책 된다. 이웃 나라 황실을 처참하게 단절시킨 특급 전범 천황 자신이 솔선해서 열어야 해결된다. 결자해지의 자세로 '최고 전쟁범죄자'가 나서지 않으면 전혀 미래관계가 없다. 그럼에도 동아시아를 생지옥으로 만든 '초특급 전범' 천황이 눈감고 비열하게 숨어 있으니까, 못된 일부 일본인들이 천황의 잘못에 과잉 동조하는 것이다.

그 동안 얼마나 천황이 비겁했는가? 너무나 비열했다. 히틀러같이 깨끗이 자결하며 속죄하는 것이 정상이었다. 히틀러보다 더 악독했던 전범이 천황인데도, 최악의 전범 지위를 오히려 즐기고 있으니까 오늘날 아베, 아소, 하시모토의 만행이 재발한 것이다.

하지만 천황이 비열하게 숨어서 시간을 끈다고 달라질 것은 전혀 없다. 거꾸로 일본 천황가가 대한 황실에게서 그런 참혹하고 처참한 피해를 입었다고 가정해 보라! 더구나 이구 황태손은 천황의 같은 반 동갑이 친구였고, 침략족보 상으로는 천황의 가까운 친족인데도 그런 변사체를 만들었다.

그런데도 천황은 전범 중 최악의 특급전범이요 확실한 현행범으로서, 이구 황태손의 의문사 범죄를 은폐하기에만 몰두하고 있다. 광무황제, 명성황후 시해 이후 그토록 잔혹한 범죄를 수없이 저지르고도, 어찌 이구 황태손의 참담한 비명횡사를 숨기는 최악의 범죄를 초현대시대의 대명천지 하에서 다시 저지르고 '증거인멸'을 시키는가?

아카사카 프린스 호텔을 헐어 없앤다고 무엇이 달라질 것인가? 지구는 오늘도 변함없이 돈다. 아카사카 범죄현장에 비극의 7월 16일은 해마다 변함없이 다시 찾아온다는 것을 명심해야 한다. 7월 16일! 현대판 제2의 국치일은 매년 어김없이 다시 찾아온다.

4) 일본국 전체의 진심어린 사죄와 자성

그렇다. 일본인 전체가 나서서 천황의 사죄를 최촉해야 한다. 일본국 전체가 온 세계에 진심으로 사죄해야 한다. 이웃나라를 생지옥으로 만든 특급전범 천황이 무릎 꿇고 사죄하는 길 외에는 어떤 방법도 없다고 최촉해야 한다. 현재와 같이 천황이 비열하게 숨어 있으면 더욱 한일관계사는 꼬여 나갈 것이 분명하다.

특급전범 천황의 범죄는 세월이 흐른다고 지워지지 않는다. 소멸시효가 없다. 원색적인 도발, 모독, 조롱을 계속하는 아베를 꾸짖고, 모든 일본인이 천황의 사죄와 자성을 이끌어 내야 한다. 일본인들은 역지사지로 생각하며 진심으로 개과천선해야 한다.

또 다시 아시아를 생지옥으로 만들고 미국의 진주만을 몰래 기습하며, 일본 열도 전체에 비 오듯이 원자탄이 쏟아지는 악순환을 바라는가? 일본의 오판! 한심한 착각! 그 참담한 심판의 그 날에는 천황도 일본도 영원히 사라질 것이다.

5) 남기는 글

본 칼럼은, 이구 황태손의 의문사에 대한 4번째 문제제기이다. 하지만 일본은 8년이 지나도록 전혀 이구 황태손의 참담한 죽음에 대한 사죄가 없다. 한국의 민간여론이 그렇게 들끓어도 모르쇠로 일관하고 있다. 더구나 범죄현장을 무참히 파괴하며 증거인멸까지 시키고 있다. 이렇게 오만방자한 행태는 예부터의 변함없는 침략행태 그대로이다.

「이구 황태손의 비명횡사 변사체 은폐 범죄자인 천황은 확고부동한 현행범이다. 전범국 일본과 특급전범 천황은 확실하게 역사법정에 고발되어야 한다.」

입헌군주제 개헌!
아주 신선한 선택입니다!

전범천황은 석고대죄 하라

- 이구 황태손 의문사 7주기, 전범탄핵 특별선언 -

아 통한의 그 날이 다시 돌아왔다.

아 너무도 놀랍고 비통했던 그 날이 다시 돌아왔다.

아 땅이 울고 하늘이 통곡할 참담한 그 날이 또 찾아 왔도다. 때는 2005년 7월 16일! 지금으로부터 7년 전 여름! 일본의 동경땅 한복판이었다. 유난히도 뜨거웠던 그 여름날! 너무도 충격적인 경악할 비극이 동경땅 정중앙에서 있었다. 잊으려 해도 아무리 잊으려 해도, 절대 절대 잊을 수 없는 비극의 그 날이 다시 찾아 왔도다.

100여 년 전! 흉포한 왜적두목 천황의 하수인들이 우리의 존엄하신 명성황후를 처참하게 시해한 인류 최악의 만행을 저질렀다. 우리의 거룩하신 광무황제 폐하도 잔혹하게 독살 시해했다. 그리고 대한황실 전체를 잔인하게 풍비박산시켰고 처참하게 만신창이로 만들었다.

아 지구 땅 어디에도 없을 야만적 침략국의 소름끼치는 잔혹함을 잊으려 해도, 아무리 잊으려 해도 결코 잊을 수 없는 전율할 참상이 우리 하늘에서 지워지지 않고 있다. 결코! 결코! 결코 지워지지 않고 있다. 시커먼 진흙 먹구름이 되어 짓누르고 있다.

최악의 전범 천황에게 준엄하게 묻는다! 그대도 인간의 탈을 썼는가? 그대를 따르는 일부 못된 범죄자들도 사람의 모습인가 분명하게 묻는다! 입이 있으면 답하라! 그대에게도 언어가 있고 말이 있으면 똑바로 답하라! 답하라! 정확히 답변하라!

최악의 전범 천황에게 단호하게 말한다. 100여 년 전에 이웃나라를 강점 침략하고 볼모로 잡아간, 철부지 어린이 영왕은 평생을 어떻게 보냈는가? 그리고 철없는 어린 나이에 강제로 끌려간 덕혜옹주는 어떤 일생을 보냈는가? 그 어리고 어린 남매를 강제로 잡아다가, 그토록 몹쓸 짓을 자행한 더러운 나라가 일본이다. 지구상의 어디에서 그런 지저분하고 악독한 나라를 보았는가? 어디에 그런 추잡하고 추악한 나라가 또 존재하고 있는가?

아무 것도 모르는 철없는 어린애를 끌고 가 철저히 볼모생활을 시키며, '방자'라는 감시인에게 강제결혼을 시킨 후, 창살 없는 감옥에 갇힌 듯 세상과 끊고 그대의 황궁 옆집에서 사실상 종신형 무기징역살이를 시켰고, 끝내 늙어 쓰러져 식물인간이 되자 들것에 실려 귀국시킨 이웃나라 황태자를 기억이나 하고 있는가? 한국인 모두를 대표하여 인질로 잡아갔던 그 불쌍한 철부지 어린이를 기억하는가?

아무 것도 모르는 어린 소녀를 잡아다가 끝없는 공포에 떨며 살게 했던 덕혜옹주를 기억이나 하는가? 너무나 무서워 정신 나간 그 가냘픈 소녀의 병명을 너희 의사들은 '조발성 치매'라는 특수 병명으로 불렀다. 지구상에 어찌 어린이 치매가 있을 수 있는가? 의사들도 도저히 붙일 병명이 없었을 정도이니, 얼마나 어린 소녀가 홀로 잡혀가 무섭고 떨렸겠는가? 극도로 공포에 질려 눈물로 살던 그 어린이가 처녀가 되자, 강제결혼을 시켜 매일같이 실컷 두들겨 팼고, 혼이 빠지며 정신 나간 폐인이 되자 평생을 정신병동 철창 속에 처넣었다가, 휠체어에 태워 늙은 할머니로 귀국시킨 것을 알고 있는가? 너무 너무 무서워서 공포에 떨며 얼이 나간 소녀를 우격다짐 정신병자로 만들어, 캄캄한 정신병동에 처넣었던 정말 추악한 범죄를 기억하는가? 더구나 그 공주가 얼결에 낳은 딸조차 의문사 시켜 흔적도 없이 사라졌다! 어찌 그대의 나라도 인간의 나라인가? 역사상 어떤 악마의 나라도 그럴 수는 없다. 결코 있을 수 없다. 천벌을 받고 또 받을 더럽고 잔혹한 만행이었다.

생각하면 볼모로 잡혀간 초등학생 나이의 두 어린 남매는, 우리민족 모든 사람들을 대표하여 강제로 끌려가 인질이 되었던 비극의 철부지 어린애였다. 더럽고 지저분한 인면수심의 나라! 그대의 나라는 우리 국민 전체를 그런 생지옥 생활을 시킨 것과 똑같다. 지구상 어디에도 없을 몹쓸 악마들이로다! 아 생각하기도 끔찍한 일이로다. 아 생각만 해도 치가 떨리는 가공할 참극이로다.

더구나 평생을 잡혀서 인질생활을 한 영왕의 외아들 이구 황태손에 대해서, 그대는 정확한 답변을 해야 한다. 이구는 그대의 아주 가까운 혈족이다. 그대의 가까운 친족 '방자'를 강제 결혼시켜서 태어난 아들이고, 그대의 천황족보에도 분명히 올라 있다. 침략족보 그대로, 침략혈통 계보가 생생하고 뚜렷하게 증거로 남아 있다.

그런데도 최악의 삶을 산 이구 황태손에게 그토록 싸늘하고 차가웠던 냉혈국가가 그대의 나라다. 100여 년 전에 잡혀간 영왕의 아들로 태어난 이구 황태손은, 그대와 동갑이고 같은 반 급우요 친구였다. 더구나 그대의 황궁 옆에서 같이 컸고 같이 자랐다.

그러나 한국 땅에서 보내주는 성금이 아니면 살 길이 전혀 없었는데, 너무도 차갑고 싸늘하게 방치하며 쳐다보지도 않았으니 그대도 인간인가? 한국 땅에서의 성금 외에, 평생을 아버지 영왕과 함께 사실상의 창살 없는 감옥에 갇힌 듯 인질생활을 하여 빈털터리인 이구 황태손에게는, 생활력도 없었고 아무 것도 삶의 방편이 없었다.

너희가 강제로 그렇게 한심한 폐인을 만들어 놓았다. 그리고는 너무도 무책임하게 방치했다. 아니 그 생활무능력자를 모질게 내버려 뒀다. 모든 것을 빼앗기고, 모든 것을 짓밟히고, 모든 것을 망친 비극의 황태손이 말년의 긴 세월을 그대의 황궁 옆에서 외롭게 살았다. 그런데 그 비운의 황태손이 2005년 7월 16일에, 그대의 황궁 옆 아카사카 프린스 호텔에서 충격적인 변사체로 발견되었다(안천, 대한황실황통쟁투사).

그러나 너희 못된 나라는 그것을 비밀로 숨겼다. 어떻게 그 엄청난 일을 감히 숨길 수 있는가? 너희는 아주 극비리에 시신을 넘겼고, 모든 것을 비밀로 했다. 우리국민들은 아무 것도 모르고서 자연사로 알고 장례를 모셨고, 100여 년에 걸친 비극사를 조용히 지켜보며, 비운의 황태손이 땅 속에 묻히는 것을 참담한 마음으로 지켜보았다. 아니 온 겨레가 조용히 눈물을 삼켰고, 생지옥의 비참했던 지난날을 눈물로 회고하며 피눈물 한숨을 쉬었다.

그대는 우리국민들을 너무나 보기 좋게 속였다. 우리국민들은 그래서 감쪽같이 깨끗이 속았다. 하지만 어찌 그 엄청난 거짓말이 감춰질 수가 있는가? 어찌 손바닥으로 태양을 가리려는 앙큼한 거짓말을 했는가? 아 노골적인 왜구나라로다. 어찌 이구 황태손이 의문사 당한 그 엄청난 충격적 비밀을 숨길 수 있겠는가?

그 당시, 그렇지만 이미 장례식을 치루며 그 현장에서 놀랍고 놀라운 소문이 급속히 퍼지며 나돌았다. 경악스럽게 독살로 죽었다는 얘기와 함께 상상도 못할 충격적인 소문이 떠돌았다. 그리고 자연사가 아니라 확실한 타살이라는 등 도저히 입을 다물 수 없이 놀랄 소문이 돌았다.

도대체 왜 살던 집에서 느닷없이 쫓겨났는가? 더구나 왜 오랫동안을 호텔방에 유폐된 상태로 머물러 있다가 비명횡사를 당했는가? 끝없이 놀라며 갖가지 의문이 꼬리를 이었다. 그리고는 너무나 상상 밖으로, '굶어 죽었다'는 경악할 소문이 놀라움 속에 퍼져 나갔다. 그대의 황궁 옆에서 겨우겨우 끼니를 잇다가 굶어 죽었다는 것이다.

그대가! 그대가 바로 옆에 생생하게 살아 있었다. 바로 냉혹하고 무심한 그대의 옆에서 비극적 변사체로 발견되었다. '충격적인 의문의 객사'를 당한 싸늘한 주검으로 발견된 것이다(안천, 대한황실문화정책사).

어찌 이 시대로는 결코 상상도 못할 일이며, 도저히 있을 수도 없는 참담한 일이 일어났는가? 너무나 경악스럽게도, 굶어 죽었다는 경천동지의 말이 나오는가? 이 시대에 그대가 사는 황궁 옆 호텔방에 갇혀 충격적인 비명횡사를 할 수 있는가?

그런데도 밀린 집세와 호텔비까지 냉혹하게 받아내고서야 시신을 매몰차게 인계했다니, 그대도 인간의 탈을 썼는가? 어찌 그런 놀라운 일이, 어찌 이 시대에 이 시대에 감히 일어날 수 있는가?

아 참담한 비극이로다.
아 100년에 걸친 참극이 한도 없고 끝도 없도다.
아 경악, 경악, 경악할 일이로다.

정상적이라면 그대의 나라는 이제라도 꼭 해명을 의무적으로 해야만 한다. 정중하게 사죄 사절단도 보내야 한다. 물론 그대의 나라는 정상적인 나라가 아닌, 1천 년에 걸친 왜구 침략 만행국가니 해명할 리도 없겠지만, 그대는 그 비밀을 소상히 알고 있으리라.

가까운 친척이며, 같은 반에서 공부한 친구며, 이웃에서 함께 자란 친우의 참혹한 최후를 그대라도 소상히 밝히라. 더구나 이구 황태손은 못된 그대의 조부를 이어서, 그대의 부친이 100여 년에 걸쳐 강제 인질로 붙들어다가 저지른 입에도 담지 못할 악행의, 100년 침략의 최고 피해자이다.

그대가 모든 것을 책임지고 또 책임져야 할 인물이었다. 그대의 집안의 3대가 그토록 하나같이 악랄했고 간교했고 잔혹했지만, 이제라도 비밀을 밝히고 사죄하라. 무한책임을 지라. 이웃나라의 임금님이 되실 지엄하고 드높은 분이 그토록 처참한 최후를 맞은 바를 낱낱이 깨끗이 해명하라.

전범 천황에게 단호하게 말한다. 그대 나라의 침략으로 무너진 대한황실은 아직도 처참하게 살아있다. 극도로 참담하고 참혹한 상태로나마, 내일을 꿈꾸는 피 묻은 잠룡으로 오늘을 보내고 있다. 그렇다! 산산조각 부서지고 피로 물든 처참한 잠룡이다! 상처투성이 피투성이 잠룡이 되어 고통 속에 신음하고 있다! 절규하고 있다! 몸부림치고 있다!

전범천황은 결코 잊지 말아야 한다. 지난 시절에 미국의 강력한 권유로 맺어진 한일회담 조약은 원천적으로 무효이다. 우리의 나라님을 너희들이 잔혹하게 없애 놓고, 그대는 협정을 어떻게 뻔뻔하게 맺을 수 있는가? 자네의 협정 상대가 전혀 없었다.

나라님이 안 계시는데 누가 조약을 맺을 수 있나? 그것은 어쩔 수 없는 국민들이, 나라님이 사라진 상태에서 일단 잠정적으로 맺은 가조약 가협정일 뿐이다. 그것은 우리 국민들이 어쩔 수 없는 비상상태에서, 나라님 대신으로 잠정적 중간단계 처리를 한 것에 불과하다.

자네는 겸허한 자세로, 자네의 나라가 저지른 침략만행을 반성하는 백서를 소상히 발표하라. 숨김없이 진솔하게 발표하라. 그것을 읽어 보면 그대까지도 까무러치게 경악할 것이다. 온 세계에서 놀라지 않을 나라가 없을 것이다. 그것을 보면, 그대의 조상부터 대대로 어찌 그토록 잔혹하고 악독했는가에 소름이 끼칠 것이다.

특급전범 천황에게 단호히 말한다. 그대에게 확실하게 다짐하며 말한다. 한국 땅에서 약탈해간 모든 문화재를 즉시 낱낱이 반환하라. 몽유도원도, 혼일강리역대국도지도 같은 세계적 보물들은 당연하게 포함된다. 한국에는 거의 없는 고려불화가 일본에만 그토록 많이 있는데, 그것들은 온 세계가 경탄하는 빼어난 보물들이다. 그것들 모두를 포함하여, 숨겨져 있는 것까지 모든 다양한 문화재를 깨끗이 반환하라.

그대의 나라는 나라가 아니다. 추악한 도둑떼들의 장물창고에 불과하다. 어찌 나라라고 할 수가 있는가? 약탈, 살육이 생업인 떼도둑 왜구들의 집단으로서, 고려말 왜구, 임진왜란, 경술왜란을 거치면서 끝없이 우리땅에서 노략질해갔음을 너무도 잘 알 것이다. 자네가 책임지고 모든 것을 빠짐없이 반환해야만 한다. 그것은 떼도둑 왜구 두목의 당연한 의무이다.

그리고 한국에서 끝없이 수탈해간 식량, 온 나라를 뒤지며 샅샅이 빼앗아간 수많은 자원은 물론이다. 울창했던 우리땅의 온 산을 황폐화시키며 잘라간 아름드리 원시림 목재들도 물론 포함된다. 더구나 그 많은 한국인을 강제로 징용, 징병, 정신대 등으로 끌고 가 살육, 살상, 성희롱, 폭력, 착취한 천문학적 피해를 완전하게 변상하라.

그런데 특히 그대의 나라에 침략당하며 입은 피해에 있어서도, 가장 더럽고 잔혹했던 것은 정신적인 것이었다. 그대의 침략 하수인들은 우리땅을 침략하면서, 너무나 치욕스럽게도 우리민족을 '부락민'으로 취급하며 모독하고 짓밟고 탄압했었다. 우리땅 전체를 부락이라고 불렀으니, 부락은 자네 나라의 천민촌 가운데에서도 최하 천민촌을 말하는 것이 아닌가?

자네 나라는 초현대시대인 오늘날까지도, 내면적으로는 인도보다도 극심한 계급사회 그대로이다. 그렇게 변함없는 무서운 계급체제에서, 이웃나라를 극도로 혹심하게 강제점령하고 최하층 부락민으로 짓밟으며 극한모독을 했었다. 수많은 사람을 굶기고 노예로 몰면서, 뼈가죽만 남도록 농노생활을 강제했었다. 그 혹독했던 모독, 조롱, 탄압을 필설로는 도저히 표현할 수가 없는 것이라네. 그것은 돈으로 환산하여 천문학적 피해라는 표현도 모자라는 너무나 몸서리치는 것이라네. 자네의 나라는 우리를 그토록 착취하고 모독한 악마의 나라라네. 그것은 도대체 무엇으로 변상할 것인가?

그대는 이구 황태손 비명횡사의 살아있는 생생한 현행범이다. 1백년에 걸쳐 대한황실을 짓밟은 잔혹한 현행범이다. 그대의 나라는 또한 1천년에 걸쳐 한국을 끝없이 약탈한 1천년 현행범이다. 한국인들이 후덕하여 참고 참으며 인내해 왔으나, 이구 황태손에 대한 참혹한 범죄가 그대가 살아있는 바로 옆 현장에서 오늘날 발생한 바에 따라 현행범죄로 분명히 배상을 요구한다. 그대는 생생한 현행범이다. 그렇기에 확실하게 100년의 침략에 대해, 그리고 1천년 약탈에 대해 모든 것을 즉시 배상해야만 한다.

지나간 긴 역사를 통해 피해를 산출할 때에, 물론 그대 나라 전체를 내놓아도 배상은 불가능하다. 오늘날 그대 국민들이 세계적 수준으로 잘 산다는 것은, 모두 우리땅을 전방위로 약탈 착취한 침략행위의 결과일 뿐이다. 한국의 희생을 발판으로 일본번영이 가능했다.

하지만 그대의 국민들이 가진 모든 장물을 다 내놓는다 해도 배상은 불가능하다. 너무나 긴 시간에 걸쳐 끝없이 휩쓸어 약탈해 갔기 때문이다. 따라서 최소한 '큐슈, 시코쿠 섬' 정도는 한국에 깨끗이 할양해야 옳다.

아니 그것도 극히 최소한으로 양보한 것이다. 자네 나라는 너무나 가혹한 침략국이었으나, 제2차 세계대전이 끝날 때에 미국이 너무 경솔하게 아량을 베풀었다. 독일은 일본에 비하면 큰 잘못이 없는데 폴란드에 영토할양을 한 것을 생각해 보라.

한국 땅의 모든 것을 강점하고 거덜 냈던 것을 생각하면, 지금이라도 일본은 솔선해서 배상해야 옳다. 큐슈, 시코쿠 섬은 일본이 저지른 전범 악행에 비하면 너무도 작은 배상이지만 필수적 배상이어야 했다.

자네 나라의 '부락민'을 예전 우리나라에서는 상놈이라고 불렀다. 만약에 우리가 일본을 침략 강점하고서 모든 궁궐을 부수며 그곳에다 동물원, 총독부, 학교 등을 마구 지어 없애고, 천황가문을 잔혹하게 살해, 독살하며 풍비박산시키면서, 자네를 상놈으로 취급하며 천하에 없을 돌상놈 천황이라고 부르면 무엇이라고 할 말도 없을 것이다. 너희들이 우리를 침략한 야만행위에서 우리를 인간취급하지 않은 '인격모독' 침략 죄가 가장 큰 죄악이다.

하지만 생각하면 그대는 이구 황태손에게 한 극도의 야만 무례행위로 볼 때에 돌 상놈 이상도 이하도 아니다. 천하에 짝이 없을 돌 상놈 현행범이다. 자네가 그러하니까 아직도 자네 나라에 적지 않게 몹쓸 상놈들이 있다. 자네 나라에서 오늘도 준동하고 있는 일부 몹쓸 자들의 상놈 병을 확실히 책임지고 치유하고 가르치라. 도대체 자네는 몹쓸 침략 역사, 그 진실을 학교에서 왜 안 가르치는가? 왜 엄연한 사실을 감추고 거짓말만 가르치는가?

한일관계는 여타 외국과 같은 수준의 일반적 신의성실 관계가 아니다. 통상적인 보통 언어로는 설명이 불가능한 특별 대외관계이다. 그것은 자네가 누구보다도 잘 알 것이다. 일본측에서 스스로 알아서 한국측의 아픈 마음을 풀어주어야만 될 특별 특수 관계이다. 결코 선량한 대등관계가 아니다. 너희들은 필설로는 표현도 못할 잘못을 끝없이 끈질기게 저질렀다. 그것은 최악의 흉악범 가해자와 처참한 피해자 사이와 같은 특별 특수 관계이다. 만약에 확고한 세계 형법이 있다면, 자네와 일본은 사형죄에 해당한다. 아직도 불의의 지구라 그렇지, 어찌 일본이 정상적 국가인가?

특히 오늘날 한국인들이 자네에게 격노하는 것이 있네. 그대의 일부 못된 국민들이 아직까지도 끝없이 한국을 모독하고 조롱하는 것이네. 선천적 원색적인 왜구 그대로, 한국을 모독하며 놀리고 있는데 한국인들은 진심을 원한다. 하지만 끝없이 그대의 국민들은 그대를 닮았다.

한국인들은 그간 모든 고통을 잊고 참으려고 무던히 노력해 왔다. 끓어오르는 분노를 달래면서 애써 화해를 하고, 따뜻한 한일관계의 새로운 미래를 만들려고 했다. 인내하고 또 인내하며 지난날을 잊고 선린관계를 만들려고 했다. 그러나 자네의 일부 못된 국민들은 기나긴 생지옥 악몽을 극복하려는 한국인들의 이를 악문 몸부림마저도 무참히 짓밟았다. 한국인들의 인내에도 한계가 있음을 분명히 명심하라. 그 피맺힌 응어리가 폭발하는 그 날이 두렵지도 않은가?

자네의 일부 국민들은 결코 인간도 아니다. 혹시 자네의 일부 못된 국민들은 자네의 옛 조상들이 성인군자였었다고 착각을 하는가? 아니다. 결코 아니다. 자네 나라의 교육이 원천적으로 잘못되어 거짓말을 배워서 그렇지만 온 세계가 다 진실을 알고 있다. 그럼에도 불구하고 온 세계에다 오늘날에는 위선적 가면을 쓰고 뻔뻔한 거짓말을 하고 다니는데 절대로 그렇지 않다. 그 못된 왜구 조상을 예부터 변함없이 이은, 악마의 종자 그대로 원색적인 악귀들에 불과하다.

너희들이 만든 생지옥의 모든 것이 합법이었다는 사기꾼들이 아닌가? 너희가 언제 법을 알았는가? 극악무도한 침략을 자행하고, 억지 합법으로 조작한 '날조서류'나 만들었음을 온 세계가 다 아는 일이다.

언어도단이로다. 개탄할 일이로다. '합법적 강도'가 일본이라니 실소를 금할 수 없도다. 온 세계가 경악할 희한한 일이로다. 일본이 전범 노략질을 하면 모두가 합법이고, 심지어 정신대조차도 강제동원은 했지만 합법적 매춘이라니 온 세계가 웃을 일이로다. 더구나 '온 세계가 다 그랬었다'는 경악할 말도 서슴지 않는데, 어디 다른 나라에 정신대가 있었나?

자네는 즉시 그대의 국민들을 사람답게 살라고 간곡하게 타이르라. 제대로 가르치라. 그리고 한국인들의 자존심 상처에 진심의 사과를 해야만 한다. 너희들은 칼을 든 노략질의 나라이지만, 한국인들은 큰 인격의 나라이다. 그렇기에 무엇보다도 진심의 사과를 우선적으로 원한다. 그러므로 그대의 진심어린 사과가 선행됨이 우선이다. 그대와 같은 왜구나라에게도 마지막 양심이 있음을 그대가 솔선하여 밝히라.

끝으로 특급전범 천황에게 간곡하게 경고하며 강조한다. 자네에게 단호하게 강조할 것은 왜 요즘 '일본자살론' 및 '일본자멸론'이 계속 출몰하고 있는가 하는 점이다. 그것은 바로 그대의 사회지도층에 있는 일본인 다수가 일본은 스스로 망하면서 무덤으로 가고 있다고, 극도로 비관적인 자가진단을 하며 우려의식을 전염병 같이 확산시키고 있기 때문이다.

일본의 종말! 그것을 어떻게 못 느끼겠는가? 그런데 그 까닭을 정확히 분석해 말하지 않고 있다. 그대와 같은 조폭 강도나라에서 왕따가 될까 두려워 몸 사리며 돌려서 말할 뿐이다.

그런데 솔직하게 정답을 말하면, 끝없이 이웃나라를 침략, 약탈, 착취했던 조폭 떼도둑 체제의 동맥경화 현상을 보이는 것이다. 보다 바르게 말하면, 도둑나라가 도둑질을 못하며 붕괴하는 자연현상인 것이다. 자네의 일본은 왜구약탈로 버텼는데, 초현대시대인 오늘에는 그것을 못하게 되니 대책이 없이 수렁으로 빠져드는 것이네.

아주 급속하게 일본은 요즘 리더십을 상실하며 붕괴된다고 한다.

국가경쟁력을 잃고 좌초되며 망해가는 과정에 있다는 견해가 확산되고 있다. 그것은 일본이 예부터의 왜구약탈 퇴적사회의 늪에 빠져 대안이 없다는 뜻이다. 솔직히 말해 왜구 리더십의 한계점에 다다랐다는 뜻이네.

그런데도 불구하고 그대의 일부 못된 국민들은 잘못되었던 그 시대를 그리워하네. 그 악마 시절에 향수를 갖고 있네. 요즘 아베가 일본 자살론을 극복하려고 처절하게 발버둥 치는데, 그것은 종국적으로 일본의 끔찍한 독약이 될 것이네. 100개의 원자탄이 비 오듯이 떨어지며 자멸할 것을 막는 첩경은 자네와 자네 국민들이 진심된 인간성을 회복하는 것뿐이네.

이제라도 일본은 철이 들어야 하네. 사람답게 사는 것이, '일본자살' 병을 고치는 지름길이라네. 인면수심의 나라 일본은 근본적으로 바뀌어야 하네. 왜구두목 자네가 솔선하면서, 뼛속부터 철저히 반성하라. 그리하여 선량한 일본으로 재탄생해야만 내일이 있다. 일본에도 사람들이 산다는 것을 확실히 증명하라.

아 통한의 그날이 어김없이 또 돌아왔다. 몹시도 잔악하고 잔인했던 그날이 다시 돌아왔다. 목을 놓아 통곡하고 땅을 칠 그날이 또 다시 찾아왔도다. 때는 2005년 7월 16일! 지금으로부터 7년 전의 그날은, 몹시도 뜨겁고 뜨거운 염천의 날이었다. 용광로에 빠진 듯 펄펄 끓는 날이었다. 뜨거운 피눈물 땀이 온 나라의 온 민족을 흠뻑 적신 그 날이었다.

지구 전체가 분노하며 들끓듯 너무도 뜨거웠던 그날! 온 몸을 비 오듯 땀으로 적시던 그 펄펄 끓던 날! 이구 황태손은 모질게도 비명횡사 하였다. 의문사 하였다. 참담하고 경악할 변사체로 발견되었다. 광무황제, 명성황후의 참혹한 죽음에 이어, 100년 만에 다시 새로운 국치 참변이 놀랍게 돌발했도다.

아 경악하고 전율할 충격적인 비명횡사로다.
아 참담한 비극의 죽음이로다.
아 놀랍고 놀라운 의문의 참변이로다.

특급전범 천황은 즉시 무릎을 꿇고 석고대죄 해야만 한다. 멍석을 깔고 엎드려서 100년의 침략을 사죄하고, 이구 황태손의 비명횡사를 눈물로 사죄해야 한다. 이구 황태손이 비참하게 죽음을 맞았을 때에, 정상적이라면 자네 나라에서는 온 나라에 조기를 내걸었어야만 했다. 온 나라가 철시하며 가무음곡을 삼가고 자숙하여야 했다. 그리고 1000년 노략질, 100년 침략을 거국적으로 반성해야 했다. 고개를 숙이고 숙여 온 나라가 참회하여야 했다.

그리고는 자네가 시신을 정중하게 운구하면서, 진심으로 솔직히 사죄하며 직접 모시고 왔어야만 했네. 그것은 인간 사회의 가장 초보적이고 기본적인 예의라네. 너무도 당연한 초보적 예의만 지켰어도 한일관계는 순탄한 매듭이 지어졌을 것이네.

그런데 너희는 아무리 최악의 떼도둑 왜구들이라지만, 어찌 유치원 아기들만도 예의를 모르는가? 그 기초적 예의만 지켰어도, 그렇게만 했어도 한국인들의 분노는 반감될 수 있었다. 아니 돌아가신 분에게 최소한 그 정도의 예의만 갖췄어도 한국인들이 그토록 격노하지는 않을 것이네. 세월이 지났으니 이제는 할 수 없다며 체념하고서, 그 지긋지긋했던 악몽의 지옥 시절을 잊고 말자며 흘러간 역사에 조용히 눈을 감고 침묵했을 것이네.

대관절 너희 나라는 학교에 도덕 교과도 없는가? 거짓말, 도둑질, 침략, 폭력만 가르치고 있느냐? 자네는 도대체 그 기초 교육도 제대로 배우지 못한 '무뢰배 왜구두목'에 불과한가? 생각하되 그 엄청난 한일관계사의 마무리를 비열하게 숨기며 진실을 왜곡 은폐시키려한 바는, 실로 경악을 금할 수 없는 현대 세계외교사의 충격적 사례이다. 그대는 앞으로 국제사회에다 어떤 거짓말을 또 주절주절 늘어놓겠는가?

아 경악할 일이로다. 아 참괴하기 짝이 없도다. 얼굴이 화끈화끈 달아오르며 부끄러워 고개를 들 수 없도다. 그렇다. 새삼스럽게 다시 말할 것도 없다. 왜구두목, 자네의 사죄는 필수적이다. 그리고 당시의 총리, 외교책임자의 징벌은 확실히 이행되어야 한다. 분명히 단호하고 확실하게 '처벌'되어야 한다.

2012년 8월 29일은, 지금으로부터 102년 전에 있었던 경술국치의 그 날이다. 단군께서 나라를 세우신 뒤로 5천년 역사상 유일 최악의 치욕적인 그 날이다. 하지만 전범천황의 최소한의 예의만 있었어도, 끓어오르는 분노를 달래며 애써 참을 수 있었다. 어쩔 수 없다며 애써 잊을 수 있었다.

너무나 부족한 불완전 청산이지만, 한국은 예의와 법도의 나라인 만큼 그 정도만 예의를 차렸어도, 역사청산은 억지로라도 가능할 수 있었다. 분노하지만 끝낼 수 있었다. 우리나라는 '동방예의 강대국'으로서, 예의를 생명으로 아는 나라이기 때문이다.

그러나 자네 나라는 냉정하고 싸늘한 '초현대판 왜구국가' 그대로였다. 인간이 될 마지막 기회조차도 잔망한 왜구의 짧은 생각으로 놓쳐 버렸다. 잔혹한 100년 침략의 모든 것을 끌어안은 통한의 의문사! 그 엄청난 범죄를 몰래 비열하게 숨기기에만 급급한 원색적인 왜구의 모습뿐이었다.

그리고서 정신대는 매춘부 창녀였고, 독도는 원래부터의 합법적 땅이라고 교과서에까지 넣으며 순진한 일본 학생들을 오도시키고 있다. 더구나 침략은 없었고, 한국이 바보라서 합법적으로 국가를 넘겨주었다는 등 극단적 조롱과 모독을 일삼고 있다. 원색적 왜구에서 변한 것이 전혀 없다. 자네 나라는 지금도 이웃나라를 도둑질 대상으로만 보는 노골적 왜구일 뿐이다. 추악한 왜구의 원형, 그 모습에서 바뀐 것이 전혀 없다.

자네는 지금의 한국 사회가 폭풍 전야의 정적이라는 감각이 그렇게 없는가? 도대체, 도대체, 그 분은 일반 여행객이 아니었다. 단순한 관광객으로 놀러 갔다가 돌아가신 것도 아니었다. 너희들이 지난 100년, 그리고 1000년을 어떻게 살아 왔는데, 그런데도 그토록 감각이 둔한가? 자네는 호미로 막을 필요도 없을 일을, 가래를 넘어 불도저를 갖고도 해결하지 못하도록 오만방자하게 엄청난 일을 저질렀네.

한국사회에는 제2의 안중근, 윤봉길, 이봉창, 신채호, 이회영, 홍범도 장군이 줄줄이 기다리고 있다는 것을 왜 모르는가? 자네의 나라는 왜구의 나라지만, 우리나라에는 정의로운 일이라면 순서를 기다리지 않는 제2의 청산리 결사대, 의병, 독립군이 항상 대기하고 있다네.

아니 남한은 물론이고, 북한 동포도 당연하며, 온 세계에서 온 민족이 활화산 터지듯 벌떼 같이 일어날 것이네. 자네의 무도함을 추상 같이 혼내 줄 것이네.

1천년 노략질과 1백년 침략을 응징하는 분노의 화산은 당연히 필연적으로 분출하게 되어 있네. 자네 나라는 더러운 왜구 떼도둑질이나 해먹지만, 우리의 충성스러운 애국 열사들은 옳은 일이라면 흔쾌히 모든 것을 바치는 나라임을 결코 잊지 말고 유념하기 바라네.

자네는 너무 큰 실수를 저질렀네. 최악의 '이웃나라 모독죄'를 저질렀네. 그것을 응징하는 추상같은 철퇴가 내려지는 정의회복의 날이 가까이 있네. 앞으로 격렬히 터질 거대한 지진 해일의 그날, 일본 열도가 침몰한다며 후회를 해도 늦을 그날이 꼭 올 것일세.

아 너무나 창피하고 부끄러운 일이로다. 어찌 그러고서도 감히 천황이라며 고개를 들고, 어찌 그 마음 그 자세로 외국을 나다니겠는가? 어찌 낯 뜨겁게 일본의 어린 학생들을 볼 것이며, 어찌 절대 다수의 선량한 일본 국민을 대할 것인가? 자네 같이 추잡하고 비겁하게 살 바라면, 차라리 자결하고 말 것이네. 독일의 히틀러를 사례로 들 것도 없네. 처참히 망가진 대한황실이지만, 대한황실은 그렇게 비굴하고 더럽게 살지는 않네.

아 잔망한 잔꾀의 나라의 추악함이여. 숨길 것을 숨겨야지, 어찌 그것을 은폐할 잔망한 생각을 할 수 있었는가? 아 정말 구제 불능한 왜구답도다. 아 대명천지의 지구상에, 어찌 그토록 비열하고 한심한 왜구 나라가 또 있겠는가? 아 부끄럽고 부끄럽도다.

외교책임자 외무상도 필요 없다. 총리대신이 직접 와서 사죄해도 그것은 한국을 너무 가볍게 알고 우롱하는 것이다. 도대체, 도대체, 어찌 그것을 숨겼는가? 어떻게 그런 국제 결례를 무엄하게 저지를 수 있는가? 그 '기초적 판단'도 제대로 못하는 지극히 저열한 수준에서 무슨 총리고, 무슨 외교책임자인가? 현대 일본 외교의 부끄러운 극치를 보여준 너희는, 인간으로서는 도저히 범할 수 없는 너무도 큰 침략 모독죄를 무도하게 저지른 현행범이다. 아 참괴하기 짝이 없는 부끄러운 일이로다. 창피하고 한심한 나라로다.

자네가 직접 와라. 자네가 직접 와서 손이 발이 되게 싹싹 빌고 확실히 참회하라. 눈물로 사죄하라. 자네는 무조건 우리땅에 찾아와 태조 고황제 폐하와 광무황제 폐하의 묘소에 무릎을 꿇고 피눈물 사죄를 해야만 한다. 그리고 자네의 친구 이구 황태손의 영전에 엎드려 통곡하며 피눈물로 참회하라. 그것은 필수적이다. 아니 지극히 최소한의 기초적 예의이다. 초등학교 어린이조차 다 아는 수준의 예의도 없다면, 자네는 인간도 아니다. 흉악한 악마 그대로이다. 어찌 사람의 탈을 썼다고 할 것인가? 어찌 창피하게 천황이라고 할 것인가?

처참하게 다 망가지고 부서진 한심한 몰골의 대한황실이다. 문자 그대로 비참한 흉가 폐가 상태의 대한황실이다. 그렇지만 자네를 꾸짖을 정도의 황손은 아직도 뼈대 있게 살아 있음을 유념하라. 피눈물을 삼키며 분노하는 우리민족은, 남북한은 물론이고 온 세계에서 자네의 무례와 잔망함을 단호하게 꾸짖고 있다. 불 같이 분노하며, 대한황실이 나아갈 미래를 충성스럽게 떠받치고 있다.

온 세계가 전범천황 자네를 싸늘하게 지켜보고 있다.
온 세계가 무도한 침략국 일본을 날카롭게 주시하고 있다.
눈물로 참회하면서 석고대죄 하라!
즉시 석고대죄 하라!
즉시 분명하게 석고대죄 하라.
~ ~ ~ ~ ~ ~ ~ ~

또한 자네는 지난 7년 전 그 때를 기억하는가? 당시 처절히 통곡하며 이구 황태손의 비참한 최후를 격렬히 추궁한, 대한황손 이석의 분노를 기억하고 있는가? 당시 신문 방송을 통해 온 세계에 이석의 처절한 울부짖음이 알려졌었다. 하지만 부실한 '허위 사망진단서'를 보내놓고 어떤 해명도 없었던 '국제무례'도 분명히 사죄하라.

자네의 행태는 지난 100년의 침략이 모두 합법적이었다는 거짓말 문서를, 다시 또 추가한 것에 불과한 '오만방자하고 무책임한 짓'이다. 실로 통탄을 금할 수 없는 해괴한 일이로다. 아 아 너무나 불법 무도한 거짓말 허위 사망진단서에, 자네의 기초적 인격까지 개탄하지 않을 수 없도다.

일본은 변함없이 불법무도하고 무례한 왜구국가로다. 온 세계가 쓴웃음을 웃을 '합법적 침략국'이 일본이로다. 초현대시대인 오늘날에까지도, 정신대는 합법적 매춘부라 일본 국가 차원에서 돈을 지불하고 자랑스럽게 매춘을 했다고 온 세계에다 변명을 늘어놓는 나라가 일본이로다. 일본군이 너무나 가소롭고 가련하며 불쌍하도다.

어찌 자네 나라는 천황이라는 자네를 필두로 그렇게 비굴하고 위선적인가? 아 기막히도다. 국제법을 준수하며 합법적 침략을 자행했다는 해괴한 논리의, '허위 날조된 합법서류'가 또 존재하고 있다는 저질 코미디 3류 국가로다. 성경책을 들고 성스러운 듯 위장하고 날뛰는 도둑놈 폭력배와, 국제법에 맞춰 합법적으로 침략했다고 날뛰는 왜구국가 일본을 어찌 구별할 수 있을까? 아 참담한 비극이로다. 아 온 세계가 경악할 일이로다. 온 세계의 어린이조차 어이없어 허탈하게 웃을 일이로다.

대한황실에 대한 자네의 조부, 부친의 100년 침략 만행으로, 대한황손 이석은 평생을 거의 떠도는 노숙자, 방랑객이 되어 유랑하며 살아왔다. 비참한 운명을 상징하듯 왜적들이 치욕의 동물원으로 만들었던 창경궁 옆 초등학교에서 동물들이 뛰노는 처참한 궁궐의 모습을 보면서 학교를 다녔다. 경동고등학교 야구선수로 야구 방망이를 두드리며 분노를 삭였고, 스페인 왕국의 공주님과 결혼할 꿈을 품고 외국어대 스페인어학과를 다니다 가수로 데뷔했다. 피눈물로 노래라도 불러야만 살 수 있었다. 그 후 물론 정상의 인기를 누리던 미남 가수의 젊은 황금 시절도 있었다(안천, 일월오악도 제4권 및 제5권).

하지만 월남전에 연예부대로 참전했다가 상이군인으로 귀국한 뒤에 옛 인기를 되찾으려 발버둥 치던 때도 있었고, 약 10년의 미국생활로 떠돌이 망명객 같은 방랑의 세월도 보냈다. 그 후 다시 귀국하여 고생 고생하며, 밤무대 가수로서 처연히 노래를 부르던 곳 옥상에서 새우잠을 자며 '옥탑방 왕세자'라는 애칭인가 별명도 생겼다. 때로는 찜질방에서 전전하며 남몰래 잠을 자다 기자들에게 노출되어 언론에 대서특필되며 온 세상의 비상한 관심 겸 조롱도 받았다. 생각하면 소설 같은 지난날이었다.

그렇게 소설 속 주인공 같이 살다가 이제는 대한황실발상지를 지키는 새로운 소설을 쓰며, 대한민국 전라북도 전주에 머물고 있다. 망가지고 무너진 대한황실을 온 몸으로 생생히 증명하며 비극의 역사에 정면으로 항거하고 있다. 온 몸을 내던지며 절규하고 있다. 비참한 현실과 의연하고 처절하게 싸우고 있다.

"자네가 진짜 원본의 사망진단서를 갖고, 전라북도 전주로 직접 찾아 와라."

그리고는 7년 전의 오만방자한 무례행위에 대해 정식으로 무릎 꿇고 사죄하라. 아니 대한황실을 아비규환의 생지옥 흉가로 만든 흉악범죄를 낱낱이 사죄하라. 그리고 자네 눈으로 직접, 자네 집안 3대가 저지른 추악한 만행에 의해 처참하게 망가졌던 '경기전'도 살펴보고, 대한황손이 어떻게 참담하고 비참하게 살고 있는가도 확인하라.

자네 주변의 극소수 악당들이 하는 말이 얼마나 거짓된 것인가도 직접 살피라. 지난 1천년 왜구, 지난 100년의 침략 후유증으로 온 나라가 거덜이 나고, 남북분단으로 불구의 나라가 되어 모질게 중병을 앓는 이웃 나라의 참상을 직접 두 눈으로 확인하라.

자네 조부, 부친이 저지른 침략범죄 악행의 상처가 응어리져 남은 참담한 나라의 모습을 두루두루 찾아보라. 아직도 생지옥의 지난날 후유증이 생생하게 중증 암덩이로 남아, 고질병을 앓고 있는 살벌한 휴전선도 현실 그대로를 생생하게 목격하라.

「일본이 얼마나 흉악하며 더럽고 나쁜 나라인가를 뼈저리게 체험하라.」

「일본이 얼마나 위선된 악마의 나라인가를 처절하고 뼈아프게 느껴라.」

☞ 본 칼럼은 황실문화재단 총재인 이석 황손의 뜻에 따라, 이구 황태손 의문사에 대해서 대한황실의 뜻을 선언한 글이다. 이석 황손은 이구 황태손의 의문사에 대해 문제제기를 하며 대한황실의 분노를 토로한 대표적 인물이다. 천황을 질타하는 대한황실의 꾸짖음은 당시 언론 보도로 온 세계에 알려졌다.

본 꾸짖음 선언문은 이구 황태손의 비명횡사 7주기를 맞은 2012년 7월에 황실문화재단 홈페이지에 탑재되어 많은 사람들이 읽었다. 이구 황태손의 비명횡사에 대해 일본측을 탄핵하는 5번째 글일 수도 있다. 하지만 무도한 천범천황의 사죄는 추호도 없었다.

VI

'임금님 대관식'
– 항일전쟁 끝내기 홈런

임금님은 나라의 상징적
어른이시다.
내각제는 물론
대통령제에서도 모실 수 있다.

- 세종대왕 모독 몰상식체험
- 일월오악도의 서글픈 세속화
- 천기누설 —임금님 모시기
- 황실족보 신기루
- 영화 관상(觀相)을 보셨나요?
- 청와대를 옮겨라! 어명이다!
- 임금님 대관식-미완성 항일전쟁의 완성
- 〈임금님 개헌론〉 특별 메시지

세종대왕 모독 몰상식체험

- 광화문 광장의 목불인견 -

광화문 광장은 나날이 대한민국의 상징 광장이 되고 있다. 1200만 관광객 시대를 맞아, 급속히 늘어나는 해외 관광객이 필수적으로 찾는 유명한 곳이 되었다. 낮에도 좋지만 특히 야경이 멋있어서 인기가 있고 사진촬영 효과가 좋아서도 그러하다.

많은 해외 관광객들은 먼저 인간으로서는 상상하기 어렵게 신출귀몰하며 23전 23승의 완벽하고 위대한 신화를 창조한, 인류사 최고의 해군해병대장인 이순신 장군을 흠모하며 광장에 들어선다. 그리고는 세계 최고의 창조적 문자인 한글에 찬탄을 아끼지 않으면서, 우리 민족의 무한한 힘에 압도되며 광장에 서서 세종대왕 동상에 저절로 감동하게 된다. 광화문 광장은 이제 우리민족의 자부심을 극대화시키는 기분 좋은 문화공간이 되었다.

지난 5월 15일은 스승의 날이며 세종대왕의 탄신일이다. 세종대왕을 최고의 스승으로 모신다며 세종대왕의 탄신일을 스승의 날로 정한 때문이다. 정말이다. 세종대왕과 이순신 장군은 온 몸으로 우리를 가르친 최고의 스승이 분명하다. 수도 서울 최고 중심에 두 분을 민족의 스승으로 모신 것은 너무도 당연한 일이 분명하다.

지구상의 어느 나라에서 이토록 놀라운 역사를 느끼고, 경이로운 존경심을 쉽게 찾겠는가? 이순신 장군과 세종대왕의 가슴 뿌듯한 역사를 갖고 있는 우리민족은 너무나 행복한 민족이다. 자랑스럽고 존경스러운 민족이다.

하지만 이토록 드높은 민족적 자부심을 정면으로 짓밟는 행태를 눈앞에서 보는 경악할 일이 있다. 생각하면 너무나 지각없는 일이다. 바로 세종대왕 동상 앞에서 낯부끄럽고 참담한 일이 수많은 눈이 지켜보는 가운데 무엄하게 벌어지고 있다. 뜻있는 외국인들이 본다면 얼마나 개탄할 것인가? 지각 있는 내국인의 마음에다 얼마나 곤혹스런 아픔을 던져 줄 것인가? 무심코 보면 관광사업의 일환인 듯하지만, 전후좌우를 전혀 생각하지 않는 몰지각한 일이 벌어지고 있다.

지하철 광화문역을 나와서 광화문 광장으로 들어서는 입구는 아래에서 위로 서서히 걸어 올라오게 되어 있다. 그러면서 존경하는 세종대왕을 우러러 흠모하게 만든 아주 훌륭한 구도이다. 정말 세종대왕에 대한 존경심이 저절로 우러나오게 잘 설계되어 있다.

그런데 그토록 절묘한 장소에서 '나도 임금이다'라는 상식 밖의 간판까지 써 붙이고, 임금님 사진 찍기를 하고 있다. 아무리 문화품격(文化品格)이 낮고 문화실조(文化失調) 상태에서 전혀 사려 깊은 생각이 없다고 할지라도, 세종대왕 면전에서 세종대왕을 우롱하는 저급한 발상이 나올 수는 없다. 더구나 세종대왕의 초상화까지 그려놓고 세종대왕을 모독하고 있는데 임금님 체험은 그런 것이 아니어야 한다.

그러려면 차라리 세종대왕을 경건하고 엄숙하게 우러러만 보아도 전혀 부족함이 없는 임금님 체험이다. 정상적이라면 그 곳에서는 세종시대의 찬란했던 문화체험이 시행되어야 한다. 세종대왕에 대한 드높은 존경심을 체험하고 감동하는 것이어야 한다.

예컨대 재미있는 한글놀이를 시키던가, 30분 한글교실(가칭)을 수강시키던가, 또는 모형 측우기 작동시켜 보기를 하던가, 또는 넓은 지하 공간에서 외국인에게 한글이름 지어주기, 한글도장 새겨주기, 외국이름을 한글로 써 주기 등을 하면 아주 뜻 깊은 기념품도 되고 세종대왕의 존경심도 높이게 될 것이다.

현재도 지하 전시장에서는 훌륭한 체험활동이 이루어지고 있으므로, 그것을 보다 확실하게 지원하고 새로운 것을 개발 확충하며 강화시켜야 할 것이다. 하지만 '왕 옷 체험'이란 사진 찍기는 즉시 중단되어야 옳다. 세계 최고의 한글을 갖고 세계 최고의 문화를 가진 민족다운 격조 높은 관광 문화가 아쉬운 상황이다. 세계 제일 문화국가다운 사려 깊은 생각이 절실하다. 세종대왕은 감히 가볍게 장난거리로 전락될 수 없는 민족의 얼굴이다.

세종대왕은 아무나 넘보고 맞먹을 수 없는 절대존경의 민족최고 어른이다. 역사의 최고위상을 갖는 드높은 분이다. 10000원 권 화폐에 그려져 있다고 10000원 짜리 임금님으로 오해하는 것인가? 절대로 그렇지 않다. 생각하면 우리민족에게는 '신성불가침의 절대적 위상'을 갖는 거룩한 임금님이시다. 세종대왕은 우리민족의 모든 것을 대변하는 지엄하고 거룩한 어른이다.

그런데 지각없는 시정잡배가 시시덕거리며 감히 임금님 옷을 제멋대로 걸치고, 무료체험이라며 대강대강 사진을 찍고 있는 모습이 백주에 연출되고 있다. 존엄한 세종대왕을 면전에서 모독하고 조롱하는 것과 다름없다. 지구상의 어느 나라에서 그 나라 최고의 지엄한 인물을 그렇게 모독하는 나라가 있는가? 그 사진을 품위 있고 뜻있는 외국관광객이라면 어찌 감히 찍겠는가? 제대로 된 우리민족이라면 그 사진을 어찌 부끄러워 간직할 것이며 자식들이나 친구들에게 보이겠는가?

그 곳에서 사진 찍기를 하는 사람들에게는 차라리 세종대왕 앞에서의 의전행사 등을 시행하는 일을 시키던가, 다른 아이디어는 얼마든지 있을 수 있다. 또는 세종대왕 앞에 예스러운 복식으로 경비병을 세우던가 하고, 관광객들이 그를 배경으로 사진을 찍던가 하게 만들어야 한다.

우리사회는 왜 그렇게 생각이 단조로운가? 한 쪽 궁궐에서 수문장교대를 하면 다른 곳도 똑같고 도대체 특성이 없다. 또 한 곳에서 사진 찍기를 하면, 큰 생각 없이 아무에게나 무조건 임금님 옷까지 입히고 사진 찍기를 덩달아 하겠다고 생각한다. 문화감각이 낮기에 그런 것이다. 최고의 문화민족다운 창의적 발상을 하려면 얼마든지 다양하게 생각할 수 있는데 아쉬운 생각이 크다.

예컨대 이웃나라 중국에 가면 이러한 유형의 사진 찍기를 하면서 푼돈벌이를 하고 있는데, 중국은 1000년 이상의 아주 오랜 기간 여러 북방 이민족들에게 짓눌려 식민지로 살았고 가까운 시기에도 만주족 청나라의 식민지였었다. 그래서 치졸한 한풀이를 하는 것이다. 하지만 그렇다고 꼭 잘하는 일도 아니다. 하층민들이 집권한 현대판 황건적의 나라, 중국의 문화수준을 생생하게 말해주는 것일 뿐이다.

돈 몇 푼을 벌겠다고, 문화민족이라면 어찌 그런 일을 하겠는가?

중국 땅 곳곳에서는 돈을 번다면 염치도 체면도 없다. 드높은 문화수준을 자랑하면서 국가적 격조가 높은 '타이완'과는 전혀 다르다(안천, 타이완의 힘). 큰 생각이 없이 어느 한 곳에서 돈벌이를 하였고, 그것이 신판 황건적의 나라인 중국 전체로 생각 없이 퍼진 것이다. 그런데 그것이 우리 땅에도 전염되듯이 왔다.

하지만 중국과 우리는 전혀 다르다. 중국의 옛 임금님들은 한족으로 보면 북방 침략자들이다. 그러나 우리 임금님들은 우리의 존엄한 조상이요 거룩한 나라님들이다. 그래서 일제침략자들이 우리 임금님들을 그토록 비방하고 농락한 것인데, 우리가 우리 임금님을 스스로 비하하며 모멸감을 드리는 추친일 추태를 피우는 일을 할 수는 없다.

우리사회의 일각에서는 문화정책에 대한 세밀한 생각이 부족하다. 왜 일본 침략시대의 타성에 젖어 일제만행을 뒤따르는 추친일 행위를 하는가? 왜 중국인들의 내면 정치사회 심리를 모르는가?

중국인들은 옛날을 잊고 싶고 한풀이를 하고 싶어 그런 것이다. 그래서 중국 땅에서는 곳곳의 관광지에서 옛 임금님 비방을 당연한 듯이 한다. 과거가 부끄럽고 옛 역사가 치욕적이기 때문이다. 그리고는 덧붙여 공자, 맹자까지도 비웃으며 무작정 탄압했던 것이니, 맹목적 한풀이를 한 때문이다. 하지만 요즘에는 그 반작용 비판이 나오자, 느닷없이 세계 곳곳에 공자학원을 만들며 옛 역사를 재조명 한다고 호들갑을 떠는 것이다.

그런데 우리들이 그것을 따라하면 오히려 일제침략 정책에 동조하는 것이 된다. 문화민족이라면 문화민족다운 철학과 행동이 꼭 필요하다. 문화민족다운 품위와 격조가 있어야지 아무 것이나 막 따라 한다고 문화민족은 아니다.

서울시의 최고 중심부인 그 곳에 수도 서울의 로고 간판까지 달고, 더군다나 '나도 임금이다'라는 상식 밖의 글까지 내걸고서, 민족사상 최고 어른인 세종대왕을 눈앞에서 조롱하고 있으니 서울시의 문화정책 수준이 개탄스럽다. 그것은 궁극적으로 일제침략자들이 우리임금님을 짓밟고 농락하던 것을 답습하는 일제침략 후유증에서 비롯된 문화철학 빈곤현상이다.

예부터 뼈대 있고 예절바른 집이라면 어떤 가정집에서도 할아버지 옷은 아무나 입지 못했다. 더구나 '동방예의 강대국'이라는 우리나라에서 할아버지 옷을 아무나 돌려 입고, 할아버지 흉내를 내면서 무엄하게 사진을 막 찍는다는 몰상식한 생각은 거의 상상할 수도 없었다.

심지어 아버지 어머님의 베개나 수저도 함부로 다루지 않은 우리민족이었는데, 어찌 임금님을 마구 대하는 참상을 중인환시 속에 연출할 수 있는가? 어쩌면 이토록 일제 침략시대 그대로의 부락민 천민화정책을 생생하게 재현하고 있는지 참담할 뿐이다.

아버지, 어머니가 한 가정의 상징이듯이, 임금님은 그 존재 자체가 나라의 얼굴이요 문화이며 최고 위상의 가치를 대변한다. 아니 임금님은 우리의 자랑스러운 역사요 긍지요 자부심이다. 더구나 세종대왕은 임금님 중에서도 가장 존경스런 최고 최대의 임금님이다.

그런데 어찌 우리민족이 이토록 극심한 '문화 실조상태'로 전락 되었나 한숨이 나올 뿐이다. 요즘 심지어는 임금님 옷을 아무렇게나 마구 걸치고 천박하게 돈벌이 광고를 하는, 임금님 저속화 TV광고까지 나왔는데 그것도 참담한 일제침략 후유증이다.

저속한 광고는 생각 없이 마음대로 하겠지만, 덴마크, 네덜란드, 스페인, 캄보디아, 말레이시아, 태국, 요르단 등에서 임금님이 그런 저속한 광고에 등장하는 것을 보았는가 생각해 보라. 사우디 왕국에서 국왕을 저속한 돈벌이 광고에 악용하던가, 영국에서 관광객에게 여왕 옷을 입혀 푼돈을 버는 것을 보았는가? 심지어 우리 임금님을 짓밟은 전범국 일본도 그렇지는 않다.

그렇게도 관광 문화 아이디어가 허약하고 빈곤한가? 아무리 생각이 모자라기로서니 서울 핵심지 중앙의 광화문 광장에서 임금님을 그렇게 모독하는가? 더구나 민족 최고의 어른인 세종대왕을 모시고서의 치졸한 망발행위는 도저히 있을 수 없는 일이다.

아직도 우리 역사와 문화를 스스로 조롱하며 제 얼굴에 침 뱉는 일제침략 후유증은 고질병이 되어 끈질기게 남아있다. 아직도 일제침략 시대에 찌든 추친일파가 많이 존재하고 있다.

「민족의 최고어른을 모독하고 조롱하는 문화품격 파괴 현장이 부끄러울 뿐이다.」

입헌군주제 개헌!
아주 신선한 선택입니다!

일월오악도의 서글픈 세속화

- 인사동 입구의 문화감각 실종 -

일월오악도는 별로 많이 알려진 그림이 아니었다. 그것은 오로지 조선시대 임금님이 계신 곳에서, 임금님을 보위하는 드높은 상징그림이었기 때문이다. 그렇기에 일반인들이 그 그림의 존재조차 거의 모르던 것이었다.

원래 일월오악도란 명칭이 확정되어져 있었던 것도 아니다. 사실상 현대시대의 사람들이 제멋대로 지어서 부르는 것이다. 그래서 일월오봉도 혹은 오봉도 등으로 제각각 부르기도 한다. 하지만 그 호칭은 '일월오악도'가 그런대로 가장 바람직하다. 반면에 일월오봉도는 오히려 일월오악도를 낮춰보는 불손함이 깔려 있는 불경한 호칭이라고 까지 보인다.

왜냐하면 일(해)과 월(달)을 동시에 하나의 그림에 담아서 그렸다는 것은, 이미 현실을 뛰어 넘은 추상적 정치사상 이념을 지칭하는 것이기 때문이다. 그것은 그러므로 현실을 초극하여 임금님의 정당성을 부여하는 정치상징 철학을 말하는 것이다. 단순하게 다섯 봉우리를 뜻하는 저차원의 오봉이라고는 결코 말하기가 어렵다.

해와 달을 동시에 그린 일월오악도는 우리 임금님의 위상이 온 누리를 포용하는, 거대한 존재라는 뜻으로 추상화시켜 받들어 모셔진 고차원적 정신세계를 뜻한다. 따라서 일월과 맞먹으려면 우주만물이나 온 세계를 상징하는 오악이 맞다. 어찌 단순하게 다섯 봉우리를 뜻하겠는가? 오봉은 전혀 일월과 결부될 동격개념이 아니다. 따라서 일월오봉이란 논리적으로도 전혀 맞지 않는 모순된 조합이다.

오봉이란 부담 없이 단순하게 부르던 것일 수 있겠다. 그것은 어떤 사람을 별명으로 스스럼없이 부르는 것과도 같다. 그러므로 그 호칭은 오히려 일월오악도를 비하, 폄하, 오해하는 통상적 호칭에 가깝다고 본다. 일월오악도는 최고위 정치사상적 상징화인데, 그것을 사실적 풍경화 수준으로 격하하는 것은 결코 옳은 일이 아니다.

그간 아무리 확정된 명칭이 없었다고 하더라도, 일월오봉도는 그 그림을 낮춰서 부르려는 심서로 막 부르거나 일종의 별칭과 같이 말한 것에 가깝다고 하겠다. 임금님의 드높은 위상을 나타내는 지엄한 그림을 그렇게 대강대강 막 부른 것은, 내면적으로 불경한 심서를 가진 역심의 표현이라고까지 생각될 수 있다.

일월오악도는 요컨대 전통적인 일월사상과 오악사상이 합해지며, 조선시대 임금님의 드높은 위상을 추상화시켜서 나타내는 정치사상적 상징그림으로 승화된 것이다. 조선황실이 만세 무궁토록 번영하며 영광을 누리길 염원하는 그림인 것이다.

그러므로 조선 건국의 이념이 집중적으로 녹아들며 응축된 '용비어천 천명사상'을 나타내는 지엄한 그림인 것이다.

그것은 그러니까 일월오악도보다도 더 좋은 호칭으로 말한다고 할 때에는, 차라리 조선군왕도, 조선황제도, 조선황실도가 맞는 호칭이다. 또는 조선어좌도, 황실옥좌도, 황실영광도, 군왕만세도, 황실만세도 등이 더 맞는 용어일 수 있다. 앞으로 임금님이 다시 모셔지고 이 나라가 일제침략을 극복한 당당한 나라가 된 뒤에는, 나라에서 '대한황제 상징그림' 답게 이름도 다시 확정해야 할 것이다.

요즘 일월오악도를 단순한 생각으로 함부로 설명하는 글이 주변에서 심심치 않게 발견되는데, 그것은 하지만 그렇게 평이하게 설명될 수 없다. 그것은 솔직하게 말해 일월오악도를 모독하고 비하하는 것일 수 있다. 대강대강 외국 책에서 인용하며 제멋대로 써 놓았는데, 그것은 침략국 일본인들이 아무렇게나 써 놓은 것을 그대로 답습하는 것에 불과하다. 결코 일월오악도는 그렇게 안이하게 설명할 범상한 존재가 아니며, 조선 건국의 천명사상과 직결되는 중차대한 존재이다.

일월오악도는 태조 고황제 이성계 장군의 '몽금척 건국신화'를 낳은 전라북도 진안 마이산을 추상화하며, 조선 건국의 정당성을 담보한 정치상징적 사상을 표출한 위대한 그림이다(안천, 일월오악도 제3권).

황실성지 진안을 직접 답사해보았는가? 몽금척 정치신화를 한 번이라도 심각하게 생각해 보았는가? 마이산 산록에서 매년 거행되는 몽금척 산신제나, 태조께서 국난극복을 위해 기도하던 단군 이래의 성스런 마이산 기도터(소도)를 찾아보았는가?

조선 제1 개국공신 정도전이 왜 몽금척 춤과 노래를 만들어 헌정했을 것인가? 왜 대한제국 최고 훈장이 금척대훈장이 되었을까? 왜 이갑용 어른께서 일제퇴치와 국운융성을 염원하는 돌탑을 인생을 걸고 정성껏 평생토록 쌓았는가?(마이산 탑사는 절이 아니다. 단군 이래의 거룩한 소도터요, 조선 개국과 항일전쟁의 혼불이 타오르던 황실성지이다. 마이산의 장엄한 위용을 멀리서 우러러 살펴보면서, 겸허한 자세로 이갑용 어른의 매서운 일편단심을 얼마나 헤아려 보았는가?)

일제침략 악선전에 세뇌된 머리를 훌훌 털어내고 조선 개국 역사를 약간만 겸허하게 천착해 들어가더라도, 왜 일월오악도가 왜적들에게 능욕을 당하며 망각되었나를 쉽게 깨닫게 된다. 그것은 정치상징이 미분화된 조선시대로는 오늘날의 애국가, 무궁화, 태극기에 맞먹을 정도의 최고 정치상징물이었다. 그 정도로 존엄하고 대단한 최고 상징물이니까, 그 그림이 조선시대 임금님의 어좌 뒤에 필수적으로 꼭 모셔졌던 것이다(안천, 대한황실문화정책사).

일월오악도는 현재 병풍으로 13점, 액자 4점, 벽장 문짝이 4점 남았다. 도합 21개가 남아있는 중요 문화재이다. 일월오악도는 오로지 우리나라에만 있던 독특한 정치상징 그림이다. 임금님이 계시던 옥좌 뒤에는 필수적으로 모셔져 있던 중차대한 그림으로서, 임금님만이 쓸 수 있던 고귀한 그림이었다. 그러니까 그것은 임금님과 동일시할 정도의 지극히 지엄하고 고귀한 그림이다.

그것이 현재 21개가 남았다는 것은 궁극적으로 일제침략 당국의 무식함에서 비롯되었다고 보인다. 대한황실에 관련된 것은 철저히 약탈, 파괴, 강점했던 침략정책을 모면한 희소 사례이다. 궁극적으로는 왜적들이 이 그림의 대단한 존재가치를 잘 몰랐기 때문으로 보인다.

오늘날 우리나라 국보 제정의 근간은 일제 침략자들의 강점 하에서 그들의 입맛에 맞게 제멋대로 정한 것이다. 그러니까 도둑놈들이 우리의 고귀한 문화재를 장물 처리하듯 국보로 지정한 것이기에, 제대로 알지도 못하고 그들의 시각으로 무작정 정한 것이 적지 않다. 그렇기에 그들이 몰랐거나 비하하려던 일월오악도가 국보 대접을 못 받고 그냥 세월이 흘렀다고 보아야 옳다.

따라서 진정한 국보로서의 가치를 가진 일월오악도를, 못된 침략자 왜적을 쫓아내고 독립한 지 환갑이 지났으면 늦었지만 제 정신을 갖고 제대로 평가할 때가 되었다. 현재로서 사라진 임금님의 명예회복은 못 시켜 드릴지언정 일월오악도라도 우선 명예회복 복권조치를 해 드려야 옳다.

그런데 그간 일월오악도가 대한황실의 드높은 최고상징 그림이란 것이 알려지며, 현대 궁중화가들이 그것을 복제하여 그리게 되었다. 하지만 일월오악도는 특히 마음 내키는 대로 아무렇게나 그릴 그림이 아니다. 다른 궁중화와 달리 이것만은 지켜야할 법도가 확실히 존재하고 있다. 이 그림은 다른 형태의 궁중회화인 산수화, 화조화, 군영도, 영모화, 장생도, 사군자화, 초상화, 무예도, 궁궐도, 능행도, 의궤도, 문자도 등과는 전혀 차원을 달리한다.

왜냐하면 일월오악도는 임금님과 동일시되는 유일무이한 상징그림이기 때문이다. 결코 사사로이 걸어 둘 수 없는 특수 그림이다. 감히 역적심리를 가진 경우가 아니면 아무나 함부로 걸 수 없는 지엄한 것이다. 그런데 요즘 일월오악도가 세속화되는 서글픈 모습이 나타나고 있다. 물론 대다수의 우리민족은 정상적이지만, 우리사회의 일각에서 보이는 약간의 잘못된 사례이다. 그러나 일월오악도는 그것조차도 경계해야 하는 지극히 지엄한 그림이다.

요즘 여행지를 찾아 가거나 어떤 음식점을 갔을 때에, 드문 사례이지만 일월오악도를 걸어 놓았다. 그런데 그것은 지극히 몰상식한 일이다. 아니 상식 이하의 망발에 해당한다. 그것을 건 사람의 역사의식, 인간 됨됨이를 헤아려 볼 주요 준거가 된다고 하겠다. 왜냐하면 우리문화를 알리는 우리의 궁궐사진이나 여러 궁중화를 걸어 두는 것은 적극적으로 장려할 일이지만, 일월오악도만은 유일하게 아무 곳에나 걸어 두는 그림이 아니기 때문이다. 일월오악도를 아무 생각 없이 걸어 놓은 사람의 의식구조는 무엇을 말하는가?

일본은 우리를 강점 침략했을 때에 그들의 천황은 철저히 받들면서, 반대로 우리의 임금님을 가급적 세속화시키고 무력화시키면서 탄압했었다. 우리의 임금님에 관한 것은 철저히 짓밟으며 조롱하고 비방했었다. 우리민족의 구심점인 임금님을 우습고 하찮게 만들려는 야비한 간계였다. 그렇게 비열하고 참담한 침략정책에 의해 집중적으로 수모를 당하던 그림이 일월오악도이다.

일제침략 당국은 융희(순종) 황제를 강제로 퇴위시키자, 즉시 창덕궁 선정전의 일월오악도를 봉황도로 교체해 버렸다. 그러면서 철저하게 일월오악도를 망각시켜 나갔다. 그 후 까맣게 망각되어진 그림과 같이 사라졌다가 오늘날에 재조명을 받는 그림이 일월오악도이다.

오늘날 우리들은 청와대에서 쓰고 있는 봉황 문양을 당연한 듯 거의 무감각하게 바라보고 있다. 왜적들이 원하는 대로 임금님이 사라진 자리에는 대통령이 있고, 일월오악도가 왜적들에게 수난을 당하며 교체된 빈 공간을 봉황도가 차지했듯이 봉황이 청와대를 변함없이 나타내고 있다.

두 마리 봉황이 장식된 앞에서 대통령이 앉아 집무하는 사진을 보면서, 지각 있는 사람이라면 분노가 치밀고 때로는 눈물이 나와야 한다. 그것은 일제강점기 정치상징이 그대로 이어진 것과 같다. 우리의 나라님과 일월오악도는 어디로 가고, 우리의 대통령이 저렇게 앉아 있나 가슴 아플 뿐이다.

생각하건대 왜적들이 물러가고 환갑이 지났으나, 그들의 어두운 그림자는 청와대를 강하게 짓누르고 있다. 우리의 최고 권력 심장부까지도 이 지경이다. 일제침략 시대의 원형이 그대로 짓누르고, 왜적들 시대가 그대로라고 오해할 정도이다(즉시 임금님을 다시 모시고 일월오악도의 명예회복 조치를 취해야 한다. 그렇게 되면 대통령의 봉황 문양은 그대로 인정해도 되지 않을까? 새 시대가 되었으니 임금님은 나라의 어른이시고, 대통령은 최고 정치지도자로서 봉황을 쓰면 되지 않을까? 어서 이런 행복한 고민을 하는 때가 오길 바란다).

정말 서글픈 일인데, 오늘날 우리사회에는 아직도 예전 일제침략 시대의 오도된 정책에 세뇌되어 임금님을 가볍게 생각하는 사람이 꽤 있다. 아직도 우리사회에는 적지 아니 추친일 흐름이 잔존해 있고, 추친일파들이 남아서 신친일 행태를 보이고 있다. 그래서 오늘날 일월오악도의 세속화 수난상황이 만들어지는 것이다.

일제 침략자들은 철저히 우리의 황실문화를 은폐, 약탈, 파괴시켰으며, 그 외의 것도 우리민족의 문화는 확실하게 비하하고 탄압했다. 그래서 우리들은 오늘날에도 깊은 생각이 없이 민족예술을 저급한 예술작품으로 낮춰 부르면서 풍속화, 민속화, 민속무용 등으로 부르며 속되다는 듯 깔보게 되었다. 또한 민족문화나 생활문화를 부담 없이 미신이라면서 저속하고 전근대적인 것으로 치부하는 등의 악습이 몸에 배어 있다.

그리하여 일월오악도가 오랜만에 재등장하며 그것이 임금님과 동일시되는 고귀한 그림임이 알려지자, 추친일 의식에 찌든 추친일파들이 일월오악도를 모독하는 추친일 행동을 자행하는 것이다. 아직도 침략시대의 잔영에 마비되어 추친일 행동을 하면서도, 거기에 크게 찌들어 있어 그 부끄러움을 깨닫지도 못하는 사람이 꽤 있다. 그리고 자신이 추친일파인 줄도 모르는 것이니, 현대판 이완용다운 사람들에게 일월오악도가 그렇게 보여도 감각이 없는 것이다.

그런데 특히 낯 뜨거운 일이 있다. 그것은 서울을 찾는 관광객의 필수방문 장소인 서울 인사동 입구에, 아주 커다란 대형 일월오악도를 만들어 놓은 것을 말한다. 도대체 서울시 문화정책도 국가 문화정책도 지각없는 추친일파들이 주도하고 있다고밖에 생각되지 않는다. 도대체 일월오악도가 무엇인지도 모르니까, 이런 어처구니없는 망발 사태가 돌출한 것이다. 정말로 부끄럽고 낯뜨거운 일이다.

인사동은 또 하나의 서울의 얼굴이 되었다. 한국관광의 상징거리와 같이 되었다. 그렇다면 인사동은 보다 격조 높은 민족의 얼굴이 되어야 한다. 생활문화가 건실하게 살아 있어야 하고, 문화민족의 기본선은 꼭 지켜져야 한다.

그런데 어찌 인사동 입구에 일월오악도를 만들어 놓았을까? 인사동은 옛 골동품 문화거리의 성격을 갖는 곳이다. 그런데 그 입구에다가 대한황실 최고 상징그림의 모조품 벽화를 만든다는 상상 밖의 발상이 어떻게 나오는가? 그곳은 궁궐이 아니다. 엄밀하게 말해 임금님과는 직접적 관련이 없는, 옛 내음 물씬 나는 전통문화의 저자(장터, 시장) 거리다워야 하는 곳이다. 차라리 옛 시대 뭇사람들의 다양한 생활문화가 살아있는, 따듯한 정감이 생생하게 넘치는 전시장다워야 한다.

일월오악도가 대단한 그림이라는 것은 아는데, 아무 곳에나 건다고 칭찬받는 것은 아니다. 그러니까 인사동 입구가 대한황실을 조롱하듯 비하하는 곳이 되고 말았다. 생각이 없는 문화실조의 생생한 현장이 되고 만 것이다. 문화철학 빈곤! 문화감각 마비! 흡사 경건해야 할 종묘 앞에 야외음악당을 만들었던 무지막지함과 무엇이 다른가?

돼지 목에 진주 목걸이를 걸었다고 돼지의 문화수준이 올라가는 것은 절대로 아니다. 문화에도 품격이 있다. 그것이 바로 서야 나라의 국격이 드높아지는 것이다. 배고파 고생하던 때가 엊그제 같은데, 영양실조를 면해 얼굴과 배에 기름만 흐르며 아직도 문화실조 상태에 있는 것인가?

우리들의 문화적 번지수를 재점검하는 시간을 꼭 가져야 하겠다. 관광대국을 만든다며 아무 것이나 무작정 행한다고 좋은 것은 아니다. 관광대국다운 격조 높은 문화철학이 아쉽다. 인사동에는 인사동다운 문화를 보러 오는 것이다. 돈푼깨나 벌었다고 거드름 피우는 배부른 돼지를 보러 오는 것은 아니다.

옛 전통과 국격이 생생하게 살아있는 태국, 캄보디아, 말레이시아 왕국을 요즘 많이 다녀오고 있다. 현대 그 나라에서는 복장이 난잡하거나 불손한 사람은 궁궐 문에서 아예 입장조차 저지당한다. 그 나라에서 감히 국왕 옷을 제멋대로 걸치고 사진을 찍거나, 국왕을 비하하고 모독할 수는 없다. 그 나라에서 전통적 왕실 문화를 깔보는 언행은 절대로 금물이다. .

하지만 우리의 문화, 역사, 예술을 짓밟는 만행은 옛 일제 침략당국에서 하던 것이었는데, 아직도 그에 최면이 걸려 있는 사람의 눈에는 우리 문화가 우스운 조롱거리로 보일 것이다. 아직도 그렇게 일제 타성에 젖은 사람이 인사동 일월오악도를 만들었는가? 가난하고 후진상태에 있는 캄보디아 보다 우리들의 문화민도는 한참 뒤진 것은 아닌가?

아직도 우리들은 문화 후진국이 아니라고 답변하기가 어렵다. 아직도 우리들은 일제 선전자료에 포로가 된 추친일 서적을 생각 없이 탐독하며 무작정 추친일 문화를 추구하는가? 앞으로 2000만, 아니 1억명의 관광객이 찾아오는 관광대국이 되어야 한다면 겸허한 자세로 우리의 문화 현주소를 재점검해 보아야 하겠다. 하지만 오늘날에도 맹목적 문화행정이 곳곳에 생생히 살아있으며 일월오악도의 세속화는 놀랍게 진행되고 있다.

더구나 그것은 일반 국민들이 아니라, 문화행정 주체가 더욱 지각없이 앞장서기도 한다. 매우 경악할 일인데 최근에 심지어 어떤 궁궐에서는, 관광객들에게 노골적으로 일월오악도 앞에서 무엄하게 사진을 마구 찍게 만들어 놓은 충격적이고 몰상식한 곳까지 생겼다.

생각하면 일월오악도는 스페인의 미술관에서 피카소의 게르니카를, 제복경찰이 경비를 서며 특별관람 시키듯 해야 할 존엄한 존재인데 솔선해서 세속화 시키고 있는 것이다. 우리의 일월오악도는 스페인의 게르니카보다 훨씬 더 높은 위상을 가졌다. 게르니카는 하나의 최고 그림이라면, 일월오악도는 대한황실을 총체적으로 대변한 최상위 그림이다.

그렇게 대단한 그림이니까 일제침략 당국이 일월오악도를 비하하고 망각시킨 것인데, 진짜 국보에 해당할 일월오악도를 일본인들이 우습게 보았다고 우리도 일본인 같이 보고 있으니 개탄할 일이 분명하다. 일월오악도를 더욱 존엄하게 모셔야 할 곳에서 일월오악도의 세속화를 선도하고 있으니 무슨 말을 더 하겠는가?

관광사업을 하더라도 어찌 예전 일본인들의 만행을 스스로 답습하고 자초 하는가?

「왜적들이 물러가고 환갑이 지났는데도 우리문화 모독, 말살, 비하 정책의 구태가 맹위를 떨치는 나라가 오늘의 우리 자화상이다.」

입헌군주제 개헌!
아주 신선한 선택입니다!

천기누설 - 임금님 모시기
- 새 임금님은 어느 잠저에 숨어 계실까? -

임금님을 새로 모시자는 화두를 처음으로 꺼낸 때로부터, 거의 30년 가까운 세월이 흘렀다. 일제침략의 최대 최고 최악의 상처인 '임금님 상실' 무주공산 상태를, 묵시적으로 인정하며 살아온 추친일 사회가 부당함을 공론화한 30년이 흘렀다.

왜 우리는 일본이 만들어 놓은 잘못된 정치틀에 묶여서 살아 왔는가? 왜 일제침략의 어둠의 그늘에서 우리는 어둡게 살고 있는가? 그 문제를 공개적으로 공론화한 30년이었다. 하지만 그 공론화 과정에서 생각지도 않은 역기능 현상이 돌출했다. 그 공론화가 어느 정도 무르익어 가자 흡사 3류 정치판 같은 상황이 만들어졌으니 전혀 예상치도 못했던 일이다.

그것은 황실복원 논의가 어느 정도 진행되자 느닷없이 '인터넷 잡음, 갈등, 폭력'의 형태로 나타났다. 황실복원 논의가 종착점에 이르려면 아직도 멀리 있는데, 임금님은 내가 하겠다며 사실상의 암투를 시작하는 형태로 불거졌다. 그러니까 밥상이 차려질듯 하니까 그 밥상은 내가 먹겠다며 숟가락을 먼저 들고 덤비는 꼴불견에서 비롯된 것이다.

그런데 그 흐름에서 기나긴 동안을 끊임없이 '임금님은 누가 되는가'라는 상투적인 정략적 질문을 들어 왔다. 일제침략으로 처참하게 무너진 참담한 상황에서 무엇보다 첫째로 할 일은, 임금님을 모시게 할 '여건조성'이 최우선 과제가 될 것인데도 늘 그러했다.

무조건 누구를 임금님으로 모시자는 논의에만 관심이 큰 잘못된 사람들 때문에 생기는 일이다. 생각하면 '이구 황태손 변사사건'과 같은 감히 상상도 못할 경악할 일까지도 그래서 돌발적으로 발생했던 것이다. 이구 황태손 의문사는 예전 광무황제께서 돌아가신 비극과 거의 같은 차원의 충격적 사건이다. 단순 자연인의 의문사도 용납될 수 없는데, 그 분은 지엄하고 드높은 금상의 지위에 계신 최고 어른이시다. 임금님에 해당하시는 분의 비극적 죽음을 그대로 묵과할 수는 절대로 없다.

'현대판 경술국치' 그 참극이 일어난 때부터, 사후 오늘까지의 모든 과정이 낱낱이 철저하게 재점검되어야만 한다. 문자 그대로 제2의 경술국치에 해당할 그 참담한 비극은, 결코 그대로 눈감고 넘어갈 수 없는 국가차원의 중대한 역사이다(안천, 대한황실황통쟁투사 및 대한황실문화정책사).

그토록 엄청난 사건까지 발생되는 당혹스런 지경에 이르렀지만, 생각하면 애초에 30년 전에는 황실복원을 말하면 엉뚱한 소리나 듣는다는 듯이 거부반응을 보였다. 황당하다는 얼굴로, 어디에 임금님 후보라도 있느냐는 조롱 섞인 질문부터 시작되었다.

그리고는 시간이 흐르며 줄기차게 흡사 정치권의 줄서기와 같은 추한 모습도 이어졌다. 그러면서 급기야 이구 황태손 변사사건까지 돌발한 것이며, 어처구니없게도 그 중대한 일을 은폐한 기막힌 일까지 나온 것이다. 왜 100년 전에 일제침략을 당했는가는 벌써 까맣게 잊었다.

그러고는 변함없이 100년 전의 잘못된 추태를 재현하는 모습에 당혹스러울 뿐이었다.

나라가 왜적에게 침략을 당해서 비참한 강점상태가 된 때에, 상해로 망명한 사람들에게서도 그 잘못된 점은 똑같았다. 당시 상해 인사들은 3·1 만세운동 직후에 나라를 빼앗기고 도망치듯 탈출하여 모였던 사람들인데도 항일전쟁에는 관심이 별로 없었다. 당시는 임금님이신 광무황제가 충격적으로 독살 시해되어 국상을 맞은 직후였다. 임금님이 참혹하게 돌아가시고, 나라까지도 빼앗긴 최악의 비참한 시기인데도 항일전쟁에는 크게 관심도 없었다.

최악의 국난기를 맞아 망명한 사람들이 자리다툼에나 탐닉하며 분란만 일으키다가 흐지부지 흩어졌던 것이 상해 임시정부였다. 임시정부를 만든다며 자리싸움만 하다 용두사미로 끝나며 유명무실한 존재가 되었던 것이다. 임시정부는 항일전쟁의 공로보다는, 실책이 더 크며 부끄러운 존재이다(안천, 신흥무관학교).

임시정부는 윤봉길, 이봉창 의사가 스스로 찾아와 찬란한 위업을 쌓아 줄 때까지, 장장 20년을 개점휴업 상태로 몇몇이 앉아 한숨만 쉬고 있었다. 생각하면 상해 임시정부는 거론할만한 역사적 가치도 없는 존재일 수도 있다. 최악의 국난을 맞아서 철저히 항일전쟁을 벌인 것이 아니다(안천, 일월오악도 제1,2권).

항일전쟁 애국애족보다는 하찮은 감투싸움 내분에 더 빠져 있었기 때문이다. 장준하, 김준엽 등의 학병 회고록에는, 그들이 일본군에 강제 징집된 상태에서 죽음을 무릅쓰고 탈출하여 찾아간 임시정부는 한심하기 짝이 없었다고 적나라하게 적혀 있다.

그런데 오늘날 현대 황실복원 논의가 시작되자 그것은 똑같았다. 무조건 누구를 임금님 후보로 모시자는 사사로운 흑심에나 사로 잡혀서, 온갖 잘못된 분위기를 만드는 사람들이 계속 이어졌다. 임금님을 새로 모실 여건조성을 만드는 것이 아니다. 사실상 협잡꾼, 훼방꾼이 나타나서 모든 것을 망치는 것이다.

밥상을 차리기도 전에 내가 먹겠다고 숟가락을 들고 밥상을 빼앗아 먹겠다는 생각만 앞선 것이다. 현재도 황실 차원에서는 변함없는 국난기이다. 그런데도 거의 상해 임시정부의 행태와 비슷한 일이 벌어지는 것이다.

현재로서 임금님이 되실 분은 누구인가? 하지만 그 답변은 할 가치도 없고 아무 의미도 없다. 현재로서는 임금님으로 정해진 분이 전혀 없다. 누가 아무렇게나 정할 수도 없다.

예부터 임금님은 하늘이 내시는 드높은 분이다. 그래서 예부터 임금님은 천자(天子)라고 불렀던 것이다. 우리들이 해야 할 최선의 노력을 하고, 겸손하게 하늘의 뜻을 기다려야 옳다.

임금님은 앞으로 임금님이 새로 모셔질 여건이 충분하게 조성된 때에, 마음을 비운 허심탄회한 상태에서 국민이 흔쾌하게 동의할 분을 임금님으로 모셔야 한다. 사사로운 마음을 앞세움은 절대 금물이다. 그래야 모든 국민이 새로운 임금님을 우러러 모시고 존경할 것이다. 하지만 떡 줄 사람은 생각도 않는데 김칫국부터 마신다는 우리 속담과 같이, 잘못된 상황은 현대 황실 복원 논의에서 줄기차게 이어졌다.

앞으로는 깨끗하고 담백한 마음으로 '임금님 모시기 운동'을 해야만 한다. 임금님이 모셔질 때가 될 때까지 마음을 깨끗이 비워야 한다. 여건조성에 최선을 다해야 옳다. 그 당연한 것을 외면하고 상해 임시정부와 비슷한 추태를 보이는 잘못은 절대로 삼가야 한다. 그런데도 예컨대 어떤 사이버 공간에서는 저질 정치꾼들 흉내를 내며, 상상도 못할 악담, 비방, 흑색선전이 난무하고 있으니 부끄러운 일이다.

그것은 사심을 품은 부당한 사람들 때문이다. 왜 이완용 아류와 똑같은 일을 오늘날에도 자행하는가? 상해임시정부가 20년이나 허송세월을 한 것을 벌써 잊었는가? 지금이라도 잘못된 점을 고치고 마음을 담백하게 비워야만 한다. 역사창조는 이순신 장군이 백의종군을 하듯 순수한 마음으로, 사심을 깨끗이 버려야 하늘을 감복시킬 수 있다.

일컬어 황실복원운동을 한다고 함은, 현대판 항일전쟁 독립운동과 같은 것이다. 그것은 지금도 고매한 민족지사가 하는 것이다. 숭고한 우국지사가 조국에 몸 바치며 자신의 모든 것을 희생하는 것과 같은 것이다. 혹시 지금까지 잘못된 바가 있다면, 단호하게 개과천선하는 결단을 즉시 내려야 한다.

하늘을 우러러 한 점 부끄러움이 없도록, 스스로를 점검하고 채찍질하는 매운 마음은 예전의 애국지사만 하는 것은 결코 아니다. 설익은 행동을 하기에 앞서서, 불세출의 위대한 애국자 안중근 의사의 전기를 경건한 마음으로 음미하며 숙독해 보았는가? 윤봉길, 신채호, 윤동주, 이회영, 이상설, 이상룡, 안창호, 최재형, 홍범도, 나철 등 거룩한 선조들의 삶을 얼마나 탐독하고 음미해 보았는가?

빼앗긴 들판에도 봄이 올 것인가 외치며 몸부림치고 통곡하던, 그 단호한 진심이 없다면 조용히 물러나야 옳다. 신 항일전쟁사는 현재도 격조 높은 민족혼, 애국심을 변함없이 요구하고 있다. 아직도 대한황실의 봄은 오지 않았다. 아직도 대한황실은 극심한 일제침략 후유증에 짓눌린 중증환자 상태로 있다.

새로운 임금님 후보는, 앞으로 아주 넓은 범위에서 마음을 비우고 신중하게 결정되어야 한다. 심지어는 일제침략으로 대한황통이 지극히 혼미한 지경에 이른 참담한 점을 감안할 때에, 태조 고황제 이후부터의 모든 '황통 가능성'을 개방상태에서 폭넓게 점검하려는 큰마음이 필요하다. 부족하고 부끄러운 사람으로는 국민의 동의도 어렵고 하늘의 뜻도 있을 수 없다.

왜 태조 고황제 폐하의 조선시대가 개창되었는가? 당시의 신진 정치세력들이 태조 이성계 장군을 받들어 모신 결정적 이유는 무엇인가? 그렇다. 조선건국 정신을 최고의 교훈으로 되새겨야 할 것이다. 오늘날의 상황도 그 때와 매우 흡사하기 때문이다.

그것은 몽골족의 기나긴 침략에 이어서 홍건적, 왜구, 여진족이 고려국가를 풍전등화 상태로 만들었기 때문이다. 더구나 온 나라가 처참한 폐허가 된 데에다 수습이 곤란할 지경으로 국가적 부패가 극심했다. 특히 설상가상으로 공민왕 이후의 황통마저 혼미해져, 극도로 불신당하는 정치적 리더십 공황상태가 만들어졌기 때문이다.

그것은 도저히 헤어날 길이 없는 막다른 외통수에 몰려 국가가 망국지경에 이르렀기 때문이었다. 그래서 폐가입진(廢假立眞)의 절박한 결단이 내려질 수밖에 없었던 것이다. 그래서 태조 고황제의 조선시대가 개창될 정치적 명분이 생긴 것이다. 그래서 정도전 대감의 '신시대 개창론'에 역사가 동의했던 것이고, 새 역사를 만들 수밖에 없었던 것이다.

일제의 왜곡사관에서는 태조 고황제를 극도로 비방하고 있다. 하지만 그것은 침략자들의 지극히 잘못된 모함성 편견일 뿐이다. 한국사를 오도하고 헐뜯으려는 침략자의 꼬인 눈으로 보니 그렇게 잘못 보이는 것이다. 주인정신을 갖고 역사를 겸손하게 보면, 고려 말의 구제 불능한 국난기에는 강력한 리더십의 정립이 절실했다고 확신된다.

이성계 장군을 신시대의 지도자로 모신 것은 '구국 차원의 위대한 결단'이었다. 더 이상 다른 대안이 없는 최고 최상의 결정일 수밖에 없었던 것이다. '태조입국 결단'은 침몰 직전의 난파선을 구하라는 하늘의 드높은 뜻에 따르는 순리적인 것이었다. 주인정신을 갖고 국가안위를 생각하면 '정치적 폐가입진론'이 지극히 정당했다고 하겠다.

그렇게 정치적 폐가입진을 했으니까 그 후 장장 600년이나 황통이 이어질 수 있었고, 새로운 역사가 기꺼이 동의해 주었던 것이다. 지금 이 시대에 있어서도 '신 폐가입진'에 맞먹을 만큼의 당당한 명분이 있어야만 한다. 일제침략 후유증을 완전히 청산하고, 태조 고황제의 대통을 오늘날에도 당당하게 재현할 확실한 명분 축적이 있어야 한다. 그래야만 새로운 임금님을 모실 하늘의 뜻이 결정되는 것이다. 그래야 국민을 설득할 수 있다. 결코 나라님을 함부로 모실 수는 없다.

현재로서는 아직도 하늘의 뜻이 정해진 것이 전혀 없다. 마음을 비우고 또 비워야 한다. 아직도 부족한 '여건조성'에 진력해야만 된다.

하늘의 뜻을 겸허하게 기다리면서 땀 흘려 노력하며 베풀고 봉사해야 한다. 그렇게 겸손하고 정직하며 성실하게 자기를 희생하는 포용력 있는 사람에서 새로운 역사는 탄생된다.

흡사 새로운 '현대판 태조'께서 다시 탄생되는 만큼, 살을 깎듯이 철저히 자기관리를 하는 인물이 나와야 한다. 새 역사를 창출하기 위해 불철주야 노력하며, 미완성 항일전쟁을 완수하려는 와신상담의 빼어난 경륜이 절대적으로 요망된다. 예전 태조 고황제 폐하도 그렇게 열심히 성실하게 살았다. 그래서 하늘의 뜻을 얻었고, 그래서 최악의 국난을 수습했다. 그래서 찬란한 세종 르네상스 신시대를 만든 것이다.

요즘 세상에서는 오로지 세종대왕만 크게 돋보이고 있지만, 그것도 일제침략 후유증이다. 태조 이성계 장군은 현재도 너무나 저평가 상태에 있다. 왜놈들이 원하던 그대로 혹평을 하기도 한다. 그래서 세종대왕은 태조 할아버지에 비해 지나친 고평가 상태에 있다.(한국사회는 아직도 너무나 추친일 성향이 높아, 일제침략의 극심한 악선전 대상이었던 이성계, 안중근, 일월오악도 등은 저평가 피해가 크다.)

하지만 정확히 말한다면 최고액권 화폐에는 태조나 안중근이 들어가는 날이 와야 하고, 실제로 광화문 광장에는 태조 임금님을 모셔야 더 옳지 않을까? 그렇게 확고한 지도력, 경륜을 갖고 세종시대의 토대를 만들어준 태조 같은 큰 그릇은 어디에 계시는가? 하늘의 뜻을 기만하고 하늘의 뜻을 속일 수는 없다.

하늘의 뜻에 어긋난 사람에게 하늘의 뜻은 결코 모아지지 않는다. 겸손하고 정직하게 역사의 순리를 따라야 한다. 하늘은 정답을 알고 계신다. 결코 경거망동하지 말아야 한다.

「하늘은 역사발전에 헌신할 잠룡을 알고 계신다. 미완성 항일전쟁이 승리할 날을 알고 계신다. 찬란한 새봄의 신태양이 빛나는 나라, 신세계를 설계하고 계신다.」

입헌군주제 개헌!
아주 신선한 선택입니다!

황실족보 신기루

- 일제 황실족보 침략의 위법성 고발 -

'황실족보'는 오늘날 통상적으로 쓰이는 용어이다. 하지만 우리가 오늘날에 쓰고 있는 용어에는 일제강점 침략시대에서부터 쓰이는 잘못된 용어나 친일용어도 적지 않다. 황실족보란 용어도 옛 시절의 대한황실 법도로는 아주 부당한 용어이다. 선원계보기략(璿源系譜記略)이 맞는다. 또는 줄여서 선원보략 혹은 선원록이라고도 부른다.

우리사회에 족보가 처음 등장하는 것은 조선 중 후기부터 시작하는데, 그 후 주로 나라가 일본에 강점당하는 비참한 때에 여러 씨족 족보가 대거 출현한다. 조선 말기에 국권이 쇠약해지면서 국민적 응집력이 무너지고, 나라보다는 내 집안 씨족이기주의에 경도되던 어둠의 현상인 것이다. 그리하여 유행하듯 족보가 쏟아져 나왔다.

심지어 내 집안이 최고라는 가문자랑 노래인 세덕가(世德歌)까지 등장한다. 그것은 족보, 세덕가를 자랑하며 애국심이 무너지는 현상이다. 화수회, 종친회가 국난기에 대거 나타남은 엄밀히 말해서 아주 부끄러운 일이었다. 특히 세덕가는 일제강점기에 등장한 것인데, 도대체 나라가 망할 상황에서 어떻게 세덕가가 나오는가?

단군 이래 최악의 국난을 맞아서, 애국보다는 낯간지러운 집안자랑이나 하는 것이니 너무나 부끄럽다. 독립운동을 하며 만주벌을 달리던 애국자가 족보를 따졌겠는가? 망국에 통곡하던 우국지사가 어찌 잘난 족보 자랑을 했겠는가? 나라를 강점당하고 나라님을 치욕적으로 잃은 불충을 탓하며 독립운동을 하던 애국자를 기려야지, 족보에 아무 이름이나 부끄럽게 올리는 것은 결코 자랑스러운 사회현상이 아니다. 그것은 차라리 병리현상이다.

일제침략 생지옥살이를 하려니까 고향이나 따지고 아무 종교나 의지하며, 가까운 친족붙이 옷깃이라도 붙잡으려고 했던 절박한 심리를 이해 못할 바는 아니다. 그렇지만 그것은 잔혹했던 일제 강점기의 극심한 후유증이다. 그토록 가혹했던 암흑기에 지푸라기라도 잡아 보려던 사회심리의 표출일 뿐이다. 일제패망 이후 그 악마들이 물러가고 난 공백기에 유난히 지역, 종교, 계급, 씨족, 학벌 이기주의가 극심했던 것은, 바로 그들의 침략기가 얼마나 극악한 지옥살이였던가를 노골적으로 반증하는 것이다.

일제가 원하던 그대로의 암흑 속에 핀 어둠의 꽃의 하나가 씨족이기주의 족보병이다. 대전은 족보 인쇄의 중심지였다. 한때 대전에서는 족보 출판으로 때 아닌 호황을 누릴 정도였고, 전국 최고의 출판고를 자랑할 지경이었다. 왜 대전에서 왜 족보가 그렇게 많이 찍혔는가?

학술 서적도 아니고 학생들 책도 아닌 그것이, 그토록 많이 출판되었다는 것은 생각하면 너무나 비정상적이고 수치스런 일이다. 도대체 생각이 없는 이기주의의 편협한 기현상이다. 그럴 돈이 있다면 장학금을 내던지 자선사업에 써야만 했다. 아니면 학술서적을 만들었어야 옳은 일이 분명하다.

요즘에도 씨족이기주의에 빠진 사람들이 꽤 있다. 하지만 조국을 어떻게 사랑하고 공익을 위해 어떤 뜻 깊은 일을 했는가가, 가문 존중의 기준이 아니고 어떤 다른 기준이 있을 수 있겠는가? 그러나 전통 족보에는 그 기준이 거의 존재하지 않는다. 심지어 매관매직한 것이거나 부정한 것이라도 벼슬만 했다면 무조건 자랑하고, 특정 벼슬을 한 특정 어른을 앞에 내세우며 씨족 파벌 만들기에나 몰두하던 것이었다.

그것은 황실차원의 국보(國譜)를 넘보거나 맞먹으려는 잘못된 의식으로 탄생한 것일 수도 있다. 또한 가보(家譜)나 따지며 나라를 분열시키고 씨족이기주의를 부추기는 것이었다. 그러한 잘못된 의식을 갖고서, 그런 사고방식의 아류로 부르는 용어가 황실족보일 수 있다.

오바마 대통령이 탄생된 미국을 배워야 한다. 거의 모든 직종이 확실히 대물림되며 인도 카스트 제도보다 더 숨 막히는, 계급독재 체제의 일본 같은 나쁜 나라에서는 상상도 못할 일이 미국이니까 가능한 것이다. 가장 못된 전범 후손들이 대를 이어 악마노릇을 하며, 흉악한 전범 후손들이 오늘날에도 생생하게 살아 있는 일본 자민당 독재국가에서는 전혀 불가능한 일이 미국이라 일어난 것이다.

형편없는 사회적 배경에 맨 주먹 뿐인 오바마가 족보 자랑으로 대통령이 되었겠는가? 케냐 유학생의 풋사랑으로 얼결에 태어난 오바마로서 그 아내도 흑인 노예의 후손이다. 하지만 오로지 인품과 능력 위주로 인간을 올바로 평가해주는 훌륭한 나라이기에 미국에서 흑인 대통령이 나온 것이다.

오늘의 대한황실은 족보가 중요한 것이 전혀 아니다. 역사의 본질

파악이 중요한 것이다. 종교, 씨족, 학벌, 지역을 뛰어 넘는 역사의 큰 흐름을 직시해야 한다. 심지어 강아지를 공천한다고 해도 그 동네 강아지를 대표로 뽑는 이 나라는 정말 잘못된 나라이다. 일제잔재병을 과감히 털어내고, 오바마 대통령을 선출하는 미국민 같은 눈으로 보아야 대한황실의 미래가 제대로 보인다. 우리들의 눈은 아직도 부끄러운 추친일 시각으로 병들어 있다. 일제침략으로 사라진 임금님을 보는 역사의 본질을 정확하게 직시해야 한다.

오늘날에 황실족보를 새로 만든다는 흐름이 있는데 생각하면 매우 부끄럽기 짝이 없다. 왜냐하면 도대체 역사의식이 없으니까 족보를 만든다는 생각이 돌출하여 나오는 것이다. 어찌 작금의 참담한 황실 상태에서 감히 족보를 새로 만든다는 황당한 발상이 나올 수 있는가? 역사의식, 국가의식이 정당히 존재한다면 도저히 있기 어려운 발상이다. 현재로서는 감히 꺼낼 수도 없는 말이요, 분명한 오발탄이다.

왜냐하면 그 무엇보다도 황실의 정통성 있는 뿌리를 말하려면, 일제침략 당국에다 그들 천황족보에 들어있는 대한황실 영왕의 존재에 대한 분명한 입장정리를 선행적으로 요구해야만 한다. '황실 차원에서는 항일전쟁이 전혀 끝나지 않았다. 영왕은 아직도 비참하게 역사적 볼모 상태로 있으며, 천황족보에 암담하게 치욕적인 인질로 잡혀 있다'.

'대한황실은 아직도 참담한 상태 그대로로서 황실독립전쟁은 현재진행형이다'. 대한황실은 재기를 꿈꾸며 처절하게 싸우고 있다. 지금 이 순간에도 전시상태, 전쟁상태가 변함없다. 처참한 황통단절 상태에서 바뀐 것이 하나도 없다.

그런데도 전범 천황에게 그것을 준엄하게 문책하지 않고, 침략을 눈감아 주고서 어떻게 황실족보가 나올 수 있는가? 황실이 풍비박산 상태가 된 것을 온 민족이 잘 알고 있다. 일제침략의 최고 표적이 대한 황실이었음도 온 겨레가 다 안다. 그런데도 지극히 처절한 피해를 입은 대한황실은 도대체 남의 이야기인가? 그 어떤 아픔도 없으니까 그런 무엄한 발상이 나오는 것이라고 할 수밖에 없다. 아니 감각 자체가 없는 것은 아닌가 생각될 수도 있다.

우리사회는 일제퇴출 이후에 영왕을 대한황통의 적통이라고 해왔다. 그렇다면 침략국 천황족보에 편입된 영왕에 대한 논의가 틀림없이 꼭 있어야만 했다. 그리고 침략황녀 방자에 대해 명쾌한 역사청산 뒤처리를 필수적으로 요구해야만 했다(안천, 일월오악도 제4, 5권).

그러나 전혀 그 중대 조치가 없었다. 그리고는 맹목적으로 영왕과 방자를 묵인해 왔으니, 그 역사적 무감각 무관심증을 보고 무슨 할 말이 있겠는가? 안중근, 윤봉길, 홍범도 장군은 왜 항일혈전을 폈는가? 신흥무관학교로 눈물을 뚝뚝 흘리며 달려갔던 많은 젊은이들을 벌써 잊었는가? 청산리 만주벌에서 독립군이 되어 싸운 애국열사들은 도대체 무엇을 위해 목숨을 내놓고 싸웠던가?

우리의 대한황통은 처참히 침략 당하고 끊기었으며, 여러 잔존 황족들은 거의 떠도는 노숙자, 거지 같이 전락하여 참담하게 숨어서 살고 있다. 그런데도 그 비참한 참혹상을 눈감고 외면하며, 치욕적인 침략황녀 방자를 마지막 황통 마마님이라며 떠받들었으니 너무나 부끄러운 일이다. 어찌 뼈대 있는 600년 황통이라고 말할 것인가?

전혀 할 말이 없는 이 상황이, 현대 대한황실의 한심한 현주소이다. 태조, 정종, 태종 임금님 같은 큰 어른들께서 생존해 계신다면 당장 참수형에 처할 방자를 묵인한 암울한 상태에서, 황실족보는 정말 이 상태로는 논의 자체가 불가하다.

황실족보는 결코 가정집의 평범한 가보(家譜)가 아니다. 침략황녀 방자를 최소한 국내법적으로라도 단호하게 청산하는 것은 필수적이었다. 아니 기본적이고 상식적인 것이었다. 하지만 그것이 불가하다면, 어쩔 수 없지만 영왕을 단호하게 인정치 않았어야 했다. 그런데도 영왕을 그대로 인정하고 침략황녀 방자를 떠받들면서, 요즘 무작정 종묘대제를 거창하게 올리고 있다. 왜 종묘대제 때만 되면 일본인들 다수가 떼 지어 찾아오는가를 따져 본 적도 거의 없다. 생각하면 너무나 맹목적이고 창피한 일이다. 낯이 뜨겁고 고개를 들 수 없다.

흉악무도한 전범국 일본은 현재도 천황 족보에 영왕과 방자를 변함없이 등재해 놓았다. 합법적 황실침략이라고 강변하고 있는 것이다.

더군다나 아주 충격적이고 경악할 일이 있는데, 일본식으로 만든 이구 황태손의 묘소까지도 일본에다 만들어 놓고 일본 황족으로 제사까지 지내고 있다. 그것은 과거의 얘기가 전혀 아니다. 초현대 시대인 오늘날에 자행하는 현재진행형 침략이다.

생각하면 너무나 원색적 모습 그대로의 전범국 악마가 오늘날에도 변함없이 흉악하게 살아 있다. 전범국 일본에게는 이구 황태손 변사사건을 포함한 총체적 황통침략 전범행위에 대해 전혀 문책도 없었다. 현행범죄자인 천황의, 충격적이고 경악할 이구 황태손 변사사건에 대해 그대로 눈감았다. 최악의 현행범 천황에게 면죄부를 주듯 국가 차원의 배임행위 범죄를 저질렀으나 그것이 은폐되어 오늘에 이르렀다. 모든 것이 뒤죽박죽 엉망진창이요, 침략자의 침략논리에 포로가 된 충격적 참혹지경이다.

이구 황태손 변사 사건은 경악할 한국민 모독이요, 한국사를 조롱한 중대사건이다. 지금이라도 이 문제는 확실하게 재논의가 되어야 한다. 이구 황태손은 평범한 시정잡배가 아니다. 이구 황태손에게는 100년의 일제 침탈 역사가 집중되어 있다. 그런데도 불구하고 그 중대한 죽음을 소홀히 다루고 은폐한 책임은 확실히 밝혀져야 한다. 국민 모두가 알아야 할 놀라운 비밀은 만천하에 낱낱이 공개되어야 한다.

하지만 그렇게 대한황통사가 엉망이 되니까, 오늘날 종묘제향은 엄밀하게 말해 일본천황에게 제향을 올리는 것과 다름없다. 역사의 본질을 생각한다면 정말 당혹스럽고 어불성설이다. 그리고 일제침략에 대해 대단히 고맙다는 제향과 다를 것이 없다. 너무나 부끄럽고 치욕적이다. 아무 생각도 없이 침략족보와 침략혈통을 그대로 이어서 인정하고 있기 때문이다. 일제침략 황통이 그토록 고맙고 좋게 보였던가?

광무황제, 명성황후를 참혹하게 시해하면서 대한황통을 처참히 끊고 짓밟았으며, 100여 년에 걸쳐 모든 것을 앗아간 뒤에 참담한 변사체로 발견된 이구 황태손의 죽음은 결코 눈감고 넘어갈 사소한 일이 절대 아니다. '철저하게 재수사를 요망 한다'. 특급전범 천황을 필두로 모든 관련자는 확실히 단호하게 책임을 물어야 한다.

이 난맥상 속에서 시행되는 현재의 종묘대제는 결코 수긍할 수 없다. 이런 황당한 종묘대제를 왜 올리는가? 일본 천황에게 항의는커녕 고맙다는 제향을 올리는 것이나 마찬가지 아닌가? 그러니 종묘대제에 일본인들이 몰려오지 않으면 이상한 일이 아닌가?

더군다나 황실족보를 만들려면 황실의 주체가 특정되어서 실체를 분명하게 갖추고 있어야 한다. 그런데 황실족보를 만들 주체가 모호하고 막연하다. 또한 객체 규명도 아주 불투명하다. 일제강점의 황실 침략 상처가 너무나 깊고 크기 때문이다.

황실족보를 누가 어떻게 만드느냐가 분명해야 한다. 그런데 처참하게 황실주체성이 붕괴된 현재 상태로는, 아무리 잘 만들어도 신기루 족보가 될 개연성이 아주 크다. 아니 너무나 일제침략을 혹독하게 입어 대안을 마련하기가 어려울 정도로 만신창이가 되었는데, 더구나 황실독립전쟁 전시상태에서 도저히 잘 만들 여건이 불비하다.

앞으로 대한황통의 재건은 원점에서부터 근본적으로 확실하게 재논의가 되어야만 한다. 태조 고황제 이후부터 정종, 태종, 세종은 물론 모든 황통 가능성을 허심탄회하고 철저하게 재점검하여, 국민들이 황통재건을 납득하고 수긍할 수 있어야만 한다. 일제침략의 악몽을 깨끗이 극복한 상쾌한 황통이라야 국민이 용납할 것이다.

그 중차대한 과제가 선행되고, 전범천황을 확실하게 단죄한 뒤에야 새로운 황통을 세우는 선원 재건이 가능한 것이다. 무작정 족보 만들기에 앞서서, 그것이 선행되지 않으면 사실상 경거망동이다. 현대판 역적질이 아니라고 어떻게 변명할 방도가 거의 없다고 하겠다.

일부 소수가 일방적으로 만든 족보를 앞으로 누가 인정할 것인가? 국가차원의 공인을 받을 수가 전혀 없는 그것을 생각하지 않고,

무작정 자의적으로 만든다면 그 후유증을 수습하기도 어렵다. 국민들에게 거의 인정을 받지 못할 것이다. 훗날 역사적 심판을 단호히 받을 것이 분명하다. 또한 황실분란의 씨앗이나 만드는 것이 될 개연성이 크다. 더구나 그렇게 돌출한 족보가 우후죽순으로 쏟아진 여러 씨족들의 창피하고 부끄러운 족보들과 거의 차별화되지도 않을 것이기에 더욱 난감하다.

왜적이 물러가고 환갑이 지난 오늘날에도 그들의 침략 상처는 너무나 크고 깊다. 곳곳에서 아직도 국가와 나라님은 생각을 않고서, 씨족이기주의적 병마가 깊게 고질병을 만들고 있다. 비참하게 무너진 황실을 재건하겠다는 매운 마음은 물론 역사도 나라도 없고, 오로지 사사로운 이기주의만 이어지는 부끄러운 가문도 있다.

처참히 무너진 황실의 본질에 대해서는 눈을 감고, 영왕과 방자 부부가 황실 정통이라는 어이없는 세상에서 세덕가나 부르겠다는 얕은 생각이 안타까울 뿐이다. 그 참담한 상태에서 어찌 족보 타령이 나올 수 있는가?

어즈버 사라진 임금님에 분노하고 통탄하며, 불충의 잘못을 자책하면서 가슴을 치던, 충성스런 독립운동 애국지사는 모두 어디로 갔는가? 어즈버 600년 황통의 힘차고 찬란했던 이 나라가 어찌 이토록 막다른 벼랑 끝까지 내몰리게 되었는가?

종묘대제는 오늘날 국민의 제향인가? 곳곳의 임금님릉 제향은 도대체 누가 주체인가? 세계문화유산으로까지 등재된 종묘대제, 임금님 제향은 실제로는 허상에 불과할 수 있다. 실제로는 자랑할 것이 거의 없다. 다수의 국민을 소외시키고 배제한 것이기 때문이다. 아니 실질적으로는 절대다수의 국민에게 잊히어지고 외면된 것이다. 국민이 없는 나라가 무슨 의미가 있는가? 사실상 우리사회의 부끄러운 족보현상과 같게 되고 말았다.

온 겨레가 흔쾌하게 모시는 당당한 종묘대제가 아쉽다. 아니 아쉬운 줄도 모르는 무감각이 더욱 더 아쉽다. 황실이 무너져 만신창이가 된 현재 상태에서는 자질구레한 옛 모습이나 절차에 연연할 것이 아니다.

차라리 비상시 제향체제가 더 옳다. 차라리 구국 궐기대회 제향 형태로 전환시켜야 한다. 단호한 항일전쟁 종묘대제로서의 가상스런 씩씩한 자태를 세계만방에 당당하게 보여야 한다. 그래야만 온 겨레가 한마음 한 뜻으로 열화와 같이 호응하는 생생한 종묘대제가 될 것이다.

온 세계 외교사절들을 종묘에 초대하고, 전범천황을 종묘 앞에서 단호하고 준엄하게 꾸짖어야 옳다. 천황의 천인공노할 죄악을 온 세계 언론 앞에서 단호하게 단죄해야 옳다. 그토록 이웃 나라를 생지옥으로 만들고도 반성하는 자세가 추호도 없는 전범국 일본을 당당하게 응징해야 한다. 죄 많은 천황이 종묘 앞에 무릎을 꿇고 석고대죄하며, 피눈물로 참회하고 사죄하게 강력히 요구해야 한다.

안중근, 윤봉길, 이상설, 유인석, 홍범도, 김좌진, 이회영, 나철 등 위대한 독립영웅들을 거국적으로 현창하고 받드는 전시 항일전쟁 종묘대제라야 한다. 차라리 만주벌 신흥무관학교의 비장하고 결의에 찬 졸업식 같아야 한다. 온 겨레, 온 나라가 한마음 한 뜻으로 단호하게 모시는 거룩한 종묘대제라야만 살아있는 종묘대제가 된다.

어찌 종묘대제가 '무형문화재'란 말인가? 어찌 죽은 문화라며 그 죽음을 인정하는가? 죽은 종묘를 만들려고 피 흘리며 항일전쟁 독립운동을 했던가? 조상님들께서 감읍, 감격하고 기뻐하실 종묘대제가 절실하게 아쉽다.

태조 고황제 폐하가 생존해 계신다면 펄펄 뛰며 분노할 골동품 종묘대제를 무감각하게 거행하고 있다는 생각이라도 해 보았는가? 종묘가 왜 있는가? 종묘 존립의 기본정신이 너무나 아쉽다.

하늘의 태양이 사라졌는데 족보가 있을 수 있는가? 일제침략으로 온 나라의 법도가 무너지고 헝클어진 난맥상에서 무작정 만들어진 선원보략이 무엇을 말해 줄 것인가? 그렇다. 망국에 눈물짓고 통곡하며 만주벌로 달려가던 항일독립군들의 매운 마음은 어디로 갔는가? 굶주려 허기진 배를 움켜쥐고도 구국전선을 달리던 애국지사 선각자들은 어디로 사라졌는가?

'태양이 다시 뜨지 않는다면, 하늘이 다시 열리지 않는다면, 이 어둠의 난세에서는 종묘도 필요없다. 선원보략도 다 부질없는 것이다. 아무 의미도 없는 골동품 세상일 뿐이다.'

「일제침략 황실족보는 특급전범 천황이 책임지고 완전 폐기시켜야 한다. 특급전범 천황은 대한황실 침략 사죄문을 들고 찾아와, 종묘에 봉정하고 석고대죄 해야 한다. 대한황실의 정통성 뿌리 찾기는 아직도 신기루 상태에서 방황하고 있다.」

입헌군주제 개헌!
아주 신선한 선택입니다!

영화 관상(觀相)을 보셨나요?
- 대한황통에 대한 잘못된 고정관념 타파 -

영화는 인간사회의 다양한 모습을 감동적으로 전파하는 마력을 갖고 있다. 영화산업은 국가차원에서 강력하게 후원되어야 마땅하다. 세계 최고 수준의 영화산업을 진흥시키려는 노력은 언제라도 소홀히 할 수 없으며 국가차원의 문화정책이 되어야겠다. 그것은 세계 첨단의 삼성전자에 맞먹을 만큼의 주요 산업이 될 수 있기 때문이다.

1천만에 육박하는 관객을 동원한 '관상'은 역대 흥행순위 10위를 달성했다. 영화 관상은 한국 고유의 역사 문화전통에 바탕을 두고, 관상이란 주제를 현대적 시각으로 절묘하게 재구성 했다고 보인다.

영화 관상은 관상이란 겉 포장지의 내면에 흐르는, 이 시대의 살아 있는 정신이 확실하게 제시되어서 성공한 영화라고 해석된다. 많은 관객들이 영화가 전해주는 중대 메시지에 큰 감동을 받았다고 생각된다. 그렇게 신선한 충격이 있었기에 관객이 일거에 쏟아져 들어온 것이지, 한 때의 단순한 재밋거리에 불과했겠는가?

역사에 우연은 없다. 어떠한 역사도 성숙과정이 없이 돌출되지는 않는다. 이 시대에 느닷없이 영화 관상이 부각된 것은, 그렇게 될 만한 조건이 성숙되어졌기에 그렇게 된 것이다. 많은 관객들은 영화를 보면서 왜적들에게 짓밟혀 사라져 버렸던 '민족적 자화상'을 다시 발견하게 되었다. 특히 요즈음 일제침략으로 끊어진 임금님 황통에 대한 문제의식이 유난히 대두되는 흐름이 적지 않게 투입되었다고도 하겠다.

요컨대 영화 관상은 한국인들 전체의 자랑스러운 관상을 되찾아주었다. 그러면서 적지 않은 관객들에게 우리들의 자화상으로서의 옛 '임금님'을 절실하게 다시 생각하게 만들었다. 그리고는 일제침략으로 끊긴 임금님을 다시 이어 '황실복원'을 한다면 어떨 것인가 하는 옛 향수를 강력히 불러 일으켰다.

첫째로 영화 관상은 조선시대 초기의 역사를 직시하게 만들었다. 조선 개국시기의 역사는 일제침략에 크게 오염되고 왜곡된 대표적인 것이었다. 조선이라는 국가는 태어나지 말았어야 하며 일제 식민지가 되어야 한다는, 지극히 부정적인 어불성설 역사관을 철저히 강조한 것이 친일 침략사관이었다. 그리하여 일방적으로 조선 개국집단을 모독하고 조롱하며 짓밟은 친일역사가 맹위를 떨쳐 왔었다.

특히 영화 관상은 일방적으로 수양대군을 평가하던 기존 역사관을 다시 성찰하고, 수양대군의 정적이었던 김종서를 확실하게 다시 보게 만든다. 수양대군 측에서는 김종서를 충신이 아니라, 또 다른 권력찬탈 가능성의 경쟁 상대 인물로 보았다는 점이다. 그간 이어졌던 일방적 해석을 떠나, 조선 초기 역사에 대해 '균형 잡힌 역사해석'을 하는 씨앗을 제공했다. 아니 다양한 역사해석의 기회를 제공했다.

둘째로 영화 관상은 권력세계의 내면적 본질을 생생하게 말해준다. 권력의 세계에는 냉엄한 힘의 논리가 지배한다. 그것이 권력세계의 법칙이요 철칙이다. 그간 오로지 단종은 수양대군에게 찬탈을 당한 피해자라고만 보았으나, 영화에 나온 단종은 숙부인 수양대군과의 권력대결에서 패한 독립적인 권력주체일 뿐이다. 일방적 피해자가 아닌 상대적 패배자로 결론지은 것이다.

그간 단종을 비극적 존재로서, 수동적인 나약한 객체로만 파악하던 역사해석을 역전시킨 것이다. 단종도 엄연한 역사의 주체이다. 그것을 깨우쳐 주며 단종을 역사전개에서 패한 인물로 반전시킨 것이다. 따라서 어린 단종도 상황을 오판하며 참담하게 패할 만큼의 역사적 책임이 있다고 본 것이다. 그간 너무 피상적 역사인식을 한 것을 탈피하여, 역사에는 무임승차가 없다는 점을 확인시켜 준다. 권력은 노력하는 자가 갖는 것임을 증명하는 것이다.

셋째로 영화 관상은 수양대군 이후의 역사전개를 재고하게 만든다. 수양대군은 조선시대 전체의 역사를 병들게 한 출발점이 분명하다. 수양대군이 없었다면 조선시대도 건강하게 역사가 전개되며, 청나라의 초기와 같은 힘 있는 역사가 되었을 것이다. 조선도 청나라와 같이 중원을 호령하는 거대한 역사를 만들 국력이 있었다. '혼일강리역대국도지도'와 같은 최고의 세계지도를 만들었던 때가 바로 그 당시의 조선왕국이 아니었던가?

수양대군은 어린 임금님의 보위를 찬탈하며 참혹한 역적사를 만들었다. 그 후 조선시대는 끊임없이 제2의 수양대군과 싸우는 어두운 정쟁사였다. 태조, 정종, 태종, 세종으로 이어지던 찬란한 영웅시대가, 암투만 난무하는 병약한 역사로 전락했다. 특히 조선 후기의 '세도정치'는 극심한 권력찬탈 고질병이 표출되며, 끈질기게 새로운 수양대군의 망령이 출몰한 것이다. 그러니까 희대의 패륜아였던 수양대군, 한명회가 조선시대사를 모두 망쳐 놓은 것이다. 그리하여 끝내 일제침략을 자초하는 권력공백 상태를 만들었다.

그것은 세도정치라기보다 신 수양대군 역적시대라고 해야 맞다. 세도정치는 수양대군 이후의 역사를 인정할 수 없다는 것과도 같다. 세도정치에 침몰한 시대를 거시적 조선사로 보면, 조선의 쇠락은 일찍이 수양대군이 한명회와 합작하며 토대를 만든 것이다. 역사정의를 상실한 나라는 역사창출력을 잃게 됨을 증명한 것이다.

넷째로 영화 관상은 조선 시대의 역사에 대한 새로운 해석 가능성을 만들어 준다. 그간 조선시대 역사를 옥죄는 고정관념이 적지 않았다. 그리하여 너무 경직된 역사관이 우리의 의식 세계를 동맥경화 상태로 몰아갔지만, 영화 관객들은 극장 속에서 아주 유연하게 역사사유 전개의 자유를 만끽하게 된다.

조선시대는 수양대군에 의해서 개국정신이 짓밟혀진 병든 역사가 되고 말았지만, 영화 관상은 수양대군을 통해 일제침략 사관을 극복하는 역지사지의 역사의식을 만들어 준다. 역사의 부정을 부정하면서 긍정적인 밝은 내일을 열어준다. 사라진 임금님에 대한 극심한 갈증을 수양대군을 통해 재인식하며, 일제침략으로 사라진 우리의 자화상 '임금님'을 다시 생각하는 역사적 치환과정으로 재탄생하는 것이다.

다섯째로 그리하여 역설적으로 조선의 제2대 정종 임금님에 대한 정치적 재해석을 가능케 해준다. 그간 정종은 역사적으로 무시당하는 논외의 존재였지만, 정종의 정치사적 재해석은 건강한 조선사 정립을 위해서는 필수적 과정이라고 보인다. 조선 개국사에서 정종대왕은 개국의 공로는 크되, 정쟁에서 초연하여 어두운 역사의 멍에가 없다.

세종대왕의 찬란한 시대가 있었음에도 불구하고 곧이어 잔혹한 수양대군 찬탈이 나온 것은 무엇 때문인가? 그것은 근원적으로 태종의 정종 임금님 찬탈에서 잉태된 것이다. 정종도 임금님이었다. 더구나 개국주체 세력이다. 그런데도 태종에 의해 역사의 흐름에서 극도로 망각된 것이다. 그간의 조선시대사는 정종을 너무 소홀히 대했고 무시하였다.

수양대군의 찬탈은 거꾸로 그의 할아버지 태종을 단호하게 꾸짖는 것과 같다. 태종은 우선 아버지 태조의 최측근으로 조선건국의 실질적 영웅인 정도전을 참살하고, 최고 애국자였던 정몽주를 척살한 씻을 수 없는 죄를 지었다. 수양대군은 그의 할아버지 태종의 패륜 그대로를 답습한 것으로서, 조선시대의 첫 단추가 잘 못 꿰어졌다면서 역설의 역사전개를 재확인해 준 것이다.

그것은 태종이 형님들을 농락하고, 동생들을 몰아내며 아버지를 강박한 '정치적 패륜'에서 씨앗을 뿌린 골육상쟁을 고발하며 역설적으로 정종의 정치적 위상을 재고하게 만든다.

정종 임금님의 퇴위는 소극적 찬탈에 의한 것이지만, 적극적 찬탈이나 소극적이나 결과는 같은 것이다. 더욱이 정종은 그간 역사의 패배자로서 축소된 역사로만 해석되어 왔는데, 결코 정종의 입장에서는 그 역사를 액면대로 받아들일 수가 없을 것이다.

영화 관상을 보면서, 사려 깊은 관객이라면 덧없이 무너진 '정종입국'의 아쉬움이 엄습했을 것이다. 정종 임금님의 역사와 같이 따뜻한 긍정의 역사도 있었음을 환기시키게 될 것이다. 그리하여 부정적 시각이 짓눌러 오던 수양대군 이후의 민족사를 재해석하게 만들면서, 한국사에 대한 새로운 사랑이 찾아옴을 느꼈을 것이다.

예부터 동양사회에서는 맹자의 폭군방벌론이 역사정의 수립의 토대였는데, 수양대군의 패륜에는 그 정반합의 과정이 없었다. 현대사에서도 최규하 대통령을 무시하고 몰아내며 권력을 전횡한 전두환 시대가 어떤 결말을 낳았던가? 한국인들은 따뜻한 조선시대사에 대한 갈증이 적지 않다.

여섯째로 관상은 영화관객을 통한 영화 혁명의 성향도 짙다. 많은 관객이 한꺼번에 몰리면서 한국사를 짓눌러 오던 잘못된 고정관념이 무너지고, 새로운 시대가 도래하고 있음을 손짓해준다고도 해석된다. 그간 조선시대 역사는 일제침략 사관의 상흔 속에서 끊임없이 방황해 왔고, 일제침략의 상처가 깊은 역사로서 어둠의 역사가 되도록 강요받았다.

그 어둠은 침략국인 일본사를 비롯하여 어느 나라 역사에나 있는 보편적인 열등의식에 불과했다. 하지만 우리의 독자적인 고유한 아픔이라고, 일본에 의해 일방적으로 강요되며 무작정 짓눌러 왔다. 영화 관상을 보고서 극장 문을 나서는 많은 사람들의 마음은 수양대군에 의해 압도되었으나, 영화관 바깥의 태양을 보며 조선시대 전체에 대한 사랑으로 반전되었다. 조선시대를 다양하게 재음미하며, 그간 '왜놈들에게 너무나 속았다'며 지난 역사를 재성찰하게 만들었다.

마지막 장면에서 관상쟁이 주인공이 거대한 파도 소리를 들으며, 시대를 읽고 세월을 보는 것은 많은 것을 다시 생각하게 만든다. 잃어 버렸던 '따뜻한 역사'도 있었다며, 찬란한 명예혁명의 가능성을 시사 받게 된 것이다. 그 명예혁명은 태종과 세조의 참혹한 패륜사를 극복하라는 지상명령과도 같다. 그것은 태조 이성계 장군의 위대한 경륜과, 충신 정도전의 거대한 조선개국 이상을 재현하라는 '따뜻한 명예혁명'의 지상명령인 것이다.

일곱째로 관상은 우리 관객들의 민족적 시각을 크게 일깨워 주었다. 왜 일시에 관상 영화에 관객이 집중되었는가? 그것은 우리들 마음에 잠재되어 있던 주체적 자존심을 자각시켜 준 때문이라고 보인다. 그간 우리 역사와 우리 조상을 욕보이고 조롱하며 모독하던 어두운 영화가 적지 않았다. 제 얼굴 제 역사에 침 뱉기 하던 황당한 영화에 대한 반작용의 마음이 관객을 사로잡았다고도 보인다.

그간 적지 않은 영화감독이나 시나리오 작가는 본질적으로 우리 관객의 입장이 아니었다. 잘못된 바를 대변하는 잘못된 영화감독의 시각이 많았다. 하지만 관객들은 관상 영화를 보면서 우리민족의 긍정적인 미래를 보게 되었던 것이다. 그래서 삽시에 관객이 쏟아져 들어온 것이다. 그 영화혁명의 힘찬 밀물을 무슨 힘으로 막겠는가?

「영화 관상은 수양대군의 패륜을 고발하면서, 건강한 황통전개에 대한 새로운 시각을 제공하였다. 긴박하게 펼쳐지는 영화혁명의 함성에서 관객들은 찬란한 새 역사를 보았다.

대한황통은 태조입국(太祖立國) 이후 정종 임금님부터 융희(순종) 임금님까지의 모든 황통 가능성을 원점에서 재검토해야 한다. 조선시대사를 일제침략, 이승만 탄압에 따른 경직된 골동품 시각으로 보던 고정관념을 타파해야 한다.

융희 임금님을 잇는 고식적인 끝내기 황통만이 아니라, 정종입국(定宗立國) 가능성부터 융희 임금님까지의 총체적 가능성을 거시적 개방체제로 보는 새로운 발상이 절실하다.

대한 황통에 대한 고정관념 족쇄를 풀고서 새로운 시대를 내다 본 관상쟁이는, 민족사의 밝은 미래를 여는 감동적인 역사관상을 보았던 것이다. 왜적을 몰아내고 70여 성상의 세월이 흘렀다면, 이제는 태조 고황제 폐하의 드높은 뜻을 현실화시킬 때가 되었다.

태조, 정종, 태종, 세종 임금님으로 이어지는 찬란한 영웅시대를 다시금 재현하는 결단의 날이 다가오고 있다. 조선 설계자 정도전의 이상주의적 꿈이 다시 펼쳐질 날이 성큼 다가오고 있다.」

입헌군주제 개헌!
아주 신선한 선택입니다!

청와대를 옮겨라! 어명이다!

- 제102돌 경술국치, 국민총궐기촉구 특별선언 칼럼 -

〈1〉

청와대 터는 원래 경복궁에 딸린 부속 공간이었다. 임금님을 위한 일을 하던 땅으로서, 경복궁 경내에서 하기에 부적합한 일을 수행하던 땅이었다. 무예훈련, 과거시험장, 친경 농사터 등으로 쓰던 곳이었다.

그러니까 임금님의 자유활동 영역, 여가활동 영역으로서의, '확대된 경복궁'과 같은 대단히 지엄한 성역이었다. 그런데 일제침략자들은 대한황실의 경복궁을 헐고 총독부 청사를 짓고서, 총독의 집무관사를 경복궁 뒤인 현재의 청와대 터에 지었다.

따라서 일제총독을 쫓아내고 우리나라가 독립될 때에, 그 터와 총독관사에 대한 선행적 논의가 필수적이었다. 하지만 이승만은 총독이 살던 그 곳을 자신의 집무장소로 택하고 이름만 바꿔 경무대라고 불렀다. 그리고 총독부 건물도 그대로 사용하며 중앙청이라고 불렀다. 생각하면 너무나 가볍고 안이한 생각이었다.

이승만은 스스로가 항일독립운동의 거목이라고 말했으나 실제로는 확실하게 내세울 것이 별로 없었다. 그렇기에 일본천황이나 일제총독에 대한 절실한 원한이 있던 사람이 아니었다고까지 보인다. 또한 우리의 임금님을 극진히 아끼는 존황심이 없었던 사람이라, 침략자들이 망친 경복궁의 처참함에 아픔이 없었다고 보인다.

이승만이 정상적이었다면 온 세계 언론이 보는 앞에서 몸부림치면서, 경복궁 땅을 치고 피눈물을 쏟으며 대성통곡을 했어야 했다. 그런데 이승만은 일제침략의 처참한 궁궐파괴 참상을 목도하고서도 전혀 그렇지 않았다.

그 생생한 증거로 이승만은 집권을 하면서 우선 황실 최고사당인 종묘에 못질을 하고 살벌하게 출입금지 조치를 취했다. 그러니까 일본인들보다도 확실하게 황실탄압을 했다. 일본이 거의 다 죽인 대한황실을 완전히 끊은 인물이 이승만이었다.

이승만의 상상도 못할 황실탄압 후유증으로, 종묘 앞은 그 후 종로 3가에 있다고 세칭 '종삼 사창가'로 불리는 무서운 우범지대가 되었다. 전두환이 88올림픽을 앞두고 군사작전 하듯 철거했으나, 종삼 후유증으로 지금도 종로 3가 일대는 술주정꾼, 노숙자, 거지, 건달, 불량배, 한량들이 모여드는 우범지대에서 별로 나아진 것이 없을 정도이다.

대한황실 최고의 국가사당이며 세계문화유산인 종묘 앞을 비롯하여 종로 3가 일대는, 오늘날에도 변함없이 외국 관광객이나 자손들 보기에 민망하고 더럽고 부끄럽다. 수많은 관광객이 몰려오는 최고 황실 유적이며 서울에서 가장 중심부에 해당하는 데도 지저분하고 꼴사나운 곳으로 꼽힐 정도이다.

이승만은 그러면서 제1황궁인 경복궁의 총독부 청사도 그대로 썼다. 일제침략자들을 꾸짖는 어떤 조치도 없었다. 아니 일제 당국보다도 더 대한황실만을 짓밟았다. 당시 이승만은 대한황실을 끊고자 하는 마음은 컸으나, 일제침략 만행에는 관심이 없었다고까지 보인다.

이승만은 처절한 항일전쟁을 하고 독립된 나라의 대통령으로서의 강력한 신념이나 단호한 의지가 심각하게 결여되어 있었다. 목숨을 내놓고 항일전쟁 독립운동을 했다면서, 그토록 생지옥 같은 나라를 만든 전범천황과 침략총독을 단호하게 응징한다면 어떻게 그럴 수 있는가? 차라리 초가집, 천막을 짓고서 국정을 개시하더라도 다른 곳이라야만 했다. 어떻게 침략국 원흉이 살던 최악의 총독관사로 들어갈 수 있는가?

생각하되 이승만이 현대시대의 첫 출발을 하면서, 임금님을 모시고 5대 궁궐을 대한황실에 되돌려 드리는 일을 하지 못해 우리나라는 너무나 기형적 성장을 하게 된다. 오늘날 서울은 일제침략의 처참한 상처를 끌어안고서, 그 왜곡된 토대 위에서 무작정 포화상태가 되며 불구의 도시가 되었다.

이승만이 정상적인 판단을 했다면 종묘도 경복궁도 대한황실에 정중히 되돌려 드리고, 불법 무허가 침략건물인 총독관사는 온 세계 언론 앞에서 일제총독 응징기념식을 갖고 단호하게 헐었어야 했다. 그리고는 우리정부의 입장에서 추상같이 일본천황과 침략총독의 잔혹했던 침략죄를 묻고서, 준엄하게 사형선고를 내리고 침략배상을 확실히 요구하여야 했었다. 궐석재판으로라도 천황과 총독에게 분명히 교수형을 선고하고 상징적 사형식도 확실히 했어야만 했다.

그런데 이승만은 전혀 그렇지 못했다. 그것이 최고의 침략청산인데 그것이 없었다. 이승만의 잘못 이후 시간이 흐르며 종묘는 세계문화유산이 되었다. 총독부 청사는 헐고 경복궁을 복원했으나, 청와대는 그대로 존재하고 있다. 4·19혁명 이후에 경무대란 이름만 청와대로 바뀌었을 뿐이니, 이름이라도 재차 바꿀 만큼 그곳은 너무도 기분 나쁜 곳이었다.

하지만 그렇게 되니까, 오늘날 일본인들의 죄의식이 없게 만들고 말았다. 아마도 총독관사를 잘 지어주었다고 궤변을 말하는 악당도 적지 않을 것이다. 오늘도 일본 관광객들이 청와대를 찾아와 궤변을 말하는 것이 들리지 않는가? 왜 청와대를 찾는 일본 관광객들이 그렇게 많은가 감각도 없는가? 그들은 결코 청와대라서 오는 것이 아니라, 옛 총독관사라 오는 것을 꼭 말해야만 하는가?

청와대는 오늘날 대통령이 집무하는 국정의 최고관청이지만, 일제 총독의 침략 악행과 이승만의 독재 만행을 생생하게 상징하는 최악의 역사를 갖고 있다. 이승만의 오판 이후에 그대로 오늘날까지 쓰여지고 있으나, 이제라도 정상적 판단이 긴요한 때가 되었다.

생각하면 일제침략이 끝난 순간에 있어서도, 우리 임금님의 어명은 생생히 살아있는 것이었다. 침략자들이 강점했다 쫓겨 갔을 뿐이다. 우리 대한황실의 입장에서는 황실이 무너졌더라도 어명은 분명하게 살아있는 것이었다. 그토록 준엄한 어명을 받들어 항일혈투를 벌인 독립운동가들의 피눈물은 외면되어야 했는가? 무엇을 위한 독립운동이었는가? '청와대를 즉시 옮기라'고 불호령을 내리는 추상같은 어명이 들리지 않는가? 도대체 항일전쟁의 본질이 무엇이었는가?

그런데 오늘날 새로이 행정수도 세종시가 만들어져, 총리공관과 여러 행정부서가 옮겨지는 절대적 순간을 맞아서도 청와대에 대한 논의는 없다. 어떤 부서보다도 가장 먼저 옮겨야 할 곳임에도 불구하고, 전혀 생각도 없으니 우리들 모두가 감각이 무뎌진 때문이다. 이승만의 오판이 그토록 옳았단 말인가 답답할 뿐이다.

청와대는 너무나 곤혹스럽고 부끄러운 땅이 되고 말았다. 항간에서 쓰는 용어로는 '부정 탄 자리'가 되고 말았다. 또는 '동티'난 곳이 되었으니, 건드리지 말아야 할 것을 잘못 건드려서 생긴 참담한 불행을 뜻한다.

예부터 지신(地神)의 노여움을 산 참담한 재앙은 매우 경계하는 것이었다. 어찌 감히 나라님의 땅을 무엄하게 짓밟았단 말인가? 조선 제1의 법궁인 경복궁의 최고 핵심지를 방자하게 짓누르고 있으니, 성난 터주 대감님의 불같은 분노를 어떻게 달래드릴 것인가?

그렇기에 그 후 4·19혁명으로 비참하게 쫓겨난 이승만의 참담한 말로, 박정희 부부의 비극적 최후를 비롯해 어떤 대통령도 멋진 추억의 대통령이 없었다. 줄지어 감옥에 간 전두환, 노태우에다, 젊은 나이에 투신자살한 노무현은 생각하기도 끔찍하다. 또한 IMF 경제비극을 만든 김영삼, 교육대란 붕괴를 초래한 김대중을 넘어서, 현재의 이명박 대통령은 임기 내내 거의 식물 대통령같다. 아니 대통령을 의식하는 국민이 거의 없을 정도로 존재감이 없다.

이명박은 대통령이 되자 쇠고기 파동으로 세계가 놀랄 정도의 엄청난 홍역을 겪었고, 전임 노무현 대통령의 투신자살이 이어졌다. 그 후 천안함 폭침사건, 연평도 포격사건 등이 있었고, 임기 내내 북한 정권은 핵무기를 개발하며 불안하게 만들었다. 그런 흐름에서 대통령은 권위를 잃고 어떤 일도 빛이 나지 않았다. 더구나 대통령의 권위가 무너지니 측근 부패가 고개를 못 들게 부끄럽도록 줄을 이었다. 잘 한 일도 있건만 누구나 감동하지 않는 분위기이다. 동티난 건물터에서의, 부정 탄 흐름의 정점에 선 느낌이 들 정도이다.

이명박은 물론 모든 대통령들이 우리가 뽑은 우리의 대통령들인데 너무나 안타깝다. 요즘 초등학교 어린이들에게 물으면 거의 고민할 틈도 없이, 대통령은 '나쁜 사람'이라고 말하는 비극이 만들어져 있다. 자식들 앞에서는 말을 가려서 해야 하는데, 하도 학부모들이 앉으면 대통령을 원색적으로 비방하니 그런 것이다. 왜 이 지경까지 대통령을 모독하는 나라가 되었는지 안타깝고 한숨이 나온다. 국가 중심이 없는 나라 같이 되었다.

일제침략자들을 몰아내고 어느덧 환갑의 세월이 흘렀다. 이제는 단호하고 의연하게 일제침략자들을 꾸짖을 때가 되었다. 그런데 우리는 침략자는 꾸짖지 않고, 그들의 침략 후유증으로 나타난 대통령만 무조건 비방한다. 우리가 뽑은 대통령을 민주주의를 한다는 미명하에 부담 없이 비방하니 제 얼굴에 침 뱉는 것이다. 이승만의 오판 이후에 침략자와 대통령이 헷갈리는 착시현상 같이 되고 말았다. 이제는 대통령이 아니라 침략자를 꾸짖어야 한다.

일제침략의 흉악한 만행을 꾸짖는 최고의 결단은, 무엇보다 우선 그들이 끊어버린 임금님을 다시 모시는 것이다. 단호하고 의연하게 임금님을 다시 모시면서, 임금님께서 일제만행을 꾸짖어야 한다. 온 세계가 100여 년 만에 다시 모셔지는 임금님을 보며 경탄하고, 인류사의 정의가 되살아나는 감격에 감동하면서 박수치게 해야 한다.

그런데 지엽말단 친일청산을 한다고 흉내만 내며 청와대는 그대로 있다. 지금이라도 청와대를 즉시 옮기며, 일본천황과 침략총독에 대한 사형선고를 단호하게 내려야 한다. 무슨 다른 친일청산이 있을 수 있는가?

우리의 임금님은 침략자들이 짓밟고 모독하며 비방하였고 조롱거리로 만들었을 뿐이다. 하지만 우리민족은 나라님의 비참한 죽음에 총궐기하며, 3·1만세항쟁을 했던 충성스런 애국집단이었다. 그렇기에 임금님을 다시 모시는 것이 바로 미완성 항일전쟁을 완성 짓는 것이다.

임금님의 죽음에 총궐기 했던 3·1정신의 본질을, 이승만 이후 사실상 모든 학교에서 왜곡해 가르쳤다. 온 겨레의 3·1만세 함성이, 어찌 임금님을 몰아내고 대통령을 세우자는 것이었다고 역적논리로 해석되는가? '만세'라는 것은 임금님께만 하는 것도 모르는가? 온 겨레를 임금님 비방꾼으로 이끈 일제침략 교육보다 더 나쁘게 악화시키며 오도시킨 왜곡교육이 안타깝다.

그간 우리들은 이승만 때의 거짓교육에 세뇌된 추친일파들이었다. 생각하면 일제침략시대에는 친일파를 만들려고 했다면, 이승만은 사실상 추친일파를 만들며 본인의 정권유지에만 몰입되어 있었다.

이승만은 임금님을 상징적 어른으로 모시고서, 본인이 대통령을 했다면 오늘날 최고의 칭송을 들을 것이다. 임금님은 내각제만이 아니라 대통령제에서도 모실 수 있다. 단지 상징적 어른이기에 별로 큰 문제가 없는 것이다. 그런데 그 판단을 못하고 눈이 멀어 있었다. 오직 임금님을 짓밟고 없애야 자신의 정권유지가 가능하다고 착각한 것이다.

하지만 이승만의 엄청난 실책을 광정하고, 일제침략을 꾸짖는 결단은 이제라도 결코 늦지 않다. 그 결단은 그러나 너무 쉽다. '경복궁에 정중하게 임금님을 다시 모시면 된다.' 그리고 현재의 청와대 건물은, 경복궁의 부속시설로 대한황실에 정중히 증정하면 된다. 그리고 대통령은 다른 곳에서 부담 없이 국정에 전념하면 된다. 그리고 즉시 '초특급 전범 천황'을 준엄하게 엄벌에 처하는 '사형선고'를 온 세계 언론 앞에서 단호히 내려야 한다.

당시 맥아더 장군은 UN이나 미국의 입장에서 종전협정을 맺은 것뿐이다. 그런데 이승만은 남의 나라 일인 듯 구경만 하고 직무유기를 했다. 그러면서 대한황실만 짓밟았으니, 이승만에게는 도대체 누가 적이었는가도 불분명했으며 사실상 주적 관념이 거꾸로 였다.

결과적으로 이승만은 잔혹한 전범원흉 천황을 포함하여 못된 친일매국노들은 그대로 두고, 우리 임금님만 단호하게 짓밟고 끊은 추친일 실책을 저지르고 말았다. 늦었지만 지금이라도 이승만의 잘못은 정확히 고쳐야 한다. 대한황실의 어명은 지금도 추상같이 살아있다.

대부분의 행정부서가 세종시로 옮겨가고 난 빈 공간은, 대통령부를 큰돈이 들지 않고 옮길 수 있는 최적 장소이다. 앞으로 쉽게 찾아오기 어려운 절호의 기회이다. 경복궁 앞의 정부종합청사와 과천청사가 텅 비게 되었다. 빈 공간에 있어서도 특히 과천(果川), 그곳은 문자 그대로 열매가 맺는 행운의 땅이란 뜻이다.

특히 오늘날 다수의 장관과 공무원들이 대통령과 멀리 떨어져 있어 행정비효율이 크다고 아우성이다. 국가 행정력 제고를 위해서도 대통령부를 옮기는 것이 바람직하다(세종 행정도시는 원래 정식 수도로 시작했으나, 헌재판결에서 위헌결정이 내려지며 행정부만 옮기게 되어 요즘 많은 문제가 야기된 것이다. 하지만 임금님을 모시면 위헌이 아니다. 임금님이 계신 서울이 그대로 수도이고 대통령은 자유로 이동해도 된다. 임금님은 현재의 행정비효율 극복에도 최고 특효약이다).

더구나 충격적이었던 김신조 청와대 기습사건 등을 심각하게 고려한 청와대 안보를 위해서도 과천이 유리하다. 과천청사는 언제 왜 만들어졌는가? 과거에 과천은 한강 방어선 이남에 있고, 관악산을 배경으로 국가안보나 풍수지리상 최적지라 원모심려 끝에 청사를 지은 것이었다.

그 심오한 결정을 누가 언제 내렸던가? 결코 과천은 세종시 같이 선거용으로 급조한 즉흥성 높은 정책결정이 아니었다. 그렇기에 요즘 세종시에는 도시 기반시설이 거의 되어있지 않아 난리가 났는데, 과천시는 그런 걱정이 별로 없다.

과천청사는 1982년부터 입주가 되는데, 당시 아파트를 비롯해 나름대로 충분한 기반시설이 만들어져 있었다. 박정희 대통령의 깊은 뜻에 따른 정책결정은 세종시 결정과는 크게 다른 것이었다. 요즘 북한이 핵무장까지 하고 원색적 위협을 하는 것을 볼 때에, 그리고 과천이 세종시를 비롯한 지방도시와 가까워서도 과천시의 건설은 우수한 정책결정이었음을 증명한다. 어차피 부익부 포화상태의 서울과 빈익빈 고사상태의 여러 지방 사이에 재조정 수술은 절실하고도 묵과할 수 없는 단계에 이르렀다.

특히 청와대는 왜적 총독에 의해 잘못 지어졌으나, 과천청사는 박정희 대통령 때에 우리 손으로 우리나라를 잘되게 하려고 모든 점을 다 고려해 지은 최고 최선의 정부청사이다. 절호의 기회를 맞은 이때에, 경복궁에 임금님을 모시고 역사에 남을 '위대한 대통령'이 되어야 한다. 앞으로의 대통령들은 기분 좋게 알찬 열매를 맺는 '과천 대통령'이 되어야 할 것이 아닌가?

「청와대는 즉시 옮겨야 한다. 그리고 임금님을 정중하게 다시 모셔 미완성 항일독립전쟁을 완수해야 한다. 추친일 상태에서 엉거주춤 살아온 지난 60여 년이 부끄럽고, 어린 자식들 보기도 창피하다.」

〈2〉

우리들은 그간 사실상의 추친일파들이었다. 왜 이승만 이후에 모든 대통령들이 일제침략을 묵인하며 세월이 그대로 흘렀는지 답답할 뿐이다. 공허하게 말만 요란했고 침략청산이 없었다. 왜 하나같이 이승만의 추친일 실책을 묵인하며 추종한 추친일 대통령으로, 이름만 바뀐 총독관사에서 어두운 나날을 보냈는지 의아스러울 뿐이다. 너무나 역사적 사명의식이 없이 직무유기 상태에서 무작정 시간이 흘렀다.

지금이라도 가칭 '친일청산청'을 확실하게 만들어야 한다. 아니 그간 침략청산이 없었으니 정확하게는 '침략청산청'이 더 적절한 말이다.

그것은 민족정기를 드높이고 파렴치한 전범국 일본을 꾸짖으며, 동아시아 국제정의를 확립하는 최고 상징기관을 뜻하는 것이 되어야 한다. 그것은 영원히 소멸시효가 없을 전범 천황과 전범국 일본의, 추악하고 잔혹한 만행을 응징하는 추상같이 준엄한 역사법정이 되어야 한다.

그런데 그토록 당연한 일을 이승만 이후 눈감고 오늘에 이르렀다. 그렇게 60여 년이 흘러오니 일본이 원래의 흉악한 모습으로 변한 것이다. 히틀러, 무소리니는 물론이고, 모택동, 스탈린을 모두 합한 것보다 더 악독하고 추악한 전범이 일본천황인데도, 이승만 이후 국가적 직무유기 상태로 있으니까 오늘날 일본이 파렴치 국가가 된 것이다.

오늘날까지도 유럽에서는 나치 전범을 끝까지 추적하여 처벌하고 있는데, 그 어떤 문책도 없이 국가적 직무유기 상태로 무작정 세월이 흘러오고 말았다. 다만 전두환 정부 초기에 일본 교과서 왜곡에 항의하며 독립기념관을 만든 것이 거의 유일한 침략청산이었다. 그것도 없었다면 일본에는 면죄부를 준 것과 같다. 참혹한 침략을 당한 당사자인데도, 이승만 이후 물론 이것저것 한다고는 했으나 거의 직무유기 상태가 이어졌다.

심지어 항일 애국자를 처절하게 고문, 살육, 탄압한 침략범죄의 상징 '서대문형무소'는 축소시켜 침략만행을 없애며 증거인멸을 시킨 듯했다. 더구나 잔혹한 헌병경찰에서도 가장 흉악하고 몹쓸 악마들의 소굴이었던 '종로경찰서'는, 그대로 경찰서로 쓰고 있으니 무슨 말을 더 할 것인가? 서대문형무소는 원래의 악랄하고 소름끼치는 흉악한 모습을 되찾아야 한다. 그리고 종로경찰서는 몸서리치게 잔혹했던 그대로의 원색적인 침략박물관으로 만들어 영원히 보존해야 옳다.

우리들이 그토록 한심하니까 모든 침략만행이 합법적이었다고 일본이 전방위 폭언, 망언을 계속하는 것이다. 오히려 침략이 아닌 자선사업을 한 듯, 기고만장하여 날뛰는 몰염치 파렴치 국가로 돌변해 버린 것이다.

그리고는 적반하장으로 미국이 세계 최초로 원자탄 2개를 떨어뜨려, 오히려 미국이 나쁜 나라라고 미국까지 나무라고 있다. 진주만 기습만행은 아예 거론도 않는다. 도대체 원자탄 10,000개가 떨어져도 부족한 침략악행을 저지르고도, 온 세계가 경악할 역전극이 겨우 60여 년 만에 벌어진 것이다. 오히려 일본이 피해자이고, 미국이나 우리가 가해자라도 되는 듯 날뛰고 있으니 정말 불한당 철면피들이다.

임진왜란, 그리고 청일전쟁 무렵에 우리나라와 똑같은 최악의 피해를 입은 유구왕국은, 현재까지도 독립이 되지 못해 오키나와라는 치욕적 이름의 식민지이다. 하지만 한국보다 더 단호하게 항거하고 있다. 오늘날까지도 일장기를 게양할 수 없다. 천황이 감히 갈 수도 없다. 심지어 대마도까지도 만만치 않아 일본이 거의 빈 섬으로 만들며 공도정책을 최근까지 길게 유지해야만 했었다. 또한 홋카이도의 아이누도 일본을 확실히 거부하고 있다. 그 작은 나라들도 끝없이 처절하게 저항하고 있다.

그런데 우리는 이승만 이후 거꾸로 대한황실만 탓하며 일본을 면책시킨 것 같이 되었다. 그리하여 많은 한국인들은 오늘날 일본천황은 아무 죄가 없는 듯 착각을 하며 무덤덤하게 되었다. 그리고는 놀랍게도 김대중, 노무현, 이명박이 대통령이 되자 순서대로 찾아가, 천황의 방한을 청하였으니 정말로 어이없고 해괴한 일만 이어졌다.

그러니까 살살 눈치나 보며 죽은 듯 살던 침략 전범국이, 60년 만에 표변하여 아무 죄도 없다고 기고만장하여 날뛰고 있다. 이토록 통탄지경의 최고 극치가 오늘날 죄 많은 전범국 일본의 참담하고 부끄러운 현주소이다. 하지만 일본이 이토록 구제불능 상태로 날 뛸 때가 우리에게는 오히려 절호의 기회이다. 이 기회에 단호하게 '침략청산청'을 만들어야만 한다.

하지만 이승만의 직무유기 이후에 60년이 지나 여론이 빗발치며 노무현이 친일청산을 한다고 했다. 그렇지만 이승만의 오판은 그대로 두고서 지엽말단 청산을 해서 더욱 더 우습게 되었다. 노무현의 친일청산은 이승만의 친일청산과 별로 다를 것이 없다. 사실상 전범천황에게 또 다시 면죄부를 주고 친일잔당 졸병만 쫓았다. 최악의 주범인 천황과 총독들은 그대로 두고서 무작정 청산한다고 허장성세만 있었다.

기준도 불분명한 상태에서 졸속으로 만든 친일인명 사전이 중요한 것이 아니다. 생각하면 한국인들은 궁극적으로 모두 피해자인데, 가해자는 빼고 자가당착 모순의 무리수만 두었다. 그것이 무슨 청산인가? 일본의 침략이 얼마나 전방위로 악독하고 간교했는가는 접어둔 청산이니, 결과적으로 이승만 이후의 추친일 실책을 그대로 이은 무위행위에 불과하다. 엄청난 국고를 낭비하면서 침략 전쟁범죄자는 빼고 자중지란만 일으킨 청산이 되고 말았으니, 도대체 역사의 본질도 파악하지 못하면서 목소리만 높였다.

어떻든 일본이야 원래 침략이 몸에 밴 왜구 철면피들이라 그렇다

치더라도, 일제총독의 끔찍했던 침략만행과 이승만 독재에 짓눌린 터에서 제대로 잠이 오고 편안했을까? 나라살림이 제대로 되었겠는가? 침략악귀, 독재마귀가 덧 씌워진 터에서의 비극은 조속하게 끝나야 한다. 청와대 터가 잘못된 곳이기에 나타나는 부작용은 생각하기도 끔찍하고 역겹다.

첫째로 역대 대통령들이 하는 일에서 기분 좋게 순탄하게 되는 일이 거의 없었다. 정도 차는 있지만, 다수의 국민들은 이승만에서부터 시작하여 거의 모든 대통령을 기억에서 차라리 지우려 할 정도이다. 일제총독과 이승만의 역심으로 잘못 만들어진 건물에서 집무하고 있으니 그렇다고 보인다. 부정 타고, 동티난 터에서 집무하는 대통령이 안쓰럽다. 그런데 특히 첨부할 말은 일본측도 그것은 전혀 예외일 수가 없다. 천인공노할 살육, 약탈, 강간, 방화, 파괴, 고문, 구타, 성희롱, 징병, 징용, 조롱, 탄압으로 아비규환의 생지옥을 만든 침략 범죄를 저지르고서도, 일본은 아무 잘못도 없다고 막무가내로 버티며 처참한 피해국인 우리나라를 조롱하고 모독해 왔기 때문이다. 도대체 진심된 자세의 깨끗한 마음이 전혀 없으니, 동티나고 부정 탄 한일관계사가 계속 덧나며 일본에 끔찍한 천재지변이 계속되는 것이다. 어찌 잔혹하게 짓밟힌 땅의 분노가 그냥 가라앉을 것인가? 그토록 살육, 파괴를 저지른 참혹한 원한이 그냥 잦아들 것인가? 불같이 무섭고 서슬 푸르게 성난 터주 대감이 무심할 수는 절대로 없다. 하늘이 치를 떨면서 분노하고 땅이 극도로 격노하는 것은 너무도 당연한 것이다. 결코 꾸미거나 거짓되게 말할 필요가 없다. 우리들은 겸허하고 진실해야지 하늘을 속이고 땅을 우롱할 수는 없다. 오히려 전범천황을 비롯한 흉악한 범죄자들의 파렴치함을 보건대, 하늘이 저주하며 천벌을 내리는 것은 지극히 정상적이다. 그러니까 흉악한 범죄는 천황과 총독이 저지르고, 절대 다수의 선량한 일본인들이 생고생을 하는 모순이 계속되고 있다. 그토록 수많은 원혼들이 구천을 통곡하고 절규하며 떠도는데, 가해국가인 일본이 어찌 온전하길 바랄 수 있는가?

둘째로 청와대 터가 그러니까 어떤 국민들의 내면에는 그곳에 국민의 적이 사는 것으로 착각을 하기도 한다. 대통령 비방을 일제총독이나 이승만 독재자에게 하듯 하며, 대통령에게 욕을 하지 않는 경우가 이상할 정도이다. 온 나라의 초등학생들이 대통령이라면 고개를 젓는 나라는 근본부터 잘못된 것이다. 여차하면 흡사 일제총독이나 독재자 이승만을 공격하듯이, 청와대로 쳐들어가는 것이 옳은 듯 착각을 한다. 정말 어불성설이다. 때로는 선전선동에 이성을 잃고, 사소한 일로도 청와대로 쳐들어가며 광화문 일대의 교통이 마비되기도 한다. 그리하여 경복궁 앞과 같은 예부터의 성스러운 땅이며, 오늘날에는 우리 민족 사상 최고의 위인인 이순신 장군과 거룩한 세종대왕이 모셔져 있는 곳인데도 버릇없이 온갖 참상이 다 일어난다. 이승만의 오판 이후에 천황에게 돌을 던지는 자는 없다. 어이없게도 대통령만 탓한다. 이 나라를 지옥으로 만들었던 천황은 그대로 두고서, 땀 흘리고 고생하며 나라를 살리려는 대통령만 공격하는 고질병이 변동이 없다. 아니 예부터의 '일제침략틀' 그대로가 생생히 살아있다. 우리들 모두가 우리의 대통령에게 박수를 치고 못된 천황을 꾸짖는, 올바른 판단을 전혀 생각도 못하는 '거꾸로 병'이 심하게 들었다. 도대체 대통령에게 박수를 치면 잘못되는 줄 착각하는 '이상한 나라'가 되었다.

셋째로 청와대 터는 경복궁 뒤에 숨어 있는 곳이다. 그러므로 당연하게 청와대의 당당함이 사라진다. 예전 일제총독 때는 총독부 뒤에 붙은 부속 관사였지만, 그리고 이승만 시대에는 중앙청 부속 건물이 되었지만, 경복궁이 되살아난 지금은 더욱 그곳이 뒤쪽으로 숨은 어두운 땅이 된다. 그러니 대통령을 보는 느낌이 상쾌하고 당당할 수가 없다. 침략 전범으로서 나라를 강탈하고 비열하게 숨어사는 최악의 도둑놈 일제총독도 아닌데, 우리의 대통령은 당당히 앞에 나서야 한다. 열심히 일한 훌륭한 대통령도 꽤 있건만, 흡사 죄지은 대통령과 같이 보이는 모습으로는 나라가 제대로 될 수 없다. 이웃 한국에는 날 거짓말을 일삼으면서, 다른 외국에만 나가면 겁먹은 얼굴로 살살 눈치나 보면서 부들부들 떨고 다니는 비굴한 전범 천황과 우리의 대통령은 전혀 다르다. 그토록 비굴하고 한심한 천황에 비해서, 미국의 오바마 대통령은 얼마나 신선하고 멋있는가? 그렇게 밝고 당당하고 상쾌한 얼굴로 자신만만한 대통령을 보고 싶다. 우리 대통령은 일제 침략자가 아니다. 이승만 독재자도 아니다. 침략만행을 저지르는 도둑놈 총독이나 뒷구멍 어둠 속에 음험하게 숨어야지, 우리의 대통령이 비굴하게 뒤에 숨을 이유는 전혀 없다. 아니 생각하기도 고통스러운 총독관사에 왜 하루라도 더 머물러 있는가?

「어명은 생생히 살아있다! 청와대를 즉시 옮겨라! 전범천황을 단호히 엄벌에 처하라!」

대통령부를 다른 곳으로 당장 옮겨서, 광화문 광장을 따뜻하고 평화로운 공간으로 만들어야 되겠다. 대통령은 청와대 터를 떠나며, 일제총독과 이승만 시대의 어두운 굴레에서 깨끗하게 벗어나야 된다. 서울의 공간배치는 이승만 이후 너무나 잘못 되었다.

「임금님을 모시며 나라를 바로 세우는 '청사에 길이 빛날 위업'은 누구의 몫인가?」

〈3〉

오늘날 생각하면 우리나라는 이상한 나라이다. 이승만 이후에서 바뀐 것이 별로 없다. 그렇게 요란했던 노무현의 친일청산이 얼마나 속 빈 강정같이 허망한 것인가? 정론정설이 자리를 잡지 못하는 논리부재 상태에서 무작정 몰아쳐 평지풍파만 일으켰다. 침략국 일본이 원하던 피침략 형태의 나라에서 헤매며 허우적댄 무위행위를 했을 뿐이다.

우리들 모두가 이승만 이후의 추친일파들이다. 4·19혁명으로 쫓겨난 이승만은 거의 탓하는 사람도 없다. 천황을 탓하는 사람은 더구나 없다. 그러면서 눈앞의 대통령만 무조건 탓하는 이상한 나라의 괴상한 국민들이다. 그런 속에서 앞으로 누가 대통령이 된 들 정상적일 수 있겠는가?

대통령에게 견제와 비판을 한다는 의미도 제대로 모른다. 그러면서 무조건 대통령 탓을 하는 일은 확실하게 사라져야 한다. 대통령이 충분히 일을 하도록 해주어야 한다. 기분 좋게 박수도 치고 격려의 함성도 외쳐야 한다. 그러면서 바른 말 쓴 소리를 해야 한다. 그것이 올바른 견제와 비판이다.

견제도 나라가 잘 되자고 하는 것이고, 비판도 국리민복을 위한 것이다. 궁극적으로는 모두 나라가 잘 되라고 바른 말 쓴 소리를 해야 하는 것이다.

왜 시시비비가 그렇게 불합리하고 불공정한가? 대통령에 대한 평가는 공정하고 종합적이어야 한다. 대통령도 인간이다. 그런데 사뭇 전지전능한 신에게 요구하듯 대통령을 몰아치면서도, 그 못된 천황에게 돌을 던진 자는 전혀 없었다는 나라는 너무도 잘못되었다.

우리사회는 그간 청와대 터는 물론이고, 너무나 많은 것이 침략자들이 원하는 추친일 체제로 무작정 굳어진 채로 무감각하게 살아왔다. 때로는 청와대에 아직도 왜놈 총독이 있다는 착각이 들 정도이다. 이제라도 늦었지만 결단을 내려야한다. 결코 늦지 않았다.

우리나라에도 기분 좋게 '성공한 대통령'이 꼭 나와야 한다. 우리 국민들도 현대판 세종대왕과 같이 칭송을 받는 성공한 대통령의 상쾌한 추억이 절실하다. 그러려면 청와대를 즉시 옮겨라. 그러면 그 땅의 원혼 살풀이는 아주 쉽고 간단하게 끝난다. 부정 타고 동티난 땅에서 대통령이 겪는 아픔을 이제는 더 이상 보고 싶지 않다.

생각하면 너무나 쉬운 일이다. 즉시 임금님을 다시 모시고, 대통령은 다른 곳으로 옮겨 가면 되는 아주 쉬운 일이다. 그리고 전범천황의 잔혹했던 '침략백서'를 확실하게 발간해, 온 세계에 널리널리 배포하라! 그것이 추상같은 어명이다. 분노하고 성난 국민의 목소리다. 그것이 뻔뻔하고 방자한 특급전범 천황에 대한 역사의 필연적 순리이다. 그것이 침략범죄국 일본을 따끔하게 가르치는 준엄한 역사법정이다.

그 상쾌한 결단을 내린 순간에, 성난 터주 대감님의 분노는 따스한 봄날에 눈 녹듯이 끝난다. 그리고 온 국민이 감동하며 역사에 찬란하게 남을 성공한 대통령이 탄생된다. 그 어떤 대통령도 하지 못한 '미완성 항일전쟁'을 완수한 '위대한 대통령'이 탄생되는 것이다.

임금님을 모신 당당한 나라에서, 온 국민의 열렬한 박수를 받으며 노후를 보내는 성공한 대통령이 너무나 간절히 기다려진다. 우리나라에도 온 국민이 열렬히 사랑하는 멋진 지도자가 꼭 나와야만 한다.

이제라도 미완성 항일전쟁을 완수하자.

이제라도 치욕적인 추친일 굴레를 훌훌 벗어 던지자.

이제라도 당당하고 떳떳한 역사를 만들자.

「우리들도 성공한 대통령에게 열광하며 박수치고 싶다. 우리들도 멋진 지도자의 전설을 후손들에게 전해주고 싶다.」

임금님 대관식 - 미완성 항일전쟁의 완성

[일제침략기 국민성 날조극의 정밀분석 폭로]

- 국민투표를 하자! 입헌군주제로 개헌하자! -

〈1〉

일본인들이 했던 침략 심리전 가운데 가장 나쁜 것이 있다. 그것은 우리민족은 앉으면 당파싸움을 한다는 것이었다. 우리민족은 혼자는 똑똑한데 둘 이상만 모이면 싸운다고 끊임없이 헐뜯었다. 그것이 우리 민족의 고유한 민족성이라고까지 극언을 했었다.

당시 워낙 혹독하게 우리민족을 짓밟으며 저질민족으로 몰아간 후유증으로, 우리들은 정말 스스로를 자학하며 살아 오늘날까지도 그 후유증이 심각할 정도이다. 실제로 그들은 우리민족을 초등학교도 단지 4년제에 일본어, 체육, 수신, 공작, 음악 등 말 잘 듣는 무식한 농노를 만드는 낮은 수준의 교육만 시켰다.

철저히 일본 노예로 부려 먹기에 알맞도록 만들었고, 아예 일본 최하층 부락민이라고 불렀다. 부락민이란 일본식 천민 노예라는 뜻이니, 영국, 네덜란드인 들이 흑인 노예를 부리는 것과 똑같이 잔혹하게 노예로 부려 먹었다.

그들은 한국교육을 철저하게 일본에 예속화 시키면서 한국에 대한 열등감만 강조했었다. 중등교육은 거의 기회가 없었다. 당시에 고등교육을 받았다면 그 체제에 크게 순응했거나, 친일계열 부모의 부끄러운 배경이 있었을 가능성이 높았다.

그런 잘못된 어둠의 시대였기에, 우리민족은 종자가 나쁘고 뼈 속 깊이 당파싸움의 고질병이 들었다고 몰아쳤다. 그 까닭은 우리 민족이 뭉쳐서 단결하지 못하게 만들려는 지극히 간교한 침략의도가 있기 때문이었다. 그리하여 우리 역사에서 당파싸움의 역사는 침략 당국의 모든 힘을 쏟아 낱낱이 찾아서 비방했었다. 심하게 말해서 이 잡듯이 철저히 들춰내어 우리민족은 나쁜 민족이라고 악선전을 했으며, 그것을 모든 학교에서 귀가 닳도록 강조하며 열등의식을 조장했었다.

그런데 현대 정치이론에서 세계 학계의 통설은 고유한 민족성이란 존재하지 않는다는 것이다. 민족성은 후천적인 것이다. 선천적인 것은 절대로 아니며 그 나라의 국민형성(nation building)이 잘 되면 좋은 민족성이 생기는 것이고, 교육이 잘못되면 나쁜 민족성이 되는 것이다. 민족성은 후천적이고 상황적인 것일 뿐이다.

하지만 엄밀히 따지면 일본이 오히려 전국적으로 나뉘어, 피비린내 나는 싸움으로만 살아 온 피바다 당파싸움의 나라였다. 그러면서도 조선시대만 나쁘다고 악의적으로 꾸며대며 견강부회 악담을 한 것이다. 그들은 당시에 못된 칼잡이 '사무라이'를 온갖 거짓말로 미화하며 '무사도'라고 했으나, 사무라이를 무사도라고 본 이론적 근거는 날조된 거짓말이다.

그것은 '니토베 이나조'가 1899년에 쓴 책에서 시작되었다. 당시 그 책이 출판되어 나오자 군국주의 선전을 위해 쾌재를 부르며, 검증 과정도 없이 무조건 거짓말 선전에 국가적 차원으로 총동원되었다. 더구나 그를 5천 엔짜리 돈에까지 넣으며 일방적인 대대적 선전을 한 데에서 비롯되었다. 니토베도 당황할 놀라운 일이 벌어진 것이다.

그렇지만 그것은 근거도 전혀 없는 명백한 잘못이라, 오늘날의 일본학자들이 스스로 반론을 제기하고 확실하게 틀렸다며 뒤집고 있다. 물론 니토베 이나조는 화폐에서도 빠졌고 허무맹랑한 인간의 대명사 같이 되었으니, 사무라이 뜻의 날조 선전은 일본사회의 허황성을 노골적으로 증명하는 대표사례가 되고 말았다.

사무라이는 무사도라는 뜻이 전혀 아니다. 일본사를 통해 정확히 평가하면 야쿠자 조폭이라고 번역해야 맞다. 그들이 얼마나 흉악한 악행을 저질렀는가? 오히려 일본이 철저히 칼잡이 당파싸움의 나라였고 국민성이 저질이라고 할 정도였다. 그것은 일본의 황당한 역사날조 악선전의 대표적 사례가 되고 말았다.

그것을 분석한 대표적 학자인 사에키 신이치 교수는, 그의 책에서 사무라이 미화는 명치유신 이후에 조작된 것이라 한다. 실제로는 존재하지도 않던 전통이라고 했으니 날조되었다는 뜻이다. 그가 지적하길 예전에는 일본에 무사도란 말도 아예 없었고, 사무라이는 전혀 페어플레이와는 거리가 먼 것으로서, 한 치의 방심도 허락하지 않는 속임수나, 모략주의를 뜻하는 오늘날의 야쿠자와 같은 것이라고 한다.

결론적으로 거짓말을 써서라도 무조건 이기기만 하면 된다는 모략의 세계에서 나온 것으로, 상대를 속이려는 또 다른 거짓말 논리라는 것이다. 그러니까 그것은 명치유신 말기에 등장한 일본의 침략 병리

현상에 불과하며, 그 일환으로 한국인들은 당파싸움을 잘 한다고 날조 선전극을 편 것이다. 생각하면 황당한 거짓말로 온 세계를 일시 현혹시켰던 국제사기극이었던 것이다.

무사도 날조선전에 동원된 여러 책은 제2차 세계대전이 끝나며 모두 사라졌다. 요즘에는 단지 니토베의 책만 거론 되는데, 그에게 공격이 집중되자 나온 그의 변명이 가관이다. 그가 젊었을 때의 일본 동경에선 학문이 아주 피폐했고, 옛 고서를 보는 사람도 없었으며 논어 맹자를 읽는 사람도 없는 한심한 때였다는 것이다. 그 때만 해도 일본은 너무나 무식한 나라였고, 그런 미개하고 무식한 풍토에서 자기도 무식해서 모르고 쓴 글이니 구태여 자기를 탓할게 없다는 뻔뻔한 변명이다.

당시는 일본 전체가 그랬는데, 자기만 질책할 것은 없다는 상식 이하의 기막힌 설명이다. 그런데 명치 30년경에 미국에서 병 치료를 하며 서양 책을 흉내 내 쓴 책이 본의 아니게 과잉으로 유명해졌다는 얘기다. 그러니까 아무 것도 모르면서 서양 책을 표절한 것이, 군국주의 일본에서 상상 밖으로 대대적인 침략미화 선전에 쓰여졌다는 만화 코미디 같이 당혹스러운 조작극 스토리이다.

일본은 요즘도 아베, 아소, 하시모토가 그런 식으로 날뛰며 독도, 동해명칭, 정신대 등 모든 침략범죄를 황당하게 몰아간다. 일본은 예부터 침략근성이 뼈에 젖어, 어떤 것이든 이익이 된다면 왜구 두목이 시키는 데에 따라 맹목적 돌격을 하는 구제불능한 가미카제 중증환자 나라다. 그러니까 니토베의 책도 엉터리 표절서적이 조폭문화 풍토에서 악용된 것이다.

그것은 오늘날 일본사회의 어디서나 두루 나타나는 추악한 병리

현상이다. 일본사회에서는 바른 말을 못 한다. 온 세계가 다 아는 정신대를 진실이 아니라며 뻔뻔하게 우기고 다니는 가미카제 왜구체질은, 일본인들이나 할 수 있는 가히 일본다운 놀라운 일이다. 사무라이 무사도 사기극은 사기 표절에 능한 일본 사회에서 나온 세계사에 남을 희극적 비극이다.

한심한 나라 일본에서는 개방적인 공개토론이 거의 불가능하다. 그것에서 벗어나면 모질게 괴롭히는 왕따가 되고 혹심하게 구박을 하니, 가미카제가 되어 어쩔 수 없이 죽으러 가는 것이다. 집단논리 앞에서는 바른 말을 감히 입 밖에도 못 내며, 눈치만 보며 죽으러 가는 비정한 독재사회가 일본이다.

일본에는 그래서 이론 날조도 가미카제 방식으로 한다. 바른 말을 감히 입에 담지 못하다가, 죽기 직전에나 겨우 유언하는 심정으로 본심을 내뱉는 나라가 일본이다. 독도, 정신대 등에 대해서, 일본에서 바른 말을 하는 사람은 정말 용기 있는 사람이다. 정의를 위해, 죽기를 각오한 절박한 심정으로 하는 것이니 진짜 용기 있는 사람이다.

아직도 일본사회는 정의 보다는 가미카제 풍토가 강하다. 일본에는 항상 싸늘한 공포감이 깔려 있다. 길거리도 너무나 빈틈없이 깨끗하게 정리되어 오히려 섬뜩하다. 본심을 감추고 눈치를 보며, 겉으로는 거짓된 미소를 지으며 질식할 듯 숨 막히게 산다.

생각하면 일본인들은 한국에 관광을 오면 너무나 자유롭게 풀려난 느낌이 들고, 신나는 한류열풍 속에서 워낙 자유롭고 개방적이라 이상할 정도로 과잉 해방감이 들 것이다. 무서운 '상명하복' 매뉴얼 독재사회에서 '기계 부속품' 같이 살면서, 우리에 갇혀 감시를 받던 짐승이 별안간 풀려난 기분일 것이다.

요즘 극소수 일본인들이 우리의 한류폭풍을 차단하려 안간힘을 쓰는데, 그것을 막는 것은 불가능할 것이다. 왜냐? 일본에 몰아치는 한류강풍은 바로 절대다수 일본인들의 일본에 대한 거부감이 깔려있는 강한 저항이기 때문이다. 그 내면에는 일본 자체를 거부하는 역겨움이 강하게 자리 잡고 있다.

무섭고 잔인한 일본사회에서는 역사상 혁명이 단 한 번도 없었다. 너무나 무서운 계급독재 국가라 그렇다. 그래서 나온 대표적 사례가 오카와 초등학교 참사 사건이다. 후쿠시마 쓰나미 대참사 때에 유난히 그 학교만 거의 떼죽음을 당했다. 그것은 일본사회의 본질 병폐를 보여주는 전형적 사례였다. 공교롭게도 당시 그 학교 교장이 출장 중이었는데, 그 엄청난 대재앙 앞에서도 '학교장이 없다'고 우왕좌왕 하다가 거의 다 전멸하고 만 것이다.

이는 일본 사회의 생생한 병리현상으로 온 나라에 충격을 주었다. 일본인들은 그토록 비겁하고 판단력이 마비된 국민이다. 그러니까 못된 침략범죄도 맹목적으로 따라하는 것이다. 일본인들은 항상 그렇게 살아 왔는데, 교장이 없으니 집단 전체가 판단력이 상실된 것이다.

〈2〉

일본이 우리민족에 대해서 극단적 가혹행위 수준의 집단폭행을 가한 대표적 사례가, 바로 우리민족은 종자가 나쁘다며 저질민족으로 몰아간 민족성 조작 심리침략이다. 일본은 우리민족에 대한 강점침략을 영원토록 자행하려고, 우리민족이 단결되는 것을 철저히 경계했었다. 그래서 우리민족을 콩가루 집안 같이 되게 이간질하고 분열시키면서 당파싸움을 크게 악선전 했었다. 그러면서 우리의 민족성이 그렇게 나쁘다고 몰아쳤던 것이다.

그러다가 일본이 패전하며 별안간 섬나라로 쫓겨 가니까, 나쁜 일본인들은 물러갔어도 그 악선전은 계속하여 잔류했다. 그리하여 주체성 있는 새로운 생각은 않고서, 그들의 악선전을 앵무새 같이 따라서 말하는 부끄러운 한국인들도 적지 않았다. 아니 당초에는 하도 혹독하게 세뇌교육을 받아서 거의 대부분의 한국인들이 다 그랬었다. 하지만 그 부끄러운 말을 생각 없이 되뇌는 사람이 바로 한심한 추친일파들이다. 그들은 그러니까 못된 일본인들보다 더 부끄러운 추친일 고질병 환자들이다.

한국 현대사에 있어서 앞으로 크게 반성할 것은 분열지향적인 흐름을 퍼뜨린 사례이다. 그것은 신친일파에 의한 신판 매국행위와 다를 것이 없다. 현대 한국사회에서는 특히 정치권에 있는 지각없는 사람들이 사사로운 이익을 위해 국민 분열을 조장하는 경우가 적지 않았다. 지역, 학벌, 종교, 계층, 직능, 성별 등을 의도적으로 분열 지향적 흐름으로 이끌며, 사사로운 목적을 위해 악용한 사례가 적지 않았다. 그것은 사실상 일본인들이 했던 악행을 답습하는 지극히 잘못된 추친일 반민족 행태이다.

예컨대 우리는 한때 우리나라의 큰 세력이었던 3김 씨를 거시적 시각으로 확실하게 재검토해야 옳다. 그들은 예리하게 살피면 정권을 잡기 위해 수단과 방법을 가리지 않고 지역갈등을 극대화시켰으며, 나라를 극도로 오도시킨 사람들일 수 있다. 하지만 우리의 국토는 너무나 작은데도 그 좁은 땅에서 조차 상대 지역을 매도하며 싸울 이유는 절대로 없다. 우리는 아직도 예전에 일본인들이 뿌려놓은 민족교란 병균에 감염된 추친일병 환자들이 아니라고 변명하기가 어렵다.

옛말의 무주공산(無主空山)이란, 임금님이신 주(主)님이 사라지고 난세가 되었다는 뜻이다. 일제 악정을 받으며 주님, 주상, 주군이란 개념도 이제는 변질되고 퇴색되었는데, 지난 3김 시대는 바로 일본이 만들어 놓은 무주공산 비정상체제가 좋다면서 수단과 방법을 가리지 않고 권력 싸움만 한 때이다. 사실상 3김 씨들은 권력만 쥐려고 혈안이었지, 진정한 애국심과 역사의식, 국가관이 있었는지 심각하게 반성해야 옳다. 그 광란의 20여 년이 지나고 온 나라가 빚더미에 짓눌린 부패천지가 된 것을 이제는 직시해야 한다.

이제는 더 속지 말아야 한다. 지나간 3김 시대는 분명히 재평가되어야 한다. 그들을 지역이기주의적 시각으로 보지 말자. 그들은 일제 강점의 어둠의 시대에 적응하며 살았던 사람들이다. 독립운동을 하지도 않았다. 특히 일제 말기의 암울한 시대 분위기에 푹 젖었던 사람들이다. 그런데도 우리들은 그들에게 너무 몰입되어 살아 왔다. 우리들 모두가 추친일 늪에 빠져, 정신을 잃은 진짜 추친일파가 되어 부끄럽게 산 때가 그 때이다.

그들은 과잉으로 정권을 잡기에만 올인했던 사람들이었는데 그들에게 너무 빠져 있었다. 그 당시는 정권을 잡기 위해 민족과 국가의 나아갈 큰 길을 벗어난 병든 사회였다. 생각하면 우리국민들 다수가 누구를 위한 북소리 장단에 맞춰 왜 춤을 추는 줄도 모르며 부화뇌동했던 때였다. 항일전쟁 애국지사들이 본다면 너무나 놀랄 나라가 되고 말았으니, 추친일 정치의 악폐가 극심했던 부끄러운 때였다.

요즘도 우리사회는 대통령에 대한 극한비방, 모독을 무조건 해대는 절대 숫자가 항상 존재한다. 결코 그 대통령이 나빠서가 아니다. 맹목적으로 다른 지역출신이라고 비방하는 것이다. 통합적 시각이 아닌 분열과 싸움의 시각으로만 대통령을 보니, 훌륭한 대통령이 나올 수가 없다. 도대체 누구를 위한 대통령인데, 호남을 따지고 영남을 말하는가? 그렇다면 예컨대 강원도 사람은 아무리 훌륭해도 영원히 옥수수, 감자만 심고 있으라는 얘기인가?

국민의 대통령을 뽑아 놓고 그런 추태를 피우니, 어떻게 국민을 위한 정상적 국정운용을 기약할 수 있겠는가? 우리사회도 보다 성숙한 판단력을 가져야 하겠다. 강원도 산골 사람도 훌륭하면 충분히 인정하고, 고향사람도 잘못하면 용서 없이 비판할 수 있어야 한다. 그래야 이 나라의 미래가 있다. 그래야 정당하고 옳은 국민 전체의 지도자가 뽑힌다.

한국 현대사를 되돌아보면서 이제는 모두가 이성을 다시 찾을 때가 되었다. 일본의 악선전 최면상태에서도 깨끗이 벗어나고, 정치권의 이기적 거짓말 선전도 예리하게 평가할 때가 되었다. 악몽의 추친일 사회를 청산하고, 병든 나라를 정상화 시켜야 하겠다. 새 시대를 맞는 '중대결단'을 내려야 하겠다.

〈3〉

금년(2012년)은 우리나라에서 임금님이 사라진 지 꼭 102년이 되는 해이다. 그러니까 대한황실의 융희(순종)황제를 끝으로 1910년에 임금님이 사라지고 말았다. 잔혹했던 일제침략에 의해서 우리민족은 임금님을 상실했으나, 우리의 임금님을 실종시킨 일본의 천황은 생생히 살아 일본국의 구심점이 되어 있다. 그런데도 우리들은 큰 눈을 감고 작은 마음으로 3김시대 동네싸움 연속극만 상영하며, 일본인들이 원하던 대로 잘못 살아왔다.

제2차 세계대전에 참패한 전범국 일본은, 거의 국가가 사라질 절체절명의 위기에 처해 있었다. 당시 일본 천황은 전범에서도 가장 죄질이 무겁고 흉악한 특급전범이었다.

사형선고를 기다리는 절박한 신세였었다. 그런데 일본은 전승 점령국 사령관인 맥아더 장군에게 처참할 정도로 비굴하게 빌고 읍소하면서, 사형 직전에 몰린 천황을 가까스로 지켰다.

깨끗이 자살한 히틀러에 비하면 '비열하고 추잡한 천황'이다. 비굴한 목숨 구걸이었다. 오늘의 천황은 '낯부끄러운 구걸외교'로 더럽게 목숨을 이은 국제정치사를 생생히 증언한다. 오늘날 일본의 국제위상은 환갑의 시간이 흘렀어도 전혀 변하지 않았다. 그것은 깨끗이 속죄한 독일과, 완벽히 사기를 친 일본의 두 모습으로 남았다.

일본은 맥아더 장군에게 전후 세계체제에서 미국에 견마지로를 다해 충성을 바칠 것을 읍소하며 맹세했고, 미국의 다른 요구를 완전 수용한다는 조건으로 교수대에서 사형을 당하기 직전의 천황을 겨우 겨우 지켰다. 당시 일본은 특히 미국의 교육제도를 그대로 수용하며, 모든 전후체제를 미국화 한다는 친미예속화 조건하에 백척간두에 선 비참한 천황을 아슬아슬 하게 지킨 것이다.

물론 약 60년이 지난 지금은 그것이 일본의 꼼수 거짓항복이었고, 교활하게 위기나 모면하려는 간교한 사술이었음이 명백하게 증명되고 있지만 그것이 바로 항복조건이었다. 그러니까 모든 것을 잃더라도 천황제를 지킨다는 다급한 것이었고, 맥아더 장군은 결과적으로 그 교활한 잔꾀 속임수에 넘어가고 만 것이다. 당연히 사형시킬 인류사상 최악의 흉악범을 살려준 세계사에 남을 역사적 실책을 저지르고 말았다.

당시 이승만은 거꾸로 우리의 황실을 다시 세울 절호의 기회였는데도, 철저히 황실을 견제하며 일본침략자들 보다 더 짓밟고 끊었던 때였다. 그런데 일본은 반대로 그렇게까지 하며 천황을 지켰으니, 왜 일본은 천황을 끝까지 지켰는가? 그것은 천황제가 가진 장점 때문이다. 천황은 무엇보다도 나라를 안정시키며 국민을 하나로 뭉치게 하는 대통합 구심점이 되기 때문이다. 그런데도 이승만은 본인의 정권확보를 위해 일본이 거의 죽인 황실을 오히려 철저히 죽였다. 일본 보다 더 가혹하게 대한황실을 비방하며 악선전을 하여, 오늘날 많은 젊은이들을 너무나 오해하게 만들었다.

하지만 우리민족은 원래 임금님에 대한 충성심이 대단했고, 일본은 본래 내부적으로는 분열과 갈등이 극심한 나라였다. 생각하되 일본은 칼잡이 사무라이 체제로 전국적인 극한 싸움으로만 세월을 보내던 '분열과 싸움의 나라'였었다. 심지어 사에키 신이치 교수는 몽골족이 침입한 미증유의 국난 앞에서도 일본 무사들은 나라를 위해 싸우기 보다는 편파적이었고 이기적이었다고 지적한다. 솔직히 말하면 당파 싸움만 했다는 뜻이다.

그런데 다만 명치유신 이후에 천황제를 세우며 달라졌을 뿐이다. 그리고 예전에 고려 말 왜구나 임진왜란, 경술왜란 침략 때에 우리민족이 임금님을 중심으로 강하게 단결하는 것을 보고, 임금님을 없애는 데에 집중했었던 것이다.

임금님을 모시면 어떤 장점이 있는가? 임금님이 계셔서 가장 좋은 점은 국가에 중심이 잡히고 구심점이 서면서, 국민이 단결할 수 있고 자연스럽게 나라가 안정되는 것이다. 가정집에도 어른이 계셔야 안정을 주듯, 임금님은 나라의 어른이 되어 국가를 안정체제로 만들어 준다. 임금님은 마치 국민 분열의 망국병을 고치는 특효약과 같다. 임금님은 신비의 마력을 갖고 국민을 하나로 대통합시킨다. 임금님은 모든 것을 포용할 수 있는 커다란 바다와 같은 나라님이기 때문이다.

반면에 대통령 선거는 상대적으로 득표율이 높은 사람을 뽑는 것으로서, 100%의 완전한 사람이 대통령으로 뽑히는 제도가 전혀 아니다. 따라서 어떤 대통령도 국민 전체를 완전히 포용하기가 어렵다.

요즘의 우리나라는 망국적 분열병이 다시 만연되었다는 혹평을 할 수도 있다. 여야 정치싸움은 일본인들이 원하는 대로 고질병이 된 듯하다. 나라 전체가 너무나 불안하고 난파선에 올라 탄 기분이 들 때가 많다. 때로는 흡사 지역갈등 싸움을 적대국과 전쟁하듯이 한다. 애국은 없고 애향만 병적으로 강하다. 일본인들이 우리사회가 불안정 상태에서 분열과 싸움을 하며, 한심하게 살게 만들어 놓고 떠나간 '추친일 난파선 체제' 그대로 표류하는 듯하다.

그래서 더욱 '국민 대통합의 상징'인 임금님이 절실하다. 생각하면 임금님은 온 나라를 안정시키면서 힘을 불어넣어 주는 "만병통치약"과 같다. 가정집의 가장과 같고, 아버지 어머님이 온 가족을 사랑하며 힘을 북돋아주듯 한다. 임금님은 특정한 지역, 종교, 계층, 가치를 초월한다. 특정 분야의 나라님이 아닌, 거대한 그릇이고 커다란 어른이시다.

그렇기에 '임금님 모시기 국민투표'는 언제라도 과반수 찬성을 쉽게 이끌어 낼 수 있다고 생각된다. 임금님은 특정 부분가치가 아닌, 온 겨레의 모든 가치를 크게 끌어안는 어른이시기 때문이다. 그렇다. 이제는 온 겨레가 사라진 임금님을 다시 모시는 문제를 겸허하게 심사숙고할 때가 되었다. '만병통치 임금님 특효약' 결단을 내릴 때가 눈앞에 다가 왔다.

우리나라도 어둠의 추친일 악몽을 털어내고, 영광된 미래를 향해 안정된 발전의 길을 힘차게 걸어 나가야겠다. 일본이 망쳐 놓은, 상처투성이의 추친일 나라를 100년 만에 단호하게 바로잡는 '입헌군주제' 결단을 내려야겠다. 현재의 우리나라는 임금님을 모실 조건이 거의 다 갖춰져 있다. 생각하면 부족한 것이 별로 없다.

궁궐도 있고, 문화도 있고, 역사도 있다. 용감한 군대도 있고, 충성스런 국민도 있다. 온 나라에 모든 것이 다 갖춰져 있다. 세계 10위권의 막강한 국력을 갖춘 당당한 나라가 이 나라이다. 더구나 임금님도 없는 빈 궁궐에서, '보초 교대식은 너무나 멋지게 과잉으로 잘 하고 있다'. 외국 관광객이 우리나라를 군주국 황제국가로 착각할 수준이다.

오로지 '임금님 대관식'만 거행하지 못하고 있을 단계에 다다라 있다. 과거에 박정희 대통령은 이 단계까지를 만들려고 기나긴 노심초사의 시간을 보냈다(안천, 일월오악도 제4,5권 및 대한황실문화정책사). 그 후 시간이 흘러 그 고뇌를 현실화 시킬 목표지점에 거의 다다른 것이 오늘날이다. 흡사 모든 것이 다 갖춰진 상태에서 마지막 구슬 꿰기를 못해, 목걸이가 완성되지 못한 상태이다.

정식 임금님 모시기가 아니면, 일단 임금님 제도를 문화적 차원의 '명예 임금님' 혹은 '문화임금님' 정도로만 복원해도 좋다. 임금님은 너무나 좋은 '최상의 전통 문화재'이기 때문이다. 그 정도만 되어도 나타날 순기능적인 측면은 너무도 많다.

우선 국민들 마음부터가 푸근해지며, 온 나라를 따듯이 감싸 안는 구심점이 될 것이다. 임금님을 모시는 순간부터 위대한 새 역사가 시작되는 것이다. 역사 속의 100년은 긴 시간이 아니다. 영원히 이어갈 나라를 생각하며, 100여 년 간이나 잘못되었던 이 나라를 정상화시켜야 하겠다. 미완성 항일전쟁을 완성시켜야 하겠다.

안중근, 윤봉길, 이상설 같은 선각자의 뜨거운 항일 애국충정으로, 큰마음 큰 눈으로 세상을 보자! 사사로운 욕심을 버리자. 추친일 망국 고질병을 단호하게 몰아내자! 일본이 만들어 놓은 추친일 나라 그대로, 이렇게 천하 바보 같이 살아야만 하는가?

이 나라는 자손만대가 살아야 할 우리나라다! 큰마음 큰 눈으로 미래를 보자! 우리들 모두가 나라의 주인이다. 국민 분열 고질병에 찌든 추친일 시대를 끝내고, "국민 대통합의 상징" 임금님을 모시는 위대한 결단을 내리자. "임금님 대관식"을 당당하게 거행하며, 미완성 항일 전쟁의 대미를 멋지게 장식하자!

「임금님 대관식! 아! 유쾌하다! 상쾌하다! 통쾌하다! 가슴이 뛴다! 온 세계가 감동할 대관식 축제를 벌이자! 21세기의 찬란한 기적을 만들자!

우리나라에는 궁궐도 있다. 충성스런 국민도 있다. 궁궐마다 보초 교대식도 엄숙하게 진행하고 있다. 살아있는 황실의 상징인 사직단은 물론이고, 종묘와 종묘대제는 세계문화유산에 등재가 되었을 정도로 외형상 완벽하다. 사실상 단군 이래의 생생한 임금님 나라 체제 그대로이다.

대관식 준비는 거의 완벽하게 되어 있으나 오직! 임금님만 아직도 모시지 못하고 있음을 깨닫자! 임금님을 모시면서 일본을 수준 높게 꾸짖자! 미완성 항일 전쟁을 마무리 짓는 감격적인 끝내기 홈런을 치자!」

입헌군주제 개헌!
아주 신선한 선택입니다!

<임금님 개헌론> 특별 메시지

[대한황실 메시지, 계사년 신년사]

- 새 대통령 당선을 축하하며 -

계사년 새해의 첫 태양이 힘차게 떠오르고 있다. 매년 새해를 맞으면 신년맞이 다짐을 마음에 새기게 되는데, 특히 올해는 그것이 더욱 새로울 수밖에 없다. 온 나라가 대통령 선거 열풍을 거쳐 새 대통령을 선출한 직후이기에 그렇다. 이 중대한 때에 우리가 꼭 이루어야 할 최고의 꿈은 무엇일까? 당면한 최고 제1순위의 국가과제는 무엇일까?

하지만 지난 대통령 선거 초기에는 아쉽게도 국가가 나아갈 거대한 꿈이 거의 발견되지 않았다. 거의 실종된 듯 했다. 지난 대통령 선거는 혹평을 하자면 예전 운동권 학생들의 막가파 선거전을 보는 착각이 들 정도로 출발했다.

도대체 대통령 선거에 큰 꿈이 없고 거대한 시야가 없었다. 대통령 후보도 그렇지만 국민들도 당장 눈앞의 작은 이익만 보았다. 이 나라에서는 위대한 지도자가 탄생될 가능성을 찾기가 너무 어려울 정도였다.

여야가 정도 차이는 있다고 하겠지만, 위대한 나라를 건설할 꿈을 분명하게 제시하고 있지 않았다. 그래도 대통령 선거인데 무조건 선거에만 이기면 된다는 자세로 흑색선전 비방에나 몰두했다. 당당한 정책 제시보다는 잔머리 굴리는 꼼수 수준이 만연된 선거였다. 그렇기에 이 나라가 국난을 맞을 정도로 무책임한 선거공약의 남발이라고 말할 정도였다. 도대체 거대한 백년대계 청사진은 없고, 대책 없는 선심성 공약이 쏟아져 나왔다.

예컨대 반값 등록금이니 학생들에게 무료급식을 주느니 유치원도 공짜니 하는 등 즉흥 선심성향의 낯부끄러운 견해도 적지 않았다. 물론 대학생의 학비가 너무 많이 드는 것은 사실이지만 그것이 최대 쟁점일 수는 없다. 더구나 무조건 선동하는 것에 가깝게 반값 등록금을 기계적으로 말할 것도 아니다. 우수한 학생을 확실히 장려하고 면학을 조성하는 정책이 원칙이어야 한다. 그것이 교육이다. 여러 가지 점을 고려하며 등록금을 합리적으로 낮춰야 하지만 선전선동에 가까운 공약만이 난무하고 있다.

도대체 백년대계 교육을 설계하는 책임 있는 공약이 아니라, 반값 등록금 같은 지엽말단의 잘못된 사탕발림 공약만 넘쳐난다. 그러고도 교육을 한다는 것이 부끄럽다. 엄밀하게 최고 교육현안을 말하자면 '고교 8학군' 문제는 언제라도 꼭 해결해야할 국가적 암덩이인데, 여야 똑같이 담합이라도 한 듯 거론도 않고 성역이나 되는 양 방치하고 있다.

건전한 중산층이 도저히 넘볼 수도 없고 대다수 국민이 아무리 건실하게 노력해도 도저히 가서 살 수 없는 신귀족 '성골'지역을 그대로 두고도, '평준화'를 말하고 '중산층'을 거론하는 최악의 위선 속에 무슨 교육정책을 운위하는가?

"8학군 특권층"으로 인해 절대다수의 국민이 극심한 박탈감, 배신감을 느끼며 삶의 희망을 잃고 있다. 지방대학은 피폐화되고 지방교육은 절망상태이며 농촌은 공동화되면서 모두가 서울로만 8학군으로만 몰리고 있다. 현재 8학군은 초등학교 1학년이 5학급이라면 6학년은 15학급, 20학급일 정도이다. 중고등학생은 8학군 대치동 학원에서 밤을 새우며 공교육은 붕괴상태에 있다.

인구의 5할 이상이 수도권에 비정상적으로 집중되고, 국가전체가 극심한 교육격차로 인한 교육적 부익부 빈익빈 중증질환을 앓고 있다. 전세대란, 부동산 파동은 해결책이 요원하다. 개천에서 용이 날 수도 없고, 부모를 잘 만난 극소수 학생만 희망을 갖는 괴상한 나라가 되었다. 이런 참상에 눈을 감고 여야 합의하에 교육의 본원적 부패행위를 해도 되는가?

더구나 언론도 종교도 그렇고 온 나라가 눈감고 불의에 동조하고 있다. 심지어 격렬하게 평등을 부르짖는 전교조도 8학군은 확고부동한 성역이라니 실소를 금치 못한다. 국가 전체가 너무나 정의감이 없다.

왜 서울에서 여당이 패배 했는가는, 새로 결혼한 젊은 부부들이 뼛속부터 절망하는 것과 근본적 뿌리가 같다. 못 살아도 희망에 부풀어 새마을운동을 하며 한강의 기적을 만들던 나라는 어디로 가고, 젊은 부부가 아기를 낳는 순간에 절망하는 나라가 되었는가? 전세 대란으로 전세조차 갈 곳이 없는 나라이니, 온 나라가 8학군병으로 경직화된 중증질환을 앓고 있기 때문이다.

현재도 거대한 국가부채, 가계부채의 나라인데 전혀 빚 갚겠다는 공약은 없다. 빚지는 것을 겁내지 않는다. 금번 대선의 최대쟁점은 바로 허리띠를 졸라 매자는 쓴 소리 바른 소리라야만 했다. 그런데 그 핵심이 없었다. 심지어 새 정치를 하겠다던 안철수도 대학교 총학선거 수준의 겉도는 얘기만 하다 싱겁게 물러났다. 안철수가 허망하게 퇴장한 것은, 안철수가 이 시대를 뼈저리게 고민한 것이 아니기 때문이다.

정치는 여가선용 오락이 아니다. 안철수는 국가와 국민이 절실하게 소망하는 시대적 과제와 처절하게 정면대결을 해야 했으나, 오히려 시대의 아픔과 영합하고 타협하며 손까지 잡았으니 정치를 정면으로 뼈아프게 고민하지 않은 결과이다.

김영삼, 김대중 이후 온 국민을 사탕발림으로 기만하며 빚더미에 올려놓은, 현대사 최악의 매국 '부패행위'가 전혀 쟁점화 되지 않은 '위선의 선거'가 금번 대선이었다. 그 잘살던 나라를 도탄에 빠뜨린 것은 이완용에 맞먹는 죄를 진 것인데 그 핵심에 눈을 감은 선거였다.

이제는 온 나라가 정신을 차려야 한다. 그 어떤 변명도 용납되지 않는다. 얼마나 많은 사람들이 잘못된 정치, 참담한 정치적 위선의 덫에 걸려 피눈물 좌절을 겪었는가에 답변해야 한다. 김영삼, 김대중 시대의 환상에서 확실하게 깨어나야 한다. 이제는 정치적 대차대조표가 분명히 나오는 때가 되었다. 김영삼, 김대중도 권력을 잡으려고만 했지 정치를 위선으로 했다. 말이 필요 없다. 결과가 냉엄하게 증언하고 있다.

국민 분열이나 조장시키며 국민의 돈을 무서워하지 않던 죄 많은 시대는 가야 한다. 김영삼, 김대중 시대는 잃어버린 20년이 되었다. 국가는 정직하고 근면 검소하게 살며 열심히 노력하는, 건전한 학생이나 건실한 국민을 도와야 한다. 게으르고 부도덕한 삶을 조장하지 말아야 한다. 특히 국가 자체가 근면 검소하며 성실해야 한다.

하지만 전혀 신시대 새 정신의 제시가 없는 구태의연한 모습에 환멸을 느낄 정도였다. 김영삼, 김대중 이후 남은 것은 빚더미밖에 더 있는가? 그런데도 청산되고 심판받아야 할 빚더미가 그토록 좋아 보여서 아직도 김영삼을 찾고, 더구나 작고한 김대중의 미망인까지 찾아가 머리를 조아리는 것은 정초 세배에서나 해야지 생각하면 추태에 가깝다. 청산해야 할 구태 구악에 찌들어, 있어서는 아니 될 선거공약이 봇물 터지듯 쏟아지며 국고탕진을 당연한 듯이 생각하는 공약이 너무 많았다.

전 세계 최고 군사력이 집중적으로 배치되어 있는 동북아 화약고 국제체제에다, 첨예한 남북대치 상황에서 천안함 폭침도발 및 연평도 포격만행이 벌어진 나라인데도 불구하고 안이한 발언과 이적 성향 견해도 적지 않았다. 국가가 당면한 거대한 내일을 보여주는 미래상이 보이지 않는다. 100년 전에 경술국치를 당하고 60년 전에 6·25전쟁을 겪은 후유증으로, 중병을 앓는 나라라는 역사인식은 아예 실종된 듯하다.

그러니까 거대한 국가인식하에서 아무리 여러 선거공약을 살펴보아도 공감이 갈 수 없게 너무나 근시안적이었다. 남북분단과 국가차원의 고질병을 앓는 나라라는 절실한 역사관을 갖고, 확실한 지도력을 보일 거대한 선거공약이 없음에 너무나 실망감을 느끼지 않을 수 없다. 당장 눈앞의 작은 이익에만 눈 먼 국민들 속에서 수준 낮은 무대책 정략성 공약이 줄을 이었다고 생각된다. 그것도 여야가 거의 8할이 겹치거나 대동소이하다고 말할 정도였으니, 그래서 정책실종 상태였다는 비판을 받는 것이다.

요즘 일각에서는 우리나라가 민주화된 나라라고 하지만 그것은 착각이다. 민주화되었다는 말의 기준도 없다. '천민 민주주의'의 저급한 목소리가 난무하는 나라이다. 아무리 지난 선거과정을 샅샅이 살펴보아도 양질의 고품격 민주주의는 별로 발견되지 않는다.

민주주의는 최고 국가목표로서의 꿈을 민주적 정치과정에 의해 도출해내고, 그것을 강력하게 실천하는 나라를 말하는 것이다. 중구난방으로 온갖 저질 꼼수 역선전 목소리를 마음대로 내뱉는 것이 민주주의라고 착각하지 말아야 한다. 현재와 같은 민주주의를 몇 번 하면 이 나라가 곧 망하기 십상이다. 김영삼 대통령 5년 만에 즉시 충격적 구제금융을 받은 뼈아픈 기억을 벌써 잊었는가?

정말 서글픈 일인데 이 나라가 처한 거대한 역사체계에 토대를 둔 최고 최대의 국가적 과제는, 지난 선거과정에서 눈을 씻고 아무리 찾아도 거의 발견하기 어려울 지경이었다. 금번 대통령 선거에서 박근혜 후보가 당선된 것은 상대적으로 보다 더 국민의 꿈을 실현함에 우위에 있었다는 뜻일 것이다. 지금의 시점에서 최고 최대의 국가 목표는 무엇일까?

하지만 그 논의를 길게 할 것도 없다. 검증도 되지 않은 근시안적 견해들을 뛰어넘어, 절실한 역사의식 애국열정을 갖고서 지나간 100년사를 근본적인 시각으로 되짚어 보면 된다. 당장 눈앞의 작은 것에 현혹됨이 없이 단호하고 큰 역사인식을 한다면, 왜적들에 의해 사라진 나라님을 다시 찾는 일이 최우선 순위의 국가목표가 되어야 마땅하다(지난 100년사의 최고 국가과제는 항일 전쟁이었다. 6·25 전쟁과 남북분단도 일제침략의 후유증이다. 그에 대한 궁극적 제1순위 배상책임은 일본에 있다. 예컨대 요즘 한일간 최고 현안인 독도나 정신대를 거론하는 것까지도 생각하면 지엽적이다. 이웃나라를 생지옥으로 만들고서 무슨 변명이 있을 것은 없다. 특급전범 천황은 총체적 국난에 확실하게 무한 책임이 있다).

항일전쟁은 왜적을 물리치고 나라와 나라님을 되찾자는 것이었다. 일국의 정치가가 되려면 초현대시대라는 오늘날에도 항일전쟁 독립운동가 그대로의 입지를 세워야 한다. 일제침략 강점의 기억도 생생한 현재인데, 그 침략자의 본당 후손들인 일본 자민당이 살벌한 왜구, 아니 신판 나치당으로 재탄생되고 있는 국제현실이기에 더욱 그렇다.

이 시대의 안중근, 윤봉길, 이상설, 이회영, 홍범도 같은 불타는 애국심이 있어야 나라가 나아갈 바른 길이 보인다. 그 분들이 생존해 계신다면 무엇이 가장 시급한 일이었을까?

그렇다. 위대한 애국지사들이 일단 나라를 되찾았다면, 나라님을 모시면서 미완성 항일 독립전쟁을 완수하는 것이 기본이다. 지나간 100여 년의 역사를 위대한 독립운동가의 단호한 마음으로 되돌아보면, 일제침략으로 참담하게 끊긴 황통을 다시 이으며 임금님을 새로 모시는 것만큼 시급한 과제는 없다.

그런데도 우리들 자체가 그런 확고한 역사인식이 없었다. 이승만 이후 하나같이 조국도, 민족도, 역사도 내 팽개치고 무작정 정권 잡기에만 눈멀어 있었다. 그래서 현대사에서는 위대한 인물이 거의 없는 것이다. 그래서 국가도 국민도 꿈이 사라진 듯 된 것이다. 그러니까 요즘 일본이 안하무인 적반하장으로 날뛰는 것이다.

우리들 모두가 무작정 정권잡기에만 눈멀었던 이승만에 너무 정신을 잃고 살아 왔다. 그 후유증이 너무 커서 항상 난파선에 올라탄 선거판이 되었다. 물론 남북통일 등의 여러 가지 큰 과제도 당연히 해결해야겠지만, 국체를 정립하며 임금님을 다시 모시는 것은 일제침략의 가장 큰 상처를 치료하는 시급한 국가과제가 분명하다. 그것은 생각하건대 남북통일보다 더 급선무라고 할 수 있으나, 흡사 일제침략이 옳았다는 듯 지난 60여 년 간 눈앞의 사소한 이익다툼에만 집착하면서 그것은 사라진 국가목표가 되었다.

우리나라는 왜적에게 강점당한 치욕에서 약 35년간을 처절한 항일 독립전쟁으로 보냈다. 그리하여 왜적을 퇴치하고, 남북으로 분단된 참담한 불구 상태로나마 나라를 되찾았다. 하지만 나라와 함께 사라진 나라님은 벌써 100여 년이 지났으나 다시 모시지 못하고 있다.

그렇게 나라의 어른이 실종되고 나니까 가정에도 사회에도 국가에도 중심축이 없다. 온통 난장판 아수라장이다. 그것은 이번 선거과정에서 극명하게 노출되었다. 심지어 방송화면에는 경악을 금치 못할 장면까지 돌출하며 온 나라를 충격으로 몰아넣기도 했다. 그것은 흡사 100년 전의 일제 총독이나 6·25 전쟁판에서 살육을 진두지휘하던 악령이 되살아 난 듯 착각할 정도였다. 그것은 온 국민 앞에서의 공개적 정치폭력이었다.

그래도 한 나라의 대통령으로 출마를 할 것이면 품격, 경륜, 언행의 기본은 구비되었어야 하나, 나라를 망친 일제침략자가 다시 나타났다는 듯 충격을 줄 선거판이 아직도 가능한 나라가 우리나라인가? 그러고서 어떤 동네 하나라도 정상적으로 다스릴 능력은 있을까 하는 의심이 들기도 했다.

금번에 새로 선출된 대통령은 본인의 선거공약을 기계적으로 모두 지키려고 할 것이 아니다. 물론 큰 틀은 지켜져야 하나, 국가발전 공약을 새로 만든다는 진지하고 겸허한 자세로 나라를 이끌어야 하겠다. 지난 선거 때의 공약은 여야가 따로 없이 비판받을 수준이었다.

폭넓게 연구하고 여론을 다시 들으며 잘못된 선거공약은 솔직히 인정하고 고치면서, 국가차원의 존경받는 실천공약을 새로 찾아야만 한다. 여야가 경쟁하듯 쏟아놓은 공약의 허황성을 직시해야 한다. 도대체 큰 꿈 보다는 거의 검증도 되지 않은 하위목표가 많았는데도, 거기에 국가예산을 그대로 쓰겠다는 생각은 두려울 정도이다.

그래서 이 나라가 빚더미에 올라앉았다. 김영삼, 김대중 시대가 남긴 구태의연한 국고 낭비나 탕진은 이제라도 삼가야 한다. 그것을 답습할 수는 없다. 보다 수준 높은 국가목표를 재정립한 뒤에, 강력하고 겸허한 실천의지는 옳은 일에서만 보여야겠다.

그리고 특히 중요한 일은 천문학적 빚더미 위에서의 이성을 잃은 선심성 공약이 아니다. 여야 모두 철저히 반성하며 국정운영 자세부터 근본적으로 고쳐야 한다. 6조원이란 거금을 추가로 편성한 예산을 대선 종료 즉시 편성한다는데 그것은 결코 옳지 않다. 우리국민들은 김영삼, 김대중 시대 이후 국가차원의 도덕적 해이 상태에 있다. 60조원, 600조원을 선심 쓴다고 크게 고마워나 할 것인가?

쓴 소리 바른 소리에 귀를 기울이며 '빚더미의 나라를 정상화'시키는 것이 최우선이다. 건전재정 체제 확립을 위해, 빚 갚고 나라를 건실하게 함에 여야가 따로 일 수 없다. 온 나라가 한 마음이 되어야 한다. 자기 개인 돈이라면 그렇게 펑펑 쓸 수 있는가? 한강의 기적을 말하던 건전경제의 건실한 나라가, 빚더미를 극복하고 제2의 한강의 기적을 다시 창출해야 하지 않겠는가?

금번의 대통령 선거를 압축된 시각으로 보면, 그것은 '두 여인의 이미지 대결'에 흡사한 두 시대의 총결산 싸움이었다. 왜 5060 세대가 분노의 투표를 했는가? 그들은 두 시대를 뼈저리게 체험한 세대이다. 현대정치사의 두 주연 배우였던 박정희 시대도 김대중 시대도 속속들이 아는 역사의 최전선 사람들이라 그토록 분노한 것이다.

50대가 보여준 9할의 투표율은 민주사회에서는 거의 불가능한 일이다. 이심전심으로 '명예혁명 총동원령'을 내린 것과 같다. 그들에게는 이제 위선이 통할 수 없다. 그들은 두 시대의 모든 것을 보고 모든 것을 겪었다. 그래서 투표장으로 총동원되어 줄지어 나갔고, 두 시대 대결의 결론을 맺어 주었다.

그들에게는 이제 박정희 시대가 '한강의 기적'을 낳았고, 그토록 장밋빛 선전을 했던 김대중 시대가 끝나며 '한강의 빚더미'가 그들의 앞길을 가로 막고 있는 참혹한 현실만이 남았다. 두 시대의 결산표 실적을 확실하게 파악하며, 명확한 업적을 남긴 박정희 이미지와 처참한 빚더미 시대의 이미지가 뚜렷하게 대비되었다.

건설의 시대와 부패의 시대가 극명하게 대비된 것이다. 잘 사는 내일을 꿈꾸며 희망에 넘치던 시대와, 핵무장한 북한의 공갈 협박 하에 천문학적 빚더미에 짓눌린 암담한 시대를 비교하는 세대에겐 어떤 장밋빛 선전도 무의미했다.

그렇다. 정치는 이미지 싸움, 명분 축적의 싸움이다. 그들은 희망을 갖고 살았던 박정희 시대의 딸 박근혜의 젊은 활력에서 '밝은 해'가 떠오르는 것을 보았고, 야당이 받들며 찾아가 머리를 조아린 김대중

시대의 미망인에게서 미사여구에 감춰진 절망의 이미지를 볼 수밖에 없었다. 40대 이하의 한 쪽 경험 세대와는 달랐다. 그들에게는 어떤 미사여구도 장밋빛 선전도 거짓말이었다. 극명하게 대비된 두 이미지가 명예혁명의 도화선이 될 수밖에 없었다.

박근혜는 결코 박정희의 딸에 머물지 않았다. 박근혜가 남성사회의 들러리 꽃꽂이용 정치인이었다면 결코 대통령이 될 수는 없었다(안천, 여성 대통령은 언제 나올까). 생각하면 박근혜는 현대정치사에 있어서 가장 가혹하고 처절하게 탄압받은 인물이다. 온갖 수모, 비방, 압박, 역선전, 테러가 박근혜를 키운 비료가 되었다.

그렇기에 대선 과정 내내 이어진 박근혜 공격은, 오히려 두 이미지와 겹쳐지며 박근혜가 제2의 한강의 기적을 만들고 빚더미에 쌓인 참담한 현실을 극복할 최선의 대안으로 부각되어 나간 것이다. 박근혜는 장밋빛 미사여구로 한강의 기적은 불가능하다는 것을 증명함에 성공한 것이다. 박근혜는 그렇기에 아버지의 그늘에서 음직을 얻은 것이 아니다. 정면으로 자수성가하며 승리를 쟁취한 것이다.

그렇지만 야당은 안이했다. 아직도 김대중 시대에서 바뀐 것이 별로 없었다. 과거에 김대중이 정권을 쥘 때에는, 온 국민이 박정희 시대만을 겪은 한 쪽 경험의 시대였다. 그래서 일방적으로 박정희를 독재자로 몰면 되었는데, 야당은 그 후 부패 빚더미를 만들어 수렁에 빠진 나라를 만들고도 예전과 같으니까 그 칼이 오히려 야당을 향하게 된 것이다. 예전에는 장밋빛 미사여구가 정권을 가져다 주었는데, 두 시대의 결산표가 확실하게 정리된 지금은 확실한 실적만이 정답인 새 시대로 바뀌었다.

그런데도 야당은 놀랍게도 자살한 노무현의 분신을 내세우고서, 더구나 작고한 김대중의 그늘에서 전혀 헤어나지 못했으니 선거의 승패는 일찍이 결정된 것이었다(야당은 지금까지 항상 그랬다. 강남 스타일이 지구를 강타하는 때에도 시종일관 김대중 스타일뿐이다).

개표과정에서 박근혜가 단 한 번의 역전도 없이 완승한 것은, 야당이 백전백패를 자초해 준 덕분이기도 했다. 전략부재의 야당은 아직도 구시대에 머물며 깊은 잠을 자고 있었고, 박근혜는 비바람 눈보라가 거셌기에 새봄을 미리미리 준비하고 있었다. 그렇다. 박정희도 김대중도 모두 사라진 뒤의 현대정치사는 결코 잠자는 시계가 아니었다. 명예혁명은 역사의 진실을 찾으려는 '조용한 대변혁', 아니 새 시대를 갈망하는 조용한 절규였다.

예전 새마을 운동을 하던 때의 순수했던 근본적인 초심으로 돌아가야 한다. 금번 박근혜 대통령의 탄생은 개인 박근혜의 탄생을 말하는 것이 아니다. 온 국민에게서 울려오는 새로운 함성이 귀에 들어와야 한다. 타락, 부패, 위선의 시대를 끝내고, 순수했던 초심을 다시 찾으려는 국민의 함성을 들어야 한다. 건실한 "실적주의" 시대가 명예혁명의 함성 속에 성큼 다가선 것이다.

미사여구로 겉 포장된 도덕적 방황의 시대가 저물고, 새로운 봄이 오고 있음에는 여야가 따로 없다. 지역, 종교, 학벌, 성별, 계층도 없다. 살을 에던 한 겨울 추위가 매서우면 봄을 기다리는 동백꽃 붉은 잎은 더욱 짙어지는 천리를 깨닫는 뉘우침인 것이다. 속아 살았던 지난 20년의 반작용은, 순수했던 처녀 총각 시절의 뒷동산 언덕에서 순수하게 뛰놀던 깨끗한 추억이었던 것이다.

김영삼 이후 대통령들은 거의 다 그렇고, 성남시장, 용인시장 같은 불량 공무원도 그러하여, 밑 빠진 독같이 국고를 탕진하면서 돈 벌어 놓은 박정희 비방만 해왔다. 그리하여 천문학적 빚더미에 앉은 상태에서 돈 쓴다는 소리만하는 선심공약이 무슨 필요가 있는가? 더구나 아무리 베풀고 선심을 써도 끝없이 떼쓰고, 아무데서나 천막 농성, 고공 농성을 하는 것이 자랑거리인줄 아는 도덕적 해이 사회를 만들어 놓았다. 그 상태에서의 선심공약은 독이 되면 되었지 득이 될 것이 없다.

더구나 그러면서 땀 흘려 경제활동에 힘쓰는 기업인들을 원초적 죄인인 듯 흔들고 공박이나 해왔던 타성은 아직도 긴 그림자를 드리우고 있다. 그러니까 많은 젊은이들은 전 방위로 삼성, 현대, LG, SK 등 여러 기업체를 범죄 집단 같이 비방하고 다니면서, 그 기업에 들어가는 것이 꿈이라는 이상한 나라가 되어 있는데, 60조원, 600조원을 쏟아 부어도 다시금 밑 빠진 독 그대로가 아닐까?

선심공약이 중요한 것이 아니다. 초심을 되찾는 것이 급선무이다. 온 나라를 건강하게 재탄생시키라는 명예혁명의 함성에 겸허하게 귀를 기울여야 한다. 우선 국정 전반의 '건강검진'부터 받아야 한다.

이 나라는 왜적에게서 국권을 되찾고 독립되었으나, 60여 년 전 그때에 확실한 국가발전 철학이 없이 첫 단추를 잘못 끼웠다. 그래서 가장 중요한 나라님이 실종되었다. 그렇게 나라님을 다시 모시지 못한 까닭은 무엇인가? 그것은 바로 일제침략자들이 워낙 우리의 임금님을 비방하고, 짓밟고, 단절시킨 후유증으로 그렇게 된 것이다. 더구나 현대시대 초기의 집권자인 이승만의 눈이 흐려 본인의 정권유지만을 생각하며, 임금님을 완전하게 끊어 버리면서 오늘날까지 세월이 무작정 흐른 때문이다.

이승만은 당시에 생각이 너무 짧았었다. 애초에 제헌국회에서 헌법초안을 작성한 유진오는 내각제로 헌법안을 작성했었다(그리고 당시에는 임금님을 모시자는 국민적 여론도 아주 높았었다). 그런데 이승만은 제헌정국을 독선적으로 별안간 대통령제로 바꾸게 했다. 그 후 우리나라의 헌법은 사실상 몸통은 내각제이면서 대통령이 있는 독특한 형태이다. 따라서 대통령 밑에 국무총리가 있는 매우 특이한 대통령제이다. 지구상에 거의 없는 기형적인 특이한 헌법이 되고 말았다.

이승만이 왜 별안간 대통령제로 바꾸게 몰아갔나? 그 까닭은 당시 일본에 인질로 잡혀가 억류상태에 있던 영왕의 존재를 크게 의식했기 때문이라 하겠다. 이승만은 영왕의 귀국을 막고 모든 재산을 박탈하며 영왕의 정치적 입지를 없애 나갔다. 특히 종묘에 못질을 하고 출입을 못하게 하며, 모든 궁궐과 황실재산을 빼앗았다. 더구나 영왕을 일본인들이 하듯이 극도로 비방하며, 임금님 제도가 절대로 들어서지 못하게 살벌한 공포분위기를 만들었다. 그래서 이 나라가 추친일 정치흐름으로 잘못 나가게 되었다. 일본이 끊다가 만 임금님을, 이승만이 완전하게 끊어 단절시켜준 추친일 만행을 저지른 결과가 되었다.

이승만의 독재는 그의 정권유지에만 급급하여, 임금님을 완전히 끊으며 권력을 독식하려는 흐름에서 형성된 것이다. 하지만 그 내면을 정확히 파고들면, 이승만은 놀랍게도 자기 스스로가 임금님이 되려고 하는 마음을 갖고 정치를 하여 비정상적 장기집권을 획책했었다(안천, 일월오악도 제3권). 그리하여 이승만은 스스로 무덤을 파며 4·19혁명으로 쫓겨난 것이다.

이승만은 국가건설의 청사진을 확고히 제시함이 없이 권력유지에만 집착하여 그런 비참한 말로를 맞았다. 그러한 독재의 후유증은 현대정치사에 너무나 악영향을 미쳤다. 그 잘못된 악령이 오늘까지 어둡게 이어지고 있다. 이승만이 4·19혁명으로 쫓겨나며 대통령의 권위는 땅에 떨어졌고, 그 이후 대통령들은 하나같이 권위의 공백상태에서 힘든 시간을 보냈다.

전 국민이 극빈상태로 살던 최악의 나라를 세계 10위권의 막강한 나라로 만든 박정희는, 반만년 역사에 남을 찬란한 위업을 창출했으나 일각에서는 무조건 군사독재자로만 매도한다. 하지만 한강의 기적을 낳은 박정희가 물러난 뒤에 김영삼, 김대중이 민주주의를 한다고는 했지만, 삽시간에 IMF경제비극을 낳고 천문학적 국가부채와 가계부채를 가진 빚더미의 나라를 만들었다.

그것은 본질적으로 그들이 국가경영 능력은 미숙하고 정쟁에나 능숙했으며, 그렇게 권력은 쥐었으나 무너져 버린 대통령의 권위 공백에서 헤어나질 못했기 때문이다. 사실상 김영삼, 김대중은 확고한 국가목표의 제시 보다는 박정희 공격에만 급급했다. 더구나 이승만은 빼고, 박정희만 일방적 편파적으로 독재자라며 몰아갔다.

하지만 박정희를 공격하면 그들이 정권을 쥔다고 정신없이 공격을 퍼붓다 보니, 대통령의 권위가 추락하며 커다란 빈 공간 수렁이 만들어졌다. 그리고는 김영삼, 김대중까지도 자기들이 판 구렁텅이 수렁에 추락하며, 건전 경제였던 나라가 삽시간에 빚더미의 나라가 되었던 것이다. 그렇게 내몰리니까 급기야 노무현의 참담한 자살로 이어지며, 대통령의 존재감은 땅에 떨어질 대로 떨어졌다.

지난날의 한국정치를 회고해 보면 유일하게 박정희 시절에는 '조국 근대화', '민족중흥'이라는 국가건설 목표가 확실했다. 그리고는 경제개발 5개년 계획을 세우고, 온 나라가 국가발전 청사진에 따라 잘 살아 보자며 뜻을 모아 강력히 추진했다. 하지만 다른 때에는 그것이 대부분 불투명했다. 확고한 국가목표가 없이 문민정부, 국민의 정부, 참여정부 등을 그럴듯하게 내세웠으나 그것은 막연한 구호에 해당하는 것이다. 실천적인 국가목표가 되기는 어려웠다.

그것은 대통령은 되었으되 왜 대통령이 되었는가의 확고한 철학과 자각이 부족한 때문이었다. 많은 경우에 역선전 비방을 하며 잔머리 굴리는 흐름으로 억지로 정권을 쥐었으나, 목표가 불투명하니까 나라가 헛바퀴를 돌며 표류했다는 비판을 들어야 했던 것이다.

지난 20년간 우리는 돈 몇 푼 벌었다고 겸손을 잃고 너무 자만했다. 그러니까 당연하게 한강의 기적이 삽시간에 한강의 빚더미가 되고 말았다(금번 대선 결과는 그에 대한 국민의 분노였다. 아직도 그 진실을 감추려는 거짓말에 대한 환멸이었다). 노무현의 충격적인 자살은 결코 그 개인의 자살이 아니다. 그것은 줄줄이 감옥에 간 전두환, 노태우를 조롱하고 비웃는 가운데, 대통령의 권위가 설 자리가 전혀 없어졌기 때문이다.

노무현이 자살할 수밖에 없었던 절박한 상황은 결코 그 혼자만의 일은 아니라고 생각된다. 그는 이승만, 박정희, 전두환, 노태우, 김영삼, 김대중으로 이어진 대통령의 권위붕괴의 정점에서 죽음으로 추락한 것이다. 그것은 겸손을 잃고 자만한 속에 속절없이 대통령제 자체가 붕괴된 것을 말한다. 그러면서 빚만 쌓였으니 지난 20년은 화려한 빚잔치였다.

그렇게 권위가 추락된 대통령을 이은 이명박은, 애초부터 거의 식물대통령에 가깝게 되고 말았다. 쇠고기 파동이 집권 초에 일어나며 온 나라가 격동하는 소용돌이를 겪은 것은, 대통령의 권위가 전혀 없기 때문에 일어난 일이다. 그것은 결코 단순하게 이명박 개인의 잘못만은 아니다. 대통령을 우습게 아는 분위기가 극도로 만연된 속에서 우발적으로 터져 나온 것이다.

쇠고기 정도의 일로 국가가 마비될 정도의 상태가 되었으니, 결코 있을 수 없는 일이 일어났다. 쇠고기 파동은 현대정치사에서 깊게 반성하고 재검토할 정치사례이다. 우리들 모두가 함께 뽑아놓은 대통령을, 당선 즉시 그 지경으로 만든 것은 우리 모두의 책임이다. 더구나 이명박은 아주 높은 득표율로 대통령에 당선되었는데도 그 지경이 되었다. 그 이후의 이명박은 사실상 불쌍하고 초라한 대통령으로밖에 인식되지 않게 되었다.

대통령을 이렇게 참담하게 몰아치고 짓밟는 나라에서, 그 누가 대통령이 된다고 하더라도 어떤 일을 제대로 하는 것은 불가능하다. 업적과 잘못을 공정하게 깨끗이 평가해주지 않는 국민 속에서 대통령이 설 자리는 없다. 그리하여 사실상 우리나라의 대통령제는 사상누각의 "허수아비 대통령제"로 변했다고 오해할 정도가 되었다.

대통령제의 위기! 그것은 국가 최고 권력의 절대성이 무너진 권위 공백의 당연한 현상이다. 우리국민들 모두가 시급히 각성하고 결단을 내릴 때가 되었다. 심지어 초등학교 어린이들조차도 대통령을 가볍고 우습게 아는 나라가 되었으니, 그토록 대통령이 설 자리가 없는 한심한 나라를 그대로 둘 수는 없다.

왜 이런 참담한 공백상태가 왔는가? 그것은 바로 일제침략자들이 끊고 이승만이 짓밟은 임금님이 사라지며 국가최고 권력의 권위공백이 온 상황에서, 이승만 이후 그것을 극복하지 못하고 정치적 늪에 빠지며 더욱 더 수렁에서 헤맸기에 그렇게 된 것이다. 그런데도 그것을 무작정 방치한 때문이다.

대통령은 열심히 일해야 하는 직책이다. 이에 반해 임금님은 국가권위를 담보하며 나라의 명예와 체통을 지키는 어른이시다. 일과 명예는 다른 것이다. 그런데도 우리사회는 그것을 구별하지 못하고 일제침략과 이승만 독재 이후에 임금님을 잃으며 최고 권력을 짓밟고 조롱하는 수렁에 빠져 헤매고 있다. 업무수행과 명예유지라는 국정운영의 두 바퀴를 혼동하면서, 대통령에게 모든 짐을 한꺼번에 지우고 사소한 실수라도 있으면 침소봉대하여 짓밟아대는 고질병이 만들어진 것이다.

예를 들어 박정희는 매우 이상한 현상을 보이는 전형적인 사례인물이다. 박정희는 해외에 나가면 한강의 기적을 만든 신화 같은 인물이지만, 국내에서는 군사독재를 한 사악한 악인으로만 일방적으로 모는 이상한 흐름이 있어 왔다. 또한 국내에서도 엄밀히 살피면 여론조사를 할 때마다 현대사 최고의 정치인이라는데 한편에서는 악의 화신이란다. 모든 정치인은 공과가 있으련만 너무 편파적이다.

더군다나 4·19로 축출된 독재자 이승만에 대해서는 눈감고, 이상하게도 박정희만 원색적으로 공박한다. 아주 기이한 현상이다. 하지만 그것은 바로 박정희를 공격한 김영삼, 김대중이 이승만 시대에 정치입문을 한 사람들이며, 사실상 그 후 오늘날의 우리사회는 신자유당 시대가 이어진 정치 이면사 때문이다(안천, 대한황실문화정책사).

그 이상야릇한 흐름이 현대정치사를 너무나 편파적으로 병들게 했다. 그래서 이해 못할 박정희 현상이 나오며, 요즘 젊은이들은 맹목적으로 다수가 부화뇌동하는 것이다. 정략적 선전에 정신착란을 일으키며 부패의 수렁에 추락하는 것이다.

그리하여 대통령을 선출해 놓고는 그 권위를 계속 짓밟아 대니까, 나라 전체에 권위와 명예가 전혀 존재하지 않게 된 것이다. 그래서 노무현 대통령의 자살이 나오고, 힘이 빠질 대로 빠진 허수아비 같은 이명박 대통령도 나오게 된 것이다. 도대체 대통령의 권위가 서야 나라 일을 할 것이 아닌가?

생각하면 노무현도 할 일은 열심히 했고 업적도 있다. 또한 지난 5년간의 대통령인 이명박도 분골쇄신 열심히 일을 한다고 했다. 그런데도 국민들은 대통령을 별로 인정하지 않는다. "대통령제 공황상태"가 만들어진 것이다. 자살하기 직전의 노무현의 심정, 쫓겨나듯 처절하게 퇴임하는 이명박의 심정, 그것은 결코 개인의 마음이 아니다. 국민적 공황상태로 모든 것을 잃고 추락하는 참담한 것이다.

우리 국민도 정치권도 도대체 제 정신이 아니다. 대통령이 망하도록 만들어 놓고 대통령 탓만을 한다. 대통령을 우습게 아는 나라, 대통령을 비방하고 헐뜯는 것이 자랑거리인 줄 착각하는 이상한 나라가 된 것이다. 그것이 고질화되며 가정의 어른도 회사의 선배도 사회의 어른도 우습게 알게 되었다. 온 나라 안의 권위공백이 극대점에 왔다. 노골적인 표현으로 말하면, 대통령에게 일을 하라면서 한편으로는 대통령을 바보로 만드는 것이 영웅이라도 되는 것인 줄 착각하는 이상한 나라가 된 것이다.

그 고질병을 어떻게 고칠까? 우리는 '위대한 결단'을 내릴 막다른 종착점에 와 있다. 결코 이대로 둘 수는 없다. 이 나라는 자손만대가 살아갈 우리나라가 확실하다. 우리나라를 우리가 가꾸고 아껴야지, 이 나라가 누구의 나라인가?

하지만 짓밟힌 국가 최고의 권위, 그것은 학생들 역사책 하나만 제대로 정독을 해도 해답이 나온다. 사라진 임금님을 다시 모시는 결단이 최고의 정답임을, 정신을 가다듬고 국사 책을 한 번만 정밀 통독해도 쉽게 찾게 된다.

이 나라의 권위가 무너져 대통령이 바보 같이 되는 것은, 궁극적으로 일제강점 침략 후유증이기 때문이다. 국사책을 읽으면서 그것이 제대로 읽혀지지 않는다면, 사소한 지엽말단에나 현혹되며 졸면서 한 눈팔며 읽은 것이다. 왜적들이 악의적으로 우리 임금님을 짓밟고 헐뜯은 상처투성이 그대로가 최악의 일제침략사이며, 지금까지 그 고질병을 방치한 데에서 현대 한국병이 비롯된 것이기 때문이다.

우리국민들 거의 모두가 일본의 악선전에 세뇌되어 임금님을 우습게 아는 추친일 심서를 갖고 있기에, 대통령을 우습게 아는 권위공백이 온 것인데 그것은 사상누각 "허수아비 대통령제"로서는 치유가 거의 불가능하다. 앞으로 어떤 대통령도 그 고질병은 치유가 쉽지 않을 것이다. 일제침략에 세뇌되어 임금님을 우습게 알면서 자연스레 대통령까지 존경하지 않는 중환자 국민이 되고 말았기에, 자살하는 대통령, 맥 빠진 대통령의 비극이 나온 것이기 때문이다. 그것은 원초적으로 일제침략병이 지금도 생생히 살아서, 나라의 대통령이나 가정과 사회의 어른 선배에게서 존엄성을 삭제하고 보는 악습이 나날이 굳어진 때문이다.

하지만 강조하고 강조하건대, 사라진 국가권위는 결코 어렵게 치유될 것도 아니다. 일제침략과 이승만 독재에 짓눌려 사라진 '나라님의 권위'를 다시 회복하며, '임금님을 다시 모시면 된다.' 우리사회에 원래부터 계시던 임금님이었다. 우리가 몰아낸 임금님도 아니다. 모든 악행은 일본인들이 저지른 것인데, 우리는 흡사 일제침략이 옳았다는 듯 일본이 망치고 짓밟은 처참한 상처투성이 그대로 살고 있기 때문에 그런 것이다. '임금님을 모시는 개헌'을 단행하고, 일본 침략으로 짓밟힌 국가명예를 조속히 되찾으면 되는 것이다.

금번에 당선된 박근혜 대통령은 "4년 중임 대통령 개헌"을 선거공약으로 내세운 만큼, 필히 개헌논의가 있을 텐데 차제에 임금님을 모시는 '입헌군주제 개헌'도 함께 해야 하겠다.

특히 지난 현대정치사에서 유일하게 박정희 대통령만이 뚜렷한 역사인식으로 추친일 상황을 극복하려고, 단군 이래의 민족적 정통성을 되찾으려는 의미 있는 발자취를 보였음을 유념해야 하겠다.

일각에서 그토록 잘못되었다는 박정희를 이상하게만 보는 병을 훌훌 털어내고 그의 진면목을 보면, 그 하나만이 유일하게 일제침략 후유증 치유의 본질이 무언가를 몸부림치며 고민했고 뜻 깊은 실질적 발걸음을 걸은 역사를 남기고 있다. 민족정통의 역사관을 뚜렷하게 갖고, 임금님 황통을 보살핀 유일한 대통령이었음을 유의하여 박대통령의 유업이 완성되길 확실히 앙망한다(안천, 일월오악도 제 4, 5권 및 대한황실문화정책사).

우리들은 지난 100여 년 간 일제침략자들이 짓밟고 망친 상태에서, 침략자들이 원하던 대로 살아온 추친일 국가를 그대로 방치해 온 것을 철저히 반성해야 한다. 왜적들은 물러갔어도 그 먹구름 속에서 살아온 지난날을 청산해야 한다. 일제침략의 역사적 본질을 꿰뚫어 보면서, 현대정치사에서 오로지 유일하게 박정희 대통령만이 그것을 깨닫고 고치려다 중도에 머물렀다. 그래서 오늘날 "대통령제의 위기"가 온 것을 확실히 인지해야 되겠다.

금번에 당선된 박근혜 대통령은 직선제 최다 득표, 최초 과반득표, 최초의 여성대통령, 최초의 부녀 대통령, 최초 퍼스트레이디 대통령, 최초의 이공계 대통령, 선거의 여왕 등 칭송과 기대를 한 몸에 갖는 인물이다. 하지만 박근혜는 무엇보다도 크게 칭찬 받을 대단한 일이 있다. 그런데 아무도 그 중대한 것을 지적하지 않는다.

그가 영광의 감격적인 대통령 당선 인사를 한 2012년 12월 20일 새벽 1시 20분은 역사에 길이 남을 아주 뜻있는 시간이다. 왜냐하면 박근혜는 가장 칭찬받을 최초의 훌륭한 일을 한 대통령이다. 세종대왕 앞에서 당선 인사를 한 최초의 대통령임을 항상 유념해야 하겠다. 박근혜는 민족의 자랑인 '경복궁' 앞에서, 그리고 거룩한 '세종대왕' 앞에서, 그리고 위대한 '이순신 장군'이 앞을 지켜주는 광화문 광장에서 전 국민에게 거대한 민족사의 미래를 밝힌 최초의 대통령이다.

너무나 멋진 장면이다. 너무나 의미 있는 감동적 선언이었다. 그 어느 것보다 크게 박수를 치고 칭찬할 일임을 잊지 말아야겠다. 왜적을 쫓아내고 환갑이 지나서야 이런 대통령이 처음 나왔다. 60여 년의 긴 세월이 흘러서야, 우리의 역사와 문화와 조상과 어른이 진심으로 가슴에 다가오는 "우리의 대통령"이 탄생했다.

박근혜는 세종대왕 앞에서 아니 거대한 역사 앞에서, 자신의 임기 중 최고의 목표를 '대탕평 공생 국민대통합'으로 '국민행복시대'를 만드는 것이라고 선언했다. 그렇다. 가장 국가가 당면한 시대정신을 명쾌히 제시한 위대한 국가 목표이다. 박근혜는 선거과정을 통해 차츰 그것이 이 시대가 당면한 최고 과제임을 뚜렷하게 부각시켜 나갔다. 너무나 훌륭한 목표제시다. 아니 현대사 최고의 국가과제를 너무도 뚜렷하게 잘 제시했다.

하지만 5년 후에 그 목표 달성은 결코 쉽지 않을 것이다. 왜냐하면 '대탕평'과 '국민대통합'은 계량적 숫자놀음으로 간단히 해결될 일이 절대 아니기 때문이다. 그것은 결코 쉽게 가시적으로 달성되는 것이 아니다.

물론 큰 마음 큰 자세로 반대파를 포용하고, 온 나라를 감싸는 큰 그릇을 만들어야 한다. 하지만 대탕평은 호남 총리를 내세우고, 장관 몇 명을 지역안배로 임명한다고 되는 일이 아니다. 더구나 우습고 기막힌 일이 있다. 우리사회는 호남 영남 안배니 소외니 하며, 경기도, 충청도, 강원도 등 타 지역은 솔직히 말해 정면으로 소외시키고 있다.

원색적으로 말해 영호남 사람들만 사람 취급을 한다. 훌륭한 인재라면 강원도 사람도 총리를 시키고, 제주도 사람도 훌륭하면 대통령이 되어야 한다. 그러니 아무리 해도 대탕평은 결코 쉽지 않다. 다분히 질적, 정신적, 추상적 접근을 수반하는 것이기 때문이다.

더구나 우리민족은 일제침략 후유증의 악성 고질병을 앓고 있는 중증 환자들이 적지 않아, 박근혜 대통령이 5년 내내 업고 다니며 모든 소원을 다 들어 주어도 임기 말에 박수보다는 욕설을 퍼부어댈 못된 자들이 적지 않기 때문이다. 이 나라를 5년 후에 지상천국으로 만들어 놓는다고 해도 악담을 해댈 절대숫자가 확실히 존재하고 있다. 너무나 한심한 나라가 되어 있는데도, 그것이 정의롭다거나 민주주의라고 우기는 기막힌 나라가 되어 있다.

그러므로 '대통합, 대탕평은 지역도, 종교도, 성별도, 학별도, 계층도 확실하게 뛰어넘으며, 모두를 본질적으로 포용하면서 확실하게 대만족 시킬 특효약 근본책으로 해결되어야만 한다.' 그것은 건강한 몸이 아닌 환자에게 겨우 감기약, 소화제나 사주고 건성으로 건강해졌다고 하는 착각을 끝내야 한다는 말과 같다.

그렇기에 박근혜 대통령의 "광화문 선언"의 의미가 크게 돋보이는 것이다. 우리사회는 나라님을 상실하며 국민통합의 구심점을 잃고, 갈등과 분열의 길을 가게 왜적들이 악의적으로 만들어 놓은 그대로의 중병을 앓고 있다. 나라의 어른이신 임금님은 모든 것을 통합하며 담아내는 거대한 그릇인데 그 대통합 그릇이 사라졌기 때문이다(안천, 일월오악도 제1권).

왜적들은 우리사회를 그렇게 병들게 하고는, 일본 천민촌인 부락이라고 불렀다. 우리사회에는 그렇게 강요되며 만들어진 사실상의 부락민 상놈들이 적지 않다. 그러므로 그 중환자 사회를 아무리 고치려 해도 불가능하고, 그것을 고치는 특효약은 임금님뿐이다. 사실상 박근혜 대통령의 광화문 선언은 "임금님 개헌 특별선언"과 똑 같은 것이다. 그것이 확실하고 정확하게 직시되어야 한다. 그렇기에 그것이 민족사에 길이길이 남을 위대한 선언이다.

'대통합 사회는 박근혜 대통령이 직접 만들어서 되는 것이 아니다. 세종대왕 앞에서 선언한 본뜻을 살리고 살려, 역사를 본원적으로 복원함에 의하여 임금님께서 만드는 것이다.'

"광화"는 우리민족의 전통적인 옛말로 대통합이라는 뜻이다. 광화문 광장에서의 국민대통합 대탕평 공생 선언, 그것은 그렇기에 숙명이요 역사요 단군 이래 최대 최고의 선언이다.

그렇다. 현대 정치사 최고의 위업을 이룰 최고의 위대한 인물은, 아직도 역사에 기록되길 기다리고 있다. 그 누군가 역사는 역사를 만들 위인이 나올 때까지 인내하며 기다린다고 말했던가? 그렇기에 역사에 남는 위인은 숫자가 적다고 했던가? 항일 전쟁은 아직도 확실히 미완성 상태에 있다. 우리의 항일전쟁은 위대한 마침표를 찍을 감동적인 그 날을 아직도 손꼽아 기다리고 있다.

'미완성 독립운동'은 내각제만이 아니라 대통령제에서도 쉽게 치유된다. 임금님은 명예롭게 초당적 지위의 상징적 권위를 갖는 상징적 어른이시지, 권력을 쥐려고 싸우는 분이 아니기 때문이다. 어차피 우리나라의 대통령제는 이승만 이후부터 몸통은 내각제에 외형만 대통령제가 아닌가?

임금님을 모셔서 국가권위를 명예롭게 세우고, 대통령은 손에 흙을 묻히며 땀 흘려 일하면 된다. '국민대통합은 임금님께서 하실 몫이고, 대통령은 의미 있는 국가목표를 세워 열정을 불사르면 되는 것이다'. 대통령은 모든 사람의 비위를 맞추는 자리가 아니다. 그리고는 대통령의 업적과 잘못을 공정하게 평가해주는 판단력 높은 절대숫자의 국민이 있으면 된다.

51·6%를 100%로 만들려는 목표정립과 불타는 열정이 중요하지, 모든 사람에게 모두 욕을 먹지 않겠다는 것은 복지부동과 다를 것이 없다. 정말로 우리 국민들의 판단력이 높아져 절대다수의 국민이 박수를 치면 된다. "역사가는 모든 것을 다 기록하지 않는다. 다 기록할 가치도 필요도 시간도 없다. 성공한 대통령의 의미 있는 것만 기록하는 것이 역사이다."

끝으로 새 대통령이 선출된 순간에 우리국민들이 절대로 착각을 하지 말 것이 있다. 대통령이 모든 것을 다 해주는 전지전능한 요술 도깨비 방망이 같은 자리라고 오해하지 말아야 한다. 시시콜콜한 작은 일은 도지사가 할 일도 아니고, 군수가 할 일도 아니다. 일 개 공무원이 해야 할 일도 청와대 탓을 하는 우리사회는 고쳐져야 한다. 더구나 대통령은 건실하게 노력하는 국민이 잘살게 만들어 주는 자리이지, 불건전 국민을 돕는 자리가 아니다.

대통령은 대통령이 할 일을 제대로 하면 되고, 모든 국민도 자기가 할 일을 확실하게 열심히 해야만 한다. 그렇게 온 나라가 건강할 때에, 임금님도 진정한 "대통합"의 큰 어른이 되는 것이다. 단군 이래의 자랑스러운 우리나라는 우리 모두가 "함께" 가꾸는 진정한 우리나라이다.

〈떠오르는 계사년의 새해 태양을 보면서, 온 나라에 어른이 있고 법도가 있는 나라를 다시 찾아야 하겠다. 가정집에서도 사회에서도 어른과 선배를 정당하게 모셔야 한다. 그리고 나라의 어른이신 임금님을 즉시 모셔야 이 나라의 내일이 있다. 이제는 지난 100년의 악몽을 깨고, 부락민 상놈나라를 근본적으로 극복해야 하겠다. 일본 침략자들이 만들어 놓았던 어두움을 청산할 근원적 수술을 받아야 할 역사적 종착점에 다다랐다.〉

〈새로 당선된 새 대통령의 당선을 다함께 축하하자. 대통령 취임식은 온 나라의 국민축제가 되어야 한다. 지난 대선에서 각자가 어떻게 투표했는가는 깨끗이 잊자. 한 마음 한 뜻으로 새 대통령을 적극적으로 돕자. 그리고 이제는 이 나라를 정상화시킬 위대한 결단을 단호하게 내리자. "임금님 모시기 개헌"을 즉각 실시하며, 새 대통령이 민족사에 남을 위대한 대통령이 되게 하자! 임금님을 모셔 미완성 항일전쟁을 완수하며, 일제침략으로 실종된 국가권위를 되찾자! 그것이 이 시대 최고 최대의 국가과제이다. 시대적 사명이다.

그리고 우리국민 모두가 대통령에게 국가에 요구하기에 앞서서, 각자가 할 일을 정직하게 열심히 또 열심히 아주 열심히 하는 위대한 국민이 되자. 새마을운동을 하던 초심으로 돌아가, 근면하고 검소하며 예컨대 내 집 앞 쓰레기 치우기, 휴지 줍기, 담배 끊기, 우측통행 교통신호 지키기, 안전띠 매기, 에너지 물자 절약, 자원 재활용 같은 작은 일부터 모두가 솔선해서 확실히 실천하는 것이 성공한 나라를 만들고 성공한 대통령이 탄생하는 출발점이다. 온 나라가 기본으로 돌아가 병든 나라를 정상화 시키자! 초심으로 돌아가자.〉

「임금님은 국민대통합을 명예롭게 담보하는 드높은 어른이다. 임금님 대관식을 올리며 미완성 항일전쟁을 완수하자. 입헌군주제 개헌논의를 공론화 시키자! 국민투표를 하자! 광화의 함성이 온 누리에 울려 퍼지는 뜨거운 감동을 맛보자.」

입헌군주제 개헌!
아주 신선한 선택입니다!

| 찾아보기 |

ㄱ

ㅇ

ㅊ

ㅋ

ㅌ

ㅍ

ㅎ

기타

지은이 소개 안 천(安 天) 서울교육대학교 명예교수, 정치학 박사

〈대표저서〉

• 일월오악도(日月五岳圖)

- 제1권:대한황실 역사 연구(교육과학사, 1998)
- 제2권:대한황실 독립전쟁사 연구(교육과학사, 1999)
- 제3권:대한황실 정통성 연구(교육과학사, 2002)
- 제4권:대한황실 황족사 연구(교육과학사, 2003)
- 제5권:대한황실 명예회복사 연구(교육과학사, 2005)
- 제6권:대한황실 황통쟁투사(교육과학사, 2009)
- 제7권:대한황실 문화정책사(교육과학사, 2011)

※황실은 살아있다(인간사랑, 1994)

• 거시국토 통일론(巨視國土統一論)

- 만주는 우리땅이다(인간사랑, 1990)
- 남침유도설 해부(교육과학사, 1993)
- 신흥무관학교(교육과학사, 1996)
- 여성대통령은 언제 나올까(B·B Books, 2002)
- 타이완의 힘(교육과학사, 2008)

〈교과교육 관련저서〉

- 생활화 사회과교육론(교육과학사, 2001)
- 신사고 사회과교육론(교육과학사, 1993)
- 통합교과운영론(한국방송통신대학, 1990, 공저)
- 사회과 탐구논리(교육과학사, 1988, 공역)
- 한국사회과 교육학개론(교육과학사, 1989, 공저)

일월오악도 ⑧
자랑스런 대한황실 임금님 대관식

2014년 5월 13일 1판 1쇄 발행
2014년 8월 13일 1판 4쇄 발행

지은이 : 안 천
펴낸이 : 김 동 규
펴낸곳 : 교육과학사

경기도 파주시 문발동 광인사길 71
전화 : (031) 955-6956~8 팩스 : (031) 955-6037
Home-page : www.kyoyookbook.co.kr / E-mail : kyoyook@chol.com
등록 : 1970년 5월 18일 제2-73호

ISBN 978-89-254-0822-4
ISBN 89-8287-302-3(세트)

정가 15,000원

잘못 만들어진 책은 바꾸어 드립니다.